KB010807

Thomas Hardy

The Mayor of Casterbridge

The Life and Death of a Man of Character

캐스터브리지의 읍장

1판 1쇄 발행 2022년 6월 20일

지은이 | 토마스 하디
옮긴이 | 최인환
발행인 | 신현부

발행처 | 부북스
주소 | 04613 서울시 중구 다산로29길 52—15[신당동], 301호
전화 | 02-2235-6041
팩스 | 02-2253-6042
이메일 | boobooks@naver.com

ISBN 979-11-91758-19-1 04080
        978-89-93785-07-4 [세트]

부클래식

094

————

캐스터브리지의 읍장

토마스 하디

최인환 옮김

부북스

아버지 영전에 바칩니다

차례

작가 서문

앞으로 나올 이야기를 읽을 독자 중에 아직 중년의 나이가 되지 않은 사람들은 다음에 유념하기를 요청하는 바이다. 즉, 이 이야기의 무대가 되는 시대에는 작중의 많은 사건의 중심에 놓인 국내 곡물 거래가 너무나 중요해서, 요즘처럼 가격 변동 없이 싼 빵과 오늘날 수확기 날씨에 대해 보이는 대중의 무관심에 익숙한 사람들은 그 중요성을 깨닫기 어려울 것이다.

여기에서 일어나는 일들은 주로 세 가지 사건들에서 비롯된다. 이것들은 캐스터브리지라고 불리는 읍과 그 주변 지역의 실제 역사 속에서 우연히 순서대로 정렬되어 여기 주어진 시간 사이에 혹은 그 즈음에 일어난 사건들이다. 남편이 아내를 판 사건, 곡물법[01] 폐지 바로 직전의 불확실한 곡물 수확, 그리고 앞

---

01 곡물법(Corn Law): 영국에서 곡물 무역은 수입곡물에는 관세를 부과하고 수출곡물에는 벌과금을 매기는 식이었고 곡물법은 이를 입법화한 것이다. 그러나 실제로는 유산(有産) 지주계층의 이익을 대변하는 제도로 변질되며 특히 나폴레옹 전쟁 이후에 불만이 터져 나오면서 결국 1846년에 폐지되었다.

서 말한 영국의 그 지역으로 어떤 왕족이 방문한 일이 그 사건들이다.

소설의 이전 판본과 같이 현재 판본은, 처음에는 어떤 영국 본(本)에도 수록하지 않은 거의 한 장(章) 분량—비록 이것이 연재본과 미국판에는 인쇄되어 있지만—을 포함하고 있다. 이렇게 회복된 것은 대서양 건너 혜안을 지닌 몇몇 독자들의 권고에 의해서였는데, 그들은 영국 국내판이 삭제로 인해 피해를 봤다고 강력히 주장했다. 영국판과 미국판의 초판본에서 공히, 이제는 더 이상 존재하지 않는 이유들로 삭제되거나 변경되었던 몇몇 짧은 구절들과 이름들 또한 원위치로 가거나 삽입되었다.

이 작품은 아마도 웨섹스[02] 지방의 삶을 그린 내 작품들 가운데서 어떤 한 인물의 행위와 성격에 가장 특별히 집중한 연구이다. 두 번째 중요 인물인 파프리의 스코틀랜드 말에 대해 반대 의견들이 제기되어 왔다. 그의 동포 중 한 사람은 더 나아가, 트위드 강[03] 건너의 사람들은 파프리가 하듯 '셰계(warrld)', '할 수 엄다(cannet)', '강고(advairrtisment)' 등등을 발음하지 않았고 또 결코 발음할 수도 없다고 선언했다.[04] 나를 고쳐주겠다며 직접 시범을

02　웨섹스(Wessex): 원래는 중세시대에 존재했던 앵글로색슨 왕국 이름인데 하디가 자기 작품들의 배경 지역에 붙인 이름이다. 영국의 남부, 남동부에 해당한다.

03　트위드 강(River Tweed): 잉글랜드와 스코틀랜드의 경계를 이루는 강으로 이 강의 북쪽이 스코틀랜드이다. 따라서 여기서 '트위드 강 건너의 사람들'은 영국인들을 가리킨다.

04　각각 '세계world', '할 수 없다 cannot', '광고advertisement'를 가리키는 단어들

보인 이 신사의 발음은 내 남쪽 사람[05] 귀에는 내가 나름으로 짐작한 철자들을 똑같이 반복한 데 불과해서, 나는 그의 말의 진실성에 감명받지 않았고, 아무튼 우리는 이 문제에 있어서 더 이상의 진전을 이루지 못했다. 작품 속의 그 스코틀랜드인은 다른 스코틀랜드인들에게 보여질 모습으로 그려진 게 아니라 다른 지역의 사람들에게 보여질 모습으로 그려진다는 것을 기억해야만 한다. 게다가 내 작품 속에서 그의 발음 전체를 음성학적으로 재현하려는 시도는, 내가 웨섹스 사람에 대해서도 하지 않았듯이, 전혀 하지 않았다. 하지만 나는 이 책의 새 판이 그 문제의 언어를 연구하는 어느 교수[06]—의심할 여지없이 권위 있는 교수—가 비판적 검토를 하는 바람에 예상치 않은 이익을 봤다고 덧붙여야 하겠다. 사실 그는 초임(初任) 교수로서의 절박한 개인적 사정으로 그런 방침을 선택한 신사였다.

하나 더 얘기하자면, 엄정한 진실성과 공인된 통찰력이 있는 어떤 매력적이며 비(非)스코틀랜드계인 부인—잘 알려진 어떤 칼레도니아[07] 사람의 아내—이 이 책 초판이 출판된 직후에 필자를 찾아왔다. 그녀는 혹시 파프리가 자신의 남편을 모델로 하

이다.

05   남쪽 사람: 영국이 스코틀랜드의 남쪽에 있으므로 여기서 '남쪽 사람'은 하디 같은 영국인을 가리킨다.

06   '그 문제의 언어'는 스코틀랜드어이고, '교수'는 하디의 친구인 더글러스 경(Sir George Douglas)을 가리킨다.

07   칼레도니아(Caledonia): 스코틀랜드의 별칭.

지 않았냐고 물었는데, 자기가 보기에 남편이 그 (의심할 바 없이) 행복한 남자의 살아있는 초상화인 듯이 보였기 때문이라는 것이었다. 실은 파프리를 형상화할 때 난 그녀의 남편을 결코 생각해 본 적이 없었다. 따라서 나는 파프리가 스코틀랜드인들에게 스코틀랜드 사람으로가 아니라, 남쪽 사람들에게 스코틀랜드 사람으로 통하도록 허용되어야 한다고 믿는다.

이 소설은 완결된 상태로 1886년 5월에 두 권으로 처음 출판되었다.

T. H.
1895. 2월~1912. 5월

제1장

19세기의 3분의 1이 채 지나기 전인 어느 늦여름 저녁, 어떤 젊은 남자와 애기를 품에 안은 젊은 여자가 도보로 북부 웨섹스의 웨이던-프라이어스라는 커다란 마을로 접근해 가고 있었다. 비록 먼 곳에서부터 걸어온 것이 분명할 정도로 짙고 허연 먼지가 신발과 옷에 들어앉아 이제 이들을 실제보다도 못한 초라한 모습으로 보이게 했지만, 이들의 옷차림은 수수했고 못 갖춰 입은 것은 아니었다.

남자는 까무잡잡하게 잘생겼지만 딱딱한 표정이었다. 그의 옆얼굴은 기울기가 너무 밋밋해서 거의 수직으로 보일 정도였다. 그는 갈색 코르덴 천으로 된 짧은 윗도리를 입고 있었는데 나머지 다른 옷들보다 새 것이었다. 그의 옷차림은 하얀 뿔 재질 단추가 달린 퍼스티언 천 조끼, 같은 색 코르덴 바지, 무두질한 가죽 각반에다 검고 윤이 나는 범포(帆布) 천을 덧씌운 밀짚모자였다. 등에는 옭아맨 띠로 골풀 바구니를 맸는데 그 바구니의 한쪽 끝에서 건초용 칼의 손잡이 하나가 삐져나왔고 뚫린 틈으로는 건초 다발용 송곳 하나도 보였다. 탄력은 없으나 박자가 맞는 그의 걸음걸이는 보통 노동자들의 종작없이 질질 끄는 걸음과 구별되는 숙련된 시골 노동자의 걸음걸이였다. 한편 옮겨 내딛는 발걸음마다 그 자신에 대한 끈질기고 냉소적인 무관심이 깃들여 있었고 그가 걸어감에 따라 한번은 왼쪽 다리에, 한번은 오른쪽 다리에 규칙적으로 교차하는 퍼스티안 천의 주름들에서조차도 그 무관심이 드러나 있었다.

그런데 이 남녀가 걸어가는 모습에는 정말로 특이한 점이 있었는데, 딴 때 같으면 그냥 지나쳐버렸을 무심한 관찰자들의 시선을 끌었다. 그건 이 두 사람이 완전히 침묵을 지키고 있다는 점이었다. 이렇게 나란히 걷는 모습은 이 두 사람이 편안하고 나지막하게 마음속의 얘기를 주고받는 사람들과는 거리가 멀다는 것을 암시하고 있었다. 좀 자세히 관찰해보면 남자가 바구니 끈 사이로 내민 손으로 어렵사리 민요 가사 쪽지를 눈앞에 펼쳐서 읽거나 읽는 체하고 있다는 것을 알아챌 수 있었다. 이렇게 겉으로 보이는 이유가 진짜 이유인지, 혹은 그에게는 지겨웠을 대화를 피하려고 일부러 그런 것인지는 그 남자 이외에는 누구도 정확히 말할 수 없었을 것이다. 그러나 그의 침묵은 깨지지 않았고 여자는 그와의 동행에서 전혀 즐거움을 누리지 못하는 기색이었다. 사실상 그 여자는 안고 가는 아이를 빼고는 신작로를 혼자 걷고 있는 셈이었다. 가끔은 남자의 구부린 팔꿈치가 그녀의 어깨에 거의 닿을 뻔했는데 왜냐하면 그녀는 실제로 닿지는 않게 하면서 그의 옆구리에 가능한 바짝 붙어 있었기 때문이다. 그러나 여자는 그의 팔짱을 낄 생각이 전혀 없어 보였고 남자 또한 자기 팔을 내밀 의향이 전혀 없어 보였다. 그녀는 그의 무시하는 침묵에 놀라움을 표하기는커녕 그 침묵을 자연스러운 것으로 받아들이는 것 같았다. 이 몇 안 되는 일행이 하는 말소리가 조금이라도 있었다면 그건 여자가 짧은 옷을 입고 털실로 뜬 파란 장화를 신고 있는 아이에게 간간이 늘어놓는 속삭임과 아이가 거기에 대답하는 옹알이뿐이었다.

이 여인의 얼굴에서 주요한, 혹은 거의 유일한 매력은 표정이 풍부하다는 점이었다. 옆으로 여자아이를 내려다볼 때 여자는 예쁘장하고 심지어 아름다워지기까지 했는데 특히 얼굴이 강렬한 색채의 햇살을 비스듬히 받을 때 그러했다. 이 햇살이 그녀의 눈꺼풀과 콧구멍을 투명하게 보이게 했고 입술을 불붙은 것처럼 만들었다. 산(生)울타리 그림자 속을 조용히 생각에 잠겨 터벅터벅 앞으로 걸어갈 때 여자는 시간과 우연의 손아귀에서는 아마도 공정한 게임 외에는 무엇이든 가능하다고 믿는 사람의 딱딱하고 반쯤 무감각한 표정을 띠고 있었다. 첫 번째 단계인 시간이 자연의 작용이라면 두 번째 단계인 우연은 아마 문명의 작용일 것이다.

남자와 여자가 부부이고 팔에 안긴 여자아이의 부모라는 것은 의심의 여지가 없었다. 그런 관계가 아니라면 길을 따라 내려가는 이 세 명에게 마치 후광처럼 따라다니는 식어빠진 친숙함의 분위기를 설명할 수 없었을 것이다.

아내는 눈을 대개 앞쪽으로 고정하고는 있었지만 거의 아무런 흥미도 느끼지 않는데 그건 이곳의 광경이 연중 이맘 때 영국의 거의 어느 군(郡)의 어느 곳과도 비슷했기 때문이다. 즉, 길은 죽 번지도, 구부러지지도 않았고, 평평하거나 비탈도 아니었으며 산울타리로, 나무로, 그 밖의 식물들로 경계를 이루고 있었다. 이들 식물은 운명이 다한 나뭇잎들이 칙칙하고 노랗고 빨갛게 되는 과정에서 거치는 암녹색 단계에 들어섰다. 강둑의 풀 우거진 끝자락과 가장 가까운 산울타리의 가지들은 서둘러 가는 마차들이 일으킨 먼지를 뽀얗게 뒤집어쓰고 있었다. 이 먼지가 마치 양탄자처럼 쌓여 그들의 발소리를 죽게 만드는, 길 위에 쌓인 바로 그 먼지이기도 했다. 이리하여, 앞서 말했던 대화의 완전한 부재와 더불어 외부로부터의 조그만 소리도 모두 들리게 되었다.

케케묵은 옛 저녁 노래를 부르는 힘 빠진 새 한 마리의 소리 외에는 오랫동안 아무 소리도 들리지 않았다. 헤아릴 수 없이 오랜 세월 동안 그 계절의 어떤 해질녘이건 같은 시간에 똑같은 전음(顫音)과 떨리는 소리와 단음(短音)으로 틀림없이 이 언덕에서 들려왔을 노래였다. 그러나 이들이 마을에 접근해 가자, 멀리 가지각색의 고함과 왁자지껄 소리가 아직은 나뭇잎에 가려 보이지 않는 그쪽 어느 높은 곳으로부터 이들의 귀에 와 닿았다. 웨이던-프라이어스의 외딴 집들이 막 어슴푸레 보일 때쯤 이들 가족은 괭이를 어깨에 멘 어떤 무밭 일꾼과 마주쳤는데, 저녁 도시락이 괭이 끝에 매달려 있었다. 민요를 읽던 남자가 즉시 머리를 들어 쳐다봤다.

"여기 뭐 일자리 좀 있을까요?" 그가 민요 가사 쪽지를 흔들어 앞쪽의 마을을 가리키며 맥없이 물었다. 그리고는 그 일꾼이 자기 말을 못 알아들었다고 생각하고는 "건초 묶는 일 같은 거 있나요?"하고 덧붙였다.

무밭 일꾼은 벌써 머리를 가로젓기 시작했다. "아니, 이런 딱한 양반이 있나. 한해 중에서도 하필 이맘때에 그런 일자리를 찾아 웨이던까지 오다니 대체 정신이 있는 거요?"

"그럼 어디 셋집 하나 없나요? 막 지은 작은 오두막이나 뭐 그런 거요." 상대방이 물었다.

그 비관론자는 여전히 부정적인 대답을 했다. "집을 허무는 게 더 웨이던다운 일이요. 작년에 다섯 채를 허물었고 올해는 세 채요. 주민들은 어디 갈 데도 없소, 없고말고. 초가지붕 움막도 하나 없소이다. 웨이던-프라이어스에선 늘 그렇다오."

건초 일꾼임이 분명한 그 여행자는 약간 거만하게 고개를 끄덕였다. 마을 쪽을 보면서 그가 말을 이었다. "그런데 여기 뭔 일이 일어나고 있군요, 그렇죠?"

"그렇소. 오늘이 장날이요. 지금 젊은이 귀에 들리는 건 애들과 바보들 푼돈이나 뜯어가려고 야단법석 허둥대는 소리뿐이지만 진짜 장날은 이보다 일찍 끝난다오. 난 종일 저 소리를 들으며 일했지만 그리로 올라가 보진 않았소. 난 안 갔지. 난 그런 데는 안 끼거든."

건초 일꾼과 그의 가족은 가던 길을 계속 갔고 곧 장터에 들어섰다. 장터의 전시대(展示臺)와 가축우리에서 오전 중에 수백 마리의 말과 양이 전시되고 팔렸지만 이젠 몇 마리밖에 남아 있지 않았다. 지금 당장은 이들에게 정보를 줬던 사람이 말했듯이 인근에 거래다운 거래라곤 없었다. 주된 거래라고 해봐야 시원찮은 가축들의 경매 정도였는데 이 가축들은 이렇게라도 하지 않으면 처분하기가 어려웠고 이미 일찍 다녀간 호상(豪商)들에게서 완전히 퇴짜 맞은 신세였다. 그러나 사람들은 아침보다 지금 더 많이 모여 있었다. 쉬는 날에 나온 직공01, 휴갓길에 옆길로 샌 한 두 명의 군인, 마을 가게주인들 등속의 사람들을 포함하는 시시껄렁하고 우연히 한 번씩 들르는 방문객들이었다. 이들은 나중에 한꺼번에 들어왔는데, 요지경과 장난감 판매대, 밀랍 인형, 공기 주입한 괴물 인형, 공공의 복리를 위해 여행하는 사심 없는 의사들, 야바위꾼, 자질구레한 물건 파는 사람들, 그리고 점쟁이들 사이로 다니는 게 속 편한 그런 사람들이었다.

우리의 도보 여행자들은 누구도 이런 것들에 크게 관심 두지 않았다. 언덕배기 풀밭에 점점이 흩어져 있는 많은 천막 중에서 한 끼 가볍게 식사할 곳을 찾아 주위를 둘러보았다. 저무는 해의 황토색 연무 속에 그들 가장 가까이에 있는 천막 두 채가 거의 똑같이 들어오라고 손짓하는 것 같았다. 하나는 새 우윳빛 범포로 되어 있었고 꼭대기에 붉은 깃발을 매달고 있었다. 깃발에는 '집에서 빚은 맛있는 맥주, 에일 맥주, 사과술'이라고 쓰여 있었다. 다른 천막은 그보다 좀 허름했고 작은 쇠로 된 난로 연통이 뒤쪽에서 삐져나왔고 앞쪽에는 '맛있는 밀죽 어기서02 팔아요'라고

---

01 직공: 원어로는 journeyman이다. 도제(apprentice) 시절을 끝내고 제구실하는 직공을 가리킨다.

02 어기서: '여기서'를 의미. 원래 'Here'라고 써야 하지만 무식한 주인 여자가 같은 발음의 다른 단어(Hear)를 사용하고 있는데 이것을 한글로 옮길 때 '어기서'로 표기

쓴 현수막이 내걸려 있었다. 남자는 두 글귀를 마음속에서 저울질하더니 첫째 천막으로 마음이 기울었다.

"아니, 아니, 저쪽 천막으로." 여자가 말했다. "난 밀죽을 늘 좋아했어요, 엘리자베스-제인도 그래요. 당신도 좋아할 거예요. 하루 힘들게 보낸 뒤에 이거 먹으면 힘나요."

"난 그거 한 번도 먹어 본 적 없는데." 남자가 말했다. 어쨌든 그는 아내의 말에 따랐고 곧장 밀죽 매점으로 들어갔다.

제법 많은 사람들이 안쪽에, 천막 양쪽을 따라 있는 좁고 기다란 탁자들에 앉아 있는 것이 보였다. 위쪽 끝에는 숯불을 피운 난로 위로 다리 셋 달린 커다란 금속 단지가 매달려 있었다. 단지는 테두리가 잘 닦여져서 원래 종 만드는 쇠로 만들어졌음을 알 수 있었다. 쉰 살쯤 된 마귀할멈 같은 사람이 하얀 앞치마를 두르고 이곳을 주재하고 있었다. 앞치마가 그 펼쳐진 길이만큼이나 그녀의 체면을 세워 주고 있었고, 허리를 거의 빙 두를 만큼 넓었다. 그 여자는 안의 내용물을 천천히 휘젓고 있었다. 노파가 조리하는 구식의 멀건 죽은 밀 알곡과 밀가루, 우유, 건포도, 까치밥나무 열매 등등이 한데 섞인 잡탕이었는데 죽이 눌지 않게 그녀가 휘젓고 있어서, 커다란 수저로 긁는 단조로운 소리가 온 천막 안에 퍼졌다. 각각의 재료를 담은 용기들이 버팀 다리와 상판으로 만들어진, 하얀 천이 덮인 탁자 위에 놓여있었다.

젊은 남자와 여자는 김이 모락모락 나는 잡탕 죽 한 그릇씩을

해 보았다.

시켰고 느긋하게 먹기 위해 자리에 앉았다. 지금까지는 썩 괜찮았는데 왜냐하면, 그 여자가 말했듯이, 우유 밀죽은 원기를 북돋고, 영국 땅에서는 누구나 사 먹기에 적당한 음식이었기 때문이다. 하지만 익숙하지 않은 사람들에게는 레몬 씨처럼 크게 부풀어 죽 위에 뜬 통밀 알갱이가 처음에는 밥맛 떨어지게 하기 십상이었다.

그러나 천막 안에는 대충 봤을 때보다 더 많은 것들이 있었다. 남자는 삐딱한 성격의 사람이 가진 본능으로 그것을 재빨리 눈치챘다. 죽사발을 야금야금 해치운 후 그는 노파가 어떻게 하고 있는지 곁눈질로 지켜봤고 그녀의 꿍꿍이속을 알아챘다. 남자는 노파에게 눈짓을 했고 노파가 고개를 끄덕이자 그에 대한 응답으로 죽 그릇을 건넸다. 그러자 여자는 식탁 밑에서 병을 하나 집어 내용물의 양을 은밀하게 잰 뒤에 남자의 밀죽 안에 털어 넣었다. 따라진 액체는 럼주였다. 남자도 그만큼 은밀하게 돈을 치렀다.

그는 이렇게 술이 강하게 섞인 혼합물이 원래보다 훨씬 더 입맛에 맞는다고 느꼈다. 아내는 이 과정을 몹시 불안하게 지켜보고 있었지만, 그는 아내도 술을 타 마시라고 권유했고 그녀는 걱정이 되었지만, 술을 조금만 섞어 먹는 데 동의했다.

남자는 그릇을 비운 뒤 하나 더 달라고 했고 럼주를 더 많이 넣으라는 신호를 보냈다. 이렇게 먹은 효과는 곧 그의 행동에서 나타났다. 아내는 면허 주점의 천막이라는 바위들로부터 기껏 힘들게 노 저어 벗어났더니 여기 밀주업자들 틈에서 소용돌이치는

깊은 바다에 빠진 꼴이 되었다는 것을 너무도 슬프게 인식할 뿐이었다.[03]

아이는 못 참아 하며 보채기 시작했고 아내는 남편에게 벌써 몇 번째 말했다. "마이클, 우리 잘 곳은 어떻게 되나요? 일찍 가지 않으면 구하기 힘들지 모른다는 거 알죠?"

그러나 남자 귀에는 이 새처럼 지저귀는 소리가 들리지 않았다. 그는 사람들에게 큰소리로 떠들어대고 있었다. 아이의 검은 눈은 켜진 촛불을 느릿느릿, 두리번거리며 생각에 잠긴 듯 응시하더니 양쪽이 다 감겼고, 그러다가 다시 뜨고, 다시 닫히더니 결국 여자애는 잠이 들었다.

첫 번째 그릇을 비워갈 때쯤 남자는 잠잠해졌다. 두 번째 그릇에는 유쾌해졌고, 세 번째 그릇에는 말싸움하려 들었다. 네 번째 그릇을 비운 뒤로 그의 얼굴의 표정과 가끔씩 꽉 다문 입, 불이 번쩍이는 검은 눈 등으로 표현되는 특징들이 행동으로 나타나기 시작했다. 즉, 그는 거들먹거렸고 심지어는 싸우려는 기세가 등등했다.

---

03 호메로스의 《오디세이아》 제12권에 나오는 이야기이다. 트로이 전쟁이 끝난 후 오디세우스는 부하들을 이끌고 집으로 돌아가는 항해를 하다가 난처한 시련에 처한다. 절벽의 동굴에 살면서 지나가는 배의 선원들을 잡아먹는 괴물 스킬라(Scylla)를 피하다 보면 소용돌이의 괴물 카리브디스(Charybdis)에게 말려들어 가게 되는 상황에 처한다. 결국 오디세우스는 피해를 줄이기 위해 절벽에 가깝게 배를 몰다가 여섯 명의 숙련된 선원을 잃고 만다. '스킬라와 카리브디스'는 나중에 진퇴양난의 상황을 가리키는 비유적 표현으로도 쓰이게 되었다.

이런 경우에 흔히 그렇듯 대화는 고성을 띠었다. 못된 아내에 의해 선량한 남자들이 망쳐진 얘기, 그리고 더 특별하게는, 이른 나이에 철없이 했던 결혼으로 장래가 촉망되는 많은 젊은이들의 고매한 목표와 희망이 좌절되고 열정이 꺼져버리는 일 등이 얘기 주제였다.

"내가 바로 그런 경우라고." 건초 일꾼이 거의 분개하듯 씁쓸하게 생각에 잠기며 말했다. "난 열여덟에 결혼했는데 그땐 바보였어. 그리고 이게 그 결과야." 그는 손을 흔들어 자신과 가족을 가리켰는데 그들의 가난한 몰골을 드러내려는 의도 같았다.

그의 아내인 젊은 여자는 이런 말에 익숙한 듯 못 들은 척 행동했고, 자다 깨다하는 아이에게 시시콜콜한 일들을 계속해서 다정하게 귓속말로 속삭이다 말다 했다. 아이는 그녀가 팔을 쉬려고 할 때면 옆의 벤치에 잠시 올려놓아도 될 만큼 컸다. 남자가 말을 이었다.

"내가 이 세상에서 가진 돈이라고는 15실링밖에 없지만 이래봬도 내 업종에서는 경험 많고 쓸 만한 사람이란 말이오. 건초 일에서는 영국 전체를 통틀어 나를 당할 자가 없소. 내가 다시 홀몸이 된다면 장가가기 전까지 천 파운드 가치가 있는 사람이 될 텐데. 하지만 사람들은 그렇게 해볼 기회가 다 지나고 나서야 이런 자질구레한 일들을 알게 되는 법이지."

밖의 풀밭에서는 늙은 말들을 파는 경매인의 소리가 들렸다. "자, 이제 마지막 운이요. 자, 누가 노래 한 곡조로 이 마지막 운을 차지하겠소? 40실링이면 되겠소? 이놈은 아주 돈 많이 벌어 줄

새끼 밴 암말이요. 다섯 살 조금 넘었고 등이 좀 움푹 들어갔고 길 가다가 자기 언니 말이 발길질해서 왼쪽 눈알이 빠진 것 외에는 아무 문제도 없는 말이요."

"내 얘기를 좀 하자면, 아내가 있지만 필요하지 않은 남자들이 왜 이 집시 친구들이 자기들 늙은 말을 처분하듯 아내들을 처분하지 못하는지 모르겠소." 남자가 천막 안에서 말했다. "왜 남자들이 아내들을 그런 품목이 필요한 사람들에게 경매에 부쳐 팔지 못하는 거요? 이봐요? 이런, 젠장, 누가 사겠다고 하면 난 당장 내 마누라를 팔겠소!"

"사려는 사람이 있을 거요." 손님 중 어떤 사람이 결코 밉상은 아닌 그 여자를 쳐다보며 대답했다.

"맞소." 담배를 피우던 어떤 신사가 말했다. 그의 코트 목깃, 팔꿈치, 솔기, 그리고 어깨 뽕 주위가 반질반질했는데, 이는 때가 낀 표면에 오랜 기간 마찰이 되어 생긴 것으로 대개는 옷보다는 가구에 생기는 게 더 낫다고 생각되는 것이다. 행색을 보면 그는 전에 어떤 이웃한 군(郡)에서 집안의 머슴이나 마부 노릇을 했을 것 같았다. "난 누구 못지않게 훌륭한 사람들 사이에서 자랐소." 그가 덧붙였다. "난 진짜 교양이 뭔지 알고 있소. 나 아니면 아는 사람이 없지. 자신 있게 말하겠는데 저 여자는 이 장터의 어떤 여자보다도, 말하자면 뼛속까지, 더 교양이 있다는 거요. 그걸 밖으로 좀 드러낼 필요가 있기는 하지만서도." 그런 다음 그가 다리를 꼬더니, 허공의 한 지점을 멋진 폼으로 응시하며 파이프를 다시 물었다.

이 술 취한 젊은 남편은 자기 아내를 이렇게 예기치 않게 칭찬한 사람을 잠깐 응시했고, 이런 자질을 소유한 아내를 향해 자신이 이런 식으로 대하는 게 지혜로운 일인지 반쯤 의심하였다. 그러나 그는 앞서 말한 확신으로 빠르게 빠져들어 가더니 거칠게 말했다.

"자, 지금이 당신네들에게 기회요. 값만 맞으면 누구건 이 보석 같은 여자를 데려갈 수 있소."

여자는 남편 쪽으로 몸을 돌리고 중얼거렸다. "마이클, 당신은 전에도 여러 사람 앞에서 이렇게 말도 안 되는 소리를 했어요. 농담은 어디까지나 농담이에요. 그런데 당신은 그런 말을 또다시 하네요. 주의해요!"

"전에도 그런 말을 한 적 있던 거 알아. 그거 진담으로 한 말이었어. 이제 당신을 사 갈 작자만 나서면 되는 거야."

그때 그 계절의 마지막에 보는 제비 한 마리가, 뚫린 곳을 통해 천막 위쪽으로 들어오는 통로를 우연히 발견하고 들어와서는 사람들 머리 위로 방향을 획획 바꿔 이리저리 날아다니며 좌중의 멍한 시선을 끌었다. 모여 있던 사람들은 새가 빠져나갈 때까지 지켜보느라 그 노동자의 제안에 응답하지 못했고 그 주제는 잊혔다.

그러나 15분이 지나자 밀죽에 술을 점점 더 많이 섞어 먹던 그 남자는 정신력이 아주 강하거나 아니면 겁날 것 없는 술고래인지, 겉보기엔 여전히 말짱했지만 마치 환상곡에서 악기가 원주제를 다시 불러들이는 것처럼 앞서 늘어놓던 애기로 다시 돌아갔다. "자, 난 내 제안이 어떻게 될지를 기다리는 중이오. 이 여자 나한텐 쓸모없소. 누가 데려가겠소?"

모여 있는 사람들은 이맘때쯤 확실히 수준이 떨어져서 그 남자가 재개한 이 질문에 웃음으로 환호했다. 여자가 나지막이 말했다. 근심어린 애원조의 말투였다. "가요, 가. 어두워지고 있고 이런 말도 안 되는 짓거리는 도움이 안 돼요. 안 가겠다면 당신 떼놓고 혼자 갈 거예요. 가자고요!"

여자는 기다렸고 또 기다렸다. 그럼에도 그는 움직이지 않았다. 10분이 지나 남자는 밀죽 마시는 사람들의 두서없는 대화에 끼어들었다. "내가 물어봤는데 아무도 거기에 답을 안 하네요. 당신들 중 잭 누더기건 톰 지푸라기건[04] 내 상품 살 사람 누구 없소?"

여자의 태도가 변했다. 그녀의 얼굴은 앞서 남편이 언급했던 냉혹한 표정과 색조를 띠었다.

"마이크, 마이크." 여자가 말했다. "지금 심각해지고 있어요. 아, 너무 심각하다고요."

"누구 이 여자 살 사람 없소?" 남자가 말했다.

"누가 좀 사주세요." 그녀가 단호하게 말했다. "저의 현 남편은 전혀 제 맘에 들지 않아요!"

---

04 잭 누더기건 톰 지푸라기건: 원문은 Jack Rag or Tom Straw. 잭과 톰은 가장 흔한 영어 이름이고 뒤에 '누더기'와 '지푸라기'가 붙어서 천막에 남아 있는 사람들을 무시하듯 지칭하는 표현으로서, '어떤 양반이건' 정도의 뜻을 갖는다.

"당신도 내 맘에 안 든다고." 그가 말했다. "우리는 그 점에서는 의견이 일치하네. 신사 여러분, 들었죠? 우린 헤어지기로 동의한 겁니다. 이 여자는 원하면 딸애를 데리고 떠날 수 있어요. 난 연장 챙겨서 내 갈 길 갈 거요. 이건 성경의 역사[05](歷史)처럼 간단한 일이에요. 자, 그러면 일어나 봐, 수전, 선 보여야지."

"아서요, 젊은이." 그 여자 가까이에 헐렁한 부인복 차림으로 앉아 있던 통통한 코르셋 끈 장수가 나지막하게 말했다. "당신의 잘난 남편은 자기가 무슨 말을 하고 있는지도 모르고 있는 거요."

하지만 여자는 일어났다. "자, 누가 경매인이요?" 건초 일꾼이 외쳤다.

"나요." 구리 문손잡이를 닮은 코를 하고, 축축한 목소리에 단춧구멍 같은 눈을 한 어느 작달막한 남자가 대답했다. "이 숙녀의 값을 부르실 분 없소?"

여자는 계속 땅을 바라보고 있었다. 마치 극도의 의지력으로 그 자리에 서 있으려는 것 같았다.

"5실링이요." 누군가가 말했는데 그 말에 사람들이 웃었다.

"모욕하지 마쇼." 남편이 말했다. "1기니[06] 없소?"

누구도 대답하지 않았다. 코르셋 끈 파는 여자 상인이 끼어들었다. "이봐요, 젊은이, 제발 좀 사람답게 굴어요. 저 가엾은 영혼

---

05 《구약성경》에서 아브라함이 조카 롯과 헤어지는 장면을 가리키는 듯하다. 〈창세기〉 13: 8-12 참조.

06 기니(guinea): 영국 화폐 단위로서 1기니는 21실링(shilling)이다. 아프리카 기니(Guinea) 산(産) 금으로 만든 금화인데 현재는 사용되지 않는다.

이 이런 잔인한 인간과 결혼했다니! 어떤 사람들에게는 먹고 잘 곳만 있는 것도 황송한데 말이야, 정말이지."

"값 좀 올리시죠, 경매인 양반." 건초 일꾼이 말했다.

"2기니." 경매인이 말했지만 아무도 응답하지 않았다.

"만약 그 가격으로 마누라 가져가지 않으면 10초 안에 값을 올릴 거요." 남편이 말했다. "좋소, 경매인, 1기니 더 올려요."

"3기니요. 3기니로 오릅니다." 코 멘 남자가 말했다.

"입찰하는 사람 없소?" 남편이 말했다. "제기랄, 저 여편네한 테 에누리 없이 그 돈 50배는 더 들었는데. 계속하쇼."

"4기니." 경매인이 외쳤다.

"근데 말이요. 난 5기니 이하로는 안 팔겠소." 주먹을 내리쳐 그릇들이 춤추게 만들며 남편이 말했다. "나에게 그 돈을 치르고 저 여자에게 잘 대해주기만 한다면 난 누구한테라도 5기니에 팔 겠소. 그러면 그 사람은 저 여자를 영원히 갖게 되는 거고 난 앞 으로 찍소리도 안 할 거요. 하지만 그보다 싸게는 안 되겠소. 자, 이제 5기니 내고 가져가쇼. 수전, 동의하지?"

그녀는 완전히 무관심하게 고개를 숙였다.

"5기니." 경매인이 말했다. "없으면 이 여자를 경매 물건에서 뺄 거요. 돈 낼 사람 없소?" 마지막이요. 있소, 없소?"

"있소." 문간에서 어떤 커다란 목소리가 들려왔다.

모두의 눈이 그쪽으로 향했다. 천막의 문으로 사용하는 삼각 형 모양의 출입구에 뱃사람 한 명이 서 있었다. 그는 다른 사람들 눈에 띄지 않게 2, 3분 전에 거기 도착했었다. 그의 긍정하는 대답에 죽음 같은 침묵이 뒤따랐다.

"사겠다고 한 거요?" 남편이 그를 응시하며 물었다.

"그렇다고 말했소." 뱃사람이 대답했다.

"말하는 것과 돈 내는 것은 별개요. 돈은 어디 있소?"

뱃사람은 잠시 머뭇거리더니 여인을 다시 쳐다보았다. 그리고는 들어와서 빳빳한 지폐 5장을 펴서 식탁보 위로 던졌다. 영국 은행권으로 5파운드의 지폐였다. 이 지폐 위로 그는 실링 주화 몇 개를 땡그랑 소리 나게 던졌다. 하나, 둘, 셋, 넷, 다섯.

그때까지만 해도 좀 허무맹랑해 보이던 제안에 대한 도전으로 진짜 돈이 전액 지불되자, 구경꾼들은 크게 술렁였다. 그들의 시선은 주연 배우들의 얼굴에, 다음에는 실링 주화에 눌린 채 식탁 위에 있는 지폐에 박혔다.

그때까지는 남편의 약 올리는 선언에도 불구하고 그가 정말로 아내를 팔려는 건지 확실하지 않았다. 사실 구경꾼들은 진행되는 이 과정 전체를 도가 지나친 흥거운 말장난 정도로 받아들였다. 그리고 이들은 남편이 일자리가 없어서 세상과 사회, 그의 가장 가까운 친족들에게 화나 있다고 추정했었다. 그러나 진짜 현금의 요구와 응답으로 인해 이 장면의 즐거운 경박함은 사라졌다. 어떤 무시무시한 색채가 천막을 가득 메우고 그 안의 모든 것의 모습을 바꾼 것처럼 보였다. 웃느라 생긴 주름이 청중의 얼굴에서 떠났고 이들은 열린 입을 다물지 못 하고 기다렸다.

"자," 여자가 침묵을 깨며 말해서, 그녀의 낮고 메마른 목소리가 아주 크게 들렸다. "마이클, 당신 더 이상 주책 부리기 전에 내 말 잘 들어요. 그 돈 만지기만 하면 나랑 이 아이는 저 남자와 같이 갈 거예요. 명심해요, 이젠 농담 아니에요."

"농담이라고?—물론 농담 아니지." 그녀의 남편이 이 말에 노하여 소리 질렀다. "난 돈을 갖고, 저 뱃사람은 당신을 갖는 거야. 그건 정말 간단하잖아. 이런 일은 다른 데서도 있었는데 여기서 안 되란 법 있어?"

"저 젊은 처자가 기꺼이 응한다는 조건하에서만 거래가 성립하오." 뱃사람이 부드럽게 말했다. "난 무슨 일이 있어도 저 여인의 감정을 상하게 하고 싶지 않소."

"맹세컨대 나도 그러고 싶진 않아요." 남편이 말했다. "하지만 저 여자는 애만 데려간다면 기꺼이 따라갈 거요. 언젠가 내가 그런 얘기를 비추자 저 여자가 그렇게 말했소."

"그거 맹세해요?" 뱃사람이 여자에게 말했다.

"맹세해요." 여자가 남편의 얼굴을 쳐다보고 후회하는 기색이 없는 걸 보고는 말했다.

"아주 좋아요. 이 여자가 아이는 데려가고, 그러고 나면 거래는 끝나는 거요." 건초 일꾼이 말했다. 그는 뱃사람의 지폐를 집어 찬찬히 접었고 이제 다 끝났다는 태도로 윗도리 위쪽 호주머니에 실링 주화와 함께 넣었다.

뱃사람이 여자를 바라보고 웃어 보였다. "갑시다!" 그가 친절하게 말했다. "어린 것도 같이—많을수록 더 좋으니까." 여자는 그를 유심히 쳐다보고는 잠시 망설였다. 그런 다음 다시 눈을 내리깔고 아무 말도 없이 아이를 안고는 문 쪽으로 가는 그를 따라갔다. 문에 이르자 여자는 몸을 돌리더니 결혼반지를 빼서 건초 일꾼의 얼굴을 향해 천막을 가로질러 던졌다.

"마이크," 여자가 말했다. "난 당신하고 몇 년을 살았는데 남은 거라곤 성깔밖에 없네요! 이제 난 더 이상 당신 여자가 아니에요. 난 딴 곳에서 내 운을 시험해 볼 거예요. 그게 나랑 엘리자베스-제인에게 다 좋을 거예요. 그러니 잘 있어요."

오른손으로 뱃사람의 팔을 잡고 어린 딸을 왼팔에 올린 채 여자는 비통하게 흐느끼며 천막을 나갔다.

결국은 이렇게 끝나게 될 줄을 전혀 예상하지 못했던 것처럼 남편의 얼굴에 멍한 근심의 표정이 어렸다. 그리고 손님 중에는 웃는 사람들도 있었다.

"그 여자 갔소?" 그가 말했다.

"암, 물론이죠. 그 여자 완전히 떠났소." 문가에 있는 어떤 시골 사람이 말했다.

그가 일어나더니 자기가 마신 술의 양을 의식하는 사람의 발걸음으로 조심스럽게 입구로 걸어갔다. 다른 사람 몇 명도 뒤따라 나가 저녁노을 속을 응시하며 서 있었다. 열등한 동물의 평화로움과 인간의 고의적인 적대행위 사이의 차이가 이곳에선 아주 분명했다. 천막 안에서 지금 막 끝난 가혹한 행위와 대조적으로, 말 몇 마리가 집으로 가는 여정을 위해 마구가 채워지는 것을 인내심 있게 기다리면서, 서로 목을 교차하며 다정히 비벼대고 있었다. 장터 바깥의 계곡과 숲에서는 모든 것이 고요했다. 해가 지금 막 져, 서쪽 하늘에는 장밋빛 구름이 영원할 것처럼 드리워져 있었으나 이제 서서히 변해갔다. 이 광경을 지켜보는 것은 마치 불 꺼진 객석에서 무대 위의 굉장한 공연을 보는 것 같았다. 이렇게 이어지는 광경 속에는 그렇지 않았다면 친절했을 우주의 한 오점으로서 인간을 포기하려는 자연의 본능이 있었다. 그러다가 현세의 모든 상황은 간헐적이라는 것을, 인간은 이 고요한 삼라만상이 포효할 때도 어떤 밤에는 천진난만하게 잠이 들기도 한다는 사실이 상기될 것이다.

"저 뱃사람은 어디 사는 사람이요?" 사람들이 주위를 공연히 둘러볼 때, 구경꾼 한 사람이 물었다.

"아무도 모르지." 상류사회의 물을 먹어본 적 있는 그 남자가 대답했다. "그 사람 확실히 여기 처음 온 사람이요."

"그 사람 여기 5분전쯤 들어왔소." 밀죽 파는 여자가 엉덩이에 손을 올린 채 사람들 말에 합류하였다. "그런 다음 되돌아 나가더니 다시 와서 안을 들여다봤죠. 뭐 하나 시켜먹지도 않는 인간이야."

"그 남편이란 놈 꼴좋게 됐네." 코르셋 끈 파는 여자가 말했다. "그 여자처럼 인물도 좋고 점잖은 사람을 두고 그러다니. 남자에게 그 이상 뭐가 필요해? 난 그 여자의 기개를 칭찬하고 싶어. 나라도 저렇게 했을 거야. 남편이 나한테 저렇게 구는데 내가 저 여자처럼 하지 않는다면 난 지옥에 떨어질 거야. 난 남편 곁을 떠날 거야. 그럼 남편이란 작자가 부르겠지, 목이 쉴 때까지 부르겠지. 하지만 난 결코 안 돌아가. 안 가. 최후의 심판의 나팔이 불때까지 난 안 간다고."

"그래요, 그 여인은 잘살 거요." 좀 더 생각이 깊은 다른 사람이 말했다. "털 깎인 새끼 양 신세인 그 여자한테 뱃사람은 아주 좋은 피난처가 될 거요. 그 남자는 돈도 꽤 많아 보이던데. 저 여자는 아무리 봐도 최근에 돈 만져 본 적이 없는 거 같거든."

"내 말 들어봐요. 난 저 여자를 붙잡지 않을 거요!" 건초 일꾼이 자기 자리로 고집스럽게 돌아가며 말했다. "그냥 가라고 해요. 저런 황당한 짓을 했으니 마땅히 대가를 치를 것이요…… 하지만 계집애는 데려가면 안 되지. 걔는 내 딸년이란 말이요. 저 여자가 이런 짓을 다시 하더라도 내 딸애를 데려가면 안 돼!"

아마 막을 수 없는 어떤 절차를 용인했다는 약간의 죄의식에서, 혹은 아마 날이 저물었다는 이유로, 손님들은 이 사건 후 천막에서 바로 빠져나갔다. 그 남자는 식탁 위에 팔꿈치를 앞으로 뻗고 얼굴을 팔에 묻더니 곧 코를 골기 시작했다. 밀죽 장수는 밤이 되자 가게 문을 닫기로 결정하고 팔다 남은 럼주 병, 우유, 밀, 건포도 등을 살펴본 뒤에 수레에 싣고 나서, 남자가 엎드려 있는 곳에 왔다. 노파가 그를 흔들었다. 그러나 깨울 수 없었다. 장이 2, 3일 더 설 거고, 굳이 그날 밤에 천막을 걷을 일도 없어서, 노파는 분명 부랑아는 아닌 이 잠든 사람을 그의 바구니와 함께 거기에 내버려두기로 했다. 마지막 양초를 끄고 말아 올린 거적문을 내린 후 노파는 천막에서 빠져나와 손수레를 밀고 사라졌다.

제2장

남자가 깼을 때 아침 햇살이 캔버스 천의 갈라진 틈으로 흘러들어 오고 있었다. 따뜻하고 강한 빛이 천막 안의 공기 전체에 퍼졌고 푸른색 큰 파리 한 마리가 안에서 빙빙 돌며 가락 맞춰 윙윙댔다. 파리의 윙윙 대는 소리 외에는 아무 소리도 들리지 않았다. 남자는 주위를 둘러봤다. 벤치와 버팀 다리가 지탱하고 있는 식탁―자신의 연장 바구니―밀죽이 끓었던 난로―빈 죽 그릇들―껍질 깐 밀 알갱이들―풀 덮인 바닥 여기저기에 흩어져 있는 코르크 병마개 등이 보였다. 이런 잡동사니들 속에서 남자는 작고 빛나는 물체를 하나 분간해내고 집어 들었다. 그건 아내의 반지였다.

어젯밤 사건에 관한 희미한 그림이 떠오르자 그는 손을 가슴팍 호주머니에 집어넣었다. 바스락거리는 소리가 아무렇게나 쑤셔 넣었던 뱃사람의 지폐임을 알려줬다.

희미한 기억은 이렇게 두 번째 확인되는 것으로 충분했다. 이제 남자는 그 기억이 꿈이 아니었음을 알았다. 그는 앉아서 한동안 땅바닥을 내려다봤다. "여기서 가능한 한 빨리 나가야겠어." 그가 마침내, 말로 표현해야만 생각의 실마리를 놓치지 않는 사람의 태도로 신중하게 말했다. "마누라가 갔네—확실히 가버렸어—자기를 사 간 뱃사람과 어린 엘리자베스-제인과 함께. 우리는 이리로 걸어왔어. 난 밀죽을 먹었고 그 안에 럼주가 있었지—그리고는 마누라를 팔았어. 그래, 그게 일어난 일이야. 그리고 나는 여기에 있고. 자, 이제 난 뭘 해야 하나?—그런데 내가 걸어도 될 만큼 술이 깬 건가?" 남자는 일어났고 자신이 지장 없이 잘 걸을 수 있는 상태임을 알았다. 다음으로 연장 바구니를 어깨에 메보고는 지고 갈만하다고 생각했다. 그런 다음 천막 문을 들추고 밖으로 나왔다.

밖으로 나오자 그는 우울한 호기심으로 주위를 둘러봤다. 서 있는 동안 9월 아침의 상쾌함이 그에게 생기를 주고 기운을 북돋았다. 그와 가족이 어젯밤 도착했을 때 지쳐있어서 주변 경관을 제대로 눈여겨보지 못해서인지 이제 그의 눈에는 처음 보는 듯 새로웠다. 이곳은 탁 트인 초원 꼭대기 지형이었고 한쪽 끝이 경작지와 맞닿았는데, 구불구불한 길을 통해서 도달하게 되어 있었다. 기슭에는 마을이 하나 있었고 고지대와 거기서 매년 서는 시장도 이 마을의 이름을 빌려 쓰고 있었다. 이 지점은 계곡에 이르기까지 죽 벋어 내려갔고, 계속해서 다른 고지들과 연결되었다. 중간중간에 고분(古墳)들이 솟아있었고 선사시대 요새의 유적 주위로 호(壕)가 있었다. 이 모든 광경이 막 떠오른 햇살 아래 놓여 있었다. 햇살은 무겁게 이슬 맺힌 풀잎들을 아직까지 단 하나도 말리지 못하고 있었다. 그 이슬 위에는 혜성의 궤도 모양으로 마차 바퀴의 테두리가 길게 늘어지며 만들어낸 노랗고 붉은 마차의 그림자가 멀리 비쳐 보였다. 장터에 남아 있던 집시와 흥행꾼들은 모두 자기들 수레와 천막 속에서 아늑하게 누워있거나 아니면 수레 밑에서 말 덮개를 감고 있었다. 이들은 모두 말이 없고 죽음처럼 조용했는데 예외라면, 가끔씩 코 고는 소리가 이들의 존재를 드러낸다는 점이었다. 그러나 이들 잠든 일곱 사람[07]에게는 개가 한 마리 있었다. 유랑객들이 데리고 다니는 이상한 종자의 개들도 있었는데 이들은 개라기보다는 고양이 같고, 고양이라기보다는 여우에 가깝고 이들 또한 여기저기 뒹굴고 있었다. 수레 밑에서 작은 개 한 마리가 벌떡 일어나 마치 그래야만 하는 것처럼 짖어대다가 곧바로 다시 누웠다. 이 개가 건초 일꾼이 웨이던 장터에서 나가는 것을 확실하게 본 유일한 목격자였다.

이런 풍경이 그의 현재의 기분 상태에 맞는 듯했다. 그는 말 없이 생각에 잠긴 채 계속 걸었다. 부리에 지푸라기를 물고 울타리 주위를 날아다니는 멧새들에도, 버섯의 머리 부분에도, 운 좋게 장터에서 팔리지 않은 동네 양들의 방울 소리에도, 신경 쓰지 않고 걸었다. 남자는 전날 밤의 현장에서 1마일은 족히 되는 좁은 길에 이르렀을 때 바구니를 내던지고 어느 집 문에 기댔다. 한두 가지의 어려운 문제가 그의 마음을 사로잡았다.

"내가 어젯밤에 누군가에게라도 내 이름을 말했던가, 안 했

---

07 잠든 일곱 사람(the Seven Sleepers): 로마 시대 데시우스 황제 때(서기 250년) 박해를 피해 동굴에 숨은 7명의 젊은 기독교도가 잠이 들었다가 깨보니 테오도시우스 2세(서기 408-50) 때였다는 전설이 있다. 187년 만에 깬 이들은 또다시 잠들었다가 성자로 죽었다고 한다.

던가?" 그가 스스로 물어보았고, 마침내 말하지 않았다는 결론을 내렸다. 그의 전반적인 태도는 아내가 자기 말을 곧이곧대로 받아들였었다는 데에 대해 놀라고 화났음을 보여주기에 충분했고 이는 그의 얼굴에서도, 그리고 그가 산울타리에서 뜯은 지푸라기를 씹어 먹는 행동에서도 드러났다. 그는 아내가 틀림없이 좀 흥분해서 이런 일을 했고, 게다가 틀림없이 이 거래의 구속력을 믿었다는 것을 알았다. 그는 이 두 번째 문제에 관해서는 거의 확신했는데 왜냐하면 아내는 경박한 성격이 아니라 굉장히 단순무식한 사람이었기 때문이다. 또 아내의 평소의 온건함 밑에는 어떤 일시적인 의심도 잠재워버리기에 충분한 무분별함과 분개심이 있었을지도 모른다. 어젯밤에 그랬듯이 그가 전에도 아내를 팔아버리겠다고 취중에 선포했을 때 그녀는 체념한 말투로 이렇게 몇 번만 말하면 정말 그런 일이 일어날 거라고 대답한 적이 있었다…… "하지만 마누라는 내가 그런 말을 할 때 내가 제정신이 아니라는 걸 알아!" 그가 외쳤다. "그래, 마누라 찾을 때까지 여기저기 다녀봐야겠어…… 붙들어야겠어. 왜 그렇게 어리석은 짓을 해서 날 이렇게 창피하게 만드는 거야!" 그가 큰 소리로 으르렁댔다. "내가 별나다 해서 마누라까지 그러면 안 되지. 이렇게 바보같이 단순한 짓을 하다니, 꼭 수전다운 짓이야. 순하다고? 그게 독하디독한 성깔보다도 내겐 더 해를 끼쳤어!"

마음이 좀 가라앉자 그는 어떻게 해서든 아내와 어린 엘리자베스-제인을 찾아야 하고 이 창피함을 가능한 한 잘 참아내야 한다는 원래의 확신으로 돌아갔다. 이건 다 그가 만든 일이니 참아내야만 했다. 하지만 먼저 그는 맹세를 하나 기록하기로, 지금껏 했던 어떤 맹세보다도 큰 맹세를 기록에 남기기로 마음먹고 그 것을 적절히 실행하기 위해 뭔가 적당한 장소와 상징물이 필요했다. 왜냐하면 이 남자의 믿음에는 물신 숭배적인 뭔가가 있었기 때문이다.

그는 바구니를 어깨에 메고, 주변 풍경에 호기심 많은 눈길을 던지며 계속 나아갔다. 3, 4마일 떨어진 거리에 마을의 집 지붕들과 교회의 첨탑이 보였다. 그는 즉시 교회 쪽으로 향했다. 마을은 쥐 죽은 듯 고요했는데 왜냐하면 그때가 밭일꾼들이 일하러 출발하는 시간과 그들의 아내와 딸들이 그들의 귀가를 위해 아침 식사를 준비하러 일어나는 시간 사이, 즉 시골의 일상생활에서 사람들이 돌아다니지 않는 시간대였기 때문이다. 따라서 그가 교회에 이를 때까지 사람 눈에 띄지 않았고 문은 걸쇠로만 채워져 있어서 그는 안으로 들어갔다. 건초 일꾼은 바구니를 성수대 옆에 내려놓고 본당을 지나 제단 난간에 이르렀다. 난간의 문을 열고 성소(聖所)에 들어서자 거기서 그는 잠시 낯선 느낌을 느끼는 것 같더니 제단 계단에 무릎을 꿇었다. 성찬대 위에 고정된 책에 이마를 대고 그는 큰 소리로 말했다.

"저 마이클 헨처드는 오늘 9월 16일의 아침 이 엄숙한 장소에서 신 앞에 맹세합니다. 저는 앞으로 21년 동안, 지금까지 살아온 해와 같은 기간 동안, 독한 술이라곤 일절 피할 것입니다. 제 앞의 성경에 대고 맹세합니다. 만약 이 맹세를 깨면 제가 말도 하지 못하고, 눈도 멀고, 의지할 곳 하나 없는 인간이 되게 해 주소서!"

맹세를 마치고 그 큰 책에 입을 맞추고 난 뒤 건초 일꾼은 일어났다. 새 출발을 한 것에 안도감을 느끼는 것 같았다. 잠시 현관에 서 있는 동안 그는 근처 오두막의 붉은 굴뚝에서 나무를 땐 짙고 검은 연기가 갑자기 솟아 올라가는 것을 보고 오두막 주인이 방금 불을 지폈다는 것을 알았다. 그는 돌아서 문간으로 갔다. 안주인은 그에게 푼돈만 받고 아침을 차려주기로 동의하더니, 그렇게 했다. 그러고 나서 남자는 아내와 자식을 찾아 길을 떠났다.

사람 찾는 일이 호락호락하지 않다는 것이 곧 너무나 분명했다. 살펴보고 물어보고 하며 여기저기 며칠을 걸어 다녔지만 그가 묘사한 그런 인물들을 본 사람은 장날 밤 이후 어디에서도 없었다. 그가 선원의 이름을 알지 못한다는 것이 어려움을 가중시켰다. 가진 돈이 빠듯했기 때문에 그는 잠시 주저했지만, 뱃사람이 준 돈을 가족 찾는 일에 쓰기로 마음먹었다. 그러나 그것 또한 마찬가지로 헛일이었다. 효과적으로 추적하기 위해 크게 고함을 치며 찾아봐야 했지만 마이클 헨처드는 자기가 한 일을 드러내는 게 부끄러워 그러지 못했다는 게 맞는 말일 것이다. 아내를 잃게 된 상황에 대한 설명을 빼놓고 할 수 있는 건 다 해봤지만, 이런 이유 때문인지 그는 어떤 단서도 얻지 못했다.

몇 주가 흘러 몇 달이 되었지만, 그는 허드렛일하며 생계를 유지하는 사이사이 찾는 일을 계속했다. 이맘때쯤 그는 어느 항구에 도착했고 거기에서 그의 묘사에 어느 정도 부합하는 사람들이 얼마 전에 이민을 떠났다는 소식을 들었다. 그는 더 이상 찾지 않겠다고 말했고 마음속에 얼마간 두고 있던 지역으로 가서 정착하겠다고 했다. 다음 날 그는 출발하여 서남 방향으로 갔고 밤에 숙박할 때를 빼고는 쉬지도 않았다. 마침내 웨섹스의 먼 지역에 있는 캐스터브리지라는 읍에 당도하였다.

제3장

웨이던-프라이어스 마을로 가는 신작로에는 다시금 먼지가 뒤덮였다. 나무들은 예전처럼 우중충한 초록색을 띠었는데, 한때 헨처드 가족 셋이 걸었던 그 길을 그 가족과 관련이 없지 않은 두 사람이 지금 걷고 있었다.

이 장면을 대강 보면, 심지어 이웃한 아랫마을의 사람 목소리와 덜거덕거리는 소리까지 너무나 이전 모습과 비슷했기 때문에, 그 점에 있어서 앞서 기록된 사건에 이어지는 오후라고 해도 괜찮을 정도였다. 세부 사항에서 변화가 보일 뿐이었다. 그러나 세월의 긴 행렬이 지나갔었다는 것만은 분명했다. 길을 걷는 두 사람 중 하나는 앞서 헨처드의 어린 아내로 등장했었던 여자였다. 이제 그녀의 얼굴에서 토실토실함은 많이 사라졌다. 피부는 조직상의 변화를 겪었고, 머리칼은 색을 잃지 않았지만, 전보다 숱이 훨씬 적었다. 여자는 과부가 입는 상복을 입고 있었다. 그녀의 동행자 역시 검은색 차림이었는데 18세쯤 되어 보이는 잘생긴 젊은 여자였다. 안색이나 몸매와 상관없이 그 자체가 아름다움인, 값지나 수명이 짧은 젊음의 정수(精髓)를 고스란히 간직하고 있었다.

한 번만 힐끗 봐도 이 여자가 수전 헨처드의 성장한 딸이라는 것을 알 수 있었다. 인생의 중반 여름이 어머니의 얼굴에 고생한 흔적을 남겼지만, 그녀가 예전에 지녔던 꽃다운 봄의 특징들은 시간에 의해 두 번째 인물인 그녀의 자식에게 절묘한 솜씨로 전수되었기 때문에, 어머니가 겪어 알고 있는 어떤 사실들이 딸의 마음에는 없다는 점은 그 사실들에 대해 생각하고 있는 사람들에게는 자연의 연속성이라는 능력에도 희한하게 결함이 있다는 생각이 잠시 들게 했을 것이다.

그들은 손을 잡고 걸었는데 이것이 소박한 애정의 행위임은 능히 짐작할 만했다. 딸은 다른 쪽 손에 구식(舊式) 고리버들 바구니를 들고 있었다. 어머니는 푸른색 보따리를 들었는데 그녀의 검은색 나사(羅紗) 가운과 묘하게 대비되었다.

마을의 변두리에 이르자 그들은 이전과 똑같은 길을 따라갔고, 장터까지 올라갔다. 여기에서도 세월이 흘러갔다는 것이 역력했다. 어떤 기계적 개선들이, 회전목마와 그네에서, 시골 사람들의 힘과 무게를 시험하는 기계들에서, 그리고 상품으로 코코넛을 타는 사격 게임에서 이루어진 것을 볼 수 있었다. 그러나 시장의 진짜 상거래는 상당히 줄어들었다. 이웃 마을들에 정기적인 큰 시장이 새로 들어서면서, 이곳에서 수세기 동안 운영되어 온 장사를 심각하게 방해하기 시작했다. 양 우리들과 말 묶는 말뚝들은 이전의 반 정도로 줄었다. 양복쟁이, 양품점 장수, 통 제조인, 리넨 포목상 등속의 장사꾼들 노점은 거의 사라졌고, 마차들의 수도 훨씬 줄어들었다. 모녀는 얼마 동안 사람들 사이를 누비고 지나가다가 멈췄다.

"왜 여기로 와서 괜히 시간을 허비하는 거죠? 엄마가 계속 갈 줄 알았는데." 처녀가 말했다.

"그렇구나, 우리 예쁜 엘리자베스-제인." 어머니가 설명했다. "그런데 여기를 살펴 볼 생각이었어."

"왜요?"

"여기서 내가 뉴선을 처음 만났단다──꼭 오늘과 같은 장날에."

"여기서 아버지를 처음 만나셨다고요? 맞아요, 엄마가 전에 그렇게 말했어요. 이제 아버지는 물에 빠지셔서 우리 곁을 떠났죠!" 이 말을 하며 소녀는 주머니에서 카드를 하나 꺼내 한숨을 쉬며 들여다봤다. 카드는 검게 테두리 쳐져 있었고 벽에 거는 석판을 닮은 문양 안에 이런 글귀가 새겨져 있었다. "184*년 41살을 일기로 불운하게 바다에서 목숨을 잃은 선원 리처드 뉴선을 사랑으로 기억하며."

"그리고 바로 여기에서였어." 엄마가 좀 더 주저하며 말을 이었다. "우리가 찾으려고 하는 친척, 마이클 헨처드 씨를 내가 마지막으로 본 게."

"그분이 우리랑 정확히 어떻게 되는 친척이에요, 엄마? 그 얘기를 확실하게 들어본 적이 없는 것 같아요."

"그분은 시가(媤家)쪽 친지분이거나 이었어, 왜냐면 돌아가셨는지도 모르니까." 엄마가 신중하게 말했다.

"그건 엄마가 전에 수십 번이나 말했던 똑같은 얘기예요." 젊은 여자가 자기 주위를 건성으로 둘러보며 대답했다. "가까운 친척은 아닌 거죠, 그렇죠?"

"결코 아니란다."

"엄마가 그분에 관해 마지막 들었을 때 그분은 건초 일꾼이었죠, 그렇죠?"

"그렇단다."

"그분은 저를 전혀 모르죠?" 소녀가 천진난만하게 말을 이었다.

헨처드 부인은 잠시 머뭇거리다가 불안한 기색으로 대답했다. "물론 모르지, 엘리자베스-제인아. 이리로 가자." 그녀가 장터의 다른 쪽으로 걸음을 옮겨갔다.

"제 생각엔 여기서 사람을 수소문하고 다니는 건 별 소용없을 거 같아요." 딸이 주위로 시선을 던지며 말했다. "장바닥 사람들은 나뭇잎 색깔처럼 변하는 법이거든요. 이런 말을 해도 될지 모르겠지만 그 옛날에도 여기 있었다가 오늘도 이 자리에 있는 사람은 엄마밖에 없어요."

"꼭 그런지는 모르겠구나." 이제는 자신을 뉴선 부인이라 부르게 된 그녀가 이렇게 말했고 좀 떨어진 곳의 푸른 강둑 아래 뭔가를 뚫어지게 쳐다봤다. "저기 봐라."

딸은 가리키는 쪽을 쳐다봤다. 엄마가 가리킨 물체는 땅에 박힌 삼각대였다. 거기에는 삼발이 단지가 걸려서 장작불로 데워지고 있었다. 단지 위로 초췌하고 쭈글쭈글하여 거의 넝마 차림인 노파가 몸을 구부리고 있었다. 노파는 커다란 수저로 단지 안의 내용물을 휘저으며, 가끔씩 갈라진 쉰 목소리로 말했다. "맛난 밀죽 팔아요!"

그 여자는 정말로 예전의 밀죽 노점 주인이었다. 한때 잘 나가서, 흰 앞치마를 깔끔하게 두르고 돈을 짤랑거리며 세던 여자가 이제는 천막도 치지 못하고 지저분했으며, 식탁이나 벤치도 없었다. 손님이라고는 살갗이 흰 듯 탄 듯한 남자애들 달랑 두 명뿐이었다. 이 아이들이 와서 "반 페니어치요, 듬뿍 주세요"라고 하자 주인 여자는 누렇고 이 빠진 싸구려 질그릇에 죽을 담아 줬다.

"저 노파는 그때도 여기서 장사하고 있었어." 뉴선 부인이 더 가까이 가려는 듯이 한 발자국 내디디며 다시 말했다.

"저 여자한테 말 붙이지 말아요, 체면이 있지." 딸이 주장했다.

"한마디만 물어볼 거야. 엘리자베스-제인 너는 그냥 여기 있으면 된다."

소녀는 수긍했고 어머니가 앞으로 나아가는 동안 색칠 판화 가게로 발길을 돌렸다. 노파는 어머니를 보자마자 좀 팔아달라고 사정했고, 한 푼어치만 달라는 헨처드-뉴선 부인의 말에 젊은 시절 여섯 푼어치 팔 때보다도 더 잽싸게 응답했다. 예전의 걸쭉한 잡탕 죽을 대신하는 시원찮은 멀건 죽 그릇을 자칭 과부인 그 여자가 받아 들자 노파가 불 뒤의 작은 바구니를 열고 교활하게 올려다보며 귓속말을 했다. "거기 럼주 조금 넣어드릴까? 알다시피 밀수된 거요. 두 푼어치 드릴까? 강장 음료같이 술술 잘 내려 갈 거요."

그녀의 고객은 이 옛날 술책이 되살아난 것에 씁쓸하게 미소를 띠며 고개를 저었고, 그 의미를 노파는 짐작할 수 없었다. 여자는 노파가 준 납 숟가락으로 밀죽을 조금 먹어보는 시늉을 하면서 노파에게 "예전엔 장사가 잘됐었죠?"라고 상냥하게 말했다.

"아, 부인, 그렇고말고요." 늙은 여자가 마음의 문을 곧바로 열며 대답했다. "전 이 장터에서 처녀로, 아내로, 그리고 과부로 지난 39년 동안 장사했죠. 그 기간에 이 나라에서 제일 먹성 좋은 사람들과 장사하려면 어떻게 해야 하는지 알게 되었죠. 부인, 내가 한때는 장터에서 인기 좋은 커다란 천막집의 주인이었다는 게 믿기지 않지요? 누구든지 구데나우 부인의 밀죽 한 그릇을 먹지 않고는 여기에 왔다 갈 수가 없었죠. 전 목사님들의 입맛도 알고 멋쟁이 양반 나리들 입맛도 알았죠. 그리고 도시의 입맛, 시골의 입맛, 심지어는 상스럽고 낯 두꺼운 여편네들의 입맛도 알았다오. 근데 제기랄, 내 꼬락서니 하곤. 내가 그랬다는 거 세상이 기억해 주지를 않네요. 정직하게 장사하면 남는 게 없어요. 요즘 같은 때는 약고 은밀하게 장사하는 사람들이 성공한다니까요!"

뉴선 부인은 주위를 둘러봤다. 딸은 여전히 멀리 떨어진 노점에서 물건을 구경하고 있었다. "혹시 기억나세요?" 여자가 조심스럽게 노파에게 말했다. "18년 전 오늘 아주머니 천막에서 남편이 아내를 팔았던 일을요."

노파는 생각에 잠겼고 머리를 반쯤 가로저었다. "그게 대단한 일이었다면 내가 금방 기억해냈을 거요." 그녀가 말했다. "그렇게 목격하는 게 내 팔자였으니 난 부부 사이의 심각한 싸움, 살인 사건, 과실치사, 심지어는 소매치기 사건까지 죄다 기억해요—적어도 굵직한 사건들은요. 하지만 아내를 판 일은? 그게 조용하게 이루어졌소?"

"아, 예, 그럴 거예요."

밀죽 파는 여자는 다시 머리를 반쯤 가로저었다. "그런데," 그녀가 말했다. "이제 기억나는군. 어쨌든 그런 짓을 한 남자가 기억나긴 하는데 연장통을 매고 코르덴 윗도리를 입고 있었소. 하지만, 제기랄, 우린 그런 일을 머리에 넣어두지 않아요. 그런 일은 결코. 그 남자가 기억나는 이유 딱 하나는 그가 다음 해 장날에 여기로 돌아와서는 어떤 여자가 자기를 찾으면, 어디더라, 캐스터브리지, 그렇지, 캐스터브리지로 갔다고 말해 달라고 나한테 은밀하게 청했기 때문이요. 그런데 이런, 그런 일은 다시 떠올려 봐야 좋을 것도 하나 없는데!"

이 파렴치한 여인의 술 때문에 자기 남편이 타락했다는 생각을 조심스레 품어오지 않았다면 뉴선 부인은 어렵지만, 형편 닿는 대로 노파에게 보상했을 것이다. 그녀는 이 제보자에게 간략하게 고맙다고 하고 나서, "엄마, 이제 어서 가요. 엄마가 거기서 음식거리를 사는 건 우리 체면을 깎는 일이에요. 제일 신분 낮은 사람들이나 그렇게 해요"라고 말하며 반기는 엘리자베스와 다시 만났다.

"어쨌든 내가 원한 건 알아냈다." 엄마가 조용히 말했다. "우리 친척분이 이 장터를 마지막으로 찾아오셨을 때 당신이 캐스터브리지에 살고 계신다고 말했다는구나. 거긴 여기서 멀고도 멀단다. 게다가 그분이 그 말을 한 건 오래전이기도 해. 하지만 거기로 가야 할까 봐."

말을 마치고 그들은 장터에서 아래쪽으로 내려가더니 마을까지 계속 나아갔고, 거기서 하룻밤 잘 곳을 구했다.

제4장

헨처드의 아내는 최선의 결과를 위해 행동했지만 스스로 난처한 지경에 말려들어 갔다. 그녀는 딸 엘리자베스-제인에게 자신의 진짜 인생 내력을 거의 얘기할 뻔한 게 백 번은 됐다. 그 내력에서 비극적인 사건의 절정은 그녀가 지금 자기 옆의 딸보다 나이가 더 많지 않았을 때 웨이던 장터에서 거래된 일이었다. 하지만 그녀는 참았다. 순진무구한 아가씨는 다정한 뱃사람과 어머니 사이의 관계가 겉보기에는 항상 정상적이라는 믿음 속에서 자랐다. 아이의 성장과 더불어 같이 자란 생각들을 혼란스럽게 하여 아이의 강한 애정을 위태롭게 하는 모험은 헨처드 부인에게는 생각만 해도 너무나 끔찍한 일이었다. 엘리자베스-제인에게 과거 일을 알게 한다는 생각은 정말로 어리석은 일로 보였다.

그러나 자신의 내력을 밝히면 애지중지 사랑하는 딸의 마음을 잃을 거라는 수전 헨처드의 두려움은 자기가 잘못했다는 인식과는 아무런 관계가 없었다. 헨처드가 그녀를 경멸하게 된 원래의 이유이기도 한 그녀의 단순함은, 그녀로 하여금 뉴선이 자신을 구매함—비록 그 권리의 정확한 의미와 법적 한계는 모호하지만—으로써, 그녀에 대해 참되고 정당한 권리를 획득했다는 확신을 갖고 계속 살아가게 했다. 세상 때가 묻은 사람들에게는 정신이 멀쩡한 젊은 기혼녀가 그런 거래의 유효성을 믿는다는 게 이상하게 보일지도 모른다. 그와 똑같은 믿음의 다른 경우가 수없이 많지 않다면 그 일은 거의 믿기지 않았을 것이다. 그러나 너무도 많은 시골의 기록이 보여주듯 그녀는 자기를 구매한 사람에게 종교적일 정도로 들러붙은 첫 번째 혹은 마지막 촌 여자는 결코 아니었다.

그러는 사이 수전 헨처드가 겪은 모험의 이야기는 몇 문장으로 말하여질 수 있다. 정말 어쩔 수 없이 그녀는 캐나다로 가야 했고, 거기서 자신들의 오두막을 밝고 부족함이 없게 유지하기 위해 그 어떤 여자보다도 열심히 일했지만, 이렇다 할 세속적 성공도 거두지 못한 채 몇 년을 살았다. 엘리자베스-제인이 열두 살쯤 되었을 때 이 세 식구는 영국으로 돌아와 팰머스[08]에 정착했는데 거기서 뉴선은 몇 년간 뱃사공과 해안의 잡역부로 생계를 유지했다.

그러다가 그는 뉴펀들랜드[09] 무역업에 종사하게 되었고 수전이 뭔가 깨닫게 된 게 이 기간이었다. 그녀가 자신의 과거를 고백하자 그 얘기를 들은 한 친구는 그녀가 현재 처하게 된 입장을 너무 진지하게 받아들였다고 놀려댔고 이로 인해 그녀의 마음의 평화는 다 깨졌다. 어느 해 겨울이 끝나갈 무렵 뉴선이 집에 돌아왔

---

08 팰머스(Falmouth): 영국 남서부 콘월 지역에 있는 항구 도시.

09 뉴펀들랜드(Newfoundland): 캐나다 북동부의 해안 및 섬 지대.

을 때 그는 자신이 그렇게 신경 써서 유지해오던 착각이 영원히 사라졌음을 알게 되었다.

그 후 슬픔의 시기가 찾아왔다. 이때 그녀는 자기가 그와 함께 더 같이 살 수 있을지 의문이라고 그에게 말했다. 제철이 돌아오자 뉴선은 뉴펀들랜드 무역으로 돈을 벌기 위해 다시 집을 떠났다. 얼마 후 그가 바다에서 죽었다는 막연한 소식이 그녀의 순종적인 양심에는 고통이었던 문제를 해결해 주었다. 그녀는 그를 더 이상 보지 못했다.

헨처드에 관해서 그들은 아무 소식도 듣지 못했다. 노동의 신하(臣下)로 얽매여 살아가는 사람들에게 그 당시의 영국은 그 자체가 하나의 대륙이었고 1마일은 지리학적인 경도(經度) 1도나 마찬가지였다.

엘리자베스-제인은 일찌감치 숙녀티가 났다. 뉴선이 뉴펀들랜드 해저 융기부에서 죽었다는 소식을 접한 지 한 달쯤 지난 어느 날이었다. 열여덟이 다 된 그녀는 그들이 여전히 거주하는 오두막에서 버들가지 의자에 앉아 어부들이 쓸 삼끈 어망을 짜고 있었다. 그녀의 어머니는 같은 방의 뒤쪽 구석에서 같은 일을 하고 있었다. 어망 끈을 꿰고 있던 무거운 나무 바늘을 내려놓고 어머니는 생각에 잠겨 딸을 살펴보았다. 햇빛이 문간으로 들어와 이 젊은 여인의 머리와 머리카락을 비추었는데, 머리카락은 듬성듬성해서 빛줄기가 마치 개암나무 덤불 숲속으로 들어가듯 밑뿌리까지 비추었다. 그녀의 얼굴은 창백하고 원숙미는 없었지만 미의 원재료들을 충분히 갖고 있어서 나중에 예뻐질 여지가 있었다. 이 얼굴에는 숨은 아름다움이, 아직 여물지 못해 일시적으로 보이는 울퉁불퉁함과 궁색한 처지로 인해 우연히 생긴 흠들을 뚫고 모습을 드러내려 몸부림치고 있었다. 그녀는 골격은 아름다웠지만, 아직 살결까지 아름답지는 않았다. 그녀 얼굴의 변하는 부분들이 완전히 틀을 갖추고 굳어지기 전에 그녀가 일상의 괴로운 사건들을 모면할 수 없다면, 그녀가 완전히 아름다워질 가능성은 전혀 없었다.

딸의 모습을 보자 어머니는 슬퍼졌는데 막연한 생각에서가 아니라 논리적 추론에 따르면 그랬다. 그들은 둘 다 가난이라는 구속복(拘束服)을 여전히 입고 있었다. 그녀는 딸을 위해 거기에서 벗어나려고 그렇게나 여러 차례 시도했었다. 그녀는 어린 딸이 얼마나 열심히, 그리고 꾸준히 식견을 넓히려고 얼마나 발버둥 치는지 오랫동안 알고 있었다. 그런데 열여덟 살이 된 지금까지도 딸의 마음은 그저 조금만 펼쳐졌을 뿐이다. 엘리자베스-제인의 차분하고 억제된 마음속 욕망은 정말로 보고, 듣고, 이해하려는 것이었다. 그녀가 어떻게 하면 더 넓은 지식, 그녀가 '더 훌륭한'으로 칭하는, 더 높은 평판을 지닌 여인이 될 수 있는가, 이것이 그녀가 어머니에게 끊임없이 묻는 질문이었다. 그녀는 자신과 같은 처지에 있는 소녀들보다 더 사물의 이치를 파고들었고 그녀의 어머니는 딸의 그런 탐색에 자신이 도움을 주지 못한다는 생각에 한숨 쉬었다.

그 뱃사람은 익사했건 아니건 이제 그들에겐 잊힌 존재가 되었다. 수전이 진실에 눈을 떠 생각이 혼란스러워지기 전까지 남편으로서 그에게 굳건하고 종교적으로 집착했던 일은 이제 더이상 할 필요가 없게 되었다. 그녀는 자신이 다시 자유로운 여자가 된 지금이야말로 모든 것에 그렇게나 운이 없었던 이 세상에서 피나는 노력을 하여 엘리자베스를 발전시키기에 가장 시의적절한 때가 아닐까 자문해 보았다. 자존심을 접고 첫 번째 남편을 찾는 일은 현명하건 아니건 간에 가장 먼저 취할 최선책으로 보였다. 그는 아마 술 먹다가 죽어 무덤에 있을지도 모른다. 그러나 달리 생각해 보면 그는 그럴 정도로 양식이 없지는 않았다. 왜냐하면 그와 살았던 시절 그는 한 번씩 크게 술을 마시기는 했지만, 완전히 인이 박힌 술꾼은 아니었기 때문이다.

어쨌든 그가 살아 있다면 그에게 돌아가는 것은 두말할 나위가 없었다. 그를 찾는 일이 껄끄러운 것은 엘리자베스에게 진실을 알려야 하기 때문이었고, 그녀의 어머니에게 이것은 생각만 해도 견디기 어려운 일이었다. 그녀는 결국 딸에게 헨처드와의 이전 관계를 털어놓지 않은 채 그를 찾기로 작정했고, 만약 그를 찾으면 이전 관계에 대해 그가 어떤 조치를 취하든 내버려 두기로 했다. 이것이 장터에서 모녀가 나눈 대화에, 그리고 엘리자베스가 사실을 다 알지 못한 채 어머니에게 이끌려가는 상황에 대한 설명이 될 것이다.

이런 태도로 그들은 밀죽 파는 여자가 헨처드의 행방에 관해 제보해 준 희미한 단서에만 전적으로 의지하며 여행을 계속했다. 돈을 극도로 아껴야만 했다. 때로는 도보로, 또 어떤 때는 농부의 달구지나 우편 마차를 얻어 타고 가기도 했다. 이렇게 그들은 캐스터브리지에 가까워졌다. 엘리자베스-제인은 어머니의 건강이 전과 같지 않음을 알고 매우 놀랐다. 때때로 어머니의 말에는 딸만 아니라면 점점 더 지쳐가는 삶을 하직한다 해도 별로 여한이 없으리라는 체념 어린 말투가 서려 있었다.

그들이 찾는 목적지에서 1마일이 채 안 남은 언덕의 정상에 도달한 것은 9월 중순경 어느 금요일 저녁 땅거미가 막 지기 전이었다. 여기에는 높게 쌓아진 산울타리가 마찻길을 따라 있어서 그들은 안쪽의 초록 뗏장에 올라가 앉았다. 이 지점에서 읍과 주변의 전경이 다 보였다.

"정말 옛날식 마을 같아 보여요!" 침묵만 지키는 어머니가 지형(地形)보다는 다른 일들을 곰곰이 생각하는 동안 엘리자베스-제인이 말했다. "집들이 전부 한데 모여 있네요. 그리고 마치 사각 테두리가 있는 정원처럼 사각의 나무 울타리에 갇혀 있어요."

마을이 네모반듯한 것은 사실 이 고색창연한 자치 읍에서 가장 눈에 띠는 특징이었다. 캐스터브리지 자치 읍은 그 당시에―최근이기는 하지만―근대화라는 물세례를 거의 받지 않은 곳이었다. 읍은 꼭 도미노 상자처럼 빽빽했다. 그리고 흔히 말하는 교외 주택 지구라는 것이 없었다. 시골과 도시가 수학적인 일직선상에서 만났다.

좀 더 높이 날아오르는 종류의 새들에게 캐스터브리지는 날씨가 오늘 저녁처럼 좋으면 진초록의 장방형 테두리 안에 한데 붙어 있는 차분한 빨간색, 갈색, 회색, 그리고 투명한 수정의 모자이크 작품처럼 보였음이 틀림없다. 직선으로 보는 인간의 눈에 읍은 수 마일 뻗은 둥그런 언덕과 움푹 들어간 벌판 한복판에 자리 잡고 있으면서 참피나무들과 밤나무들의 빽빽한 울타리 뒤로 흐리멍덩한 하나의 덩어리로 서 있는 것처럼 보였다. 이 덩어리를 응시하다 보면 이것이 탑, 박공, 굴뚝, 유리창으로 서서히 나뉘는데, 제일 꼭대기 창유리는 서쪽 햇빛에 물든 띠 모양 구름이 비치며 만든 구릿빛 불길로 인해 흐릿한 핏빛으로 빛나고 있었다.

나무로 둘러싸인 이 사각형 지형의 각 면의 중앙에서부터 가로수 길들이 동, 서, 남으로 뻗어 넓은 밀밭지대와 깊은 계곡으로 1마일 남짓 이어졌다. 도보 여행자들이 막 들어선 건 이 가로수 길 중의 하나였다. 그들이 계속 나아가려고 자리에서 일어서기 전에 두 남자가 지나가며 논쟁적인 대화를 나누고 있었다.

"정말 확실하게," 엘리자베스가 뒤로 물러나며 말했다. "저 남자들이 이야기 중에 헨처드라는 이름을 언급했어요. 우리 친척 이름을요?"

"내 생각에도 그런 것 같구나." 뉴선 부인이 말했다.

"그분이 아직 여기 계시다고 넌지시 알려 주는 말 같아요."

"그렇구나."

"제가 저 사람들 뒤쫓아 가서 그분에 관해 물어볼까요?"

"아니, 아니, 안 돼. 아직은 절대로 안 돼. 그분이 지금 빈민수용소에 있을지, 아니면 감옥에서 차꼬를 차고 있을지 알 길이 없지 않니."

"어머, 왜 그렇게 생각해요, 엄마?"

"그냥 말해본 거란다. 그뿐이야. 하지만 은밀히 수소문해 봐야겠구나."

충분히 휴식을 취하고 나서 이들은 해 질 무렵에 다시 길을 재촉했다. 길 양쪽의 공지(空地)는 여전히 희미한 햇빛을 받고 있었지만 빽빽한 가로수들은 길을 터널처럼 어둡게 만들었다. 달리 말하자면 그들은 두 땅거미 사이에 있는 한밤중을 걸어 내려간 것이다. 이제 사람 사는 곳이 나타나자 엘리자베스의 모친은 읍의 특징들에 대해 강렬한 관심을 갖게 되었다. 여기저기 주변을 돌아다니다 보니 그들은 캐스터브리지의 외곽을 이루는 옹이 많은 나무 장벽들이 나지막한 푸른 둑 위나 바깥쪽에서 보이는 도랑이 있는 급경사면 위에 서 있어서, 그 자체로 하나의 길을 이룬다는 것을 알았다. 이 가로수 길이자 둑 안쪽에는 담이 이어지다 끊어지다 하였고, 담의 안쪽에는 읍민들의 거주지가 촘촘하게 자리 잡고 있었다.

두 여자가 모르고 있었지만, 이러한 외부적인 특징들은 이 나무 장벽이 산책로로 이용되기 위해 심어졌지만, 예전에는 읍의 방어벽에 지나지 않았음을 말해 주고 있었다.

이제 가로등 불빛이 읍을 에워싼 나무들 사이로 깜빡이면서, 그 안쪽이 대단히 아늑하고 안락하다는 느낌을 전달하고 있었다. 그러나 불이 밝혀지지 않은 그 바깥쪽의 시골은 사람들이 북적대는 곳과 가깝지만, 이상할 정도로 쓸쓸하고 텅 빈 느낌을 자아냈다. 도시와 시골 간의 차이는 이제 다른 소리보다 높게 그들의 귀에 들려오는 취주악대의 연주에 의해서도 증가되었다. 여행자들은 다시 대로에 들어섰는데, 위층이 더 튀어나온 목조 가옥들이 늘어서 있었다. 그 가옥들의 작은 유리 격자창은 줄로 당기는 무명 커튼에 의해 가려져 있었다. 그리고 이 가옥의 널빤지 아래에는 오래된 거미줄이 산들바람에 나부끼고 있었다. 판재 사이에 벽돌을 채워 넣어 지어진 집들도 있었는데 이 집들은 주로 옆집들에 기대어 지탱하고 있었다. 타일로 덧댄 슬레이트 지붕이 있었고, 슬레이트로 덧댄 타일 지붕도 있었고 간간이 초가지붕도 있었다.

이 읍이 생존을 위해 의존하는 사람들의 농촌 및 전원생활의 특성은 가게 창문에 전시된 물건들의 종류에 의해 잘 드러났다. 낫, 곡식 베는 갈고리, 양털 깎는 가위, 가지 치는 칼, 삽, 곡괭이, 호미는 철물상에 진열되어 있었다. 벌통, 버터통, 우유 젓는 기계, 젖 짤 때 쓰는 의자와 양동이, 건초 갈퀴, 밭일 할 때 마시는 술병, 흩뿌릴 씨 담는 바구니 등은 통 가게에 있었다. 한편 수레 밧줄과 쟁기류는 마구상에, 수레, 외바퀴 손수레와 물방앗간 톱니바퀴는 수레바퀴 제조소와 기계상에, 말 찜질약은 약제상에 있었고, 장갑 가게와 피혁상에는 정원사의 장갑, 지붕 이는 사람의 무릎 보호대, 쟁기질하는 사람의 각반, 촌사람들의 목제 샌들과 나막신이 있었다.

그들은 어느 우중충한 교회에 왔다. 교회의 육중한 정방형 탑이 저무는 하늘 속으로 죽 이어져 치솟아 있었다. 탑의 아래쪽 부분은 바로 옆 가로등 불빛을 충분히 받아, 석조 건물 이음새의 회반죽이 시간과 날씨에 의해 얼마나 철저하게 갈아 먹혔는지 보여줬다. 이렇게 생긴 틈새에 시간과 날씨는 꿩의비름과 들풀로 작은 뗏장을 만들어 거의 흉벽까지 올라가게 했다. 이 탑에서 시계가 8시를 알리자 종(鍾)이 위압적인 땡그랑 소리를 울려대기 시작했다. 캐스터브리지에는 아직도 만종이 울려서 주민들은 이 소리를 가게를 닫는 신호로 이용하였다. 묵직한 종소리에 집의 앞면들이 부르르 떨리나 싶더니 대로 위에 있는 모든 가게에서 덧문을 닫는 덜그럭 소리가 났다. 몇 분 만에 캐스터브리지의 그날일과는 마감되었다.

다른 시계들도 가끔 8시를 쳤는데 어떤 것은 감옥에서 음울하게 울려 나왔고 또 다른 것은 자선 숙소의 박공에서 들려왔는데 치기 전 삐걱거리는 기계음이 종의 음조보다 더 귀에 잘 들렸다. 시계 점포에 줄지어 있는 니스 칠된 기다란 벽시계들이 덧문닫히는 소리에 맞춰 하나씩 차례대로 쳤다. 마치 일렬로 늘어선배우들이 막이 내려가기 전에 마지막으로 한마디씩 하는 것 같았다. 뒤이어 차임벨이 〈시실리 선원들의 찬송〉[10]을 더듬더듬 울리는 소리가 들렸다. 그러자 상급학교의 역사 선생들은 마음이 급해져 앞의 수업이 만족스럽게 마무리되기도 전에 벌써 다음 수업으로 꽤 나아가고 있었다.

교회 앞의 공터를 어떤 여인이 걸어가고 있었는데 겉옷 소매가 너무 말려 올라가서 속옷 끄트머리가 보일 정도였고, 걷어 올린 치맛자락은 호주머니에 찔러 넣어져 있었다. 여인이 빵 한 덩

---

10 〈시실리 선원들의 찬송 Sicilian Mariners' Hymn〉: 1840년대 찬송가 작곡가들이 빌려 쓴 시실리의 전통 악곡.

어리를 겨드랑이 밑에 끼고 걸으면서, 같이 걷고 있는 여자들에게 빵을 찢어 나누어 주고 있었다. 여자들은 이 빵 조각을 혹평하며 조금씩 뜯어먹었다. 이 광경이 헨처드-뉴선 부인과 딸에게 자기들이 배고프다는 사실을 일깨웠다. 그들은 그 여자에게 가장 가까운 빵집을 물었다.

"지금 캐스터브리지에서 성한 빵을 찾느니 차라리 만나[11]를 찾는 게 나을 거요." 여인이 그들에게 길을 가르쳐 준 다음에 말했다. "저들이야 나팔을 울려대고 북을 쿵쿵 대면서 야단스럽게 저녁 만찬을 먹을 수 있겠지만"—(여인은 길 아래쪽 지점을 손을 흔들며 가리켰는데 거기에 고적대가 불 켜진 어느 건물 앞에 서 있는 게 보였다)—"그런데 우리에겐 성한 빵 쪼가리가 당장 필요하단 말이요. 지금 캐스터브리지에는 성한 빵이 성한 맥주보다도 적다고요."

"그리고 물탄 맥주보다 성한 맥주가 적지요." 주머니에 손을 찔러 넣은 어떤 남자가 말했다.

"어떻게 성한 빵이 없게 된 거죠?" 헨처드 부인이 물었다.

"아, 그건 곡물 도매상 때문이죠. 그 사람과는 방앗간 주인과 빵집 주인이 다 거래하는데, 그가 싹이 튼 밀을 팔았다오. 그런데 이들 말로는 밀가루 반죽이 마치 수은처럼 화덕 전체에 질질 흐르고 나서야 밀에 싹이 튼 걸 알았다지 뭐요. 결국은 빵 덩어리

---

11 만나(manna): 이스라엘 백성들이 광야를 헤맬 때 하늘에서 내려 준 음식. 구약 〈출애굽기〉 16장.

가 두꺼비 등짝처럼 납작해졌고 안쪽은 수에트[12] 푸딩같이 돼버렸죠. 난 결혼한 아낙이고 아이들을 키우는 사람으로 캐스터브리지에 죽 살아왔지만, 이번같이 형편없는 빵은 보다보다 처음이에요…… 그런데 이번 주에 들어와 가난한 사람들 배를 도대체 뭐가 바람 불어넣은 오줌보처럼 부풀게 했는지 모르는 걸 보니, 댁들은 진짜 여기가 처음인 모양이구려."

"네, 처음이에요." 엘리자베스의 어머니가 부끄러워하며 말했다.

이곳에서 자신의 미래가 어떻게 될지 좀 더 알기까지는 더 이상 눈에 띄기 싫어서 그녀는 딸과 함께 이 말 많은 여자 곁에서 물러났다. 그 여자가 알려 준 가게에서 비스킷 몇 개를 임시 대용식으로 산 다음, 이들은 곡이 연주되고 있는 곳을 향해 본능적으로 발걸음을 옮겼다.

---

12 수에트(suet):소나 양의 콩팥 따위의 주변에 있는 단단한 지방.

제5장

그들은 수십 야드를 걸어서, 지금 읍의 악대가 〈옛 영국의 로스트 비프〉[13]의 가락으로 유리창을 뒤흔드는 지점에 이르렀다.

악대가 호텔의 문 앞에 그들의 악보대를 설치했는데, 그 호텔이 캐스터브리지의 대표적인 건물인 킹즈암스였다. 널찍한 궁형(弓形) 창문 하나가 현관 지붕 너머로 길을 향해 돌출하여 있었는데 그 열린 창을 통해 재잘대는 소리와 잔 부딪히는 소리, 코르크 마개 따는 소리가 흘러나왔다. 게다가 창의 덧문이 열려 있어서 맞은편에 있는 마차 사무소의 돌계단 꼭대기에서 보면 이 방 내부 전체를 환하게 들여다볼 수 있었다. 이와 같은 이유로 할 일 없는 사람들 무리가 거기에 모여 있었다.

"우린 아마, 결국, 몇 마디 물어볼 수 있을 거야—우리 친척 헨처드 씨에 대해서 말이야." 캐스터브리지에 들어온 이후로 이상하게 들뜨고 쇠약해진 듯이 보이는 뉴선 부인이 속삭이며 말했

---

13 〈옛 영국의 로스트 비프 The Roast Beef of Old England〉: 18세기 영국 작가 필딩(Henry Fielding)의 극작품 《그럽 스트리트 오페라 The Grub Street Opera》 속 대사를 동시대의 가극 가수 레버리지(Richard Leveridge)가 노래한 곡.

다. "내 생각엔 여기가 알아보기에 좋은 곳 같다. 만약 그분이 여기에 계시다면, 근데 꼭 계실 거 같기는 한데, 그분이 이 읍에서 어떻게 지내시는지 그냥 물어보기만 하면 알게 될 거야. 엘리자베스-제인아, 네가 물어보는 게 좋겠다. 엄만 너무 기진맥진해서 아무것도 할 수가 없구나. 먼저 얼굴 베일부터 내리려무나."

어머니는 제일 아래쪽 계단에 앉았고, 엘리자베스-제인은 어머니가 시키는 대로 빈둥거리는 사람들 사이에 섰다.

"오늘 밤에 무슨 일이 있나 봐요?" 소녀가 늙은 남자 한 명을 고른 다음 그 옆에 충분히 오랫동안 서 있은 후 말을 건넬 만큼 낯이 익자 이렇게 물었다.

"아니, 아가씨 여기 처음 온 사람이 분명하구만." 노인은 창에서 눈을 떼지 않고 말했다. "저건 양반네들과 저기 의자에 앉은 읍장 같은 유지들이 모여서 먹는 거창한 공식 만찬이야. 우리같이 천한 것들은 초대받지 못해도, 그들이 창의 덧문을 열어놓아 밖에서도 안에서 일어나는 일을 어지간히 알 수 있어. 아가씨도 계단을 올라가면 저 사람들을 볼 수 있지. 저 식탁 끝에서 아가씨 쪽을 보고 앉아 있는 이가 읍장 헨처드 씨이고 그 좌우에는 읍 의원들이야…… 아, 저들 중 대부분은 태어났을 때는 지금 내 처지랑 엇비슷했다고!"

"헨처드라고요?" 엘리자베스-제인이 말했다. 놀라기는 했지만, 이 드러난 사실이 갖는 위력을 결코 의심할 수 없었다. 그녀는 계단 꼭대기로 올라갔다.

어머니는 고개를 숙이고 있었지만 '읍장 헨처드 씨'라는 노인네의 말이 들려오기도 전에 이상하게 그녀의 관심을 사로잡은 호텔 창가에서 들려오는 대화를 이미 죄다 듣고 있었다. 그녀는 일어나서, 지나친 관심은 없다는 듯 가능한 한 빨리 계단을 올라 자기 딸 옆으로 갔다.

식탁, 유리잔, 접시 그리고 사람들의 모습이 있는 호텔 식당의 내부가 그녀 눈앞에 펼쳐졌다. 주빈석에는 마흔 살가량의 남자가 창 쪽을 향해 앉아 있었다. 육중한 체구와 윤곽이 뚜렷한 이목구비에 좌중을 압도하는 목소리를 지녔는데 그의 전반적인 체구는 빈틈없다기보다는 거칠었다. 혈색은 까무잡잡한 편이고 윤기가 흘렀다. 검은 눈은 번쩍였고 눈썹과 머리카락은 짙고 숱이 많았다. 그가 좌중의 어떤 말에 가끔 크게 웃어 재낄 때면 커다란 입이 너무 안쪽까지 벌어져서 지금도 확실히 자랑할 만한 온전하고 하얀 이 32개 중에서 20여 개가 샹들리에 불빛 아래 비쳐 보였다.

그 웃음은 낯선 사람들에게 호감을 주지 못했다. 따라서 그 웃음소리를 자주 듣지 못하는 것은 당연했다. 거기에 대해서는 갖가지 추측이 나올 만했다. 이 웃음은 어떤 기질에 대한 추측에 딱 들어맞았다. 이 기질은 나약함에 대해선 연민을 갖지 않고, 위대함과 힘은 전폭적으로 기꺼이 찬양하는 그런 것이었다. 이런 웃음의 장본인인 헨처드에게 개인적인 선함이 있다면, 그건 상당히 발작적인 성향의 선함일 것이다. 즉, 온화하고 항상 일정한 친절함이라기보다는 이따금씩 나타나고 거의 공격적인 너그러움일 것이다.

수전 헨처드의 남편—적어도 법률상의 남편—이 그들 앞에 앉아 있었다. 모습이 성숙하고 몸에 힘이 들어가고 허세 부리는 품새였다. 또한 절도(節度)도 있고 생각이 깊어 보였는데, 한마디로 말하자면 나이가 더 먹은 모습이었다. 엘리자베스는 자기 엄마처럼 괴로운 기억이 없어서, 오래 찾던 친척이 뜻밖에 그런 높은 지위에 오른 것을 발견하고 자연스레 생기는 예리한 호기심과 관심만으로 그를 쳐다봤다. 그는 구식의 연회복을 입고 있었는데, 풍성하게 주름 잡힌 셔츠가 널따란 가슴 위로 드러나 보였다. 보석 박힌 장식 단추, 묵직한 금 시곗줄도 있었다. 그의 오른편에 유리잔 세 개가 놓여 있었다. 그러나 그의 아내가 놀라게도 와인 잔 두 개는 비어 있고, 세 번째 큰 잔에는 물이 반쯤 들어있었다.

아내가 그를 마지막 봤을 때 그는 뜨끈뜨끈한 밀죽 그릇을 앞에 놓고, 연한 코르덴 윗도리, 퍼스티언 천의 조끼와 바지를 입고 무두질이 된 가죽 각반을 차고 앉아 있었다. 마법사인 시간은 여기서 많은 것을 바꿔 놓았다. 그를 지켜보고 옛날 생각에 잠겼다가 그녀는 너무나 마음이 짠해져서 몸을 뒤로 빼더니 계단이 나 있는 마차 사무소 출입구의 문기둥에 몸을 기댔다. 문기둥의 그림자가 그녀의 모습을 감춰줘서 안성맞춤이었다. 그녀는 엘리자베스-제인이 툭 쳐서 일깨울 때까지 딸의 존재를 잊고 있었다. "그분 보셨어요, 엄마?" 소녀가 나지막이 말했다.

"봤다, 봤어." 소녀의 일행이 급하게 말했다. "그분을 봤으니 그걸로 됐다! 이제 난 그냥 가고 싶구나—사라져서—죽고 싶다고."

"아니, 뭐라고요?" 그녀가 더 다가가 엄마의 귀에 속삭였다. "그분이 우리와 친해지지 않을 거같이 보여요? 제 생각엔 그분은 너그러운 분 같아요. 그분은 진짜 신사예요, 그렇죠? 다이아몬드 장식 단추도 어쩌면 저렇게 반짝거릴까! 엄마가 그분은 차꼬를 차거나, 빈민수용소에 있거나 아니면 죽었을지 모른다고 말하다니 참 이상해요. 이보다도 더 반대일 수가 있을까! 왜 그분을 그렇게 두려워하세요? 전 하나도 안 그래요. 제가 그분을 만나러 가겠어요. 그분은 기껏해야 이렇게 먼 친척을 둔 적이 없다는 말밖에 더 하겠어요?"

"난 진짜 모르겠다. 어찌해야 할지 모르겠어. 아주 맥이 풀리는구나."

"그러지 말아요, 엄마. 우리가 여기까지 왔고 다 잘 되고 있잖아요? 지금 앉아 있는 데에서 좀 쉬고 계세요. 제가 계속 지켜보며 그분에 대해 좀 더 알아 올게요."

"난 헨처드 씨를 만나 뵙지 못할 것 같구나. 그분은 이제 마음 속에서 그려봤던 모습이 아니야—그는 나를 주눅 들게 해. 이제 그분을 더 이상 보지 않으련다."

"좀 기다리며 생각해 보세요."

엘리자베스-제인은 지금껏 살아오면서 현재 상황만큼 그렇게 흥미를 느낀 일도 없었는데 자기가 고관대작과 친척이라는 상황을 알고 나서 느낀 당연한 우쭐함도 그 한 이유였다. 그녀는 눈앞의 광경을 다시 한번 응시했다. 젊은 손님들은 열심히 먹으며 떠들어대고 있었다. 그들보다 나이 든 사람들은 맛있는 음식거리를 찾으면서 마치 돼지가 도토리를 찾아 코를 땅에 쑤셔 박듯이 음식 그릇 위로 킁킁대며 꿀꿀거리고 있었다. 세 가지 술—포트 와인, 셰리주, 그리고 럼주—이 좌중의 손님들에게 바쳐진 것 같았다. 오래전에 정착된 이 삼위일체 외에는 사람들 구미를 당기는 술은 거의 없었다.

식탁 위에는 바탕 그림이 옆면에 새겨진 크고 낡은 잔들에 스푼이 하나씩 꽂힌 채 일렬로 놓여 있었다. 잔에는 물탄 럼주가 신속하게 채워졌는데 너무 뜨거워서 사람들은 럼주의 김을 쐰 물건들이 괜찮은지 심각하게 고려할 정도였다. 그러나 엘리자베스-제인은 이 술잔들이 식탁 여기저기에서 비워지기가 무섭게 채워지지만, 누구도 읍장의 잔을 채우지 않는다는 것에 주목했다. 읍장은 여전히 와인과 독주(毒酒)용의 크리스털 잔들 뒤에 있는 큰 잔에서 많은 양의 물을 마시고 있었다.

"사람들이 헨처드 씨에게는 술을 따라주지 않네요." 그녀가 바로 옆에 있는 늙은 남자에게 용기를 내어 물어봤다.

"아, 그렇지. 저이가 금주가 뭔지 본때를 보여준 유명한 사람이란 걸 모르나? 사람 마음을 홀리는 독주는 죄다 경멸하시지. 입도 대지 않지. 아무렴, 그분은 이런 면에서 의지가 강하다오. 난 그이가 옛적에 성경에 대고 맹세를 한 후 계속 그 맹세를 지켜오고 있다는 말을 들었소. 그래서 사람들이 그 양반한테 술을 강권하지 않는다오. 그건 그렇게 애써 지키는 금주 맹세에 안 맞는 일이란 것을 아니까. 왜냐하면 성경에 대고 한 맹세는 심각한 거거든."

또 다른 늙은 남자가 이 말을 듣고 물으면서 끼어들었다. "저이는 얼마나 오랫동안 더 술을 참아야 하지, 솔로몬 롱웨이스?"

"사람들이 그러는데 아직 2년 더 남았다는군. 그가 왜 무슨 연유로 그만한 시간을 정했는지 모르겠어. 누구한테도 그 얘기를 안 하니까. 그런데 사람들은 달력으로 정확히 2년 남았다 그러네. 그렇게 오랫동안 버티는 걸 보니 독하긴 독하네!"

"맞아…… 하지만 희망이 있다면 커다란 힘이 생기기도 하지. 24개월만 지나면 속박에서 벗어나고 술판에 끼여 맘껏 마셔서 그간 못 마셨던 걸 다 보충할 수 있다고 아는 것, 아무렴, 그것이 사람을 버틸 수 있게 해 주는 거야, 확실해."

"물론 그렇지, 크리스토퍼 코니, 물론이야. 그리고 저 양반한테는 그런 생각이 필요할 거야. 외로운 홀아비잖아"라고 롱웨이스가 말했다.

"그분이 부인과 언제 사별했나요?" 엘리자베스가 물었다.

"난 그 여잘 잘 몰라. 그건 그 남자가 캐스터브리지에 오기 전이지." 솔로몬 롱웨이스는 마치 자기가 헨처드 부인을 모른다는 사실이 그녀의 인생 내력에서 모든 흥미를 충분히 없애버렸다는 듯이, 말끝을 강조하며 대답했다. "하지만 난 이건 알고 있지. 그이는 절대 금주 모임에 가입한 사람이고 만약 자기 부하 중에 누가 단 한 방울이라도 과음하면 그는 하느님이 신나게 노는 유대인들에게 했듯이[14] 그렇게 엄한 벌을 내린다는 걸 말일세."

---

14 모세가 십계명을 받으러 시내 산에 간 사이 이스라엘 백성들은 금송아지를 만들

"그럼 그분한테 부하들이 많아요?" 엘리자베스-제인이 말했다.

"많냐고? 근데, 아가씨, 그 사람은 읍 의회에서 가장 힘 있는 사람이요. 게다가 이 인근 시골 지역에서도 아주 중요한 인물이지. 헨처드가 관여하지 않고는 밀, 보리, 귀리, 건초, 구근 등의 굵직한 거래를 못 해. 그리고 다른 사업에도 손대려고 하는데 그건 잘못하는 거야. 그가 이곳에 왔을 땐 하찮은 사람이었는데 노력해서 이렇게 높아진 거야. 그리고 이제는 읍의 기둥이 된 거지. 그가 상한 밀을 거래처에 공급하는 바람에 올해는 위신이 좀 깎이기는 했지만 말이야. 난 지난 69년 동안 해가 던오버 황무지 위로 떠 오르는 것을 봤었고, 헨처드 씨 밑에서 일해 온 이후 지금까지 그가 나처럼 변변찮은 사람한테 부당한 욕을 한 적은 없지만, 요사이 헨처드가 판 밀로 만든 빵처럼 그렇게 딱딱한 건 일찍이 먹어본 적이 없다는 말은 꼭 해야겠어. 밀이 싹이 터서 거의 엿기름 같고, 빵 덩어리 밑바닥은 발효 안 된 반죽이 구두 밑창만큼이나 두꺼워."

이제 악대가 다른 곡을 연주했고 연주가 끝날 때쯤 만찬도 끝나서 연설할 준비를 시작했다. 밤은 고요했고 창문이 여전히 열려 있어서 연설은 또렷이 들을 수 있었다. 헨처드의 목소리는 다른 누구의 목소리보다 컸다. 그는 자기가 건초 거래하던 때 얘기

어 제를 올리고 주흥을 즐겼다. 모세는 간청하여 신의 진노를 가라앉혔지만 자신이 직접 레위 지파에게 지시를 내려 3,000명을 살육하였다. 〈출애굽기〉 32장 참조.

를 하고 있었다. 그를 속이려고 혈안이던 어떤 사기꾼에게 오히려 선수 친 경험담이었다.

"하하하!" 좌중이 이야기의 결말에 대해 응답하며 모든 사람들이 다 흥겨워했다. 어떤 사람이 "그거 다 좋은 얘기인데, 빵 상한 건 어쩔 셈이요?"라고 말할 때까지는.

그 말은 식탁의 아래쪽 끝에서 나왔는데 거기에는 중소 상인들 무리가 앉아 있었고 이들은 좌중의 일원이기는 했지만 다른 사람들보다 사회적 지위가 조금 낮아 보였다. 이들은 자기들 나름의 의견을 가진 것처럼 보였고, 상석에 있는 사람들과 썩 조화되지 않는 토의를 계속하고 있었다. 이는 교회의 서쪽 끝 편에 앉은 사람들이 성단에 앉아 있는 교회 지도층과 가끔 고집스레 박자를 못 맞추는 것과 똑같았다.[15]

이렇게 불쑥 튀어나온 상한 빵 이야기는 바깥쪽에서 빈둥거리는 사람들에게 굉장한 만족감을 주었는데 이들 중에는 남들이 낭패하면 고소해하는 기분인 사람들도 더러 있었다. 거리낌이 전혀 없는 이들의 목소리가 울려 퍼졌다. "이봐요, 상한 빵 어쩔 겁니까, 읍장님?" 게다가 파티에 참여한 다른 사람들로부터 전혀 제지받지 않자 이들은 심지어 "어떻게 된 건지 말씀하셔야죠, 읍장님"이라고 덧붙일 정도였다.

이 돌출 발언은 충분히 읍장의 관심을 끌 만했다.

---

15 교회의 성단(chancel)은 제단 주변의 분리된 공간으로 주로 성직자와 성가대가 앉고, 서쪽 편에는 평신도들이 앉는다.

"네, 밀이 상했다는 것 인정합니다." 그가 말했다. "하지만 내게서 밀을 사 간 빵집 주인들처럼 나도 속아 샀소."

"그런데 상하건 안 상하건 그걸 사먹어야만 하는 가난한 사람들은 어쩌고요?" 창문 밖에서 무리에 못 끼는 한 남자가 말했다.

헨처드의 얼굴이 어두워졌다. 얼굴의 엷고 담담한 표면 아래에는 성깔이 있었다. 일부러 독하게 만들어 거의 20년 전에 아내를 쫓아냈었던 바로 그 성깔이었다.

"큰 사업체에서 일어나는 예기치 않은 사고들을 참작해 주셔야 합니다." 그가 말했다. "그 밀이 수확될 때 우리가 아는 지난 몇 년간보다 날씨가 더 나빴다는 걸 염두에 두셔야죠. 어쨌든 나는 그 일 때문에 처리 방법을 바꿨소. 내 사업체가 나 혼자 운영하기에는 너무 크다는 걸 알게 돼서 나는 곡물부 관리인을 맡을 인재를 찾는 광고를 냈소. 관리인을 구하면 이런 실수들은 더 이상 일어나지 않을 거요. 이런 문제가 더 철저하게 조사될 겁니다."

"그런데 우리가 이미 구매한 건 어떻게 보상할 건가요?" 아까 말했던 남자가 물었는데 빵집 주인이나 방앗간 주인처럼 보였다. "우리가 아직 가지고 있는 싹 튼 밀가루를 성한 곡물로 바꿔주시겠소?"

불쑥 나온 이 말에 헨처드의 얼굴은 더욱 굳어졌고 마치 마음을 가라앉히거나 아니면 시간을 벌려는 것처럼 큰 잔의 물을 들이켰다. 직접적인 대답을 해 주는 대신 그는 뻣뻣하게 말했다.

"누군가가 싹튼 밀을 성한 밀로 되돌릴 방법을 내게 말해 준

다면 내 기꺼이 싹튼 밀을 되가져가겠소. 하지만 그렇게 될 리가
없잖소."

헨처드는 더 이상 대화에 끼지 않을 모양새였다. 이 말을 하
고 그는 자리에 앉았다.

제6장

이제 창밖의 무리는 마지막 몇 분 사이에 새롭게 도착한 사람들로 인해 증원되었는데 이들 중 일부는 존경받는 가게 주인과 그들의 점원들이었다. 밤새도록 덧문을 걸어 잠근 다음 바람이나 쐬러 밖으로 나온 사람들이었다. 하류 계층 사람들도 더러 있었다. 그런데 이 두 부류 사람들과 구별되는 어떤 낯선 사람이 나타났다. 놀라울 정도로 호감 가는 얼굴을 한 젊은 남자로 손에는 그당시 유행하던 멋진 꽃무늬의 여행용 손가방을 들고 있었다.

그는 혈색이 불그레하고 얼굴은 잘생겼으며, 눈은 빛났고 체구는 작았다. 그의 출현이 밀과 빵 이야기와 동시에 일어나지 않았다면 그는 아마 멈추지도 않고 지나쳐 갔거나 아니면 기껏해야 그 장면을 아주 잠깐만 지켜봤을 것이다. 그랬다면 이 이야기는 결코 쓰이지 않았을 것이다. 그러나 얘기의 화제가 그의 관심을 사로잡은 것 같았고 그는 옆 사람들에게 귓속말로 몇 마디 물어보고 그 자리에 남아 귀를 기울였다.

헨처드의 "그렇게 될 리가 없잖소"라는 끝맺는 말을 들었을 때 그는 미소를 지었고 충동적으로 수첩을 꺼내 창가의 불빛 아래서 몇 자 적어 내려갔다. 그는 수첩장을 찢어서 접더니 받을 사람 이름을 적었다. 그리고는 열린 창을 통해 만찬 식탁 위로 막 던질 것처럼 하다가 한 번 더 생각해 보고는 어슬렁대는 사람들 틈을 비집고 들어가 호텔 문에 이르렀다. 그곳에는 안에서 시중을 들던 웨이터 중 한 명이 이제 할 일 없이 문기둥에 기대서 있었다.

"이거 좀 읍장님께 바로 전해 주세요." 그가 급히 휘갈겨 쓴 쪽지를 건네며 말했다.

엘리자베스-제인은 그의 일거일동을 봤고 말하는 것을 들었는데 말의 주제와 억양이 다 그녀의 주의를 끌었다. 억양은 그 지방에서는 처음 들어보는 기이한 북쪽 지방의 억양이었다.

웨이터가 쪽지를 받았다. 그러는 사이 젊은 나그네가 말을 이었다.

"그런데 여기보다 좀 더 수수한 그럴싸한 호텔이 하나 있으면 알려 주겠소?"

웨이터는 거리 이쪽저쪽을 무관심하게 바라봤다.

"사람들이 그러는데 바로 저 아래 있는 쓰리마리너스가 꽤 괜찮데요." 그가 기운 없이 대답했다. "그런데 거기 제가 묵었던 적은 없어요."

스코틀랜드인으로 보이는 그는 감사를 표했고 앞서 말한 쓰리마리너스 방향으로 계속 어슬렁어슬렁 걸어갔다. 쪽지를 쓴 일시적 충동이 지나갔기 때문에 그는 자기가 보낸 쪽지의 운명보다는 묵을 여관의 문제에 더 관심이 있음이 분명했다. 그가 서서히 길을 따라 사라져 가는 동안 웨이터는 문에서 떠났다. 엘리자베스-제인은 쪽지가 연회장 안으로 들려가 읍장에게 전달되는 것을 관심을 두고 지켜봤다.

헨처드는 쪽지를 관심 없이 쳐다보다가 한 손으로 펴서 쭉 훑어봤다. 그러자 희한하게도 어떤 뜻밖의 결과가 나타났다. 그의 곡물 거래 이야기가 나온 이래 계속 그의 얼굴에 드리웠던 초조하고 어두운 기색이 이제는 어딘가에 집중하는 기색으로 바뀌었다. 그는 쪽지를 천천히 읽으며 어떤 한 가지 생각에 골똘한 사람이 그러하듯 침울하지는 않지만 발작적으로 강렬한 생각에 잠겼다.

이때쯤 건배 제의와 연설이 노래로 바뀌었고, 밀에 관한 화제는 완전히 잊혔다. 남자들은 삼삼오오 머리를 맞대고 환담하였고, 소리를 내지 않고 웃느라 얼굴이 경련하듯 찡그려졌다. 어떤 사람들은 자기들이 거기에 어떻게 왔고 뭣 때문에 왔는지, 혹은 어떻게 다시 집에 갈지 모르겠다는 표정을 짓기 시작하더니, 어리둥절한 표정으로 미소를 지으며 잠시 앉아 있었다. 어깨가 딱 벌어진 남자들은 몸이 앞으로 수그러져 점점 곱사등이처럼 되어가고, 위엄 있어 보이는 남자들도 그 위엄을 잃고 모습이 헝클어지더니 한쪽으로 기울면서 희한하게도 뻐딱한 몸이 되었다. 한편 인정사정없이 먹어대던 몇몇 사람의 머리는 어쩐 일인지 어깨 쪽으로 기울어졌고, 이들의 입과 눈언저리는 머리가 가라앉는 바람에 위로 쳐든 모습이 되었다. 헨처드만이 이런 흐물대는 자세를 따르지 않았다. 그는 위엄 있게 몸을 곧추세우고 말없이 생각에 잠겼다.

시계가 아홉 시를 쳤다. 엘리자베스-제인은 어머니에게 몸을 돌리며 말했다. "밤이 오고 있어요, 엄마. 어떻게 하실 생각이에요?"

그녀는 어머니가 얼마나 우유부단해졌는지 알고 놀랐다. "가서 누울 곳을 잡기는 잡아야겠지." 어머니가 중얼거렸다. "나는 봤어—헨처드 씨를. 그게 내가 하고 싶었던 것 전부야."

"어쨌든 오늘 밤은 그걸로 족해요." 엘리자베스-제인이 위로하며 대답했다. "그분을 어떻게 대하는 게 제일 좋은지는 내일 생각하면 돼요. 지금 문제는—문제는 이것이 아닌가요?—우리가 묵을 곳을 어떻게 구하는가예요."

어머니가 대답하지 않자 엘리자베스-제인은 쓰리마리너스가 저렴한 여관이라고 했던 웨이터의 말이 떠올랐다. 한 사람에게 유익한 추천은 아마 다른 사람에게도 유익할 것이다. "우리 그 젊은 남자가 간 곳으로 가 봐요." 그녀가 말했다. "그 사람 점잖던데요. 엄마 생각은 어때요?"

어머니는 동의했다, 그리고 그들은 거리로 나섰다.

그러는 동안 앞서 언급한 쪽지로 인해 읍장은 골똘히 생각에 잠겼고, 그는 계속 멍한 상태에 있었다. 그러다가 기회를 잡아 옆에 앉은 사람에게 귓속말로 자기를 대신해 달라고 부탁하고 좌석을 떠났다. 그의 아내와 엘리자베스가 떠난 직후였다.

연회장 출입문 밖에서 그는 웨이터를 보자 오라고 손짓하여 불러서, 15분 전에 자신에게 전달해준 쪽지를 누가 가져왔냐고 물었다.

"젊은 남자던데요, 읍장님. 여행자처럼 보이는 사람이에요. 스코틀랜드인처럼 보였어요."

"그 친구가 쪽지를 어떻게 입수하였는지 말하던가?"

"그가 직접 썼습니다, 읍장님, 창밖에 서서요."

"아, 직접 썼다고…… 그 젊은이는 호텔에 있나?"

"아닙니다, 읍장님. 그 사람 쓰리마리너스로 갔을 겁니다."

읍장은 손을 저고리 옷자락 밑에 넣고는 호텔 현관을 왔다 갔다 하며 걸었다. 마치 자기가 막 나온 방 안보다 더 시원한 공기를 찾기 위해 그러는 것만 같았다. 그러나 그가 사실상 새로운 착상에, 그 내용이 무엇이건 간에, 아직도 완전히 사로잡혀 있다는 것은 의심의 여지가 없었다. 결국 그는 연회장 출입문으로 돌아가 걸음을 멈췄다. 자기가 없어도 노래, 건배 제의, 대화가 아주 만족스럽게 진행되고 있음을 알았다. 읍 위원들, 민간인들, 그리고 대소 상인들이 사실상 술을 하도 마셔서 읍장의 존재는 물론이고, 낮 동안에는 유지해야 할 필요가 있는, 그리고 그들을 마치 쇠 석쇠처럼 분리해놓는 그 모든 방대한 정치적, 종교적, 사회적 차이도 까맣게 잊고 있었다. 이런 꼴을 보고 나서 읍장은 모자를 집어 들고 웨이터가 그에게 얇은 홀란드 천 외투를 입혀 주자 밖으로 나가 주랑식 현관 아래에 섰다.

이제 거리에는 사람이 거의 없었다. 그의 눈은 뭔가에 이끌리듯 100야드쯤 아래에 있는 어떤 지점에 머물렀다. 그것은 쪽지를 쓴 사람이 가 있다는 쓰리마리너스였다. 엘리자베스 시대풍의 튀어나온 두 개의 박공, 궁형 창문, 복도의 불이 그가 서 있는 곳에서 보였다. 잠시 그곳을 주시하다가 그는 그쪽으로 쉬엄쉬엄 걸어갔다.

이제는 불운하게도 헐렸지만, 사람과 짐승이 묵던 이 오래된 집은 부드러운 사암(砂岩)으로 지어졌고 같은 재질의 세로 창살 있는 창문들이 있는데 집의 바닥 기초에서 수직을 못 이루는 게 한눈에 띌 정도였다. 여관을 자주 찾던 사람들에게 그 안의 모습이 그렇게나 인기 있었던 길 쪽 활모양 창문들은 이제 덧문들로 닫혀 있었다. 각각의 덧문에는 심장 모양의 구멍이 있었는데 진짜 심장과 비교해 우심실, 좌심실이 조금 더 홀쭉했다. 약 3인치 간격으로 불빛이 새 나오는 이 구멍들 안쪽에는, 지나가는 사람들이라면 모두 알듯이, 유리 장수 빌리 윌리스, 구두장이 스마트, 잡화상 버즈포드 등등의 2등급 사람들, 즉 킹즈암스에서 식사하는 사람들보다 한 등급 낮은 인물들의 불그레한 머리통들이 이 시간대면 열(列)을 지어 각자 긴 사기 담뱃대를 피워 물고 있었다.

네 군데를 받친 튜더[16]조(朝)의 아치가 출입구 위에 드리워져 있었고, 아치 위로는 이제 맞은편 가로등 불빛에 의해 보이는 간판이 걸려 있었다. 이 간판에는 선원들이 그려져 있었는데 화가가 2차원의 사람으로만 그려낸 모습이었다. 다른 말로 하면 마치 그림자처럼 평평하다고 할 수 있는데 이들은 얼어붙은 자세로 일렬로 서 있었다. 간판이 길의 양지쪽에 있어서 이 세 친구는 광범

---

16   튜더Tudor: 1485-1603년 기간 동안 통치한 영국의 왕조.

위하게 뒤틀리고, 갈라지고, 바래고, 쭈그러져서 간판을 이루는 나뭇결, 매듭, 못이라는 실체 위에 그저 반쯤만 보이는 막(膜)에 지나지 않게 되었다. 사실 간판이 이 지경이 된 것은 여관 주인 스태니지의 소홀함 때문이라기보다는 이런 전통적 모습을 한 사람들의 특징을 재현할 화가가 캐스터브리지에 없었기 때문이다.

길고 좁고 침침하게 밝혀진 길이 여관에 이르렀는데 그 길을 따라 뒤편의 마구간으로 들어가는 말들과, 드나드는 손님들이 마구 어깨를 스쳤는데 사람 손님들이 짐승에게 발이 밟힐 위험이 적지 않았다. 마리너스 여관의 좋은 마구간과 맛있는 에일 맥주는 둘 다 이 좁은 길을 통할 수밖에 없어서 접하기에 어려움이 있었지만 캐스터브리지의 요모조모를 다 아는 현명한 노인네들은 꾸준히 찾았다.

헨처드는 여관 밖에서 잠시 서 있었다. 그런 다음 셔츠 위로 갈색 홀란드 천 외투의 단추를 채워서 자신의 위엄을 가능한 한 낮추고, 또 다른 방식으로 티 안 나게 평상시 모습으로 바꾼 다음 여관 문으로 들어갔다.

제7장

엘리자베스-제인과 어머니는 약 20분 먼저 도착했었다. 건물 밖
에 서서 이들은 저렴하다고 추천된 이 수수한 곳도 그들의 가벼
운 지갑에 비해서는 만만치 않은 가격이 아닐까 생각했다. 결국
어쨌든 용기를 내어 들어갔고 때맞춰 여관 주인 스태니지를 만났
다. 그는 말이 없는 사람이었다. 거품 맥주를 일정 양씩 채워 여급
들과 어깨를 나란히 하여 이 방 저 방으로 날랐다. 그의 움직임은
여급들과 대조되게 위엄 있고 느릿느릿했는데 그건 근무가 다소
마음대로 선택 가능한 사람에게 어울리는 것이었다. 안주인의 명
령만 없었다면 그의 근무는 완전히 선택 가능한 것이 되었을 것
이다. 안주인은 바에 앉아서 몸은 꼼짝하지 않고 있었지만, 획획
움직이는 눈과 예민한 귀로 열린 문과 승강구를 통해 자기 남편
이 바로 옆에서도 놓치는 손님들의 긴박한 요구를 보고 듣고 있
었던 것이다. 엘리자베스와 어머니는 투숙객으로 마지못해 받아
들여져서 박공 밑의 작은 방으로 안내되어 거기에 앉았다.

　이 여관은 통로와 바닥, 창문이 꼴사납게 낡은 데다, 꾸불꾸
불하고 칙칙하기까지 해서, 이를 보상하기 위해 깨끗한 리넨 천
을 어디에나 많이 깔아 놓는 것을 원칙으로 삼은 듯해서, 이것이

여행자들의 눈을 휘둥그레하게 만드는 효과를 냈다.

"여긴 우리한테 너무 좋은 데 같구나. 우리 형편엔 안 되겠어." 그들만 남게 되자 나이 든 여자가 근심스레 방을 둘러보며 말했다.

"제 생각도 그래요." 엘리자베스가 말했다. "하지만 우리는 품위는 지켜야 해요."

"품위 유지하기 전에 숙박비부터 내야 할걸." 어머니가 대답했다. "헨처드 씨는 우리에겐 너무 높은 분이어서 우리 신분을 밝히지 못한다는 거, 그게 큰 걱정이야. 그러니 우리가 의지할 거라곤 우리 호주머니뿐이란다."

"제가 어떻게 한번 해볼게요." 엘리자베스-제인이 한동안 기다리다가 말했는데 그동안 아래층에서는 너무 바빠서 이들에게 줄 저녁 식사를 까맣게 잊은 것 같았다. 그녀는 방을 나온 후 계단을 내려가고 홀을 통과하여, 바 쪽으로 갔다.

이 순박한 소녀에게 다른 무엇보다 더 특징적인 좋은 점은 자기의 개인적 안락과 위엄을 공동의 복지를 위해 기꺼이 희생하려는 것이었다.

"여기 일하시는 분들은 오늘 바빠 보이고 제 어머니는 돈이 없어서 그러는데 제가 일을 거들어 드릴 테니 숙박비를 좀 감해 주시면 안 될까요?" 그녀가 여관 안주인에게 물었다.

여관 안주인은 안락의자에 붙박이로 앉아 있는데 마치 액체 상태일 때 안락의자에 녹아 붙어서 이제는 떼어낼 수 없게 되어버린 것 같았고, 손은 의자 팔걸이에 올린 채 머리를 들어 뭘 캐내려는 듯 소녀를 위아래 쳐다봤다. 엘리자베스가 제의한 것과 같은 식의 타협은 시골 마을에서는 드문 일은 아니었다. 그러나 캐스터브리지가 구식이기는 하나 이런 풍습은 여기에서 거의 소멸하였다. 하지만 여관 안주인은 나그네들에게 너그러운 편이라 이 제의에 반대하지 않았다. 그러자 엘리자베스는 갖가지 물건들을 어디에 가서 찾는지 그 말 없는 남자 주인의 고갯짓과 몸짓으로 지시받아서 위 아래층을 총총대며 오간 끝에 자기와 어머니의 식사를 차릴 재료를 가지고 왔다.

그녀가 이 일을 하는 동안 집 한가운데 있는 나무 칸막이 가운데가 위층에서 초인종 줄을 당기자 부르르 떨었다. 아래층 초인종은 위층에서 줄과 크랭크가 떵하고 냈던 초인종 소리보다 약한 소리로 딸랑거렸다.

"스코틀랜드 신사 양반이구만." 안주인이 모르는 것이 없다는 듯이 말했다. 그러고 나서 엘리자베스에게 눈을 돌리며 말했다. "자, 그분의 저녁이 쟁반 위에 차려져 있는지 가서 보겠어? 만약 차려졌으면 그분께 갖다 드려라. 이 위의 앞쪽 방이야."

엘리자베스-제인은 배가 고팠지만 잠시 밥 먹는 일을 기꺼이 미루고 부엌의 요리사에게 가서 저녁 밥상을 가져와 안주인이 가리킨 위층 방으로 갔다. 쓰리마리너스는 대지는 넉넉했지만 숙박 면적은 전혀 넓지 않았다. 방은 걸리적거리는 쟁기 자루와 서까래, 칸막이, 통로, 계단, 사용되지 않는 화덕, 벤치, 네 귀퉁이에 기둥 있는 침대 등이 차지하고 있어서 사람들이 사용할 수 있는 공간은 상대적으로 작았다. 게다가 이때는 아직 소규모 여관 주인들이 가내 양조를 할 때였다. 더군다나 이 여관은 아직도 주인이 고지식하게 12부셸[17]의 보리를 듬뿍 넣어 에일 맥주를 만드는 집이었다. 그 맥주의 맛이 이곳에 사람들을 끌어들이는 주요소여서 모든 것을 양조와 관련되는 주방 도구들과 작업에 양보해야만 했다. 이리하여 엘리자베스는 그 스코틀랜드인이 자기 모녀에게 할당된 작은 방과 아주 가까운 방에 투숙했다는 것을 알게 되었다.

그녀가 방에 들어갔을 때 그 젊은 남자 외에는 아무도 없었다. 킹즈암스 호텔의 창문 밖에서 서성거리는 걸 본 적이 있는 바로 그 사람이었다. 그는 이제 할 일 없이 지역 신문을 읽고 있고 그녀가 들어오는 것을 거의 알아차리지 못해서 그녀는 그를 아주 객관적으로 바라볼 수 있었다. 그의 이마가 빛을 받아 어떻게 빛나는지를, 얼마나 멋지게 이발했는지를, 벨벳 보풀이나 솜털 같은 게 목덜미 뒤쪽 살갗에 붙어 있는지도 보았다. 또 뺨이 구체(球體)의 한 부분이 될 정도로 얼마나 완벽한 곡선을 그리고 있는지, 내리깐 눈을 가리는 눈꺼풀과 속눈썹이 얼마나 선이 뚜렷한지 봤다.

그녀는 쟁반을 내려서 저녁 식사를 펼쳐 놓고 한마디 말도 하지 않고 나갔다. 그녀가 아래층에 내려오자 뚱뚱하고 게으른 만큼이나 사람은 좋은 여관 안주인은, 엘리자베스-제인이 도움이 되려는 간절한 마음에서 자신의 욕구는 완전히 뒤로 미뤘지만 약간 지쳐있다는 것을 알았다. 이를 보자 스태니지 부인은 만약 그

---

17 부셸(bushel): 곡물 등을 재는 단위로 36리터 정도에 해당한다.

녀와 어머니가 식사하고자 한다면 직접 가져다 먹으라고 동정심 섞인 명령조로 말했다.

엘리자베스가 스코틀랜드인의 식사를 날라다 주었듯이 자신들이 먹을 소박한 식사를 가져왔다. 그리고 어머니를 두고 온 작은 방으로 올라가 쟁반 모서리로 문을 소리 안 나게 밀었다. 그녀는 어머니가 자신이 방에서 나갈 때처럼 침대에 누워 있지 않고 입을 벌린 채 꼿꼿이 앉아 있는 것을 보고 놀랐다. 엘리자베스가 들어오자 어머니는 손가락을 들어 보였다.

이 동작의 의미는 곧 밝혀졌다. 이 두 여자에게 배당된 방은 지금 스코틀랜드인이 묵고 있는 방의 옷방으로 한때 사용되었었다. 그건 이 두 방 사이에 오갈 수 있는 문이 있었던 흔적으로 알 수 있는데 이제는 못질이 되고 벽지로 발라져 있었다. 그러나 쓰리마리너스보다 훨씬 더 자랑할 게 많은 호텔의 경우에도 흔히 그러하듯 이 두 방의 어느 한쪽에서 말하는 소리는 죄다 옆방에서 또렷이 들렸다. 그런 소리가 지금 들려오고 있었다.

이렇게 홀린 듯 조용히 엘리자베스는 쟁반을 내려놨고 어머니는 그녀가 가까이 다가오자 "그분이셔"라고 속삭였다.

"누구라고요?" 소녀가 말했다.

"읍장님."

수전 헨처드 목소리의 떨리는 음조는 그 소녀처럼 진실을 전혀 의심하지 않는 그런 사람을 제외하고는 어느 사람이라도 그 떨림을 설명하는데 단순히 공인된 인척 관계 이상의 뭔가 좀 더 친밀한 관련이 있지 않은지 추측하게 했을 것이다.

이웃한 방에서 정말로 두 남자가 얘기를 나누고 있었는데, 젊은 스코틀랜드인과 헨처드였다. 헨처드는 엘리자베스-제인이 저녁이 준비되기를 기다리며 부엌에 있는 동안 여관에 들어왔고 여관 주인 스태니지가 직접 정중하게 위층으로 안내했다. 소녀는 소리 내지 않고 변변치 않은 식사를 펼쳐 놓고는 어머니에게 같이 먹자고 손짓했고 헨처드 부인은 그 손짓에 대해 기계적으로 응했으나, 문을 통해 들리는 대화에 온통 신경을 집중하고 있었다.

"호기심을 불러일으킨 뭔가에 대해 선생한테 물어보려고 집에 가는 길에 들렀을 뿐이요." 읍장이 격의 없이 친절하게 말했다. "그런데 아직 식사를 마치지 않았군요."

"예, 하지만 곧 끝낼 겁니다. 가시지 않아도 됩니다. 앉으세요. 거의 다 먹긴 했는데, 별 상관없겠죠?"

헨처드는 권하는 의자에 앉는 것 같더니 곧 말을 이었다. "그런데, 우선 이걸 당신이 직접 썼는지부터 물어야겠소." 부스럭거리는 종이 소리가 뒤따랐다.

"예, 제가 썼습니다." 스코틀랜드인이 말했다.

"그러면," 헨처드가 말했다. "그렇다면 우리는 내일 아침 만날 약속을 기다리다가 우연히 만난 셈이구려. 내 이름은 헨처드요. 곡물상 지배인을 구한다는 신문 광고에 응한 게 아니요? 그 일로 날 만나러 온 거 아니요?"

"아닙니다." 스코틀랜드인이 좀 놀라면서 말했다.

"분명히 당신이 그 사람인데." 헨처드가 우기며 말을 이었다.

"날 만나러 오기로 한 사람 말이요. 조슈아, 조슈아, 성은 지프인가 조프인데. 이름이 뭐요?"

"잘못 알고 계시네요." 젊은 남자가 말했다. "제 이름은 도널드 파프리입니다. 제가 곡물업에 종사하는 건 맞습니다. 하지만 광고에 응답하지도 않았고 누굴 만나기로 되어 있는 것도 아닙니다. 저는 브리스틀로 가는 길입니다. 거기에서 저는 대규모로 밀 경작하는 서쪽 세계의 지역에서 행운을 한번 잡아볼까 하여 세상 반대편으로 가려고 합니다. 저에게는 그 분야에 쓸모가 있는 고안품들이 있는데 여기서는 그걸 발전시킬 기회가 없어요."

"미국으로 가신다? 글쎄, 글쎄." 헨처드가 말했는데 이 실망하는 말투는 분위기에 찬물을 끼얹었을 정도로 강력했다. "그런데 난 당신이 그 사람이라고 맹세하라면 할 수도 있었는데!"

스코틀랜드인은 다시 한번 부정하는 말을 중얼거렸고 헨처드가 다시 말할 때까지 침묵이 흘렀다. "그렇다면 난 댁이 저 종이에 적은 몇 마디 말에 진심으로 진지하게 감사하는 바요."

"아무것도 아닙니다, 읍장님."

"근데 그게 지금 내게는 아주 중요한 의미가 있소. 나의 싹튼 밀로 인한 이 소동이 날 궁지에 몰아넣었소. 하늘에 맹세코 사람들이 와서 불평할 때까진 난 밀이 잘못되어 있는지 모르고 있었지만 말이요. 아직도 내 수중에는 그런 밀이 수백 쿼터[18]나 있소. 만약 당신의 복구 방법이 밀을 다시 성한 것으로 만들 수만 있다

18   쿼터(quarter): 곡물 재는 단위로 8부셸에 해당하는데 약 291리터의 양이다.

면 난 이 깊은 수렁에서 벗어날 수 있을 거요. 난 당신이 쪽지에 쓴 말이 사실이라는 걸 금방 알아봤소. 하지만 그게 증명되는 걸 보고 싶소. 물론 당신은 내가 충분히 따라 할 수 있도록 그 과정을 단계별로 기꺼이 말해 줄 거죠? 내가 처음에는 당신에게 값을 후하게 쳐주지 않더라도 말이요."

젊은이는 1, 2분 동안 생각에 잠겼다. "반대할 이유가 없습니다." 그가 말했다. "저는 어차피 다른 나라에 갈 거고 상한 밀을 복구하는 일은 제가 거기서 종사하게 될 직업이 아닙니다. 네, 죄다 말씀드릴게요. 제가 외국에서 할 수 있는 것보다 읍장님이 여기서 더 잘 활용할 수 있을 겁니다. 읍장님, 여기 잠깐만 봐보세요. 제 여행 가방에 있는 견본을 보여드릴 수 있습니다."

자물쇠 여는 딸깍 소리가 들렸고 체 치는 소리와 부스럭 소리가 이어서 났다. 그리고는 몇 온스가 1부셸이 되는지에 관한 논의, 그리고 건조와 냉장 등등에 관한 논의가 있었다.

"이 밀 알갱이 몇 개만 보여드려도 충분할 겁니다." 젊은이의 말이 들렸고 잠시 말이 그쳤는데, 그 사이에 이 둘은 어떤 공정이 진행되는 것을 열중하여 지켜봤고, 그가 소리쳤다. "자, 이제 맛을 봐보세요."

"완벽하네! 상당히 복구되었네, 아니, 거의 다."

"괜찮은 2등급 밀을 만들기에 족할 정도로 복구되었어요." 스코틀랜드인이 말했다. "완벽하게 복구하는 것은 불가능하지요. 자연이 그렇게까지 되도록 허용하지는 않으니까요. 하지만 거의 완벽할 정도에 근접하긴 해요. 자, 읍장님, 이게 그 공정(工程)입니다. 저는 그게 썩 대단하다고 여기지는 않습니다. 왜냐하면 날씨가 우리 나라보다 더 안정된 나라들에서는 그게 별 쓸모가 없거든요. 이게 읍장님께 도움이 된다면 저는 그것으로 만족합니다."

"그런데 내 말 좀 들어보오." 헨처드가 사정했다. "당신도 알다시피 내 사업은 밀과 건초 장사요. 그런데 난 그저 건초꾼으로 자랐기 때문에 내가 제일 잘 아는 건 건초요. 내가 지금은 곡물업을 더 크게 하고 있기는 하지만 말이오. 당신이 이 자리를 수락한다면 곡물 쪽 관리를 전적으로 맡고 봉급 외에 위탁 수수료도 받게 될 거요."

"너그럽군요. 아주 너그러우세요. 하지만 안 됩니다, 안 돼요. 전 할 수 없어요." 젊은이가 거듭 대답했는데 그 말투에는 뭔가 고민이 있었다.

"그렇게 하도록 합시다!" 헨처드가 결론적으로 말했다. "자, 주제를 좀 바꿔보자면, 한번 일이 잘되면 다음번도 또 잘 되는 법이요. 이 형편없는 저녁밥을 끝까지 먹을 필요는 없소. 내 집으로 갑시다. 식어 빠진 햄과 에일 맥주보다 뭔가 더 좋은 걸 찾아드리리다."

도널드 파프리는 감사를 표했다. 그러나 거절해야 한다고 말했다. 내일 아침 일찍 떠나려고 하기 때문이라고 했다.

"좋소," 헨처드가 서둘러 말했다. "좋을 대로 하시오. 그런데 젊은이, 내 뭐 하나 말하겠는데 이 복원 공정이 견본에서 그랬던 것처럼 전체 밀에도 효과가 있다면 당신은 처음 보는 사람이지만 내 신용을 이미 회복시켜 준 셈이요. 이런 지식을 알려준 데 대해 내가 얼마 지불하면 되겠소?"

"전혀 지불하실 필요 없습니다, 전혀요. 읍장님이 이 기술을 자주 이용하실 일은 없을 테고, 저도 그 기술을 별로 대단하게 여기지 않습니다. 전 읍장님이 곤경에 처하셔서 그냥 알려드리는 게 좋겠다고 생각했어요. 사람들이 읍장님을 막 다그치더군요."

헨처드는 말을 그쳤다가 "난 이 일을 금방 잊지는 않을 거요" 라고 말했다. "그것도 처음 보는 사람으로부터의 도움이니!……당신이 내가 만나기로 한 그 사람이 아니라는 걸 믿을 수 없소. 난 '그 사람은 내가 누구란 걸 알고 이런 묘기를 부려서 자신을 천거하는구나' 하며 혼잣말을 했소. 그런데 결국은 당신은 내가 낸 광고에 응답한 사람이 아니고 처음 보는 사람으로 밝혀진 것이지!"

"아, 네, 그렇게 되었네요." 젊은이가 말했다.

헨처드는 다시금 말을 그쳤다가 이렇게 생각에 잠겨 말했다. "파프리, 당신 이마는 지금은 죽고 없는 내 불쌍한 남동생 이마 같소. 그리고 코도 안 닮았다 할 수 없고. 당신은 5피트 9인치쯤 되지, 내 짐작엔? 난 신발 벗고 6피트 1인치 반이요. 근데 그게 무슨 상관이람? 내가 하는 사업은 힘세고 부지런해야 회사를 일으킨다오. 하지만 판단력과 지식이 회사를 계속 유지시켜 주는 것이지. 불행하게도, 파프리, 난 과학을 못 하고 셈에도 약하다오. 난 주먹구구 셈하는 그런 사람이요. 당신은 정반대지. 난 알아. 난 지난 2년간 당신 같은 사람을 찾고 있었는데 당신은 나한테 오는 사람이 아니구려. 그런데 가기 전에 이건 좀 물어보겠소. 당신이 내가 생각했던 그 젊은이가 아니라고 해서 그게 뭔 차이란 말이오? 그래도 여기 좀 머물러 줄 수 없겠소? 미국 가는 걸로 정말 완전히 마음 굳힌 거요? 돌려 말하지 않겠소. 뭐 이런 말을 할 필요도 없겠지만 당신은 내게 한없이 소중한 사람이 될 거요. 그리고 당신이 여기 눌러앉아 내 관리인이 되어 준다면 내 섭섭지 않게 해 드리리다."

"제 계획은 이미 정해져 있습니다." 젊은이가 거절하는 투로 말했다. "저는 계획을 세워놓았으니 거기 대해 더 이상 왈가왈부할 필요가 없습니다. 그런데 저와 술 한잔하지 않겠어요, 읍장님? 여기 캐스터브리지의 에일 맥주가 뱃속을 뜨끈뜨끈하게 해 주는 걸 알게 됐지요."

"아니, 아니요, 그러고는 싫지만 마실 수 없소." 헨처드가 심각하게 말했고, 의자 긁히는 소리가 그의 말을 듣고 있는 사람들에게 그가 일어나 가려고 한다는 것을 알려주었다. "젊었을 때 난 그런 독한 술에, 훨씬 더 독한 술에 푹 빠졌었소. 그리고 그 때문에 거의 패가망신할 뻔했소이다! 술 때문에 난 죽는 날까지 머리를 들지 못 할 짓을 했소. 그 일의 충격이 너무 커서 나는, 그때 거기에서, 그날 내 나이와 같은 햇수 동안 차(茶)보다 강한 건 어떤 것도 마시지 않겠다고 맹세했소. 난 이 맹세를 지켜 왔소. 파프리, 가끔 삼복더위 때는 난 너무 목이 말라서 9갤런[19]들이 맥주 한 통

---

19 갤런 gallon: 영국에서는 4. 546리터, 미국에서는 3.785리터임.

정도는 단번에 마실 수 있지만, 맹세를 떠올리며 강한 음료에는 입도 대지 않는다오."

"강요하진 않겠습니다, 읍장님. 강요하지 않겠어요. 읍장님의 맹세를 존중합니다."

"그럼 난 관리인을 틀림없이 딴 곳에서 구해야 하겠네." 헨처드가 말투에 강한 감정을 섞어 말했다. "하지만 내게 딱 맞을 관리인을 만나려면 한참 걸리겠어!"

젊은이는 자신의 가치를 알아보는 헨처드의 열렬한 확신에 크게 감동한 것 같았다. 그들이 문 앞에 다다를 때까지 그는 말이 없었다. "저도 여기 머물렀으면 좋겠습니다만―정말이지 그러고 싶어요." 그가 대답했다. "하지만, 안 돼요, 그럴 수 없어요! 그럴 수 없어요! 저는 세상 구경을 하고 싶어요."

제8장

이렇게 이들은 헤어졌다. 그리고 엘리자베스-제인과 어머니는 식사하는 동안 각자의 생각에 잠겼는데, 어머니의 얼굴은 헨처드가 과거의 행위를 부끄럽게 여긴다고 인정한 후에는 희한하게도 밝아졌다. 칸막이 가운데가 떨리는 것으로 보아 저녁 밥상을 치우라고, 분명히 도널드 파프리가 다시 초인종 줄을 당긴 것을 곧 알 수 있었다. 그가 콧노래를 흥얼거리며 왔다 갔다 하는 게, 아래층 손님들의 왁자지껄한 대화와 노랫소리에 마음이 이끌린 것 같았다. 그는 방에서 어슬렁거리며 나와 층계참에 섰다가 계단을 내려갔다.

엘리자베스-제인이 파프리의 저녁 밥상과 자기 모녀의 밥상을 들고 내려가자, 이 시각이면 늘 그렇듯 아래층은 음식 시중드느라 극도로 소란스러웠다. 이 젊은 여인은 아래층에서 시중들고 싶은 생각이 없어서 이 광경을 조용히 숨어서 지켜보았다. 호젓한 바닷가 오두막의 생활에서 막 나온 그녀에게는 너무나 새로운 광경이었다. 커다란 홀 안에, 벽 쪽으로 둥그렇게 자리 잡고 등받이가 튼튼한 20~30개의 의자를 봤는데, 의자마다 착해 보이는 손님들이 하나씩 앉아 있었다. 바닥에는 모래가 뿌려져 있었다.

문 안의 벽으로부터 검은 긴 의자가 세워진 상태로 돌출해 있어서 그녀는 홀에서 일어나는 모든 일을 남의 눈에 띄지 않고 관찰할 수 있었다.

스코틀랜드 젊은이도 막 손님들 사이에 끼였다. 궁형 창 밑과 그 주위의 귀빈석을 점한 존경받는 대상(大商)들 외에도, 그보다 못한 사람들이 불이 안 켜진 끝 쪽에 앉아 있었는데 이들의 좌석은 그저 벽에 기댄 벤치였고 이들은 유리잔이 아니라 컵으로 술을 마셨다. 후자의 사람들 틈에서 그녀는 킹즈암스 호텔 창밖에 서 있었던 사람들 몇몇을 알아봤다.

이들의 등 뒤로는 작은 창문이 하나 있었는데, 그중의 유리창 하나에 바퀴 형태의 환풍기가 끼워져 있었다. 이것이 갑자기 짤랑 소리를 내며 돌기 시작하다가 갑자기 멈추고, 그리고 갑자기 다시 돌기 시작했다.

이렇게 몰래 훔쳐보는 동안 노래 가사의 앞부분이 의자의 앞쪽에서 그녀의 귀에 와 닿았다. 그건 독특한 매력이 있는 선율과 억양이었다. 그녀가 내려오기 전부터 사람들이 노래하고 있었다. 스코틀랜드인은 지금 이 분위기에 너무도 잘 적응하여, 몇몇 대상의 요청에 따라 그 또한 좌중을 위해 짧은 노래를 한 곡조 뽑는 중이었다.

엘리자베스-제인은 원래 음악을 좋아하는지라 멈춰서 이 노래에 귀 기울일 수밖에 없었다. 오래 들으면 들을수록 그녀는 더 노래에 빠져들었다. 그녀는 이렇게 노래하는 것을 들어본 적이 없었다. 그리고 청중 대부분도 그런 노래를 자주 들어보지 못했다는 것이 분명했는데 왜냐하면 그들이 평소보다 훨씬 더 집중해서 듣고 있었기 때문이다. 청중은 귀엣말을 하지 않았고, 술도 마시지 않았고, 목을 축이려고 에일 맥주에 빨대를 담그지도 않았고, 술잔을 옆 사람에게 강요하지도 않았다. 노래하는 사람 본인도 감정이 북받쳐 마침내 다음 가사가 나올 때 엘리자베스는 그의 눈에 눈물 한 방울이 어렸다고 상상하였다.

> 그건 고향, 그건 고향, 난 고향에 가고 싶네,
> 오, 고향, 고향, 내 조국의 고향으로!
> 사랑하는 벗들과 아난 강을 다시 건너면
> 언제나 울던 눈과 아름다운 얼굴이 날 반기겠지.
> 꽃에는 망울이 맺히고, 나무에 잎이 달릴 때
> 종달새 노래가 나를 조국 땅 고향으로 데려가겠지.

박수갈채가 터져 나왔다. 그리고 박수갈채보다 더욱더 웅변적인 깊은 침묵이 이어졌다. 이 침묵이 어찌나 깊었는지 방 끝 어두침침한 곳에 모여 있는 사람들 중 한 명인 솔로몬 롱웨이스가 자신에게 너무 긴 담뱃대를 휙 잡아채는 동작이 거칠고 불경스러워 보일 정도였다. 그러다가 유리창의 환풍기가 발작적으로 작동하여 다시 돌기 시작했고 도널드의 노래가 불러일으킨 애수는 일시적으로 잊혔다.

"그거 서툴지 않구먼. 전혀 서툴지 않아!" 역시 그 자리에 있던 크리스토퍼 코니가 중얼거렸다. 그는 담뱃대를 입에서 손가락

하나 넓이만큼 뗀 다음 "젊은 신사 양반, 다음 소절 계속하쇼"라고 큰 소리로 말했다.

"그래요, 한 번 더 해요, 처음 보는 양반." 몸이 딱 벌어지고 술고래인 유리장이가 허리에 흰 앞치마를 말아 올린 채 말했다. "사람들이 이 시골구석에서 지금처럼 마음이 울컥한 경우는 없었지." 그리고 몸을 돌려 나지막하게 말했다. "저 젊은 친구 누구지? 스코틀랜드 사람이라고 했어?"

"그래, 내 생각엔 스코틀랜드 산골에서 이리로 곧바로 온 사람이라니까." 코니가 대답했다.

젊은 파프리는 마지막 절을 되풀이했다. 쓰리마리너스 여관에서 이렇게 심금을 울리는 노래는 꽤 오랫동안 들어본 적이 없었음이 분명했다. 억양의 차이, 노래하는 사람이 불러일으킨 흥분감, 강렬한 향토색, 그리고 그 자신을 절정의 상태에 오르게 한 진지함이 이 시골 양반네들을 기습했는데, 이들은 그저 톡 쏘는 말로 자신들의 감정을 닫아버리는 데 급급할 따름이었다.

"제기랄, 여기 남쪽의 우리 나라도 저 나라처럼 노래할 가치가 있다면!" 스코틀랜드인이 다시금 '내 조국!'이라는 가사를 사위어가는 음조로 다시 노래할 때 유리장이가 말을 이었다. "우리한테서 머저리, 불한당, 절뚝발이, 바람난 계집, 행실 나쁜 년 같은 것들을 빼버리고 나면 캐스터브리지에서는, 아니 이 나라 전체에서 노래를 장식할만한 사람이라곤 거의 남지 않지."

"맞는 말이야." 장사꾼 버즈포드가 식탁 위의 나뭇결을 보며 말했다. "캐스터브리지는 어느 모로 보나 악에 물든 낡고 지겨운 곳이야. 1, 2백 년 전 로마인들 시절에[20] 우리가 왕에게 반란을 일으켜서 많은 사람이 갤로우스-힐[21]에서 교수형 당하고, 사지가 찢겼고, 잘린 부분들은 푸줏간 고기처럼 나라 방방곡곡으로 보내어졌다고 역사에 기록되어 있잖은가. 그랬다는 걸 난 진짜 믿어."

"젊은 양반, 그렇게 고향을 그리워하면서 뭐 하러 당신 나라를 떠난 거요?" 크리스토퍼 코니가 뒤에 서 있다가 원래의 이야기 주제가 더 재미있다는 말투로 물어봤다. "정말이지, 우리 때문에 자네가 여기 온 보람도 없네그려. 왜냐면 빌리 윌스 씨 말대로 여기 사는 우리는 믿을 만하지 못해. 우리 중 제일 훌륭한 사람도 어떨 땐 별로 정직하지 못하거든. 살기 힘든 겨울에다가, 먹여야 할 입은 많고, 전능한 하느님이 알량한 감자들을 보내주시지만 그게 너무 조금인지라 어디 입에 풀칠이나 하겠어? 우린 꽃이며 예쁜 얼굴 따위는 생각하지 않지, 우린 그런 거 생각 안 해. 꽃양배추하고 돼지 턱주가리 모양을 한 거라면 모를까."

"생각 안 하신다고요?" 도널드 파프리가 진지한 관심을 보이며 이들의 얼굴을 둘러봤다. "여러분들 중에 제일 훌륭한 분도 정직하지 않다고요? 정말 그런가요? 여러분은 자기 게 아닌데 훔치는 사람은 없잖아요?"

"아이고, 없지, 없어." 솔로몬 롱웨이스가 험악하게 웃으며 말

---

20 로마가 영국을 정복하여 지배하던 시기는 서기 1세기에서 5세기 초까지인데 버즈포드는 잘못 알고 있다.

21 갤로우스-힐(Gallows-Hill): 글자 그대로 교수대-언덕의 의미.

했다. "그건 저 친구가 되는대로 말한 것일 뿐이야. 저 친구는 늘 생각이 짧다니까."(그리고 크리스토퍼를 향해 나무라면서) "자네는 전혀 모르는 신사 양반한테 너무 허물없이 굴면 안 돼. 게다가 이 신사 양반은 거의 북극에서 오다시피 한 사람 아닌가."

크리스토퍼 코니는 입을 다물고 좌중의 동정을 얻지 못하자 혼자 자기감정을 삼키며 중얼거렸다. "젠장, 내가 만약 저 젊은 친구 반만큼만이라도 내 나라를 사랑한다면 난 떠나기보다 이웃들 돼지우리라도 청소하며 살겠다. 난 말이야, 보터니 베이[22]를 사랑하지 않는 것처럼 내 나라도 사랑하지 않아!"

"자, 저 젊은이가 노래를 마저 부르게 하지. 여기 밤새 있을 거야?" 롱웨이스가 말했다.

"이게 다입니다." 노래한 사람이 사과하듯 말했다.

"이런, 한 곡 더 부르시면 되지." 잡화상 주인이 말했다.

"노래 한 곡은 숙녀들을 위해 불러주겠수, 나리?" 무늬 있는 보라색 앞치마를 입은 어느 뚱뚱한 여자가 말했다. 앞치마의 허리끈은 옆구리 쪽으로 아주 멀리 떨어져 매달려서 눈에 잘 띄지 않았다.

"그 양반 숨 쉴 겨를을 줘야지, 숨 쉴 겨를을, 쿡섬 어멈. 그 친구 아직 두 번째 숨도 들이쉬지 못했다고." 유리장이가 말했다.

---

22   보터니 베이(Botany Bay): 호주 동남방 해안 지역. 영국에서 죄수들을 이곳으로 보내려는 계획을 세웠으나 토양이 척박해서 실제 유형지로 정착되지는 않았다. 이후 유형지를 가리키는 메타포로 사용됨.

"아, 예, 숨은 돌렸어요." 젊은이가 소리쳤다. 그리고는 즉시 〈오 내니〉[23]를 흠잡을 데 없는 가락으로 불렀고 비슷한 정서의 곡을 한두 곡 더 부른 뒤 좌중의 간절한 요청에 따라 〈올드 랭 사인〉[24]으로 마무리했다.

이때쯤 그는 늙은 코니를 포함해서 쓰리마리너스에 모인 사람들의 마음을 완전히 사로잡았다. 이상하게도 가끔씩 심각한 모습을 보임으로써 사람들이 잠시 우스꽝스럽다고 생각하게 만들기는 했지만, 그들은 파프리 마음의 음조가 그의 주위에 불러일으킨 듯한 일종의 황금빛 아지랑이를 통하여 그를 보기 시작했다. 캐스터브리지에는 정서가 있었고, 캐스터브리지에는 로맨스도 있었다. 그러나 이 낯선 사람의 정서는 질적으로 달랐다. 아니면 이 차이가 주로 피상적이었는지도 모른다. 그는 그들에게는 마치 자신의 동시대 사람들을 일순간에 매료시키는 새로운 학파의 시인 같았다. 정말로 새로운 사람은 아니지만 그의 노래를 듣는 사람들이 그때가 되기 전까지는 마음속으로만 느껴왔던 것을 죄다 말로 표현해 준 첫 번째 사람이었다.

잠자코 있던 여관 주인이 젊은이가 노래할 때 와서 긴 의자 위에 몸을 기댔다. 심지어는 스태니지 부인도 바 안의 의자에서 간신히 몸을 빼내어 문가의 기둥까지 왔다. 마치 짐 마차꾼이 통

---

23 〈오 내니 O Nanny〉: 원래 영국 민요인데 주로 스코틀랜드에서 애송되었다.

24 〈올드 랭 사인 Auld Lang Syne〉: 스코틀랜드 출신의 시인 번스(Robert Burns)의 시로 원래는 전래되는 민요였다. 'old long since'의 스코틀랜드 방언으로 '오랜 옛날부터,' 혹은 '옛적에' 정도의 뜻을 갖는다.

을 많이 기울이지도 않으면서 테두리를 잡아 굴리듯이 그녀는 자기 몸을 이리저리 굴림으로써 이 동작을 수행했다.

"그런데 캐스터브리지에 사실 거예요, 선생님?" 그녀가 물었다.

"아아, 아닙니다." 스코틀랜드인이 숙명적인 듯한 우울한 목소리로 말했다. "전 그냥 지나가는 중입니다. 전 브리스틀로 가는 길이구요, 거기에서 외국으로 갑니다."

"그 말 들으니 정말 섭섭하네." 솔로몬 롱웨이스가 말했다. "자네같이 가락 잘 맞추는 가수가 우리에게 오게 됐는데 그냥 보낼 수는 없다네. 그리고 정말로 말하는 거지만, 그렇게 멀리서, 말하자면 만년설에 덮여 있고 늑대와 멧돼지와 여러 가지 위험한 동물들이 여기의 개똥지빠귀만큼이나 흔한 땅에서 온 사람과 알게 되는 건 우리가 매일 할 수 있는 일이 아니지. 게다가 그런 사람이 입을 열게 되면 우리처럼 집구석에만 처박혀 있는 인간들에게는 좋은 정보가 많이 생기는 법이야."

"아닙니다. 그런데 아저씨들, 제 나라를 잘못 알고 계시네요." 젊은이가 주위를 둘러보며 비장하면서도 단호한 기색으로 말했고 그들의 잘못을 고쳐주려는 갑작스러운 열성에 눈이 번쩍이고 뺨이 달아올랐다. "우리 나라에는 만년설도 늑대도 전혀 없어요! 겨울에 오는, 그리고, 에, 가끔 여름에도 오는 눈은 빼고요. 그리고 여러분이 위험하다고 부를지 모르지만 여기저기 어슬렁거리는 거지 한두 명은 빼고요. 하지만 여러분은 여름에 에든버러와 아서의 왕좌 언덕에 여행 와서 그 주변을 다 둘러보셔야 해요. 그리고 호수와 스코틀랜드 고지의 그 모든 풍광을 보러 5월, 6월에 가 보셔야 해요. 그러면 그게 늑대와 만년설의 땅이라고 결코 말하지 못할 거예요!"

"물론 아니지. 그게 이치에 맞아." 버즈포드가 말했다. "머리에 든 게 없어 무식하니 그런 말을 하는 게지. 저 친구는 그냥 촌뜨기니 사귈만한 인물이 못 돼요. 저 인간한테 신경 쓰지 마쇼, 선생."

"그런데 당신은 깃털 매트리스며 이불이며 쇠 냄비, 질그릇 따위를 갖고 가시요? 아니면 완전히 맨몸으로 가는 거요?" 크리스토퍼 코니가 물었다.

"짐은 미리 부쳤습니다. 별로 많지는 않지만요. 왜냐하면 항해를 오래해야 하거든요." 도널드는 눈을 내리깔고 먼 곳을 응시하며 이렇게 덧붙였다. "하지만 저는 '인생의 전리품은 내가 직접 나서서 하지 않는 한 하나도 얻을 수 없어'라고 혼잣말을 했죠. 그래서 저는 떠나기로 작정한 겁니다."

사람들 모두의 표정에 섭섭해하는 분위기가 역력했는데, 엘리자베스-제인 또한 누구 못지않게 그런 심정이었다. 그녀가 긴 의자 뒤에서 파프리를 쳐다보는 동안, 그의 매력적인 노래는 그가 마음이 따뜻하고 열정적인 사람임을 보여준 만큼 그가 한 말 또한 그가 사려 깊은 사람임을 보여준다고 판단했다. 그녀는 심각한 일들을 심각하게 받아들이는 그의 태도를 흠모했다. 캐스터브리지의 술주정뱅이들과는 달리 그는 모호한 행동이나 악당 짓을 장난으로 생각하지 않았다. 그가 옳았는데 왜냐하면 그런 일에 장난은 없기 때문이었다. 그녀는 크리스토퍼 코니와 그 패거리의 비열한 농담이 싫었다. 그런데 파프리도 그 농담을 좋게 보지 않았다. 그는 삶과 삶을 둘러싼 것들에 대해 그녀가 느끼는 것과 똑같이 느끼는 것 같았다. 즉, 그것들이 희극적인 것이 아니라 비극적인 것이라고, 사람들이 가끔씩 즐거워하지만, 즐거움의 순간은 막간극일 뿐이지 실제 연극의 일부는 아니라고 느끼는 것 같았다. 그들의 관점이 이렇게까지 비슷하다는 건 정말 놀라운 일이었다.

아직 이른 시간이었지만 그 스코틀랜드 청년은 물러나 쉬고 싶다고 했고 그 말에 여관 안주인은 엘리자베스에게 이 층으로 뛰어 올라가 그의 잠자리를 준비하라고 귓속말했다. 엘리자베스는 촛대를 들고 지시받은 대로 갔는데 몇 분이면 끝날 일이었다. 다시 아래로 내려가느라 그녀가 양초를 손에 들고 계단 꼭대기에 이르렀을 때 파프리 씨는 올라오느라 계단 아래 참에 있었다. 그녀는 물러서기가 마땅치 않았다. 그들은 계단 모퉁이에서 마주치자 비켜 지나갔다.

그녀는 검소한 옷차림에도 불구하고 어떤 면으로는 흥미롭게 보였음이 틀림없었다. 아니, 차라리 바로 그런 옷차림 때문에 그런 것일 수도 있었다. 왜냐하면 그녀는 행동거지에 있어서 진지함과 차분함이 특징인 소녀이기 때문이었는데, 그런 특성에는 소박한 옷이 잘 어울렸다. 그녀는 또한 이렇게 마주친 것이 약간 어색하여 낯을 붉혔고 바로 자기 코 밑에 들고 가는 촛불에 눈을 내리깔고 그를 지나쳤다. 그녀와 이런 식으로 맞닥뜨리게 되자 그가 미소를 지었다. 그리고는 자기가 막 시작한 노래의 기세를 쉽게 제어할 수 없는, 기분이 일시적으로 유쾌해진 사람의 태도로, 그녀가 암시를 준 듯한 옛 민요 가락 하나를 부드럽게 불렀다.

> "내가 침실 방으로 들어올 때
> 날은 점점 저물고 있었네.
> 아, 누가 계단을 경쾌하게 내려오나 했더니
> 바로 내 사랑 어여쁜 페그였네."[25]

엘리자베스-제인은 약간 당황하여 서둘러 내려왔다. 그리고 스코틀랜드인의 목소리는 그의 방의 닫힌 문 안에서 같은 노래를 좀 더 웅얼대다 사라졌다.

이 장면과 등장인물들의 심경은 여기서 당분간 끝났다. 곧이어 소녀가 어머니와 다시 어울리게 되었을 때 어머니는 여전히, 젊은이의 노래와는 아주 다른 문제에 관한 생각에 잠겨 있었다.

"우리가 실수했구나." 어머니가 (스코틀랜드인이 듣지 못하도록) 귓속말을 했다. "어떤 일이 있어도 넌 오늘 밤 여기서 시중을 들지 말았어야 했는데. 우리 때문이 아니라 **그분**을 위해서 말이다. 만약 그분이 우리랑 친해져 우리를 보살피는데, 네가 여기에 머물면서 한 일을 알게 되면 이곳의 읍장으로서 마땅한 그분의 자존심을 아프게 하고 상하게 할 거야."

---

25 제목이 〈어여쁜 페그 Bonnie Peg〉이고 번스의 시선집에 수록되어 있다.

만약 어머니와 읍장의 진짜 관계를 알았다면 그런 일을 어머니보다 더 걱정했을 엘리자베스는 현 상태에 대해 크게 동요하지는 않았다. 엘리자베스가 생각한 '그분'은 그녀의 불쌍한 어머니가 말한 '그분'과 다른 사람이었다. "저는요"하고 엘리자베스가 말했다. "전 그분에게 시중을 조금 들었던 걸 전혀 개의치 않아요. 그분은 참 점잖고 유식해요. 이 여관의 다른 사람들보다 훨씬 나은 분이에요. 사람들은 여기서 자기네들끼리 나누는 모질고도 야비한 이야기를 그분이 할 줄 모른다고, 참 바보 같다고 생각해요. 하지만 물론 그분은 알 리가 없죠. 그분은 마음이 세련돼서 그런 일들은 몰라요!" 이렇게 그녀는 열심히 그를 옹호했다.

그러는 동안 어머니가 말한 '그분'은 모녀가 생각하듯 그렇게 멀리 있던 게 아니었다. 쓰리마리너스 여관을 나와 헨처드는 인적 끊긴 하이스트리트를 왔다 갔다 걸었고, 그렇게 산책하는 동안 여관을 지나고 또 지나쳤다. 스코틀랜드인의 노래하는 목소리가 창 덧문의 심장 모양으로 생긴 구멍을 통해 그의 귀에 들려와서 그는 창 덧문 밖에서 오랫동안 멈춰 있었다.

"확실하군, 확실해, 저 친구가 나를 끌어당기는 것이 말이야!" 헨처드가 혼잣말했다. "내 생각엔 내가 너무 외로워서 그런 걸 거야. 그를 머물게 할 수만 있다면 내 사업의 삼 분의 일을 떼줄 수도 있는데."

제9장

엘리자베스-제인이 다음 날 아침에 여닫이 창문을 열었을 때 달콤한 공기에서 가을이 임박한 것을 느꼈다. 마치 그녀가 아주 먼 산골 마을에라도 가 있는 것처럼 그렇게 또렷한 가을 느낌이었다. 캐스터브리지는 주변 시골 생활의 보완적 존재이지 그와 반대되는 도시적 존재는 아니었다. 읍내의 높은 지대에 있는 밀밭에서 아래쪽의 풀밭으로 가고 싶어 하는 벌과 나비들은 우회로를 택하지 않고, 자기들이 낯선 지대를 가로지르고 있다고 뚜렷이 의식하지도 않으면서, 곧바로 아래쪽에 있는 하이스트리트로 날아갔다. 그리고 가을이면 엉겅퀴의 가볍고 동그란 솜털들이 이 길에 떠다니다가 가게 현관 위에 내려앉고, 하수도 안으로 날아갔다. 그리고 셀 수 없이 많은 황갈색과 노란색 나뭇잎들이 보도 위를 스치듯 쓸려가다가, 슬그머니 인가의 문을 통해 복도로 들어가서는 마치 쭈뼛대는 방문객들의 치맛자락처럼 마룻바닥을 멈칫멈칫 긁어놓았다.

사람들의 목소리와 특히 가까이에서 들려오는 목소리를 듣고 엘리자베스는 목을 잡아당겨 창문 커튼 뒤에 숨어서 내다봤다. 헨처드 씨가 이제는 저명인사의 복장이 아니라 번창한 상인의 복장을 하고 길 한복판으로 나가는 길에 멈춰 서 있었다. 그리고 스코틀랜드인은 그녀 방의 창문과 바로 붙은 창으로 밖을 내다보고 있었다. 헨처드는 여관을 조금 지나쳐 가고 나서야 전날 밤에 만났던 그 사람을 알아보았다. 그는 몇 걸음 되돌아왔고, 도널드 파프리는 창문을 좀 더 열었다.

"그런데, 당신 곧 떠날 거요, 그렇소?" 헨처드가 올려다보며 말했다.

"네, 지금 곧이요, 읍장님." 상대방이 말했다. "아마도 역마차가 저를 따라잡기 전까지 계속 걸어가야 할지도 모르겠어요."

"어느 쪽으로 가쇼?"

"읍장님이 가시는 방향입니다."

"그럼 읍 꼭대기까지 같이 걸어보겠소?"

"일 분만 기다려 주시면요." 스코틀랜드인이 말했다.

몇 분이 지나자 그가 손에 가방을 들고 나타났다. 헨처드는 가방을 마치 원수라도 되는 양 쳐다봤다. 그 가방은 청년이 떠나는 게 틀림없음을 보여주고 있었다. "아, 젊은이" 그가 말했다. "자네는 좀 더 현명하게 생각해 보고 여기서 나와 같이 머물러야 했는데."

"네, 네, 그렇게 하는 게 더 현명했을 수도 있죠." 도날드가 멀리 떨어져 있는 집들을 현미경을 보듯 자세히 살피며 말했다. "사실을 말씀드리자면 제 계획은 아직 막연합니다."

그들은 이때쯤 여관 주위를 벗어났기 때문에 엘리자베스-제인은 더는 이들의 말을 들을 수 없었다. 그녀는 이들이 계속 대화하는 중에, 헨처드가 상대방에게 가끔씩 고개를 돌리고, 몸짓으로 어떤 말을 강조하는 것을 봤다. 이렇게 이들은 킹즈암스 호텔과 거래소, 세인트피터스 교회 묘지의 벽을 지나 그 긴 거리의 위쪽 끝으로 올라가서 나중에는 밀알 두 개처럼 작아 보였다. 그러다가 그들은 갑자기 오른쪽으로 방향을 틀어 브리스틀로드로 접어들었고, 시야에서 사라졌다.

"그분 좋은 사람이었는데, 그런데 가버렸네!" 엘리자베스가 혼잣말했다. "그분한테 난 아무것도 아니지 뭐. 그리고 그분이 나한테 작별 인사를 해야 할 이유도 없고."

이 단순한 생각은, 그 안에 모욕당했다는 인식도 있는데, 다음과 같은 사소한 사실로부터 빚어진 것이다. 즉, 스코틀랜드인이 문밖으로 나오다가 우연히 흘긋 그녀를 쳐다보았는데 끄덕임도, 미소도 없이 또한 한마디 말도 없이 다시 시선을 돌렸던 것이다.

"어머니, 아직도 생각하고 계시네요." 안쪽으로 몸을 돌리며 엘리자베스가 말했다.

"그래. 난 헨처드 씨가 그 청년을 갑자기 좋아하게 된 일을 생각하고 있단다. 그분은 항상 그런 식이야. 자, 이제 확실해졌네. 그분이 자기와 아무 관계도 없는 사람에게 그렇게 따뜻하게 대하는 걸 보면 자기 친족에게도 그만큼 따뜻하게 대하겠지?"

이들이 이 문제를 토론하고 있을 때 다섯 대의 큰 짐마차 행렬이 침실 유리창에 닿을 정도로 건초를 잔뜩 실은 채 지나갔다. 짐마차들은 시골에서 왔고 김을 내뿜는 말들은 아마도 밤새 달려

온 듯했다. 각 짐마차의 축에는 작은 널빤지가 하나씩 걸려 있었는데 거기에 하얀 페인트로 '헨처드, 곡물 도매상 겸 건초상'이라는 글자가 쓰여 있었다. 이 광경은 그의 아내로 하여금 딸을 위해서 그와 재결합하도록 전력을 기울여야 한다는 확신을 새롭게 했다.

아침 식사 중에도 이 논의는 계속됐고, 결국 헨처드 부인이 그의 친척이며 선원의 미망인인 수전이 지금 읍내에 와 있다는 내용의 편지와 함께 좋든 나쁘든 엘리자베스-제인을 보내기로 하는 것으로 마무리됐다. 헨처드가 그녀를 알아보는지 아닌지는 그에게 맡기기로 하였다. 그녀로 하여금 이런 결정을 하게 만든 것은 주로 두 가지 이유에서였다. 첫째는 그가 쓸쓸한 홀아비로 묘사됐다는 점이고, 둘째는 자기가 과거에 아내를 팔았던 거래를 수치(羞恥)로 표현했다는 것인데 이 두 가지가 다 희망적이었다.

"만약 그분이 거절한다면," 엘리자베스-제인이 모자를 쓰고 출발하려고 서 있을 때 그녀가 이렇게 당부했다. "만약 그분이 우리를 자신의 먼 친척으로 인정하는 것 내지는 우리의 방문을 허락하는 일이 읍에서 높은 지위에 도달한 사람에게 어울리지 않는다고 생각한다면 이렇게 말씀드려라. '읍장님, 그럼 저희는 방해하지 않겠습니다. 왔을 때처럼 조용히 캐스터브리지를 떠나 저희 나라로 돌아가겠습니다'…… 나는 차라리 그분이 그렇게 말씀하시면 좋겠다는 생각이 드는구나. 왜냐하면 그분을 못 뵌 지 너무 여러 해가 되었고 그분과의 연분이 너무나…… 적어서 말이다!"

"만약 승낙하신다면요?" 좀 더 낙관적인 딸이 물었다.

"그럴 땐," 헨처드 부인이 조심스럽게 대답했다. "언제 어떻게 우리, 혹은 **나**를 보러 오실지 쪽지를 써서 알려달라고 말씀드려라."

엘리자베스-제인은 계단참으로 몇 걸음을 떼었다. "그리고 그분께 말씀드려라." 어머니가 말을 이었다. "그분께 권리를 주장할 게 전혀 없다는 걸 내가 잘 알고 있다고. 그분이 성공한 것을 보게 돼서 기쁘고, 또 그분의 삶이 길고 행복하기를 바란다고—자, 이제 가거라." 이리하여 썩 내키지 않는 심정으로, 마지못해서 하는 마음을 억누르면서, 남편을 용서하는 이 가엾은 여인은 아무것도 모르는 딸을 심부름 보냈다.

엘리자베스가 대로에 올라섰을 때는 10시쯤 되었고 장날이었다. 그녀는 별로 서두르지 않았는데, 그녀에게는 자기의 위치가 그저 부자 친척을 찾으러 보내진 불쌍한 친척의 그것에 불과하였기 때문이다. 여염집 대문은 이런 따뜻한 가을날이면 대개 열려 있는데, 이 평온한 읍민들의 마음에는 우산을 훔쳐 가는 도둑이 있을 거라는 심란한 생각이 없었기 때문이다. 따라서 이렇게 울타리로 둘러싸인 길고 곧은 입구를 통해, 마치 터널을 통해 보이듯, 금연화, 바늘꽃, 진홍색 제라늄, 향꽃장대, 금어초와 달리아로 빨갛게 불타오르는 뒤편의 이끼 낀 정원이 보였다. 이 휘황찬란한 꽃들은 거리에서 보이는 점잖은 석조 건물들보다 좀 더 외딴 캐스터브리지에 남아 있는 고색창연한 회색 석조 건물들을 배경으로 하고 있었다. 이런 집들의 구식 정면은 이보다 더 오래된 구식 후면이 있고, 보도에서 거의 수직으로 위로 솟아올라 있고, 궁형의 창문들이 보도 쪽으로 능보(稜堡)처럼 돌출해 있어서 시간에 쫓기는 보행자들은 이를 피하려고 몇 야드마다 한 번씩 오른쪽, 왼쪽으로 기분 좋게 춤추듯 움직여야 했다. 보행자는 또한 문 계단들과 구두 흙털개들, 지하 저장고의 위로 젖히는 출입문들, 교회 부벽(扶壁), 늘어진 벽의 모퉁이들—원래는 불쑥 튀어나오지 않았지만, 안짱다리와 밭장다리처럼 되어버린 것들—이 나타날 때마다 댄서의 동작으로 이를 피해서 가야만 했다.

사람이 경계를 제대로 지키지 않는다는 것을 그렇게 유쾌하게 대변해 주는 이런 고정 장애물 외에, 움직이는 물체들도 곤혹스러울 정도로 보도와 도로를 차지하고 있었다. 우선 캐스터브리지를 들락날락하는 운송업자들의 마차가 있는데 이들은 멜스톡, 웨더베리, 힌톡스, 셔튼-아바스, 킹스비어, 오버쿰을 비롯한 주변의 다른 도시와 마을에서부터 온 것들이다. 이 마차의 주인들은 하나의 부족이라고 생각될 만큼 수가 많았고 거의 한 종족으로 간주되기에 충분한 독특함을 갖고 있었다. 이들의 마차가 막 도착하였고 길 양쪽에 촘촘하게 정렬하여서 보도와 차도를 나누는 장벽을 군데군데 만들어 놓은 셈이 되었다. 게다가 가게마다 파는 물건의 태반을 광주리와 상자에 담아 보도 가의 연석(緣石) 위에 내놨다. 그리고는 늙고 기운 없는 경관 두 명의 권고에도 불구하고 그들의 진열을 매주 야금야금 더 차도 쪽으로 넓혀 나가고 있었다. 그리하여 마차들이 길 한복판으로 간신히 지나갈 정도로 고불고불하고 좁은 통로만 남게 되어서 마부들이 마차 모는 기술을 연마할 좋은 기회를 제공했다. 보도 위 햇볕이 드는 쪽에 드리워진 가게 차양은 마치 낭만적인 전설에 나오는 크랜스턴의 도깨비 시종(侍從)[26]의 보이지 않는 손이 그렇듯이, 행인의 모자를 매섭게 때려 떨어지게끔 설치되어 있었다.

팔 말들이 줄 지어 묶여 있었는데 앞발은 보도 위에, 뒷발은 차도에 올려놓고 있었다. 이런 자세로 말들은 그 앞을 지나 학교에 가는 어린 남자아이들의 어깨를 이따금 깨물었다. 그리고 다른 집들보다 약간 뒤로 물러나 있는 집의 전면에 목 좋은 공지가 있기만 하면 돼지 장사들이 자기들 가축의 우리로 사용하고 있었다.[27]

이 오래된 거리로 장사하러 온 자유농민과 농부, 목장 주인, 읍 사람들은 말보다는 다른 방법으로 의사소통했다. 대도시의 중심가에서는 대화 상대자의 말을 듣지 않으면 그가 말하려는 의미를 하나도 모른다. 그러나 여기서는 얼굴, 팔, 모자, 지팡이, 몸이 처음부터 끝까지 혀와 함께 동등하게 말한다. 만족하다는 표현을 할 때 캐스터브리지의 시장 상인들은 하는 말들 외에 뺨을 넓게 펴 보인다거나 눈을 가늘게 떠본다거나, 어깨를 뒤로 젖히는 동

---

26 크랜스턴의 도깨비 시종(Cranstoun's Goblin Page): 크랜스턴 경에게는 난쟁이 시종이 있었는데 그의 상전의 결혼식에서 온갖 행패를 다 부렸다고 한다. 스코트(Walter Scott)의 《죽은 음유시인의 노래(Lay of the Last Minstrel)》에 나오는 이야기이다.

27 시간과 진보가 여기 나열된 많은, 혹은 대부분의 옛날 특징들을 이러한 묘사 속의 읍으로부터 앗아갔다는 점을 독자 여러분이 새삼스레 상기할 필요는 없을 것이다. (작가 주석)

작을 덧붙이는데, 이런 동작은 길의 반대쪽 끝에서도 알아볼 수 있었다. 헨처드의 마차와 달구지들이 모두 다 덜거덕거리며 자기 앞을 지나가고 있는데도 시장 상인이 그게 누구 것인지 의아해하고 있다면, 여러분은 그 상인의 진홍빛 입천장과 과녁판처럼 빙글빙글 도는 눈을 보면 그렇다는 것을 알게 된다. 옆의 벽에 있는 이끼를 지팡이 끝으로 여러 번 공격하거나, 모자를 바로 썼다가 약간 비스듬하게 하는 것은 심사숙고하고 있다는 동작이었고, 무릎을 마름모꼴로 벌려 몸을 낮추는 것과 팔을 비트는 것은 지루하다는 표시였다. 속임수와 협잡질은 이 정직한 자치구의 거리에서는 어느 모로 보나 발붙일 곳이 없었다. 그리고 바로 인근의 법정에서 변호사들도 자기 쪽의 변론을 진행하다가 가끔씩은 (분명히 실수였겠지만) 순전히 너그러운 마음에서 반대쪽을 위해 열변을 토한다는 얘기도 있었다.

이렇게 캐스터브리지는 어느 면으로 보나 그저 주변 시골 생활권의 극(極)이자 초점이고 신경절(神經節)이었다. 마치 들판에 뒹구는 둥근 돌들처럼 자신들과 공통점이라곤 전혀 없는 푸른 세계에 이물질로 자리를 차지한 많은 제조업 도시들과는 달랐다. 캐스터브리지는 이웃한 마을들보다 수원(水源)에서 한 단계 더 떨어져서 농사를 지어 먹고 사는 곳이었다―단지 그런 곳이었다. 읍내에 사는 사람들은 시골 상황의 모든 변동을 이해하고 있었는데 그건 이것이 노동자의 수익만큼이나 그들의 수익에도 영향을 미쳤기 때문이다. 귀족집 사람들을 주위 10마일을 오가게 만드는 괴로운 일, 즐거운 일들을 읍민들도 느꼈다―같은 이유에서였다. 심지어는 전문직 종사자 가족들의 만찬 파티 석상에서까지도 밀, 가축병, 파종과 추수, 울타리 치기와 나무 심기 등이 논의의 주제였다. 반면에 정치는 권리와 특권을 가진 읍민들인 자기들 관점에서보다는 이웃 고장들의 관점에서 바라보았다.

장이 서는 이 희귀하고 오래된 읍에서 기이하게, 또 어느 정도는 그럴싸하게 사람들의 눈을 즐겁게 해 주는 근사한 발명품들과 번잡함은 바닷가 오두막에서 어망을 막 손질하다가 온 엘리자베스-제인의 익숙지 않은 눈에는 모두 대도시에서만 볼 수 있는 신기한 것들이었다. 별로 물어볼 필요도 없이 그녀는 길을 찾아갈 수 있었다. 헨처드의 집은 제일 좋은 집들 중 하나였고 앞쪽은 흐릿한 적회색의 오래된 벽돌로 되어 있었다. 앞문은 열려 있었고 다른 집에서 그렇듯 그녀는 출입 통로를 통해 정원 끝까지 다 볼 수 있었는데 그 거리가 거의 4분의 1마일이나 되었다.

헨처드 씨는 집에 없었고 가게 마당에 나와 있었다. 그녀는 안내를 받아, 이끼 낀 정원 안으로 들어가 담장에 나 있는 문을 지나갔다. 담장에는 녹슨 못이 박혀 있는 것으로 보아 과일나무가 벽을 타고 오르게 만들어졌고, 수 세대에 걸쳐 자라고 있음을 말해 주고 있었다. 문이 마당 쪽으로 열렸다. 여기서 그녀는 홀로 남겨져 능력껏 그를 찾아야 했다. 이곳 옆면에는 건초 헛간이 있었다. 거기에는 그날 아침 그녀가 여관 앞을 지나는 것을 봤던 짐마차에서 내려진 마초(馬草)가 몇 톤이나 되는 다발로 모두 묶여서 그 안에 쌓여 있었다. 마당 반대쪽에는 플랑드르식 짧은 사다리를 이용하여 올라가는 돌 축대 위의 목조 곡물 창고들이 있었고 몇 층 높이의 곡물 저장소도 있었다. 이곳의 문들이 열릴 때면 언제나 빽빽이 쌓아 놓아 터질 듯한 밀 포대 더미가 안에 서 있는 것이 보였는데 마치 오지도 않을 기근(饑饉)을 기다리는 품새였다.

그녀는 임박한 대면에 마음이 편하지 않아서, 찾다가 몹시 지칠 때까지 여기저기를 돌아다녔다. 그러다가 어느 소년에게 헨처드 씨를 어디에서 찾을 수 있을지 용기를 내어 물어보았다. 소년이 그녀가 아직 못 본 어느 사무실로 안내해 줘서 문을 노크하자 '들어오시오' 하는 큰 소리가 들려왔다.

엘리자베스는 문손잡이를 돌렸다. 그런데 탁자 위 견본 부대들 위로 몸을 숙이고 그녀 앞에 서 있는 것은 곡물 도매상이 아니라 그 젊은 스코틀랜드인 파프리 씨였다. 그는 이 손에서 저 손으로 밀 낱알 몇 개씩을 붓고 있었다. 그의 모자는 그의 뒤쪽 못에 걸려 있었고, 그의 여행 가방의 장미꽃 무늬가 방구석에서 빨갛게 빛나고 있었다.

헨처드 씨를 만날 것에만 대비해서 자기감정을 조절했고 말도 준비해 놓았었기 때문에 그녀는 순간 당황했다.

"네, 무슨 일이죠?" 스코틀랜드인이 그곳을 영구히 지배할 사람처럼 말했다.

그녀는 헨처드 씨를 만나고 싶다고 말했다.

"아, 그래요. 잠시 기다리겠어요? 그분은 지금 막 손님을 만나고 계세요"라고 청년이 말했는데 그는 그녀가 여관에서의 그 소녀라는 것을 알아보지 못한 게 분명했다. 그는 그녀에게 의자를 건네며 앉으라고 했고 견본 부대 쪽으로 다시 몸을 돌렸다. 엘리자베스-제인이 이 청년이 있는 것에 대해 몹시 놀라며 앉아 기다리는 동안 우리는 그가 거기에 어떻게 오게 되었는지 간단히 설명하고 넘어가는 것이 좋을 것 같다.

새로 알게 된 이 두 남자가 그날 아침 그녀의 시야를 벗어나 배스와 브리스틀로 가는 길로 접어들었을 때 이들은 몇 마디 일상적 얘기 외에는 아무 말도 하지 않고 계속 걸었다. 그러다가 이들은 읍의 성벽 위로 난 초크워크라고 불리는 길을 따라 내려갔는데 이 길은 북쪽과 서쪽의 급사면이 만나는 모퉁이로 이어졌다. 이 사각 토루(土壘)의 높은 모퉁이에서 광대한 시골 풍경이 한눈에 들어왔다. 오솔길이 초록의 비탈을 가파르게 내리달려 성벽 위 그늘진 산책로로부터 급사면의 기슭에 있는 차도로까지 이어졌다. 스코틀랜드인은 바로 이 길을 통해서 내려가야 했다.

"자, 당신의 성공은 여기에 있소." 헨처드가 오른손을 내밀고 왼손은 내리막길을 막고 있는 쪽문에 기댄 채 말했다. 이 동작에는 감정이 좌절되고 소망이 꺾인 사람의 구차함이 담겨 있었다. "난 종종 이 시간을, 또 당신이 어떻게 내가 어려울 때 광명을 던져 주기 위해 딱 때맞춰 왔는지를 생각할 거요."

청년의 손을 계속 잡은 채 그는 말을 멈췄고 그러다가 천천히 이렇게 덧붙였다. "그런데 나는 해야 할 말 한마디를 못 해서 대의명분을 놓칠 사람이 아니요. 당신이 영원히 가버리기 전에 이 말은 해야겠소. 한 번 더 말하는데, 여기 머물러 주겠소? 봐요, 이건 뻔하고도 분명한 일이요. 내가 이렇게 압박하는 게 온전히 이기심 때문이 아니라는 건 당신도 알 거요. 왜냐하면 내 사업이라는 게 그다지 과학적이지 못해서 정말로 비범하게 똑똑한 사람이 필요하오. 물론 다른 사람들이 그 자리를 맡을 수도 있소. 여기에 약간의 이기심이 있을지도 모르오. 그런데 그 이상의 것이 있소. 난 한 말 또 하는 사람이 아니요. 자, 나와 같이 지냅시다. 조건을 말해 봐요. 난 그 조건에 기꺼이, 그리고 한마디 반대도 없이 응하겠소. 왜냐면, 이런 젠장, 파프리, 난 당신이 참 맘에 든단 말이오."

청년의 손이 헨처드의 손안에 1, 2분간 꼭 잡혀 있었다. 청년은 그들의 발아래에, 그러다가 뒤쪽으로는 읍의 꼭대기로 이르는 그늘진 산책로를 따라 펼쳐져 있는 비옥한 평야를 굽어보았다. 그의 얼굴이 붉어졌다.

"전 이런 것까지는 기대하진 않았어요—그럼요!" 그가 말했다. "이건 신의 뜻입니다! 누가 그걸 거스르겠습니까? 못하지요. 저 미국에 가지 않겠습니다. 여기 남아 읍장님의 사람이 되겠습니다."

헨처드의 손안에 힘없이 잡혀만 있었던 그의 손이 헨처드의 손을 꼭 움켜잡았다.

"합의한 거요." 헨처드가 말했다.

"합의했습니다." 도날드 파프리가 말했다.

헨처드의 얼굴이 거의 사나워 보일 정도로 강렬한 만족감을 발산했다. "이제 당신은 내 친구요." 그가 소리쳤다. "내 집으로 돌아갑시다. 당장 명확한 조건으로 결정해버립시다. 그러는 게 우리 마음이 편할 거요." 파프리가 가방을 들었고, 왔을 때처럼 헨처드와 함께 북서 대로를 따라 되돌아갔다. 헨처드는 이제 자신감으로 가득 찼다.

"난 누군가를 좋아하지 않을 때는 이 세상에서 가까이하기 가장 어려운 사람이요." 그가 말했다. "하지만 누군가가 내 마음을 사로잡으면 난 그 사람한테 확 빠진다오. 자, 이제 난 당신이 아침 식사 한 번쯤은 더 할 수 있을 거라 확신하오. 당신이 묵던 곳에서는 뭐 좀 먹을 게 있었다 하더라도—사실은 없었겠지만—이렇게 이른 시간에는 많이 먹지는 않았을 거 아니요. 그러니 내 집에 가서 실속 있고 든든한 식사로 배를 실컷 채우고 나서 원한다면 문서로 조건을 정합시다. 나는 말이 곧 보증이긴 하지만 말이요. 난 언제나 아침을 제대로 차려 먹는다오. 지금 막 근사하고 차가운 비둘기 파이를 요리하는 중이요. 원한다면 집에서 담근 맥주도 마실 수 있소."

"술을 마시기에는 아침 시간이 너무 이르군요." 파프리가 미소를 지으며 말했다.

" 아, 그렇지, 내가 몰랐소. 난 맹세한 게 있어서 술은 안 마신다오. 하지만 내 일꾼들을 위해서는 술을 담가야만 한다오."

이렇게 얘기를 나누며 이들은 되돌아와서 뒷골목, 혹은 마차 출입구로 헨처드 집에 들어갔다. 여기에서 아침 식사를 하며 문제가 해결되었는데, 헨처드는 식사 자리에서 그 젊은 스코틀랜드인의 접시에 음식을 아낌없이 가득 담아줬다. 헨처드는 파프리가 자기 짐을 브리스틀에서 부치라는 편지를 써서 우체국에 가져갈 때까지 만족할 수 없었다. 파프리가 이 일을 하고 나서야 이 강력한 충동의 사나이는 그의 새 친구가 자기 집에 기거해야 한다고, 적어도 어떤 적당한 숙소를 찾을 때까지는 그래야 한다고 선언했다.

그리고 나서 그는 파프리를 여기저기 데리고 다니며 집과 곡물 저장소, 그리고 기타 저장물들을 보여줬다. 마지막으로는 사무실로 들어갔고, 여기서 이 두 사람 중 더 어린 사람이 이미 엘리자베스의 눈에 띈 바 있었다.

제10장

엘리자베스가 여전히 스코틀랜드인의 시야에 있는 동안, 헨처드가 엘리자베스를 안쪽 사무실로 들어오게 문을 막 여는 순간, 어떤 남자가 문 쪽으로 와서 문가에 다가섰다. 새로 온 사람은 베데스다[28]의 동작 빠른 절름발이처럼 앞으로 성큼 나서며, 그녀보다 앞서 들어왔다. 그녀는 그가 헨처드에게 하는 말을 들었다. "조슈아 조프입니다, 나리. 약속한 대로 새로 온 지배인입니다."

"새 지배인이라니! 새 지배인은 자기 사무실에 있는데." 헨처드가 퉁명스럽게 말했다.

"자기 사무실이라고요?" 그 남자가 어리벙벙한 기색으로 말했다.

"내가 목요일이라고 하지 않았소?" 헨처드가 말했다. "그런데 당신이 약속을 지키지 않았으니 난 새로운 지배인을 채용한거요. 처음엔 나도 그 사람이 당신인 줄 알았소. 요새 사업도 어려

---

28 베데스다(Bethesda): 예루살렘에 있는 샘으로, 천사의 날갯짓으로 물결이 생겼을 때 가장 빨리 샘물에 들어가는 사람은 무슨 병이든 다 낫는다는 믿음이 있었다. 여기에서 예수가 38년간 걷지 못하던 불구자를 걷게 만드는 기적을 행했다(《요한복음》 5: 2-9).

운 판인데 내가 기다릴 수 있다고 생각하는 거요?"

"목요일이나 토요일이라고 하시지 않았나요, 읍장님?" 새로 온 사람이 편지를 한 통 꺼내며 말했다.

"근데, 당신 너무 늦었소." 곡물 도매상이 말했다. "더 이상 할 말 없소."

"읍장님은 저를 채용하신 거나 다름없습니다." 그 남자가 중얼거렸다.

"면접에 달렸지." 헨처드가 말했다. "당신한테는 미안하오. 정말 대단히 미안하오. 하지만 어쩔 수 없소."

더 이상 말해봐야 소용없자 남자는 밖으로 나왔고 통로에서 엘리자베스-제인과 마주쳤다. 그녀는 그의 입이 분노로 실룩거리고 쓰라린 실망감이 그의 얼굴 전체에 쓰여 있는 것을 볼 수 있었다.

이제 엘리자베스-제인이 들어와서 이 집 주인 앞에 섰다. 항상 붉은색 불똥—실제로 신체가 그럴 수는 없지만—을 담고 있는 듯한 그의 검은 눈동자는, 검은 눈썹 아래에서 무심하게 이리저리 구르다가 그녀의 모습을 보고 멈췄다. "자, 그런데, 무슨 일인가, 아가씨?" 그가 부드럽게 말했다.

"말씀드릴 게 있는데요—사업상 일은 아니고요, 읍장님." 그녀가 말했다.

"그래—말해 봐요." 그가 좀 더 생각에 잠겨 그녀를 쳐다봤다.

"이 말씀을 전하라는 심부름 때문에 왔습니다, 읍장님." 그녀가 천진난만하게 말을 이었다. "읍장님 처가 쪽으로 먼 친척이 한

분 있는데 이름은 수전 뉴선입니다. 선원의 미망인이고 지금 읍내에 와 있습니다. 그리고 읍장님이 그녀를 만나고 싶은지 물어보라 했습니다."

그의 강렬하게 검붉은 안색이 약간의 변화를 일으켰다. "아—수전이—아직 살아 있다고?" 그가 힘겨워하며 물었다.

"네, 읍장님."

"아가씨가 그분 딸인가?"

"네—외동딸입니다."

"뭣이지? 아가씨 이름이. 세례명이 뭐지?"

"엘리자베스-제인입니다, 읍장님."

"성이 뉴선인가?"

"네, 엘리자베스-제인 뉴선입니다."

이 대답이 헨처드에게 그의 이른 결혼 시절 웨이던 장터에서 있었던 거래 사건이 그녀의 가족 역사에 기록되지 않았다는 것을 즉시 암시해 줬다. 그건 그가 기대할 수 있던 이상이었다. 그의 아내는 그의 불친절에 대해 친절하게 행동했었던 것이고 자기가 받은 부당한 대우를 자기 자식이나 세상에 절대 발설하지도 않았던 것이다.

"난 아가씨가 말한 소식에 관심이 아주 많아." 그가 말했다. "그리고 이건 사업 문제가 아니고 좋은 일이니 안에 들어가서 얘기하지."

엘리자베스가 놀라게도 그는 점잖고 자상한 태도로 그녀를 사무실 밖으로 안내했고 바깥방을 통과해 갔다. 이 방에서는 도날드 파프리가 뭔가 캐내고 조사하는 초보 책임자의 태도로 저장 통과 견본들을 세밀히 검사하고 있었다. 헨처드가 그녀보다 앞서 담장에 나 있는 문을 통해 정원과 꽃이 갑자기 나타나는 앞마당을 지나 계속 집 안으로 들어갔다. 그가 엘리자베스를 안내해 들어간 식당에는 파프리를 위해 준비했던 풍성한 아침 식사의 남은 음식들이 여전히 보였다. 식당에는 가장 짙은 스패니시 레드 색조의 육중한 마호가니 가구가 잔뜩 비치되어 있었다. 보조판이 너무 낮게 드리워져서 거의 바닥에 닿을 듯한 펨브로크 식탁[29]들이 마치 코끼리의 다리와 발 모양을 한 채 벽에 붙어 서 있었다. 한 식탁 위에는 세 권의 거대한 이절판(二折版) 책들이 놓여 있었는데 가정용 성경책, 조시퍼스[30]의 저작 한 권과 《인간의 완전한 의무》[31]가 그것이었다. 굴뚝이 있는 구석에는 홈이 있고 반원형 후면을 지닌 쇠살대가 있고 그 위에 유골 단지와 양각된 꽃줄 장식이 있었다. 그리고 의자들은 이후 시대에 치펜데일과 쉐라턴[32]이라는 이름을 날리게 해 준 그런 종류의 것들이었다. 그러나 사

---

29 펨브로크 식탁(Pembroke table): 길이를 늘일 수 있도록 보조판이 한쪽 혹은 양쪽에 거치된 탁자. 대개 반원형인 이 보조판은 평상시에는 접혀 있다가 필요할 때 펴서 고정시키면 식탁이 커지는 효과가 있다. 그 이름이 펨브로크 백작(1693-1751)에게서 유래했다는 설이 있다.

30 조시퍼스(Josephus)(AD 37-93): 유대인 군인이자 학자.

31 《인간의 완전한 의무 Whole Duty of Man》: 1658년에 최초 출간된 기독교 서적으로 기도문과, 기독교의 덕목에 대한 논의가 주요 내용이다.

32 치펜데일과 쉐라턴(Chippendale and Sheraton): 18세기 영국의 유명한 가구 제조업자 겸 디자이너.

실상 이 의자들의 무늬는 이런 뛰어난 목수들도 듣도 보도 못한 것이었다.

"앉지—엘리자베스-제인—앉아." 이 이름을 말할 때 그의 목소리는 떨렸고 앉으면서 손을 무릎 사이에 늘어뜨리고 양탄자를 내려다봤다. "그래, 어머니 건강은 좋으시고?"

"어머니는 여행하시느라 좀 지치셨어요, 읍장님."

"선원의 미망인이라—그분은 언제 돌아가셨나?"

"아버지는 지난봄에 돌아가셨어요."

헨처드는 그녀가 '아버지'라고 한 말에 움찔했다. "아가씨하고 어머니는 외국에서 온 건가—미국 아니면 오스트레일리아에서?"하고 그가 물었다.

"아니요. 저희는 영국에서 몇 년 있었어요. 저희가 캐나다에서 돌아온 건 제가 열두 살 때예요."

"아—그랬었구만." 이런 대화를 통해 그는 자신이 그들은 무덤 속에 있을 거라고 오래전부터 믿었다는 것을 그의 아내와 딸이 까맣게 모르게 된 전후 사정을 알아냈다. 이런 것들이 밝혀지자 그는 현재로 돌아왔다. "그래, 어머니는 지금 어디에 묵고 계시냐?"

"쓰리마리너스요."

"그래, 네가 그분의 딸 엘리자베스-제인이란 말이구나"하며 헨처드가 말을 되풀이했다. 그는 일어나서 그녀에게 다가가 얼굴을 들여다봤다. "내 생각엔," 그가 눈가가 축축해진 채 갑자기 얼굴을 돌리며 말했다. "내가 쪽지를 하나 써 줄 테니 어머니께 전

해드리렴. 네 어머니가 보고 싶구나…… 네 어머니는 죽은 남편에게서 재산도 많이 물려받지 못했나 보지?" 그의 눈길이 엘리자베스의 옷에 떨어졌다. 비록 점잖은 검은색 정장이고 그녀의 가장 좋은 옷이기는 했지만 캐스터브리지 사람들의 눈에도 분명히 구식이었다.

"별로요." 그녀는 자기 입으로 말할 필요 없이 굳이 그가 짐작한 것에 기뻐하며 말했다.

그는 식탁에 앉아 몇 줄 적었다. 다음으로 지갑에서 5파운드짜리 지폐를 꺼내 쪽지와 같이 봉투에 넣었다. 그리고는 나중에 생각난 듯이 5실링을 더 넣었다. 그는 조심스레 이 전부를 봉하고는 겉에 "뉴선 부인: 쓰리마리너스 여관"이라고 써서 엘리자베스에게 건네줬다.

"이걸 그분에게 네가 직접 전해주거라." 헨처드가 말했다. "그런데—널 여기서 봐서 기쁘구나, 엘리자베스-제인아—무척 기뻐. 우리 긴 얘기를 함께 나누자꾸나—지금 당장은 안 되겠지만."

그는 헤어질 때 그녀의 손을 잡았는데 그의 손길이 너무 따스해서 우정이라고는 별로 모르고 자란 엘리자베스는 크게 감동하였고 옅은 회색빛 눈에는 눈물이 어렸다. 그녀가 가고 나자 바로 헨처드의 마음 상태가 더 뚜렷하게 드러났다. 문을 닫고 식당에 꼿꼿이 허리를 펴고 앉아 마치 자신의 역사를 거기에서 읽으려는 듯 반대편 벽을 응시했다.

"아차!" 그가 벌떡 일어나며 갑자기 소리쳤다. "그 생각을 못

했네. 저들이 사기꾼일지도 모르는데—그리고 수전과 그 애기는 이미 죽었을 거야!"

그러나 엘리자베스-제인에게 있는 뭔가가, 적어도 그녀에 관해서는 의심의 여지가 거의 없다고 곧 그를 확신시켰다. 그리고 몇 시간 뒤면 그녀 모친의 정체가 밝혀질 것이다. 왜냐하면 그가 쪽지에서 그녀를 그날 밤에 만나기로 해놓았기 때문이다.

"비가 왔다 하면 억수로 퍼붓네!" 헨처드가 말했다. 새로운 친구인 스코틀랜드인에 대한 그의 예리하게 일깨워진 관심은 이제 이 사건에 의해 가려졌다. 그리고 도널드 파프리는 그날 그를 거의 보지 못했기 때문에 자기 고용주의 기분이 갑자기 바뀐 것을 의아하게 생각했다.

그러는 동안 엘리자베스는 여관에 도착했다. 어머니는 도움을 기대하는 가난한 여자가 갖는 호기심으로 쪽지를 받는 것이 아니었기 때문에 그것을 보고 무척 감동했다. 어머니는 쪽지를 바로 읽지 않았고 헨처드가 어떻게 딸을 맞았는지, 어떤 말들을 썼는지 엘리자베스에게 설명해보라고 했다. 엘리자베스가 나가자 어머니는 편지를 열어보았다. 거기엔 다음과 같이 쓰여 있었다.

> 괜찮으면 버드머스로(路)에 있는 원형경기장으로 오늘 밤 8시에 나를 만나러 오시오. 장소는 찾기 쉽소. 지금은 그 이상 말할 수 없소. 그 소식이 나를 거의 뒤집어 놓았소. 딸애는 아무것도 모르고 있는 것 같소. 내가 당신을 보게 될 때까지 그 애가 계속 모르게 하시오.
>
> "M. H."

그는 5기니를 동봉한 것에 대해서는 아무 말도 하지 않았다. 돈의 액수가 의미심장했다. 그건 암묵적으로 그가 그녀를 되산다고 말하는 것이었다. 그녀는 날이 저물기를 안절부절못하고 기다렸고 엘리자베스-제인에게는 자기가 헨처드 씨를 만나도록 초대받아서 혼자 가겠다고 말했다. 그러나 그녀는 만나는 장소가 그의 집이 아니라는 것을 알게 하는 어떤 말도 하지 않았고, 또한 그 쪽지를 엘리자베스에게 건네주지도 않았다.

제11장

캐스터브리지에 있는 '경기장'은 영국에 남아 있는 로마 시대 원형극장을 이 지역에서 부르는 이름에 불과했는데 최고로 훌륭하지는 않아도 가장 훌륭한 것들 중 하나이기는 했다.

캐스터브리지에는 어느 거리, 어느 골목, 어느 경내에건 옛 로마의 자취가 남아 있었다. 로마의 모습을 하였고, 로마의 예술을 보여주었고, 로마의 사자(死者)들을 감추고 있었다. 읍내의 들판이나 정원 주변을 1, 2피트만 파 들어가면 로마 제국의 키 큰 병사 같은 사람이 반드시 발굴되었다. 그는 1500년의 기간 동안 야단스럽지 않게 무언의 휴식 속에 거기 누워 있었던 것이다. 대개는 계란 껍질 속의 병아리처럼 백토질의 타원형 굴속에서 모로 누운 채 발견되었다. 무릎은 가슴까지 끌어당겨져 있고 가끔은 창(槍)의 잔해가 팔에 걸쳐져 있었다. 그의 가슴이나 이마에는 핀이나 브로치가 놓여있었고 무릎 부위에는 유골 단지가, 목 부위에는 항아리가, 입에는 병이 얹혀 있었다. 캐스터브리지의 거리를 지나는 소년과 어른들의 얼떨떨한 추측의 눈길이 이 로마 병사에게 쏟아졌다. 이들은 길을 지나다가 이 친숙한 광경을 응시하려고 잠시 몸을 돌리곤 했다.

상상력이 풍부한 주민들은 비교적 가까운 시대의 해골을 자기 집 정원에서 발견하면 불쾌하게 느꼈겠지만 이런 오래된 형체들을 보고는 거의 마음의 동요를 느끼지 않았다. 그들은 너무도 오랜 옛날에 살았던 것이고 그들의 시대는 현재와 너무도 달랐기 때문이다. 또한 그들의 희망과 동기도 우리의 그것과 너무나 멀리 떨어져 있었기 때문에 그들과 현재 거기에 사는 사람들 사이에는 귀신도 건널 수 없는 너무도 넓은 심연이 가로놓여 있는 것 같았다.

이 원형경기장은 담으로 둘러싸인 거대한 원형의 공간이었고 그 지름의 남북 양쪽 끝에는 계단이 하나씩 있었다. 내부의 경사진 형태로 인해 그것은 죄툰[33]의 타구(唾具)로 불릴 만도 했다. 그곳이 캐스터브리지에 대해 갖는 관계는 폐허가 된 콜로세움이 현대의 로마에 대해 갖는 관계와 같았고 이 둘은 크기도 엇비슷했다. 저녁 해 질 무렵이 이 뭔가를 연상시키는 장소의 진정한 인상이 드러나기에 적당한 시간이었다. 그 시간대에 경기장 한가운데 서 있으면 대낮에 꼭대기에서 한번 힐끗 볼 때는 잘 보이지 않는 그 진정한 거대함이 차차 뚜렷해진다. 침울하고 장엄하며 쓸쓸하지만, 읍의 모든 곳에서 접근할 수 있어서 이 역사적인 원형경기장은 은밀한 약속을 위해 사람들이 종종 찾는 곳이 되었다. 음모가 거기에서 이루어졌고, 분열과 반목이 있고 난 후에는 시험적 만남이 이곳에서 시도되었다. 그러나 어떤 한 가지 약속은—그

---

33 죄툰(the Jötuns): 스칸디나비아 신화에 나오는 거인족.

자체로는 가장 흔한 약속이지만—이 원형경기장에서 좀처럼 이루어지지 않았다. 행복한 연인들의 밀회가 그것이었다.

유달리 바람이 잘 통하고 접근이 용이하며 주위와 격리된 장소임에도 불구하고 왜 그런 가장 즐거운 형태의 만남이 이 폐허의 흙을 살갑게 좋아하지 않느냐 하는 것은 호기심을 불러일으킬 의문이 될 수 있을 것이다. 아마도 그건 경기장과 관련하여 연상되는 것들이 뭔가 불길하기 때문일 것이다. 경기장의 역사가 그것을 증명한다. 그 안에서 원래 벌어졌던 혈기 왕성한 성격의 경기 외에도 다음과 같은 사건들이 과거에 있었다. 즉, 수십 년 동안읍의 교수대가 그 한쪽 구석에 서 있었고, 1705년에는 남편을 죽인 어느 여자가 만 명이나 되는 구경꾼들이 보는 가운데 반쯤 교수되고 나서는 그곳에서 화형당했다. 전해지는 얘기에 의하면 불에 타는 어느 단계에서 그 여자의 심장이 터져 몸 밖으로 튀어나와서 모두를 기겁하게 했기 때문에 이 일 이후로 그 만 명의 사람들 중 어느 누구도 특히 불에 구운 고기는 먹지 않았다는 것이다. 이런 오래된 비극적 사건들 외에도 거의 죽을 때까지 하는 권투경기가 이 후미진 경기장에서 최근까지도 내려오고 있었다. 이둘러싸인 곳의 꼭대기에 오르지 않고서는 외부 세계에서 경기장을 볼 수 있는 방법은 전혀 없었다. 읍민들은 일상의 생활에서 굳이 꼭대기에 오르려는 수고를 거의 하지 않았다. 그래서 유료 마찻길과 가깝지만 사람 눈에 안 띄고 백주에 범죄가 자행될 수 있는 곳이었다.

최근에는 몇몇 소년들이 주경기장을 크리켓 구장으로 이용하여 이 폐허에 명랑한 분위기를 불러오기도 했다. 그러나 이런 공놀이도 앞서 말한 이유, 즉 흙으로 된 원형경기장이 강요하는, 남의 눈에 띄지 않는 음울한 분위기로 인해 대개는 시들해졌다. 경기장은 갈채를 보낼 행인들의 시야와 외부 사람들의 칭찬의 말을 모조리 차단했고 하늘을 제외한 모든 것을 차단하였다. 이런 상황에서 경기한다는 것은 마치 빈집에 대고 연기하는 것과 진배없었다. 아마 소년들이 겁먹어서일 수도 있다. 왜냐하면 어떤 노인네들이 말하기를 여름날 백주 대낮의 어떤 때에 경기장에서 앉아 책을 읽고 있거나 조는 사람들이 눈을 들었을 때 하드리아누스[34]의 병사들이 경사면에 도열하여 마치 검투 경기를 관람하듯 군단을 이룬 채 경기장을 노려보는 것을 봤다고 했다. 또 이 병사들의 흥분한 환호성을 들었고 이 장면이 그저 잠깐 동안만 마치 번갯불의 섬광처럼 보이다가는 사라졌다고도 했다.

남쪽 출입구의 밑에는 경기에 참여했던 야수와 선수들이 대기하던 동굴이 지금도 남아 있다는 얘기가 있었다. 원형경기장은 얼마 전까지도 그 원래의 목적대로 사용되기라도 한 듯이 아직도 바닥은 부드럽고 형태는 원형(圓形)이었다. 관중이 그들의 좌석으로 오르던 경사로는 그대로 좁은 길로 사용되고 있었다. 그러나 경기장 전체는 잡초로 덮여있었다. 잡초는 지금 같은 여름 끝

---

34 하드리아누스: 로마 황제 하드리아누스(AD 76-138)는 당시 로마 제국의 점령지였던 영국이 이민족으로부터 침입 받는 것을 막기 위해 성(Hadrian's Wall)을 쌓은 것으로 유명하다.

무렵에는 말라 죽은 풀잎가지로 수염같이 되어 있었는데 바람이 스칠 때면 파도를 이루었고, 귀 기울여 듣는 사람들에게는 바람이 들려주는 노래가 되었고, 엉겅퀴의 날아다니는 관모(冠毛)에게는 잠시 머물다 가는 곳이 되었다.

헨처드가 이 장소를 고른 것은 이곳이 오랫동안 잃었던 아내를 만날 때 사람들의 눈에서 가장 안전한 곳이라고 생각해서이고 동시에 해가 진 뒤에도 초행길 사람이 쉽게 찾아올 수 있는 곳이기 때문이었다. 평판에 신경 써야 하는 읍장으로서 그는 모종의 확고한 방침이 정해질 때까지는 그녀를 자기 집으로 초대할 수 없었다.

여덟 시 직전에 그는 이 인적 끊긴 토루에 접근하여 예전에 야수 우리였던 폐허의 위로 나 있는 남쪽 길을 통해 들어왔다. 몇 분이 지나지 않아 그는 북쪽의 넓게 뚫린 곳 혹은 주 출입구로 어떤 여인의 형상이 살금살금 들어오는 것을 볼 수 있었다. 그들은 경기장 한가운데에서 만났다. 누구도 먼저 말하지 않았다—말이 필요 없었다—그리고 가엾은 여인은 헨처드에게 기댔다. 그는 그녀가 쓰러지지 않게 팔로 받쳤다.

"나 술 안 마셔." 그가 나지막하고, 머뭇거리며 사과하는 목소리로 말했다. "들었소, 수전?—나 지금은 술 안 마신다고—나 그날 밤 이후로 술 안 마셨어." 이것이 그의 첫 말이었다.

그는 그녀가 알아들었다는 뜻으로 고개를 숙이는 것을 느꼈다. 1, 2분 있다 그가 다시 말을 시작했다.

"수전, 당신이 살아 있다는 걸 내가 알았더라면! 하지만 당신과 그 애가 죽어서 이 세상에 없다고 믿을 충분한 이유가 있었소. 난 당신을 찾으려고 할 수 있는 짓은 다 해 봤소. 여기저기 찾으러 다니고, 광고도 내보고. 내가 내린 결론은 당신이 그 남자와 같이 어느 식민지로 출발했고, 항해 중에 익사했다는 것이오. 당신 왜 이렇게 아무런 연락도 안 하고 있었소?"

"오—마이클—그 사람 때문이에요—그것 말고 무슨 다른 이유가 있겠어요? 난 그분과 저, 둘 중 한 사람의 생명이 다할 때까지 그분에게 신의를 지켜야 한다고 생각했어요—난 어리석게도 그 거래에 엄숙하고 구속력 있는 무엇이 있다고 믿었어요. 그리고 명예라는 점에 있어서도 나를 위해 그렇게 많은 돈을 좋은 뜻으로 지불했던 그분을 감히 버릴 수는 없다고 생각했어요. 난 그분의 미망인 자격으로만 당신하고 만나는 거예요—난 그분의 미망인일 뿐이고 당신에게 내세울 어떤 권리도 없다고 생각해요. 그분이 돌아가지 않았다면 난 오지 않았을 거예요, 결코. 그 점에 대해서는 당신이 확신해도 되요."

"쯧쯧쯧! 당신은 어찌 그렇게 단순한 거요?"

"나도 몰라요. 하지만 내가 그렇게 생각하지 않았다면 난 몹시 나쁜 사람이 됐을 거예요!" 수전이 울다시피 말했다.

"그래—그래—그랬을 거요. 당신이 아무 생각도 없는 여자라고 느끼게 하는 게 바로 그 점이지. 그런데—나를 이런 처지가 되게 하다니!"

"뭐라고요, 마이클?" 그녀가 깜짝 놀라며 물었다.

"글쎄, 우리가 다시 같이 사는 문제도 어렵고, 엘리자베스-제인에 관한 문제도 어렵게 됐단 말이요. 그 애에게 죄다 말하면 안 되지—그 애는 그 점에서 우리 둘을 다 경멸할 거요—난 그걸 못 참겠소!"

"그래서 그 애가 당신에 대해 아무것도 모르게 키워온 거예요. 나 역시 그걸 참을 수 없어요!"

"그러면—우리는 그 애를 지금처럼 계속 믿게 만들고, 또 그러면서 잘못을 바로잡을 방법에 대해 얘기해 봐야 하오. 당신은 내가 여기서 사업을 크게 하고 있고, 이 읍의 읍장이고, 교구 위원 기타 등등의 일을 맡고 있다는 얘기 들었을 거요."

"네." 그녀가 나지막이 말했다.

"그 애가 우리의 치욕을 알게 되나 않을까 두렵소, 그런데 이런 일들까지 있으니 우리는 굉장히 조심해서 행동해야 하오. 그래서 당신과 그 애가 한때 내가 학대하고 내쫓았던 아내와 딸로서 내 집에 어떻게 공공연히 돌아오게 할지 잘 모르겠소. 그게 어려운 문제요."

"우린 곧 떠날 거예요. 제가 온 건 다만—"

"아니, 아니요. 수전, 당신이 가서는 안 되오—내 말을 잘 못 이해했군." 그의 말은 친절하면서도 엄했다. "내가 이런 계획을 생각해 봤소. 그게 뭐냐 하면 당신과 엘리자베스가 미망인 뉴선 부인과 그녀의 딸로 읍내에 오두막을 하나 얻으면 내가 당신을 만나 구애해서 결혼하고, 그런 다음 엘리자베스-제인을 의붓딸로 내 집에 들이는 거요. 이 계획은 아주 자연스럽고 쉬워서 생각만 해도 벌써 일이 반쯤은 된 거요. 이렇게 하면 젊은 시절의 어둡고 고집불통이고 치욕적인 내 삶도 알려지지 않을 것이고 비밀을 아는 사람은 당신과 나 둘뿐이 되는 거요. 그리고 나는 내 지붕 아래에서 내 아내뿐만 아니라 내 하나뿐인 자식을 보는 즐거움도 누릴 거요."

"완전히 당신 처분에 맡길게요, 마이클." 그녀가 고분고분하게 말했다. "내가 여기 온 건 엘리자베스 때문이에요. 저에 관해 말하자면, 만약 당신이 저보고 내일 아침 다시 떠나 당신 곁에 더 이상 가까이 오지 말라고 한다면 기꺼이 떠날 거예요."

"자, 자, 우리가 그런 얘기나 하자는 건 아니잖소." 헨처드가 부드럽게 말했다. "물론 당신이 다시 떠날 일은 없을 거요. 내가 제안한 계획을 몇 시간 잘 생각해 봐요. 당신에게 더 좋은 생각이 떠오르지 않는다면 그 계획을 택하기로 합시다. 공교롭게도 난 사업상 하루 이틀 여기를 떠날 거요. 하지만 그동안 당신은 머물 곳을 구할 수 있을 거요. 읍내에서 당신이 있기에 적합한 유일한 곳은 하이스트리트의 도자기 가게 건너에 있는 집들 정도요. 아니면 오두막을 구해 볼 수도 있고."

"숙소가 하이스트리트에 있다면 비쌀 텐데요, 아마?"

"신경 쓰지 말아요. 우리 계획이 실행되려면 당신은 처음부터 점잖은 출발을 해야만 하오. 돈 문제는 나한테 맡겨요. 내가 돌아올 때까지는 가진 돈으로 충분하겠소?"

"그럼요." 그녀가 말했다.

"지금 있는 여관에서는 지내기 괜찮소?"

"물론이에요."

"그리고 그 애는 본인 및 우리와 관련된 치욕에 대해 확실히 모르고 있는 거 맞소? 그게 제일 걱정되네."

"그 애가 진실을 꿈에도 생각하지 못하고 있다는 걸 아신다면 놀랄 거예요. 그 애가 어떻게 그런 일을 생각이라도 해볼 수 있겠어요?"

"맞소."

"우리가 결혼을 다시 한다는 생각이 맘에 들어요." 헨처드 부인이 잠시 멈췄다가 말했다. "이 모든 일이 지난 지금 그것만이 옳은 길로 보여요. 자, 전 이제 엘리자베스-제인에게 돌아가서 우리 친척 헨처드 씨가 친절하게도 우리가 읍내에 머물기를 바란다고 말할게요."

"아주 좋네—당신이 그렇게 처리해요. 당신을 좀 바래다줄까 하는데."

"아니, 안 돼요. 위험일랑 무릅쓰지 말아요!" 그의 아내가 걱정하며 말했다. "저도 돌아가는 길 찾을 수 있어요—아직 늦은 시간도 아니에요. 나 혼자 가게 해 주세요."

"그럽시다." 헨처드가 말했다. "그런데 한마디만 합시다. 날 용서하는 거요, 수전?"

그녀가 뭔가를 중얼거렸다. 그러나 대답할 말을 찾기 어려운 듯 보였다. "신경 쓰지 마오—때가 되면 내게 말해 주겠지." 그가 말했다. "내가 앞으로 할 일들로 날 판단해 줘요—잘 가오."

자기 아내가 아래쪽 길을 따라 빠져나가 읍내를 향해 가로수 길을 내려가는 동안 그는 물러나서 원형경기장의 위쪽에 섰다.

그러고 나서 헨처드 본인도 집으로 돌아갔는데 너무나 빨리 걸었기 때문에 자기 집 문간에 도착할 때쯤엔 지금 막 헤어져 아무것도 모른 채 가고 있는 그 여인의 거의 발뒤꿈치까지 이르렀다. 그는 그녀가 길을 걸어 올라가는 것을 지켜봤고, 그리고는 자기 집 안으로 들어갔다.

제12장

아내가 시야에서 사라지는 것을 지켜본 후 자기 집 문에 들어서자마자 읍장은 계속 걸어 터널 모양의 통로를 거쳐 정원에 이르렀다. 거기서부터는 뒷문으로 해서 광과 곡물 창고가 있는 곳으로 걸어갔다. 사무실 창문에서 빛이 새 나왔고 실내를 가릴 블라인드가 없었기 때문에 헨처드는 도널드 파프리가 아까 있던 자리에 그대로 앉은 채 면밀하게 장부를 검토함으로써 지배인의 업무를 시작한 것을 볼 수 있었다. 헨처드는 들어서면서 "자네가 그렇게 늦도록 있을 거라면 내가 방해하지 않겠네"라는 말만을 했다.

헨처드는 파프리의 의자 뒤에 서서 그 스코틀랜드인의 총명함마저도 거의 좌절시킬 만큼 자신의 장부 속에서 그렇게 짙게 피어오르게 내버려 둔 숫자의 안개를 걷히게 만드는 그의 솜씨를 지켜봤다. 그 곡물 도매상의 태도는 반쯤은 감탄하는 것이었다. 하지만 지나치게 시시콜콜 마음 쓰는 사람의 취향에 대해 울컥 솟는 동정심 또한 없지 않은 태도였다. 헨처드 본인은 손때 묻은 장부에서 섬세한 사항들을 찾아내기에는 정신적으로, 그리고 육체적으로 적합하지 않았다. 그는 현대적인 의미로 보자면 아킬

레스의 교육을 받은 것이고 글씨 쓰기는 사람을 애먹이는 기술이라고 생각했다.[35]

"오늘 밤은 이 정도 하면 됐네." 드디어 헨처드가 종이 위에 커다란 손을 펼치며 말했다. "내일도 시간은 충분히 있을 걸세. 나랑 같이 안으로 들어가서 저녁이나 먹도록 하세. 자, 어서. 내 고집은 못 말린다네." 그가 우호적인 완력을 사용하여 장부책을 덮었다.

도널드는 원래 자기 거처로 돌아가고 싶었다. 그러나 그는 자기 친구 겸 고용주가 뭘 요청할 때와 충동이 일어날 때 절제를 모르는 사람이라는 것을 벌써 알고 있었기 때문에 순순히 응했다. 그는 헨처드의 따뜻함이 비록 불편함을 주더라도 그것을 좋아했다. 그들의 크게 다른 성격이 좋아함을 더하게 했다.

그들이 사무실 문을 걸어 잠그고 나서 청년은 친구를 따라 작은 사용(私用) 문을 통해 들어갔다. 이 문은 곧장 헨처드의 정원으로 이어졌고 한 걸음만에 실용적인 세계에서 미의 세계로 바뀌었다. 정원은 고요했고, 이슬에 젖은 채 꽃향기로 가득 차 있었다. 정원은 집 건물의 뒤쪽으로 꽤 멀리 뻗어 있었다. 처음에는 잔디와 화단으로, 다음에는 과수원으로 뻗어 있었다. 과수원에는 과수를 받치는 지주에 묶인 긴 가지들이 이 집만큼이나 오래된 채

---

35 그리스 신화에서 어린 아킬레스를 가르친 것은 반인반마(半人半馬)인 켄타우루스(Centaur)들, 그중에서도 케이론(Chiron)이었는데 그는 주로 사냥, 창던지기, 달리기 등 전쟁의 기술을 가르쳤다.

너무나 드세게 자라 자기들끼리 엉겨 붙은 채 옹이 져 있어서 사람들이 이들을 지탱하는 말뚝을 땅에서 뽑아내야 했다. 그래서 이 가지들은 라오콘 군상[36]에 잎이 달리기라도 한 것처럼 고뇌하는 식물의 모습으로 몸이 뒤틀리고 꼬인 채 서 있었다. 몹시 향기로운 냄새를 풍기는 꽃들이 어느 꽃인지 분간해 낼 수 없었고 이들은 이 속을 지나 집 안으로 들어갔다.

아침 식사 때의 환대가 되풀이되었고 식사가 끝나자 헨처드가 말했다. "의자를 벽난로 쪽으로 당기게, 친구. 내가 불을 활활 지필 테니. 9월이라 해도, 시커멓게 된 쇠살대처럼 내가 싫어하는 것도 없다네." 그가 미리 쌓아놓은 땔감에 불을 붙이자 기분 좋은 광채가 주위에 퍼졌다.

"그거참 신기하네." 헨처드가 말했다. "웬 두 남자가 지금 우리처럼 순전히 사업상 이유로 만났는데 첫날이 끝나기도 전에 자네한테 내가 가족 얘기를 하고 싶어지다니 말일세. 그런데, 이런 제기랄, 난 외로운 사람이네, 파프리. 난 자네 외엔 말할 사람이 아무도 없네. 그러니 내가 자네에게 이런 이야기를 못 할 것도 없

---

36 라오콘 군상: 라오콘(Laocoön)은 아폴로 신을 섬기는 트로이의 사제였다. 트로이 전쟁 말미에 그리스 군대가 해변에 남겨놓고 간 목마가 계략임을 알아채고 그는 트로이인들에게 경계를 당부하였다. 그리스를 후원하던 아테나 여신은 이에 진노하여 큰 바다뱀 두 마리를 보내 라오콘과 두 아들을 목 조르게 하여 고통스럽게 죽게 했다. 베르길리우스의 《아이네이스》 제2권에 나오는 내용. BC 1세기경에는 그리스의 세 조각가가 이들 세 부자의 죽음의 고통을 대리석으로 표현한 바 있다. 이 조각상은 16세기 초 로마의 궁터 발굴 현장에서 발견되어 현재 바티칸 미술관에 소장되어 있다.

겠지?"

"제가 도움이 된다면 기꺼이 듣겠습니다." 도널드가 시선을 돌려 벽난로 선반 위의 정교한 목각들을 보며 말했다. 휘장이 둘러쳐진 황소 두개골을 중심으로 화관을 쓴 수금(竪琴), 방패, 화살통들이 놓여 있었고 측면에는 얕게 양각된 아폴로와 디아나의 두상이 자리 잡고 있었다.

"내가 항상 지금 같은 모습은 아니었네." 헨처드가 말을 이었다. 그의 확고하고 나직한 목소리가 아주 약간 떨렸다. 그는 오랜 친구에게는 말 못 할 내용을 새로 사귄 친구에게 고백하도록 가끔씩 사람들을 부추기는 그런 이상한 영향 아래 놓여 있는 게 분명했다. "난 막노동 건초 일꾼으로 인생을 시작했고 열여덟 살 때 이 직업 덕택에 결혼까지 했다네. 자네 날 결혼한 남자로 생각하나?"

"전 읍장님이 홀아비라고 읍내에서 들었습니다."

"아아, 그래―당연히 그 얘기를 들었겠지. 한데 난 19년쯤 전에 아내를 잃었네―내 잘못으로…… 일이 이렇게 된 거야. 어느 여름 저녁에 난 일자리를 찾아 여행하고 있었고 집사람은 우리의 하나뿐인 자식인 아기를 안고 내 곁에서 걷고 있었지. 우리는 어느 시골 장터의 노점에 이르렀지. 그 당시에 나는 술깨나 마시던 사람이었네."

헨처드가 잠시 말을 멈추고 몸을 뒤로 털썩 기댔다. 그의 팔꿈치는 식탁 위에 놓여 있고 이마는 손으로 가려졌다. 그러나 그 손이 선원과의 거래 사건을 그가 아주 자세하게 얘기할 때 그의 얼굴에 드러난 굽힐 줄 모르는 자기반성의 표정을 감출 수는 없었다. 처음에 스코틀랜드인이 보이던 무관심의 기색이 이제 사라졌다.

헨처드는 아내를 찾으려는 그의 시도와 그가 했던 맹세, 그후 여러 해 동안 그가 살아온 외로운 삶을 계속 이야기해 나갔다. "난 19년 동안 맹세를 지켰네." 그가 말을 이었다. "그리고 지금 자네가 보는 이 모습으로 올라섰네."

"그러셨군요!"

"그런데—그 기간 동안 내내 아내 소식을 들을 수 없었네. 그리고 내가 천성이 여자들을 싫어하기 때문에 그들과 대체로 거리를 유지하는 게 그리 어려운 일은 아니었지. 내가 말하지만 바로 오늘까지는 아내 소식이 없었어. 그런데 지금 그 여자가 돌아왔다네."

"돌아오셨다고요, 부인께서!"

"오늘 아침에—바로 오늘 아침에. 그런데 어찌 해야 되는 건지?"

"읍장님이 부인을 받아들여서 같이 살고 뭔가 보상을 해 드리는 게 어떨까요?"

"그게 바로 내가 계획했고 제안한 거라네. 그런데 파프리," 헨처드가 침울하게 말했다. "수전과의 일을 바로잡으면 난 또 다른 죄 없는 여인에게 죄를 짓게 되네."

"그럴 리가요!"

"세상일이 그렇듯이, 파프리, 나 같은 사람이 20년이라는 기간을 헤쳐 올 동안 한번만 실수하고 지나갈 만큼 운이 좋을 리는 없는 법이지. 나는 여러 해 동안 사업상, 특히 감자와 근채류가 나는 철에 저지[37] 지방에 훌쩍 다녀오는 게 습관이었다네. 나는 지금도 거기 사람들과 이 품목들을 대규모로 거래하고 있다네. 그런데 어느 해 가을 거기에 들렀을 때 난 몹시 아팠다네. 아픈 중에 가정생활이 쓸쓸하기에 내가 가끔씩 겪곤 하던 그 우울한 기분에 빠졌었네. 이럴 때면 세상이 지옥같이 어두워만 보이고 마치 욥[38]처럼, 난 내가 태어난 날을 저주하게 되었네."

"아아, 설마요. 저는 그런 거 느끼는 일이 전혀 없는데요." 파프리가 말했다.

"그럼 하늘에 대고 앞으로 그런 일 없게 해 달라 빌게, 젊은이. 내가 이런 상태에 있을 때 어떤 여자가 날 불쌍하게 여기게 되었다네. 어느 젊은 숙녀라고 불러야겠지. 왜냐면 양갓집에서 태어나 곱게 자라고 교육도 잘 받은 사람이니까. 그녀는 재정적으로 어려워져 봉급을 압류당하게 된 어느 분별 없는 군 장교의 딸이라네. 그 장교는 이제 세상을 떠났고 어머니도 죽어서 그 여자는 나처럼 쓸쓸한 신세였다네. 이 젊은 여인은 내가 우연히 머물게 된 하숙집에 머물고 있었지. 그리고 내가 앓아눕자 내 간호를 떠맡았다네. 그 일을 하며 그녀는 어리석게도 날 좋아하게 된

---

37 저지(Jersey): 영국 해협에 있는 섬.

38 욥(Job):《구약성경》〈욥기〉에서 지독한 시험을 당하고도 끝까지 신앙을 저버리지 않은 인물.

거야. 왜 그랬는지는 하늘이나 알 텐데, 왜냐하면 난 그럴만한 가치가 없는 사람이었거든. 그런데 한집에 같이 있게 되고 그녀의 감정이 뜨거워서 우리는 자연스레 사랑하는 사이가 되었지. 우리의 관계가 어땠는지 내가 자세히 설명하지는 않겠네. 우리가 진심으로 결혼할 작정이었다고 말하면 충분할 거야. 그러다 추문이 일어났지. 그게 내게는 해가 되지 않았지만, 그녀에게는 물론 파멸이었지. 그런데, 파프리, 자네와 나 사이에, 남자 대 남자로 말하는데 여자 꽁무니 쫓아다니는 일은 내겐 악덕도 아니고 미덕도 아니라고 엄숙히 선언할 수 있네. 그 여자는 세상의 이목 따위에는 끔찍할 정도로 무신경하였고, 난 내 쓸쓸한 상태로 인해 아마 더 그랬을 거야. 이로 인해 추문이 일어난 거네. 마침내 난 몸이 회복되어 떠났지. 내가 떠나자 그녀는 나 때문에 몹시 힘들어했고 매번 편지를 쓸 때마다 잊지 않고 그렇게 말했지. 그러다가 최근에 난 그녀에게 빚지고 있다고 느껴서, 수전으로부터 그렇게 오랫동안 아무 소식도 못 들었기 때문에 이 두 번째 여인에게 내가 해줄 수 있는 유일한 보상을 해줄까 생각했다네. 그리고 수전이 살아 있을 가능성에도 불구하고(내가 믿기로는 아주 희박한 가능성이었지만) 그녀가 나와, 그러한 나와 결혼하려는지 물어보려고 생각했네. 그녀는 뛸 듯이 기뻐했고 우리는 의심의 여지 없이 곧 결혼하기로 했었지. 그런데, 보게나, 수전이 나타난 거야!"

도널드는 자신의 단순한 경험의 정도를 훨씬 넘어서는 이런 복잡한 관계에 대해 깊은 우려를 표했다.

"자, 이제 한 남자가 자기 주위에 얼마나 큰 피해를 가져오는지 알겠지? 내가 젊었을 때 장터에서 그렇게 잘못을 저지르고 난 후에도, 내가 이 경솔한 아가씨로 하여금 저지에서 자신의 이름에 먹칠하면서까지 내게 헌신하게 만들 정도로 이기적이지만 않았다면, 지금쯤 모든 게 다 괜찮았을 거네. 하지만, 일이 이렇게 되었으니, 난 이 여인들 중 하나에게는 쓰라린 실망감을 안겨야만 할 거네. 그건 두 번째 여자네. 내 첫 번째 의무는 수전에 대해서야. 거기에는 의심의 여지가 없네."

"두 여자분 다 처지가 아주 딱하네요, 그건 사실이에요!" 도널드가 중얼거렸다.

"그렇다네! 난 어떻게 되어도 좋아—그건 어차피 결말이 정해진 거니까. 하지만 이 두 여자는." 헨처드가 잠시 말을 그치고 명상에 잠겼다. "난 두 번째 여인을 첫 번째 여인 못지않게, 그런 경우에 남자가 할 수 있는 한 가장 친절하게 대접해 줘야 한다고 생각하네."

"아, 그러면, 어쩔 수 없네요." 도널드가 철학자 같은 슬픈 말투로 말했다. "읍장님이 젊은 분께 편지를 쓰셔야겠습니다. 편지에서 첫 번째 부인이 돌아와서 그분이 읍장님 부인이 될 수 없게 되었다고, 그리고 더 이상 만날 수 없고, 또—잘 되기를 바란다는 것을 분명하고 솔직하게 말하세요."

"그럴 수는 없네. 젠장, 그보다는 좀 더 잘해 줘야만 하네. 내 생각엔 그녀에게 보탬이 될 정도의 돈을 보내야 할 것 같아, 그저 약간의 보상금으로 말이네. 가엾은 처녀 같으니. 비록 그녀가 돈 많은 삼촌이나 돈 많은 숙모, 그리고 그들로부터 물려받을 유산 자랑을 늘 하기는 했지만…… 그런데 이걸 좀 도와주겠나? 내가 지금껏 자네에게 말한 내용 전부를 담아 그녀에게 설명해 주는 편지 하나를 써 주게. 얘기를 가능한 부드럽게 꺼내면서 말일세—난 편지 쓰는 덴 젬병이거든."

"그러겠습니다."

"그런데 내가 자네에게 아직 다 말한 건 아닐세. 내 아내 수전은 내 딸과 함께 있네—그 장터에서 그녀 팔에 안겨 있었던 애기 말일세—그리고 이 아가씨는 내가 결혼으로 어떤 인척 관계가 된다는 것 외에는 나에 대해 아무것도 모르네. 그 아이는 내가 자기 엄마를 넘겼던 그 선원, 지금은 죽고 없는 그 선원이 자기 아버지이고 자기 엄마의 남편이라고 믿으며 자랐지. 그 애의 엄마가 항상 느껴왔던 것을 이제는 애 엄마와 내가 함께 느낀다네. 그 애가 진실을 알게 해서 우리의 치욕을 보란 듯이 그 애에게 알릴 수는 없다는 말일세. 자, 자네라면 어떻게 하겠나? 자네의 충고가 필요하네."

"저라면 모험할 셈 치고 따님에게 진실을 말하겠습니다. 따님은 읍장님과 어머니 두 분 다 용서할 겁니다."

"절대 안 되네!" 헨처드가 말했다. "난 그 애에게 사실을 알리지 않을 작정이네. 그 애 엄마와 나는 다시 결혼하는 거네. 그러는 게 우리가 딸애의 존경심을 유지하도록 도와줄 뿐 아니라 더 마땅한 일이기도 하네. 수전은 자신을 그 선원의 미망인으로 생각하고 있으니 종교의식에 의한 결혼식을 다시 하지 않고는 나와 함께 그전처럼 사는 건 생각조차 않을 거네―그녀 생각이 옳기는 해."

파프리는 거기에 대해 더 이상 할 말이 없었다. 그 젊은 저지 여인에게 보내는 편지는 그가 세심하게 윤곽을 잡았고, 면담이 끝나자 헨처드는 스코틀랜드인이 떠날 때 이렇게 말했다. "파프리, 친구에게 이 이야기를 털어놓으니 한결 마음이 가벼워지는군! 이제 자네는 캐스터브리지의 읍장이 그의 호주머니 상태로 보이는 만큼 마음속도 부자는 아니라는 것을 알게 되었어."

"네, 그렇습니다. 그리고 듣고 보니 읍장님이 안됐네요!" 파프리가 말했다.

그가 가고 나자 헨처드는 편지를 베껴 썼다. 그는 수표 한 장을 동봉하여 우체국에 가져갔고, 돌아오면서 생각에 잠겼다.

"일이 이렇게 수월하게 처리되다니!" 그가 말했다. "가엾은 것―하느님은 아시겠지! 자, 그러면 수전에게 보상을 시작해야겠다!"

제13장

마이클 헨처드가 아내 수전을 위해 그녀의 이름 뉴선으로 빌린 오두막—그들의 계획을 수행하기 위한 집—은 읍의 위쪽, 즉 서쪽 지역, 그러니까 로마 시대의 성곽과 그 성곽에 가로수 그늘을 드리운 길 근처에 있었다. 이 가을에 저녁 해는 다른 어떤 곳보다 거기를 더 노랗게 비추는 것 같았다. 시간이 경과하면서 빛줄기는 단풍나무 제일 아래 가지 밑까지 뻗더니, 녹색 덧문들이 달린 이 집의 아래층을 윗부분이 나뭇잎에 가린 광채의 기층 속에 흠뻑 잠기게 했다. 이 집의 거실에서는 읍 성곽들 위 이 단풍나무들 아래로 멀리 고지대의 고분들과 토성이 보였다. 그로 인해 옛날의 흔적이 있는 풍경이 흔히 불러일으키는 분위기까지 더해져 이곳을 완전히 상쾌한 곳으로 만들었다.

어머니와 딸이, 흰 앞치마를 두른 하녀를 비롯하여 모든 것들이 완벽하게 준비되어 편안하게 입주하자마자, 헨처드는 그들을 방문하여 차 마시는 시간까지 머물렀다. 다과 시간에 오간 매우 평범한 어조의 대화는 엘리자베스의 눈을 조심스레 가렸다. 이런 일에 헨처드는 약간의 재미를 느끼는 것처럼 보이기도 했지만 그의 아내는 그렇게 행복한 심정만은 아니었다. 읍장은 사업할 때와 같은 결심을 하고서 이들을 자꾸만 반복하여 방문했다. 자기의 두 번째 여자와 자신의 감정에 어떤 희생을 치루더라도, 그는 우선권이 있는 이 여인을 향해 잘못을 바로잡는 길에 엄격히 기계적으로 들어가도록 스스로를 훈련시키는 것 같았다.

어느 날 오후 딸이 집에 없을 때 헨처드가 찾아와 직설적으로 말했다. "바로 지금이 당신이 그 행복한 날을 정하기에 아주 좋은 기회구려, 수전."

이 가엾은 여인은 힘없이 미소만 지을 뿐이었다. 왜냐하면 오로지 딸의 평판을 위해 스스로 들어간 상황에서 기분 좋은 말들을 즐길 수가 없었다. 그녀는 기분 좋은 말들은 정말이지 조금도 좋아하지 않아서, 도대체 왜 딸을 속여 왔고, 왜 딸에게 자신의 과거를 용기 있게 말하지 못했는가가 이상하게 여겨질 만도 했다. 그러나 육신은 연약한 것인지라[39] 적절한 시기에 진짜 변명이 나왔다.

"오, 마이클." 그녀가 말했다. "이 모든 일이 당신의 시간을 빼앗고 골치 아프게 하는 거 같아요. 이럴 거라고 전혀 예상하지 않았었는데!" 그러고 나서 그녀는 부유한 사람이 된 그와 그의 옷을 바라봤다. 또 그가 방에 들여놓은 가구, 그녀 눈에는 화려하고 사치스런 가구를 바라봤다.

---

39 〈마가복음〉 14:38. "(그들이 겟세마네라 하는 곳에 이르매 예수께서 제자들에게 이르시되……) 시험에 들지 않게 깨어 있어 기도하라 마음에는 원이로되 육신이 약하도다 하시고."

"전혀 그렇지 않소." 헨처드가 서투르고 자비로운 말투로 말했다. "이건 그냥 시골집일 뿐이고 거의 돈도 안 들었소. 그리고 내 시간을 빼앗았다는 것에 대해서는"—여기서 그의 검붉은 얼굴이 만족감으로 불타올랐다—"나에겐 이제 내 사업을 감독할 대단한 친구가 하나 생겼소. 전에는 그런 사람을 붙들 수 없었지. 난 곧 모든 일을 그 친구에게 맡길 수 있을 거고, 지난 20년 동안 내가 나 자신을 위해 가졌던 시간보다 더 많은 시간을 가질 수 있을 거요."

헨처드가 이곳을 너무나 자주 규칙적으로 방문하여, 그 위엄 있고 위압적인 읍장이 뉴선 부인이라는 점잖은 미망인에게 사로잡혀 넋이 나갔다는 소문이 캐스터브리지에 퍼져나갔다. 처음에는 쉬쉬하더니 이윽고 공공연하게 사람들 입에 오르내렸다. 잘 알려진 바와 같이 여성들과 어울리지 않는 그의 오만한 냉담함과, 여성들과의 대화를 침묵으로 회피한다는 사실이, 만약 그렇지 않았다면 낭만이라곤 하나도 없었을 일에 일종의 짜릿한 맛을 부여했다. 그런 병약하고 가난한 여인이 그에게 선택된 것은 이들의 정혼은 감상적 열정이 배제되는 가족 문제라는 근거에서만 설명될 수 있었다. 왜냐하면 이들이 어떤 식으로든 친척지간이라고 알려졌기 때문이다. 헨처드 부인은 너무나 창백해서 꼬마 아이들은 그녀를 '귀신'이라고 불렀다. 가끔 그들이 워크스 길—성벽 위에 난 길의 이름—을 걸어갈 때 이런 별명이 들려오면 헨처드의 얼굴은 이 화자들을 향해 박살내겠다는 표정을 띠며 어두워졌는데 보기에도 불길할 정도였다. 그러나 그는 아무 말도 하지 않았다.

그는 이 창백한 여인과의 결합을, 아니 재결합을 위한 준비 과정을 그의 성실함의 장점인 완고하면서도 단호한 정신으로 서둘렀다. 밖으로 드러나는 그의 태도만 봐서는 그의 음산한 큰 집에서 진행되는 번잡한 일들에 자극제 역할을 할 불꽃 같은 사랑이나 고동치는 낭만이 없다는 것을 아무도 눈치채지 못했을 것이다. 그에게는 세 가지의 커다란 결심이 있을 뿐이었다. 즉, 그간 소홀했던 수전에게 보상해 주겠다는 것, 엘리자베스-제인에게 안락한 집을 제공하여 부모의 시야에 두겠다는 것, 세 번째로는 이러한 보상 행위에 따라오는 가시들로 자신을 찔러 징벌하겠다는 것이었는데, 여기에는 남들과 비교해 너무도 미천한 여인과 결혼함으로써 대중 앞에 자신의 위신을 떨어뜨리는 것도 포함되었다.

수전 헨처드는 결혼식 날에 자신과 엘리자베스-제인을 교회로 태우고 가기 위해 문간에 선 장식이 없는 사륜마차에 오를 때, 난생처음 마차를 타는 것이었다. 따뜻한 11월의 비가 내리고 바람 한 점 없는 아침이었다. 빗방울이 마치 곡물 가루처럼 떠돌다가 모자와 외투의 보풀 위에 가루 모양으로 내려앉았다. 교회 안에는 사람들이 빼곡하게 차 있었지만 문 앞에는 거의 없었다. 물론 신랑 들러리 노릇하는 스코틀랜드인이 주연 배우들 빼고 결혼 당사자들의 진짜 상황을 아는 유일한 참석자였다. 그러나 그는 너무 경험이 없고, 너무 생각이 많고, 너무 비판적이며 또 이 일의 심각성을 지나치게 의식하고 있어서 이 극적인 장면 속으로 들어

갈 수 없었다. 그러기 위해서는 크리스토퍼 코니, 솔로몬 롱웨이스, 버즈포드 및 그들의 동료들의 특별한 재능이 필요했다. 그러나 이들은 비밀을 전혀 모르고 있었다. 다만 식이 끝나는 시간이 가까워 오자 교회 옆 보도 위에 모여 자기들 나름의 시각으로 이 주제에 대해 구구절절이 떠들어 댈 뿐이었다.

"내가 이 읍에 정착한 지도 45년이나 되었구만." 코니가 말했다. "근데 이렇게 간단히 끝낼 일을 그렇게나 오래 기다린 사람은 정말 처음이야. 당신 같은 사람에게도 앞으로 기회가 있다고, 낸스 모크리지." 이 말은 그의 어깨 뒤에 서 있는 어느 여자에게 한 말이었다. 엘리자베스와 그녀의 어머니가 캐스터브리지에 들어왔을 때 여러 사람 앞에서 헨처드의 상한 빵을 공개했던 바로 그 인물이었다.

"내가 만약 저따위 남자나 당신과 결혼한다면 벼락을 맞을 거예요." 그 숙녀가 대답했다. "당신으로 말하자면, 크리스토퍼, 우린 당신이 누군지 아니까 적게 말할수록 좋을 거요. 다음으로, 저 사람—아, 저기 있네—에 관해 말하자면[목소리를 낮추며] 그 사람이 어느 교구의 가난한 도제였다고들 하는데—난 뭐 그걸 폭로하려는 건 전혀 아니지만—저 사람은 인생을 시작할 때 시체 파먹는 까마귀보다도 가진 게 없는 가난한 교구 도제였지."

"그런데 그 사람은 이제 아주 돈을 잘 벌지." 롱웨이스가 중얼거렸다. "남들이 아주 돈 잘 번다고 말하는 사람은 다시 한번 봐야 해." 그가 몸을 돌리더니 주름이 그물코 모양으로 잔뜩 나 있는 원판같이 넓적한 얼굴을 보고서, 쓰리마리너스에서 노래 한 곡 더 부르라고 요청했던 그 뚱뚱한 여자의 미소 짓는 얼굴임을 알아봤다. "아니, 쿡섬 어멈" 그가 말했다. "어떻게 된 거야? 여기 해골만 남은 뉴선 부인은 자기를 먹여 살릴 두 번째 남편이 생겼는데, 당신 같은 뚱땡이 여자한테는 없다니."

"난 없어요. 날 두들겨 패는 남편은 다신 안 얻을 거예요……아, 그렇지, 내 남편 쿡섬이 가고 나니 가죽 바지[40]도 다 사라지겠지!"

"그렇지. 신의 축복과 함께 가죽 바지도 없어질 거야."

"나같이 늙은 여자가 남편을 또 맞는 건 분수에 안 맞아." 쿡섬 부인이 말을 이었다. "하지만 나도 본시 저 여자처럼 귀한 태생이라는 데에 내 목숨을 걸겠어요."

"맞아. 당신 어머니는 아주 훌륭한 분이셨지—기억나네. 그 양반은 교구 도움 없이도 건강한 아이들을 수없이 낳았어. 다른 놀라운 덕목들도 지니고 있어서 농촌진흥원에서 표창장도 받았고."

"이 때문에 우리가 이렇게 밑바닥 인생이 된 거예요. 식구가 주렁주렁 딸린 가난뱅이 집안이 되고 말았지."

"맞아. 돼지가 많은 곳에는 꿀꿀이죽이 묽어지기 마련이지."

"그리고 우리 엄마가 노래를 어떻게 했었는지 혹시 기억 안

---

40 가죽 바지(leather breeches): 여기에서 breeches는 남성들이 입는 꽉 끼는 바지인데 가죽으로 만들면 오랫동안 입을 수 있었다. 따라서 쿡섬 부인 같은 여자에게는 질긴 가죽 바지처럼 옆에 오래 붙어 있던 남편이 죽으니 속이 시원하고, 따라서 또 다른 '가죽 바지,' 즉 새 남편을 얻을 생각도 없다는 의미.

나요, 크리스토퍼?" 쿡섬 부인이 옛날을 회상하며 얼굴이 상기되어 말을 이었다. "그리고 어떻게 우리가 엄마와 같이 멜스토크로 파티를 하러 갔었는지 기억나요? 농사꾼 샤이너의 숙모인 레드로우 노부인 댁에서요, 기억나요? 그 노부인은 얼굴이 노랗고 주근깨투성이라 두꺼비 껍질이라고 부르곤 했죠, 기억나요?"

"기억나지, 히히, 기억나고말고!" 크리스토퍼 코니가 말했다.

"나도 잘 기억나요—왜냐하면 그때 난 사람들이 말하듯 반(半)아가씨, 반(半)아줌마로 남편한테 기어오르고 있었거든요—그리고 기억나요"—그녀는 두 눈이 눈꺼풀의 갈라진 틈 사이로 반짝거리고 있는 동안 솔로몬의 어깨를 손가락 끝으로 쿡쿡 찔렀다—"셰리주(酒), 양초 심지 자르는 은(銀) 가위도 기억나고, 집에 오는 길에 조운 더메트가 병이 나서 잭 그리그스가 그 여자애를 업고 진창을 지나올 수밖에 없었던 일도, 또 그리그스가 그 애를 목장 주인 스위태플의 외양간에 떨어뜨린 바람에 우리가 풀로 옷을 닦아줬던 일도 기억나요—그런 난리가 없었죠."

"그래—기억나고 말구—히히—옛날엔 정말 그런 개망나니 짓들을 하곤 했지! 오, 그때 내가 얼마나 많이 걸어 다녔는지. 근데 이제는 밭고랑도 하나 제대로 못 넘네!"

이들의 회고담은 재결합한 부부의 등장으로 중간에 끊어졌다—헨처드는 그 특유의 모호한 시선으로 주위의 빈둥거리는 사람들을 둘러봤는데, 그 시선이 어떤 때는 만족을 의미하는 듯해 보이고, 또 어떤 때는 불같은 경멸을 의미하는 듯해 보였다.

"그런데—그 사람이 자기 자신을 절대 금주자라고 부르긴 하지만 이들 부부는 다른 게 너무 많아요." 낸스 모크리지가 말했다. "그 여자는 그를 끝장낼 때까지는 끝났다고 여기지 않을 거예요. 그 여자한테는 뭔가 살기(殺氣) 같은 게 있어요. 조만간 그게 드러날 거예요."

"시시한 소리 작작해—그 사람은 아주 건강하다고. 어떤 사람들은 자기들 운에 대해 남들이 아첨해 주길 바라지. 내가 바다처럼 넓게 선택할 수 있다 해도 난 그 사람보다 더 나은 사람이 되는 건 바라지 않겠어. 그 여자처럼 가난하고 짱알대는 사람에게는 이건 뜻밖의 행운이고 그 여자 주제에는 속옷이나 잠옷 나부랭이와 같이 하찮은 게 아니라고."

그 작고 장식 없는 사륜마차는 옅은 안개 속으로 사라져 갔고 구경꾼들도 뿔뿔이 흩어졌다. "자, 요즘에는 세상 돌아가는 일들을 어떻게 봐야 할지 모르겠다니까." 솔로몬이 말했다. "여기서 얼마 멀지 않은 곳에서 웬 남자가 어제 급사(急死)했다니까. 그런데다가 날씨까지 눅눅하니 오늘 같은 날에는 중요한 일은 하면 안 돼. 지난 한두 주 동안 싸구려 묽은 맥주만 마셨더니 영 기분이 별로네. 가다가 마리너스에 들러 한잔하며 몸 좀 덥혀야겠어."

"에라 모르겠다, 나도 솔로몬 자네랑 동행하는 게 낫겠어." 크리스토퍼가 말했다. "난 바다달팽이처럼 축축하고 으스스하거든."

제14장

헨처드 부인은 남편의 넓은 집과 존경받는 생활권에 들어갔다. 11월이지만 여름 같은 따뜻한 날이 그녀의 인생에 펼쳐졌고, 그런 여름날 중에서도 가장 화창한 날이었다. 헨처드는 자신이 줄 수 있는 이상의 다정한 애정을 그녀가 바라지 않도록, 밖으로 보이는 자신의 행동에서 애정 비슷한 것을 조금 보여주려고 특히 애썼다. 다른 무엇보다도 그는 지난 80년간 칙칙하게 녹슬어 슬픈 미소만 짓는 철제 난간을 밝은 녹색으로 칠했다. 육중한 쇠창살과 작은 창문이 있는 조지 왕조[41]식의 들창문을 하얀색으로 세 번 덧칠하여 생기 있게 만들었다. 그는 남편으로서, 읍장으로서, 교구위원으로서 할 수 있는 한 아내를 최대한 친절하게 대했다. 집은 크고 방들의 천장은 높고 층계참은 넓었다. 그리고 허세 부리지 않는 두 여인은 집 안의 가구를 눈에 띌 정도로 늘리지 않았다.

　엘리자베스-제인에게 이때가 가장 의기양양한 때였다. 그녀

41　조지 왕조: 조지(George) I세에서 IV세까지의 왕이 즉위했던 1702-1830의 기간을 가리킨다.

가 누리는 자유와 그녀를 대하는 사람들의 관대함은 기대 이상이었다. 어머니의 결혼이 그녀에게 가져다 준 편안하고 안락하고 풍요로운 삶은 사실 엘리자베스에게는 커다란 변화의 시작이었다. 그녀가 요구만 하면 멋진 개인 소유물과 장신구를 가질 수 있고, 그리고 중세 속담에 있듯 "취하라, 소유하라, 간직하라는 말은 기분 좋은 말이다"라는 것을 알게 되었다. 마음이 평온해지자 발전하고, 발전하자 아름다워졌다. 대단한 통찰력을 타고난 덕에 그녀는 식견 또한 부족함이 없었다. 학문과 교양, 이런 것들은 아, 슬프게도 그녀가 갖지 못했다. 그러나 겨울과 봄이 지나면서 그녀의 여원 얼굴과 몸매는 더 둥글고 더 부드러워졌다. 그녀의 앳된 이마에 생긴 주름살과 찌푸린 부분도 사라졌다. 칙칙한 피부가 자신의 타고난 운명이라고 생각했는데 좋은 것들이 풍족해지자 사라졌고, 꽃이 볼에 활짝 폈다. 아마 그녀의 사려 깊은 회색 눈 또한 가끔은 장난기 어린 명랑함을 드러냈을 것이나, 자주 있던 것은 아닐 거다. 왜냐하면 그녀의 두 눈동자에서 보이는 그런 종류의 지혜는 이러한 가벼운 분위기와는 쉽사리 어울리지 못했기 때문이다. 힘든 시절을 겪은 모든 사람들처럼 그녀에게 명랑함이란 그저 가끔씩 분별없이 마시는 한두 잔의 술 정도 역할에 그치지 함부로 탐닉하기에는 너무나 분별없고 무가치한 것이었다. 그녀가 아주 일찍부터 근심과 걱정에 습관화되어서 그 습관을 갑자기 버릴 수 없어서였다. 그녀는 너무나 많은 사람들을 아무 이유 없이 괴롭히는 그런 감정의 기복은 느끼지 않았다. 어느 최근 시인의 말을 좀 바꾼다면, 침울함이란 그것이 어떻게 자기 영혼에 들어오는지를 엘리자베스-제인이 잘 인식할 때가 아니고서는 결코 그녀의 영혼에 깃들지 못했다.[42] 그리고 그녀의 현재의 쾌활함은 바로 그 침울함을 그녀가 굳건하게 보존하고 있다는 사실에 크게 비례했다.

어떤 처녀가 빠르게 예뻐지고, 편안하게 살 상황에 처하고, 평생 처음으로 자기 맘대로 쓸 돈이 생긴다면 아마도 옷이나 사 입으러 다니면서 스스로를 바보로 만들 거라고 상상할 수 있을 것이다. 그러나 엘리자베스는 그렇지 않았다. 엘리자베스가 하는 거의 모든 일에서 합리성은 옷에 관한 문제에서 가장 두드러졌다. 향락의 문제에서 기회의 뒤편에 서는 것은 사업의 문제에서 기회와 나란히 가는 것만큼이나 가치 있는 습관이다. 이 순진한 처녀는 거의 천재성에 가까운 타고난 지각력으로 그렇게 했던 것이다. 따라서 그녀는 봄날의 창포꽃처럼 터져 나오는 돌출 행동을 삼갔고 대부분 캐스터브리지 처녀들이 그녀 같은 처지가 된다면 걸쳤을 주름치마와 요란한 장신구를 피했다. 그녀의 의기양양함은 용의주도함에 의해 조절되었다. 즉, 그녀는 창창한 미래에도 불구하고 마치 들쥐가 보습 날을 두려워하듯 운명에 대한 두려움을 여전히 갖고 있었는데, 이는 어린 시절에 가난과 압제로 고통 받은 적이 있는 사려 깊은 사람들에게는 흔한 것이

---

42 여기에서 '어느 최근 시인'은 괴테를 가리킬 수도 있고 워즈워스를 가리킬 수도 있다. 본문 속 내용과 유사한 표현을 괴테가 했는데 그것을 워즈워스가 인용한 적이 있고, 이들보다 후대의 시인이자 비평가인 매슈 아널드(Matthew Arnold)가 워즈워스에 대한 평론에서 이 부분을 다시 언급한 것이다.

었다. "난 어떤 경우건 너무 즐거워하지 않을 거야." 그녀는 이렇게 혼잣말을 하곤 했다. "그건 신을 부추겨 어머니와 나를 내동댕이치는 일이고, 신이 예전에 그러곤 했듯이 우리에게 다시 고통을 가하는 일이 될 거야."

우리는 이제 그녀가 검은 비단 모자와 벨벳 망토 혹은 비단 재킷에 검은 옷을 입고 양산을 들고 다니는 모습을 본다. 양산으로 말하자면 그녀는 가장자리에 선을 그어 밋밋하게 테두리를 두르고, 접을 때 쓰려고 작은 상아 고리를 하나 매달았다. 그 양산이 왜 필요했던 것인지 이상할 만도 하다. 그녀는 얼굴이 깨끗해지고 볼이 발그레해지자 피부가 햇볕에 더 민감해진 것을 알았다. 그녀는 티 없는 것이 여성다움의 일부라고 생각하고 곧바로 두 볼을 보호했던 것이다.

헨처드는 엘리자베스를 아주 좋아하게 되었다. 그녀는 이제 어머니보다도 그와 더 자주 같이 외출했다. 그녀의 모습이 어느 날 너무도 매력적이어서 그가 그녀를 뜯어보듯 쳐다봤다.

"마침 리본 하나를 갖고 있어서 맸어요." 그녀가 주저하며 말했다. 자기가 처음으로 꾸며본 밝은 색 장식을 그가 맘에 들어 하지 않을 수도 있겠구나, 하고 생각했다.

"그래―물론―그렇게 해야지." 그가 호방하게 말했다. "너 좋은 대로 하려무나―아니면 네 어머니가 너한테 조언하는 대로 하거나. 젠장―거기 대해선 나야 유구무언이지."

집 안에서 그녀는 양쪽 귀에 흰 무지개처럼 걸치는 아치형 머리 가르마를 타고 나타났다. 이 가르마의 앞쪽 부분은 고수머리가 두껍게 모여 있었고 뒤에는 매끄럽게 빗고 말아 올려 묶여 있었다.

가족 구성원 세 명이 어느 날 같이 아침 식사를 하고 있었는데 헨처드는 종종 그러듯 말없이 이 말아 올린 머리를 쳐다봤다. 엘리자베스의 머리카락은 짙다기보다는 다소 옅은 갈색이었다. "내 생각에 엘리자베스-제인의 머리카락이, 당신 나한테 엘리자베스-제인이 아기였을 때, 앞으로 저 머리카락이 검게 될 거라고 말하지 않았소?" 그가 아내에게 말했다.

아내가 화들짝 놀란 표정을 지으며 경고하듯 그의 발을 갑자기 치면서 "내가 그렇게 말했어요?"라고 중얼거렸다.

엘리자베스가 자기 방으로 가자마자 헨처드가 다시 입을 열었다. "이런, 나도 거의 까맣게 잊고 있었네! 내 말은 저 아이가 아기였을 때 머리카락이 좀 더 짙은 색이 될 게 확실해 보였다는 거요."

"그랬죠. 하지만 머리 색은 그렇게 변하기도 해요." 수전이 대답했다.

"아이들 머리카락이 자라면서 짙게 된다는 건 나도 알지—그런데 더 옅어지기도 한다는 건 몰랐네."

"아, 예." 그리고 여전히 불안한 표정이 그녀의 얼굴에 어렸는데, 이 불안함의 이유는 앞으로 밝혀질 것이다. 이 표정은 헨처드가 다음과 같이 말을 이어가자 사라졌다.

"그런데, 더 짙을수록 좋기는 해. 자, 수전, 난 그 애가 헨처드 양으로 불리면 좋겠는데—뉴선 양이 아니고 말이요. 많은 사람들이 벌써 별 생각 없이 그렇게 부르고 있거든— 그게 그 애의 법적인 이름이요—그러니 그걸 그 애가 평소 쓰는 이름으로 삼는 게 좋겠지—난 내 피붙이에게 다른 사람 이름이 붙는 건 정말 싫소. 내가 이걸 캐스터브리지 신문에 광고할 거요—사람들이 그런 식으로 개명(改名)한다오. 그 애도 반대하지 않을 거요."

"그럼요—오, 반대하지 않죠. 그런데—"

"그러면, 그렇게 하리다." 그가 단호하게 말했다. "물론이고말고. 그 애가 거기 응한다면 당신도 나만큼 바라야 하지 않겠소?"

"오, 물론이죠—그 애만 동의한다면 우리 어떻게든 그렇게 합시다." 그녀가 대답했다.

그 후 헨처드 부인은 약간 앞뒤가 안 맞게 행동했다. 그녀의 그런 행동은 거짓으로 보일 수도 있었지만 그녀의 태도는 너무 감정적이었고, 커다란 위험을 감수하고라도 올바른 일을 하려는 사람의 진지함으로 가득 차 있었다. 그녀는 엘리자베스-제인에게 갔다. 딸이 위층 자기 거실에서 바느질하고 있는 것을 보고 그녀는 딸의 성(姓)에 관해 제안되었던 내용을 들려줬다. "너 동의할 수 있겠니—그건 뉴선에 대한 모욕은 아니겠지—이제 그분은 죽어서 없으니까?"

엘리자베스는 생각에 잠겼다. "좀 생각해 볼 게요, 엄마." 그녀가 대답했다.

그날 늦게 헨처드를 봤을 때 엘리자베스는 바로 그 문제를 언급했는데 자기 어머니에 의해 시작된 감정의 흐름이 아직 끈질기게 자리 잡고 있음이 그 말투에서 드러났다. "성 바꾸기를 그렇게도 원하세요, 읍장님?" 그녀가 물었다.

"원한다고? 이런, 땅속의 조상님들도 무심하시지, 너희 여자들은 왜 이리도 사소한 일에 난리냐! 내가 그러자고 제의했다―그럼 끝이야. 자, 엘리자베스-제인아, 너 좋은 대로 하렴. 네가 하는 일에 내가 신경 쓰면 사람도 아니다. 자, 내 말 알아 듣겠니? 나 기분 좋으라고 그 제의에 동의할 필요는 없다."

여기에서 그 문제는 일단 중단되었다. 더 이상 오간 말도 없었고 이루어진 일도 없어서 엘리자베스는 여전히 그녀의 법적인 이름이 아니라 뉴선 양으로 불렸다.

한편 헨처드의 대규모 곡물 및 건초 사업은 도널드 파프리의 관리하에 그 어느 때보다도 번창했다. 전에 덜커덩거리며 나아갔다면 이제는 기름칠한 바퀴 위로 굴러갔다. 모든 것이 그의 기억에 의존하고, 거래가 구두로만 이루어지던, 헨처드의 말로 하는 그 낡고 거친 운영 방식이 일소되었다. 문자와 장부가 "내가 하리다"와 "당신한테 드리리다"를 대신하게 되었다. 그런 진보의 경우에서 늘 그러하듯 옛날 방식이 갖는 거칠지만 아름다운 모습은 그 불편한 측면들과 함께 사라졌다.

엘리자베스-제인의 방은 정원을 지나 건초 가게와 곡물 창고가 잘 보이는 높은 곳에 위치하여 그녀에게는 그곳에서 일어나는 일을 정확하게 관찰할 기회가 주어졌다. 그녀는 도널드와 헨처드 씨가 떼려야 뗄 수 없는 사이라는 것을 알았다. 같이 걸을 때면 헨처드는 마치 파프리가 남동생이라도 되는 것처럼 자기 팔을 지배인의 어깨에 허물없이 얹곤 했는데 너무 육중해서 파프리의 호리호리한 체구가 그 무게로 굽어질 정도였다. 가끔 그녀는 도널드가 무슨 말을 이야기하면 헨처드가 완전히 연속 포격처럼 웃는 것을 들었는데 도널드는 왜 그런지 영문도 모르는 듯 보였고 전혀 웃지도 않았다. 헨처드는 자신의 외로운 인생에서 그 젊은이가 사업에 대해 요긴하게 상담해 줄 뿐만 아니라 동료로서도 바람직하다는 것을 분명히 알게 되었다. 도널드의 빛나는 재능은 그 곡물 도매상에게 그들이 처음 만났을 때 생긴 찬탄의 감정을 계속 갖게 하였다. 그가 파프리의 홀쭉한 체구와, 힘 그리고 원기를 시원찮다고 본 견해, 그러나 남들에게 잘 감추지 못한 견해는, 파프리의 두뇌에 대해 그가 갖게 된 엄청난 존경심에 의해 상쇄되고도 남았다.

그녀의 조용한 눈은 헨처드가 그 젊은이에 대해 갖는 격렬한 애정과 끊임없이 그를 자기 곁에 두려는 마음은 그를 지배하려는 경향으로 가끔씩 나타나다가 도널드가 진짜 기분 나쁘다고 할 때에만 잠시 억제되는 것을 알아차렸다. 어느 날 높은 곳에서 이들의 모습을 내려다보다가, 그녀는 이들이 정원과 마당 사이의 문간에 서 있을 때, 도널드가 그와 헨처드 둘이 함께 산보하고 드라이브하는 습관으로 인해, 제1의 눈이 없는 곳에서 사용되어야 할 제2의 눈으로서의 자신의 가치가 깎여진다고 말하는 소리를 들었다. "이런 젠장." 헨처드가 소리 질렀다. "대체 무슨 상관이야! 난 말 상대해 줄 사람이 좋다고. 자, 가서 저녁이나 들자고, 이런저런 일에 대해 너무 신경 쓰지 말게. 그렇게 하면 자네가 날 미치게 만들 테니까."

한편 엘리자베스는 어머니와 걸어갈 때면 종종 스코틀랜드인이 호기심 어린 관심으로 그들을 쳐다보는 것을 봤다. 그가 그녀를 쓰리마리너스 여관에서 만났다는 사실이 거기에 대한 충분한 설명이 되지는 못했다. 왜냐하면 엘리자베스가 그의 방에 여러 차례 드나들었지만 그는 눈을 든 적이 없었기 때문이다. 게다가 그가 쳐다보는 대상은 그녀 자신보다는 어머니일 때가 많아서 엘리자베스-제인에게는 반쯤은 무의식적이고 단순하지만 한편 납득이 가는 그런 실망감을 안겨주었다. 따라서 그녀는 자신의 매력만으로는 그의 이러한 관심을 설명할 수 없었다. 그래서 그녀는 파프리가 그저 겉으로만 그런 것이라고, 즉 그가 원래 사람을 볼 때 그런 식으로 본다고 나름대로 결론을 내렸다.

그의 태도에 대한 다각적인 설명을 시도할 때면 그녀의 개인적인 허영심이 발동되었다. 이 허영심은 그녀 옆에서 걷고 있는 창백하고 고생한 어머니를 헨처드가 과거에 어떻게 대했었는지 그 비밀을 털어놓은 사람이 도널드라는 사실로부터 생겨난 것이었다. 그 과거에 대한 그녀의 추측은 그저 오고 가며 듣고 보는 것들에 기초한 희미한 추측 이상으로 나아가지 못했다. 그저 헨처드와 그녀의 어머니가 젊은 시절에 연인이 될 수도 있었는데 싸우고 헤어졌었다는 추측만 할 뿐이었다.

캐스터브리지는 앞서 언급한 대로 밀밭을 구획하여 그 위에 자리 잡은 곳이다. 현대적 의미에서 교외는 없었고 도시와 시골의 과도기적 혼합도 없었다. 읍은 이웃에 위치한 광대하고 비옥

한 땅과 관련하여 보면 마치 녹색의 식탁보 위에 놓인 체스판같이 윤곽이 뚜렷하고 선명하게 자리 잡고 있었다. 농부의 아들은 자기 집 보릿단 위에 앉아 읍 청사 직원의 사무실 창문으로 돌을 던질 수 있었다. 곡식 단 사이에서 일하는 추수꾼은 인도 끝자락에 서 있는 지인에게 고개를 끄덕여 보였다. 붉은 법복(法服)을 걸친 판사는 양 도둑에게 판결을 내릴 때 바로 근처에서 풀을 뜯고 있는 양떼 무리로부터 창문을 통해 흘러 들어오는 '매에' 소리에 맞추어 언도를 내렸다. 사형 집행 때는 기다리는 군중이 교수대 발판 바로 앞 풀밭에 서 있었는데, 구경꾼들에게 자리를 마련해 주기 위해 소떼가 이 발판 바깥으로 잠시 밀려 났던 것이다.

이 자치 읍의 고지대에서 자라는 밀은 던오버라 불리는 동쪽 지역에 사는 농부들이 수확하여 곡간에 쌓아놓았다. 여기에서는 밀 건초 더미가 옛날 로마 시대의 거리 위로 솟구쳐 그 이삭을 교회 탑까지 뻗치고 있었다. 솔로몬 궁전의 대문만큼이나 높은 문간이 있는 녹색 초가지붕 헛간들은 문을 열면 곧장 간선 대로로 통했다. 헛간 수가 얼마나 많은지 길을 따라 가면 여섯 채마다 하나 꼴이었다. 이곳에 휴한지(休閑地) 위로 매일 걸어 다니는 읍민들이 거주하였고, 목동들은 좁은 공간에서 부대끼며 살고 있었다. 농부들의 농가가 들어선 거리이고 읍장과 자치단체가 지배하는 거리이지만 도리깨의 쿵쿵 소리와 풍구의 철퍼덕 소리, 그리고 통에 우유 따르는 가르랑 소리가 메아리치고 있었다. 그 안에 어떠한 도회지적인 것도 없는 거리—이것이 캐스터브리지의 끝, 던오버였다.

헨처드는 자연히 근처에서 소규모로 농사짓는 농부들의 못자리 혹은 묘상(苗床)을 주로 거래했고 그의 짐마차들이 종종 그쪽으로 내려갔다. 어느 날 앞서 말한 농장 한 곳에서 밀을 집으로 실어 갈 준비를 하는 동안 엘리자베스-제인은 인편에 쪽지를 하나 받았는데, 즉시 던오버힐에 있는 어느 곡물 창고로 꼭 좀 와달라는 내용이었다. 그곳은 헨처드가 안에 쌓아놓은 곡물을 운반해 가는 창고여서 그녀는 이 요청이 그의 일과 관련이 있다고 생각하고는 모자를 쓰자마자 그리로 갔다. 곡물 창고는 농장 구내에 있었고 석축 위에 지어져 있어서 사람들이 그 밑으로 다닐 만큼 높았다. 문은 열려있었지만 안에 아무도 없었다. 어쨌든 그녀는 들어갔고 기다렸다. 곧 그녀는 어떤 사람이 문 쪽으로 접근해 오는 것을 봤는데 도널드 파프리였다. 그는 교회 탑의 시계를 올려다 본 후에 안으로 들어왔다. 뭐라 설명할 수 없는 수줍음에, 그를 거기서 혼자 만나고 싶지 않아서, 그녀는 곡물 창고 문으로 가는 사다리를 잽싸게 올라가서 그가 보기 전에 문으로 들어갔다. 파프리는 자기만 있다고 생각하고는 더 걸어 들어왔다. 비가 몇 방울 뿌리기 시작하자 그는 지금 막 그녀가 서 있었던 의지간(倚支間) 밑으로 가서 섰다. 여기에서 그는 석축에 기대어 인내심 있게 기다렸다. 그도 누군가를 기다리고 있음이 분명했다. 그게 그녀일까? 만약 그렇다면 왜일까? 몇 분이 지나자 그는 자기 손목시계를 봤고 쪽지를 하나 꺼냈는데, 그녀 자신이 받은 것과 똑같은 쪽지였다.

상황이 무척 어색해지기 시작했고 그녀가 더 오래 기다릴수록 더 어색해졌다. 그의 머리 바로 위쪽에 있는 문으로 나와서 사다리를 타고 내려가 자기가 거기에서 숨어있었다는 것을 알리는 것은 너무나 어리석은 일이라 생각하고 그녀는 계속 기다리고 있었다. 풍구 하나가 그녀 곁에 가까이 있어서 불안감을 덜기 위해 그녀는 손잡이를 가볍게 움직였다. 그러자 밀기울이 구름같이 일어나 그녀의 얼굴로 날아와서는 그녀의 옷과 모자를 뒤덮었고 모피 숄의 털에 들러붙었다. 그가 이러한 작은 움직임을 들은 게 틀림없었다. 그가 위를 올려다보고는 사다리를 타고 올라왔기 때문이다.

"아아━뉴선 양이군요." 그가 곡물 창고 안을 볼 수 있게 되자마자 이렇게 말했다. "아가씨가 여기 있을 줄은 몰랐어요. 난 약속을 지켰고 여기 이렇게 대령했습니다."

"오, 파프리 씨." 그녀가 머뭇거리며 말했다. "저도요. 하지만 저를 만나고 싶다는 사람이 선생님인 줄은 몰랐어요. 그렇지 않았다면 전━"

"제가 아가씨를 만나고 싶어 했다고요? 오, 아니에요━글쎄요, 아무튼 무슨 착오가 있지 않나 싶어요."

"선생님이 저한테 이리로 오라고 하신 거 아닌가요? 이거 선생님이 쓰시지 않았나요?" 엘리자베스가 쪽지를 내밀었다.

"아니요. 내 손으로 그걸 썼다는 건 생각조차 할 수 없어요. 그리고 아가씨는━아가씨가 나한테 여기서 만나자고 한 거 아니에요? 이거 아가씨 글씨 아닌가요?" 그러면서 그가 자기 쪽지를 들어보였다.

"결코 아니에요."

"정말 그렇군요! 그렇다면 누군가가 우리 둘을 다 만나려는 사람이 있군요. 좀 더 기다려 보는 게 낫겠어요."

이런 생각에 따라 그들은 좀 더 머물렀다. 엘리자베스-제인의 얼굴은 초자연적일 정도로 침착한 표정을 띠고 있었고 젊은 스코틀랜드인은 바깥의 거리에서 사람 발걸음 소리가 들릴 때마다 지나는 사람이 들어와서 자기가 이들을 부른 사람이라고 선언하지나 않을까 하여 곡물 창고 아래에서 내다봤다. 그들은 건너편의 밀 낟가리 지붕에서 빗방울들이 제각각 타고 내려오는 것을, 밀짚 하나하나를 타고 내려오다 바닥에 떨어지는 것을 지켜봤다. 그러나 아무도 오지 않았고 곡물 창고의 지붕에서 빗물이 떨어지기 시작했다.

"그 사람은 오지 않을 모양이군요." 파프리가 말했다. "이거 속임수일지도 모르는데 만약 그렇다면 이렇게 우리 시간을 낭비하는 건 참 딱한 일이에요, 할 일도 너무 많은데."

"이건 너무 무례한 짓이에요." 엘리자베스가 말했다.

"맞는 말이에요, 뉴선 양. 우린 언젠가 이 일에 대한 소식을 듣게 될 거고 틀림없이 누가 그랬는지도 알려질 거예요. 난 이런 일이 날 방해하는 것을 못 참지만, 뉴선 양, 아가씨는—"

"전 신경 쓰지 않아요—별로요." 그녀가 대답했다.

"저도 괜찮아요."

그들 사이에 다시 침묵이 흘렀다. "제 생각에 선생님은 스코틀랜드로 돌아가고 싶죠, 파프리 씨?" 그녀가 물었다.

"오, 아니에요, 뉴선 양—내가 왜 그러겠어요?"

"전 그냥 선생님이 그럴 거라고 생각했어요—선생님이 스코틀랜드와 고향에 대해 쓰리마리너스에서 부른 노래에서요—제 말은, 선생님이 마음속 깊이 그렇게 느끼는 것 같아서예요. 그래서 우리 모두가 선생님과 같은 마음을 느꼈어요."

"예—그리고 내가 거기서 노래했죠—내가요…… 그런데 뉴선 양"—그리고 도널드의 목소리가 그가 진지해질 때면 늘 그렇듯 두 반음 사이에서 노래하듯 일렁거렸다. "잠시라도 노래에 대해 느껴 보는 건 좋은 거예요. 그러면 두 눈에 눈물이 아주 글썽글썽해지죠. 하지만 노래를 끝내고 나면 무엇을 느꼈건 오랫동안 노래에 상관하지도 생각하지도 않게 된답니다. 아아, 아니에요—난 돌아가고 싶지 않아요! 하지만 아가씨가 좋으시다면 언제라도 기꺼이 그 노래를 불러드리겠어요—지금 당장이라도 그 노래를 불러드릴 수 있어요, 괜찮겠어요?"

"정말 고맙습니다. 하지만 저는 돌아가야 해요—비가 오건 아니건."

"예! 그러면, 뉴선 양, 아가씨는 이 짓궂은 장난에 대해 아무 말도 말고 신경도 쓰지 않는 게 좋을 거예요. 그리고 만약 그 사람이 아가씨에게 뭐라고 말하면 전혀 신경 쓰지 않는 것처럼 그저 그 남자 혹은 그 여자에게 점잖게 대하면 되요—그러면 아가씨가 그 영악한 사람의 웃음을 사라지게 만들게 되죠." 말을 하면서 그의 눈은 여전히 밀기울로 뒤덮여 있는 그녀의 옷에 고정되었다. "몸에 밀기울과 먼지를 뒤집어썼군요. 모르시나 보죠, 아마?" 그가 극도의 세심한 말투로 말했다. "왕겨가 옷에 묻었을 때 비를 맞으면 정말 고약해요. 비가 씻겨 들어가 옷을 망쳐놓죠. 제가 좀 도와 드릴게요—입으로 부는 게 제일 좋답니다."

엘리자베스가 동의하지도 반대하지도 않자 도널드 파프리는 그녀의 뒤쪽 머리카락을 입으로 불기 시작했다. 이어서 옆 머리카락, 목, 모자 꼭대기, 숄의 털을 불자 엘리자베스는 그가 불 때마다 매번 "오오, 고마워요"라고 말했다. 드디어 그녀는 상당히 깨끗해졌다. 그러나 파프리는 이 상황에서 처음에 보였던 염려가 지나갔지만 서둘러 가려는 기색이 없어 보였다.

"아아—이제 제가 가서 우산을 갖다 드릴게요!" 그가 말했다.

그녀는 이 제안을 거절하고 밖으로 나가더니 가버렸다. 파프리가 천천히 그 뒤를 따라 걸었고 사라져가는 그녀의 모습을 생각에 잠겨 쳐다보면서 "내가 캐노비를 지나 내려갈 때"[43] 곡조를 나지막하게 휘파람으로 불었다.

---

43   번스의 시 "어여쁜 페그"의 일부분을 변형한 것으로 추정되는 구절.

제15장

처음에는 뉴선 양의 피어나는 아름다움에 대해 큰 관심을 갖고 지켜본 사람은 캐스터브리지에 아무도 없었다. 도널드 파프리의 눈길이 이른바 읍장의 양딸에게 이제 이끌리고 있는 건 사실이었다. 그러나 그가 유일했다. 사실 그녀는 예언자 바루크[44]의 음흉한 정의―'즐기기를 좋아하는 처녀'―의 어설픈 실례(實例)에 불과했다.

밖으로 걸어 다닐 때 그녀는 마음속의 생각에만 몰두하는 듯했고 눈에 보이는 사물에 대해서는 신경 쓸 필요를 별로 못 느끼는 것 같았다. 그녀는 옷 문제에 있어서 즐거운 상상을 억제하기 위해 별난 결심을 했다. 돈이 생기자마자 화려하게 꽃을 피운다는 것은 자신의 과거 생활과 맞지 않았기 때문이다. 그러나 단순한 공상에서 소망으로, 단순한 소망에서 욕망으로 진화하는 것보다 더 스리슬쩍 일어나는 일은 없다. 헨처드는 어느 봄날 엘리자베스-제인에게 고운 빛깔의 장갑 상자 하나를 줬다. 그녀는 장갑

---

44 바루크(Baruch): 사실 그는 예언자는 아니고 구약의 예언자 예레미야(Jeremiah)의 비서이자 친구였다.

을 끼고 싶었고 그의 친절에 감사하고 싶었으나 그것과 어울릴 모자가 없었다. 하나의 예술적 호사(豪奢)로서 그녀는 그런 모자가 있으면 했다. 장갑과 어울리는 모자가 생기면 이번엔 모자와 어울릴 옷이 없었다. 이제 갖춰 입는 일을 끝내는 게 절대적으로 필요했다. 그래서 그녀는 필요한 품목을 주문했고 옷과 어울리는 양산이 없다는 것을 알게 됐다. 1페니로 시작한 게 1파운드가 되는 꼴이어서 그녀는 결국 양산도 샀고 마침내 한 벌이 완성되었다.

모두가 그녀에게 끌렸고, 어떤 사람은 그녀의 과거의 순진함은 술책을 감추는 기술, 즉, 로슈푸코의 '교묘한 속임수'였다고 말했다[45]. 그녀는 하나의 효과, 하나의 대조를 만들어냈는데 그것이 의도적이라는 것이었다. 사실 이 말이 들어맞지는 않지만 그래도 효과가 있었다. 즉, 캐스터브리지 사람들은 그녀가 꾀가 있다고 생각하자마자 그녀에게 주목할 만한 가치가 있다고 생각한 것이다. 그녀가 혼자 중얼거렸다. "이렇게 많이 찬양받아 보기는 평생 처음이야. 비록 날 찬양할 가치도 없는 사람들이 하는 칭찬이기는 하지만."

그러나 도널드 파프리도 그녀를 찬양했다. 그리고 전반적으로 지금이 들뜨게 만드는 때이기도 했다. 왜냐하면 이렇게도 강렬한 여성성이 그녀 속에서 스스로를 주장한 적은 일찍이 없었

---

45 17세기 프랑스의 작가, 격언가인 로슈푸코(François, Duc de La Rochefoucauld)는 '가장된 순진함은 교묘한 속임수'라고 말한 바 있다.

고, 예전에는 그녀가 너무나 개성이 없는 인간이어서 눈에 띌 만큼 여성적이지 못 했기 때문이다. 어느 날 그녀는 전례 없는 성공을 거두고 집 안으로 들어오더니 위층으로 올라가서 옷이 주름가고 손상될지 모르는데도 얼굴을 침대에 대고 엎드리며 중얼거렸다. "정말이지, 이럴 수 있는 거야? 내가 이제 읍내 미인 소리를 듣게 되다니!"

이런 생각을 곰곰 하다 보니 과장된 외양에 대한 그녀의 평상시 두려움이 깊은 슬픔을 불러일으켰다. "이 모든 일에 뭔가 잘못된 게 있어." 그녀가 생각에 잠겼다. "만약에 사람들이 내가 얼마나 촌스러운 계집애인지 안다면—난 이탈리아 말도 못하고, 지구의(地球儀)도 사용할 줄 모르고, 딴 여자애들이 기숙학교에서 배우는 교양 하나도 보여줄 게 없는데—사람들이 얼마나 날 경멸할까! 이 예쁜 옷들을 다 팔아서 문법책하고 사전, 그리고 온갖 철학 서적을 사는 게 낫겠어!"

그녀는 창밖을 내다봤고 헨처드와 파프리가 건초 야적장에서 이야기하는 것을 봤다. 읍장 쪽의 충동적인 다정함과 젊은이 쪽의 상냥한 겸손함이 이제 그들의 대화에서 너무나 일상적으로 관찰될 수 있었다. 남자와 남자 사이의 우정이라! 이들 두 사람이 나타내듯 이 우정에는 얼마나 거친 힘이 있는가. 그러나 이 우정의 기초를 들어 올려 무너뜨릴 씨앗이 그때 이미 그 구조물의 갈라진 틈에 뿌리를 내리고 있었다.

여섯 시경이었다. 일꾼들이 하나씩 하나씩 집으로 돌아가고 있었다. 마지막으로 나간 사람은 어깨가 둥글고 눈을 껌뻑거리는 열아홉 아니면 스무 살쯤 되어 보이는 청년이었다. 그의 입은 누가 조금만 화나게 해도 헤 벌어졌는데 마치 입을 받칠 턱이 없는 것처럼 보였다. 헨처드는 문밖으로 나가면서 큰 소리로 그를 불렀다. "이봐, 아벨 위틀!"

위틀은 몸을 돌려 몇 발자국 뛰어 되돌아왔다. "예, 주인님." 그는 다음에 일어날 일을 안다는 듯이 헐떡이며 애원하면서 대답했다.

"한 번만 더 그랬단 봐라—내일 아침에는 시간 지켜라. 무슨 일을 해야 할지 알지? 내가 하는 말 들었어? 더 이상 날 갖고 놀려고 하지 마라."

"예, 주인님." 그러고 나서 아벨은 떠났고, 이어 헨처드와 파프리도 떠났다. 그리고 엘리자베스는 더 이상 그들을 볼 수 없었다.

헨처드가 이렇게 명령내린 데에는 충분한 이유가 있었다. 그는 가엾은 아벨이라 불리는데, 늦잠을 자서 늦게 일하러 나오는 고질적인 버릇이 있었다. 초조해하는 마음만은 가장 일찍 오는 사람들 사이에 끼었을 것이다. 그러나 일찍 출근하기 위해 그가 항상 끈을 자기 엄지발가락에 칭칭 묶어 창밖에 매달아 놓는데, 동료들이 깜빡 잊고 당겨 주지 않으면 그런 마음은 바람처럼 사라지고 마는 것이다. 그는 제시간에 도착하지 못했다.

아벨은 종종 건초 무게를 다는 일에서, 혹은 부대 자루를 들어 올리는 기중기에서 조수 노릇을 하거나, 혹은 구매한 낟가리를 싣고 오기 위해 시골로 마차를 따라가야 하는 일꾼 중 한 명이

어서, 그의 이러한 애로 사항은 많은 불편을 초래했다. 그는 이번 주 아침에 두 번이나 다른 사람들을 거의 한 시간이나 기다리게 했다. 그래서 헨처드의 위협이 있었던 것이다. 이제 내일 어떤 일이 일어날지 두고 볼 일이다.

여섯 시를 쳤으나 위틀은 오지 않았다. 6시 반에 헨처드가 마당에 들어섰다. 아벨이 동행할 짐마차에 말이 메어 있었고 다른 사람들은 20분째 기다리고 있었다. 그러다가 헨처드가 욕설을 했고 바로 그때 위틀이 숨을 헐떡이며 달려 들어왔다. 이 곡물 도매상은 그에게로 몸을 돌리고는 이번이 마지막이라고, 그리고 그가 한 번만 더 늦으면, 신에 맹세코, 자기가 가서 침대 밖으로 그를 질질 끌어낼 거라고 맹세했다.

"제가 체질상 뭐가 잘못됐나 봐요, 주인님." 아벨이 말했다. "특히 몸 내부가 말입니다. 그리고 시원찮은 이 돌대가리는 기도문 몇 줄 외기도 전에 핏덩이처럼 굳어버립니다요. 예―그건 제가 어른 품삯을 받기도 전인 풋내기 때부터 시작되었어요. 해서, 전 잠을 제대로 못 잡니다요. 왜냐하면 눕자마자 잠이 들고, 눈도 뜨기 전에 벌떡 일어나야 하니까요. 저는 그 때문에 정말 괴로워요, 주인님, 저 어떡해야 하나요? 그리고 지난밤 잠자리에 들기 전에 전 치즈 한 조각밖에 못 먹었고―"

"그따위 소리 듣고 싶지 않아!" 헨처드가 고함쳤다. "내일 새벽 4시에 짐마차들이 떠나야 해. 네가 그때 여기에 없으면 앞으로 내 눈앞에 얼쩡대지 않는 게 좋을 거야. 내가 네놈을 위해 네

몸뚱이를 괴롭혀 줄 거거든[46]."

"하지만 제 얘기나 마저 들어 주시죠, 주인 마님—"

헨처드는 가버렸다.

"주인어른은 나한테 물어보고 따지더니 내 대답은 들으려고
도 안 하시네!" 아벨이 마당에 있는 사람들에게 말했다. "주인어
른 무서워서 난 오늘 밤새도록 시계 분침처럼 경련을 일으키게
생겼어!"

다음 날 짐마차가 가는 길은 블랙모어베일까지의 장거리 여
정이어서 새벽 4시가 되자 마당 여기저기서 등불들이 움직였다.
그러나 아벨은 보이지 않았다. 동행할 사람 중 누가 아벨의 집
으로 뛰어가 경고해 주기 전에 헨처드가 정원 문간에 나타났다.
"아벨 위틀 어디 있나? 내가 그렇게 말했는데도 안 와? 자, 내가
한 말을 실행에 옮겨야겠어—복 받은 조상님들께 맹세코—이것
말고는 어떤 것도 그놈에게 도움이 안 돼! 내가 그놈 집으로 가
야겠어."

헨처드는 출발해서 백스트리트에 있는 아벨의 작은 오두막
에 들어섰다. 이 집은 도둑맞을 거라곤 아무것도 없어서 문이 걸
려 있는 법이 없었다. 위틀의 침상으로 다가가 곡물 도매상이 낮
은 소리로 너무나 힘차게 고함을 질렀기 때문에 아벨은 즉시 벌
떡 일어났고, 헨처드가 자기 몸을 내려다보며 서 있는 것을 보자,
감전이라도 된 듯 발작적으로 움직였으나 바로 옷을 챙길 생각을

---

46 〈골로새서〉 3:5.

하지는 못했다.

"침상에서 내려오시지, 나리. 곡물 창고로 가라고. 아니면 오늘 당장 해고야! 이건 자네에게 교훈을 주기 위해서야. 앞으로 갓! 바지 주워 입을 생각은 하지도 말아!"

이 불운한 위틀은 조끼를 휙 걸쳐 입고 계단 아래 참에서 간신히 장화에 발을 넣었다. 그러는 사이 헨처드는 그의 머리에 모자를 쿡 눌러 씌워줬다. 그러고 나서 위틀은 백스트리트를 총총걸음으로 걸어 내려갔고 헨처드는 엄한 표정으로 뒤에서 걸었다.

바로 이때 헨처드를 찾으러 그의 집에 갔었던 파프리가 뒷문에서 나왔고, 뭔가 하얀 것이 아침 어스름에 너풀거리는 것을 봤는데 그것이 조끼 밑으로 보이는 아벨의 셔츠라는 것을 곧 알아챘다.

"저런, 이게 대체 무슨 꼴인가?" 파프리가 아벨을 따라 마당으로 들어오며 말했다. 헨처드는 이때쯤엔 어느 정도 뒤쪽에 있었다.

"저기요, 파프리 씨." 아벨이 겁에 질려 체념한 미소로 지껄였다. "주인님은 제가 더 일찍 일어나지 않으면 제 몸뚱이를 괴롭히겠다고 말씀하셨는데 지금 그걸 실행하시는 거예요. 어쩔 수가 없어요, 파프리 씨. 일이라는 게 때론 묘하게 되거든요. 그래요, 주인님이 명령하셨으니 전 블랙모어베일까지 지금처럼 반벌거숭이로 갈 거예요. 하지만 그런 뒤엔 전 죽어버릴 거예요. 이런 창피를 당하고 살 수는 없어요. 왜냐하면 가는 동안 내내 여자들이 제가 이런 수모를 당하는 꼴을 창밖으로 볼 테고 저를 바지도 안 입은 남자라고 깔깔대며 비웃을 거거든요! 파프리 지배인님, 제가 이런 일을 당해 어떤 심정인지, 그리고 얼마나 처량한 생각이 드는지 아시죠. 그래요—전 제 자신을 해칠 거 같아요—그런 느낌이 와요!"

"집에 돌아가서 바지 걸치고 사내답게 일하러 나오게. 안 가면 자넨 거기 선 채로 죽게 될 거야."

"전 그렇게 할 수 없어요! 헨처드 씨가 말씀하시기를—"

"헨처드 씨건 누구건 무슨 말을 했다 해도 난 상관하지 않아! 이런 식으로 하는 건 정말 바보짓이야. 당장 가서 옷 입고 오게, 위틀."

"이봐, 이봐." 헨처드가 뒤에서 다가오며 말했다. "누가 저 친구를 돌려보내나?"

모두가 파프리 쪽을 쳐다봤다.

"접니다." 도널드가 말했다. "장난이 도를 넘었다고 생각합니다."

"내 생각엔 안 그런데. 짐마차에 올라타, 위틀."

"제가 지배인이라면, 그렇게 하시면 안 됩니다." 파프리가 말했다. "저 사람이 집에 가든가, 아니면 제가 이 마당을 박차고 걸어 나가버리든가 둘 중 하나입니다."

헨처드가 얼굴이 벌게진 채 굳은 표정으로 그를 쳐다봤다. 그러나 그는 잠시 말을 중단했고 둘의 눈이 마주쳤다. 도널드는 그에게 다가갔는데 왜냐하면 그는 헨처드의 표정에서 그가 이런 처사를 후회하기 시작했다는 것을 읽었기 때문이다.

"그런데요," 도널드가 조용히 말을 꺼냈다. "읍장님 같은 위치에 있는 분은 그렇게 하시면 안 됩니다, 읍장님! 그건 폭군적이고, 읍장님답지 않습니다."

"폭군적이지 않네!" 헨처드가 삐친 소년처럼 중얼거렸다. "그건 그 친구가 명심하게 만들기 위해서네!" 그가 몹시 기분 상한 사람의 말투로 바로 덧붙였다. "파프리, 왜 사람들 앞에서 나한테 이렇게 말했나? 우리 둘만 있게 될 때까지 참을 수도 있었을 텐데. 아아—이유를 알겠네! 내가 자네한테 내 인생의 비밀을 말했었지—난 바보였어—그리고 자넨 날 이용하고 있군."

"그런 건 잊은 지 오랩니다." 파프리가 간단히 답했다.

헨처드는 땅바닥을 내려다보며 아무 말도 하지 않고 발길을 돌려 가버렸다. 그날 낮에 파프리는 일꾼들로부터 헨처드가 지난 겨울 내내 석탄과 코담배가 떨어지지 않도록 아벨의 노모를 보살폈다는 말을 들어서, 이로 인해 곡물 도매상에 대한 그의 적개심이 좀 누그러졌다. 그러나 헨처드는 계속 우울하고 말이 없었다. 일꾼 중 한 명이 귀리를 위층으로 끌어 올릴지 어떨지 물어보자 "파프리 씨에게 물어보게. 그가 여기 주인 아닌가!"라고 짤막하게 말했다.

도덕적으로는 파프리가 주인이었다. 여기에 대해서는 의문의 여지가 없었다. 헨처드는 지금까지 그의 주변 사람들 사이에서 가장 존경받았지만, 이제는 더는 가장 존경받지 않았다. 어느 날 던오버에 사는 죽은 농부의 딸들이 건초 더미 값에 대한 의견을 듣고 싶어서 파프리에게 사람을 보내 그의 의견을 요청했다. 심부름꾼은 어린아이였는데, 마당에서 파프리가 아니라 헨처드를 만났다.

"좋아." 그가 말했다. "내가 가보지."

"하지만 파프리 씨가 가시면 안 될까요?" 아이가 말했다.

"난 어차피 그쪽으로 갈 일이 있어…… 왜 꼭 파프리 씨여야만 하니?" 헨처드가 골똘히 생각에 잠긴 표정으로 말했다. "사람들이 왜 항상 파프리 씨만 원하는 거니?"

"제 생각에 사람들이 그분을 아주 좋아하기 때문이죠—사람들이 그렇게 말해요."

"오—알겠다—사람들이 그렇게 말한다고—응? 사람들은 그가 헨처드 씨보다 더 똑똑하고 아는 것도 많기 때문에 좋아하는 거지. 간단히 말해서 헨처드 씨는 그분의 발밑에도 미치지 못 한다는 거지—그렇지?"

"네—바로 그거예요, 나리—어느 정도는요."

"오, 더 있다고? 물론 더 있겠지. 또 뭐냐? 말해 봐, 여기 과자 사 먹을 돈 6펜스 있다."

"그리고 그분은 성품이 더 좋고, 헨처드 씨는 그분에 비하면 바보라고 사람들이 그래요. 그리고 아줌마들 몇 명이 집으로 걸어가면서 이렇게 말했데요. '그분은 다이아몬드—그분은 흠잡을 데 없는 사람이야—그분이 최고야—그분이 내게 돈을 벌게 해 주는 사람이야'라고 말했어요. 그리고 또 이렇게 말했어요. '그분은 두 사람 중 훨씬 더 이해심이 많은 사람이에요. 난 헨처드가 아니라 그분이 주인이면 좋겠어요'라고 그 아줌마들이 말했어요."

"사람들이란 말도 안 되는 소리를 지껄여댄단다." 헨처드가 침울함을 감추며 대답했다. "자, 이제 가려무나. 그리고 내가 건초 값 매기러 갈 거다, 들었어? 내가 간다고." 아이는 떠났고 헨처드가 중얼거렸다. "그 친구가 여기 주인이기를 바란다고, 그것들이?"

그는 던오버를 향해 갔다. 가는 길에 그가 파프리를 따라잡았다. 그들은 같이 걸었는데 헨처드의 시선은 땅바닥으로만 향해 있었다.

"오늘 기분이 별로인가 봐요?" 도널드가 물었다.

"아니야—아주 좋아." 헨처드가 답했다.

"하지만 좀 우울해 보이시네요—우울하신 거 맞죠? 그런데 화내실 거 없어요. 우리가 블랙모어베일에서 가져온 건 아주 일등품이에요. 그런데 던오버 사람들이 자기네 건초에 값을 매겨달라고 하네요."

"응, 내가 그리로 가는 길일세."

"저도 같이 가겠습니다." 헨처드가 대답하지 않자 도널드는 나지막하게 한 소절 노래를 불렀다. 그러다가 상(喪) 당한 사람들의 문간에 가까워지자 노래를 그치고 "아아—이들의 아버지가 돌아가셨는데 제가 이렇게 계속 노래하며 가면 안 되겠죠? 제가 어떻게 그걸 잊겠어요!"라고 말했다.

"자넨 사람들의 감정을 상하게 할까 봐 굉장히 신경 쓰는구먼." 헨처드가 반쯤 빈정대며 말했다. "자넨 신경 쓰지, 난 알아—특히 내 감정을 상하게 할까 봐!"

"제가 주인님 감정을 상하게 했다면 죄송합니다, 주인님." 도널드가 가만히 서서 대답했다. 후회의 빛이 역력한 그의 얼굴 속에는 똑같은 감정이 이렇게 달리 표현하는 것 같았다. "내가 왜 그 말을 했지? 왜 그렇게 생각했지?"

헨처드의 이마에서 구름이 걷혔다. 그리고 도널드가 말을 끝맺을 때 곡물 상인은 그에게 몸을 돌렸고 그의 얼굴보다는 가슴팍을 쳐다봤다. "날 화나게 만드는 일들이 내 귀에 들려오고 있네." 그가 말했다. "그거 때문에 내 태도가 퉁명해졌고—자네의 진정한 사람됨을 못 보았네. 자—난 이 건초를 보러 안으로 들어갈 생각이 없네, 파프리—자네가 나보다 더 잘할 수 있어—또한 사람들은 자네를 데려오라고 보낸 거고. 난 11시에 읍 의회 모임에 참석해야 하고, 시간도 다 되어 가네."

그들은 이렇게 새로워진 우정 속에 헤어졌다. 도널드는 자기 생각에 의미가 아주 명확하지 않을 때는 거기에 대해 헨처드에게 물어보는 것을 삼갔다. 헨처드 편에서는 이제 마음의 안정을 되찾았다. 그럼에도 파프리를 생각할 때면 언제나 어렴풋한 두려움이 일어났다. 그래서 그는 자기가 이 청년에게 자기 흉금을 털어놓은 것과, 자기 인생의 비밀을 고백한 것을 종종 후회했다.

제16장

이런 이유로 파프리를 향한 헨처드의 태도는 깨닫지 못하는 사이에 더욱 서먹해져갔다. 헨처드는 정중했다—너무나 정중했다—그래서 파프리는 자기가 지금까지 따뜻하고 진실하기는 하지만 제멋대로라고 생각한 사람의 자질 중에서 지금 처음으로 모습을 드러낸 훌륭한 몸가짐에 무척 놀랐다. 곡물 도매상은 청년의 어깨에 팔을 올리며 너무 익숙해진 우정에서 나오는 압력으로 찍어 누르다시피 하는 일을 이제는 드물게 하거나 거의 하지 않았다. 그는 도널드의 거처에 와서 복도에 대고 "이봐—파프리, 꼬마—와서 우리랑 같이 저녁 먹자—여기 독방에 갇혀 앉아 있지 말고!"라고 부르던 일을 이제는 하지 않았다. 그러나 그들의 일상의 업무에서는 거의 변화가 없었다.

최근에 있었던 어느 국가적 행사[47]를 기념하여 어떤 날을 전국적인 공휴일로 지정하기 전까지, 그들의 삶은 이렇게 평탄하게 굴러갔다.

---

47 어느 국가적 행사: 당시 영국 왕실에서 있었던 엘리스 공주의 탄생(1843)이나 알프레드 왕자의 탄생(1844)을 지칭하는 듯.

천성이 굼뜬 캐스터브리지 사람들은 한동안 아무런 반응도 보이지 않았다. 그러다 어느 날 도널드 파프리가 이 화제를 헨처드에게 불쑥 꺼내더니 혹시 자신과 몇몇 사람들에게 난가리 덮개를 빌려줄 수 있냐고 물었다. 그들은 그 지정된 경축일에 뭔가 오락회를 열 생각을 하고 있었는데, 그 목적을 위해 천막이 필요했다. 그리고 천막에 들어갈 때 일인당 얼마간 입장료를 받을 심산이었다.

"원하는 만큼 가져가게." 헨처드가 대답했다.

자신의 지배인이 이 일로 여기저기 다니자 헨처드는 경쟁심에 불타올랐다. 그는 이 경축일에 어떤 일을 할지 토의하기 위해서 진작 회의를 소집하지 않은 것은 분명히 읍장으로서의 자신의 의무를 태만히 한 것으로 생각했다. 그러나 파프리가 지독히도 잽싸게 움직여 대는 통에 구닥다리 당국자들로서는 전혀 주도권을 쥘 수 없었다. 그러나 아직 너무 늦은 것은 아니었다. 다시 한 번 생각해 보고 그는 다른 읍 의원들이 이 문제를 자신에게 맡긴다면 몇 가지 오락거리를 마련할 책임을 자기 어깨에 짊어지기로 결심했다. 읍 의원들은 대다수가 무사안일로 살기로 작정한 노인네들이라 이 제안에 선뜻 동의했다.

그래서 헨처드는 이 존경받을 읍에 마땅히 걸맞을 정말로 멋진 일을 준비하는 작업에 착수했다. 파프리의 그 사소한 일에 관해서 헨처드는 거의 잊었다. 다만 가끔씩 이런 생각이 들 때면 그는 이렇게 혼잣말했다. "두당 얼마씩 입장료를 받는다고—딱 스코틀랜드 사람 같은 짓이네!—입장료 내고 들어올 사람이 누가 있겠어?" 읍장이 제공하려는 오락거리들은 완전히 무료일 예정이었다.

그가 도널드에게 너무나 의지하게 된 결과 그를 불러 상의하고픈 마음을 억제하기 힘들었다. 그러나 그는 순전히 자신을 억제함으로써 참았다. "그건 안 돼"라고 그가 생각했다. 파프리가 그 망할 놈의 똑똑한 방식으로 묘안들을 내놓아 헨처드는 자신도 모르는 사이에 제2 바이올린의 위치로 격하될 거고 지배인의 멋진 연주에 반주나 긁어댈 판이었기 때문이다.

모두들 읍장이 제안한 오락거리에 찬사를 보냈고 특히 그가 모든 비용을 다 대려고 한다는 게 알려지자 더 그랬다.

이 읍 주변에는 장방형의 옛날 토루에 둘러싸인 높은 녹색 지대가 하나 있었다. 장방형이든 아니든 토루는 인근의 블랙베리만큼이나 흔했다. 이 녹색 지대 위에서 캐스터브리지의 사람들은 길거리보다 좀 더 많은 공간이 필요한 모든 종류의 놀이, 모임, 혹은 양(¥) 매매 장터를 일상적으로 개최해 왔다. 이곳의 한쪽은 프룸 강까지 경사를 이루면서 내려갔고, 어느 쪽에서건 수 마일에 걸쳐 주위에 시골 풍경을 볼 수 있었다. 이 상쾌한 고지대가 헨처드의 위업이 펼쳐질 장소였다.

그는 긴 분홍색 포스터들에다 온갖 오락이 여기서 열릴 것이라고 읍내 곳곳에 광고했고, 꽤 많은 인부들을 자신이 감독하여 작업에 착수하게 했다. 이들은 기어오를 장대들을 기름칠하여 세웠고 그 꼭대기에 훈제 햄과 이 지역 치즈를 매달았다. 뛰어넘을 허들도 줄 맞춰 설치했으며, 강을 가로질러 미끄러운 장대를 걸쳐 놓고 근처 동네의 살아 있는 돼지를 다른 쪽 끝에 묶어놓은 후 장대 위를 걸어가 돼지에 이른 사람의 차지가 되도록 해 놓았다. 또한 경주를 위해 외바퀴 수레와 당나귀들이 준비됐고, 권투와 레슬링은 물론 전반적으로 피 튀기는 시합을 위한 무대도 마련되었고, 뛰어 들어갈 부대 자루들도 준비되었다. 게다가 자기가 정한 원칙을 잊지 않고 헨처드는 대규모의 찻집을 열어 자치구에 사는 사람은 누구건 무료로 차를 마실 수 있게 하였다. 탁자들이 성곽의 안쪽 경사면과 평행하게 놓여있고 차양이 머리 위로 펼쳐졌다.

여기저기 지나다니면서 읍장은 파프리가 웨스트워크에 세운 매력 없는 구조물의 외관을 쳐다봤다. 겉모습은 전혀 고려치 않고 크기와 색깔이 각기 다른 낟가리 덮개가 아치 모양으로 휜 나무 위에 매달려 있었다. 그는 이제 마음이 홀가분했다. 자기가 준비한 것들이 이것들을 훨씬 능가하기 때문이었다.

그날 아침이 되었다. 하루 이틀 전까지만 해도 놀라울 정도로 맑았던 하늘이 구름으로 뒤덮였다. 날씨는 금방이라도 비를 뿌릴 듯하였고 바람에는 틀림없이 물기가 있었다. 좋은 날씨가 계속되리라고 너무 확신하지 말았어야 했다고 헨처드는 생각했다. 그러나 계획을 수정하거나 연기하기에는 너무 늦어서 행사는 그대로 진행되었다. 열두 시가 되자 비가 내리기 시작했는데 가늘고 꾸준히 내렸다. 비는 느끼지도 못할 정도로 시작하였다가 굵어져서 언제 맑은 날씨가 끝났고 언제 비 오는 날씨가 시작되었는지 정확하게 말하기 어려웠다. 1시간이 지나자 엷은 습기는 하늘이 땅을 때리는 단조로운 빗줄기로 바뀌더니 언제 끝날지 모를 폭우로 변했다.

꽤 많은 사람들이 배짱 좋게 들판에 모여들었지만 3시가 되자 헨처드는 자신의 계획이 실패로 끝날 운명이라는 것을 간파했다. 장대 끝에 매단 햄에서는 물에 젖은 증기가 갈색 액체가 되어 뚝뚝 떨어졌고, 돼지는 비바람 속에 떨고 있었으며, 송판 탁자의 나뭇결이 찰싹 들러붙은 식탁보를 통해 보였는데 그건 차양이 있어도 비가 제 맘대로 그 밑으로 들이쳤고 이 시간에 천막 양옆을 가리는 것은 부질없는 일로 보였기 때문이다. 강 건너의 경치도 비에 가려 보이지 않았다. 바람은 천막의 줄 위에서 아이올로스[48]의 즉흥곡을 연주했다. 마침내 바람이 너무나 거세져서 시설물 전체가 땅 쪽으로 기울어졌고 그 안에서 비를 피하던 사람들은 네발로 기어 나와야만 했다.

그러나 6시가 가까워지자 비바람이 가라앉았고 좀 더 마른 산들바람이 구부러진 풀잎을 흔들어 물기를 떨궜다. 결국에는 계획을 실행하는 게 가능해 보였다. 차양이 다시 쳐졌다. 악대는 천막에서 불려 나와 연주를 시작하라고 명받았고 탁자들이 있던 곳은 춤추기 위해 말끔히 치워졌다.

"그런데 사람들은 다 어디 갔나?" 헨처드가 반 시간이 경과하자 말했다. 이 동안 남자 둘과 여자 하나만 춤추려고 일어나 있었다. "가게는 다 문 닫았는데. 왜 사람들이 안 오는 거지?"

---

48 아이올로스(Aeolus): 그리스 신화에서 바람의 신.

"사람들은 웨스트워크에 있는 파프리의 놀이터에 있습니다."
읍장과 함께 들판에 서 있던 읍 의원이 대답했다.

"몇 명 정도겠지. 그런데 사람들 대다수는 다 어디로 간 건가?"

"집을 나온 사람들은 죄다 거기에 가 있습니다."

"그렇다면 그 사람들은 더 바보구면!"

헨처드가 언짢아하며 걸어 나갔다. 젊은 사람 한두 명이 오더니 비에 젖어 못 쓰게 되어가는 햄을 구하려고 용감하게 장대에 기어올랐다. 그러나 구경꾼들도 없고 이 모든 장면이 몹시 우울한 모습을 띠자 헨처드는 행사를 중지시켰다. 오락 시설을 폐쇄하고 음식은 읍의 가난한 사람들에게 나눠주라고 명령했다. 곧 들판에는 허들 몇 개와 천막, 장대 외에는 아무것도 남지 않았다.

헨처드는 집으로 돌아가 아내와 딸과 함께 차를 마시고는 밖으로 나갔다. 이젠 땅거미가 내려앉았다. 그는 모든 산책자들의 발걸음이 워크스에 있는 어느 특정한 지점을 향하고 있음을 곧 알아챘다. 그도 결국은 그리로 갔다. 파프리가 세워놓은 가림막—그가 천막이라고 부른 것—으로부터 현악기 악단의 곡조가 흘러나오고 있었다. 이 앞에 오자 읍장은 거대한 천막 하나가 장대나 밧줄 없이 절묘하게 쳐져 있음을 알게 되었다. 줄지어 서 있는 단풍나무들 중에서도 가장 조밀한 지점을 골랐는데 나뭇가지가 촘촘히 엉켜 머리 위로 천정을 만들었다. 이 가지들에 범포(帆布)가 매달려 있어 원통형의 지붕이 만들어진 셈이다. 바람 쪽은 막혀 있고 다른 쪽은 뚫려 있었다. 헨처드는 삥 돌아가서 내부를 들여다봤다.

모양으로는 박공을 하나 없앤 성당의 신도석(信徒席) 같았는데 안에서 일어나는 장면은 신앙과는 전혀 상관없어 보였다. 쌍쌍이 추는 춤, 동작이 큰 춤 같은 게 한창 진행 중이었다. 언제나 차분한 파프리도 거친 하이랜더[49]의 복장을 한 채 다른 춤추는 사람들 무리 한가운데서 곡조에 맞춰 이리저리 몸을 내던지고 삥삥 돌기도 했다. 헨처드는 잠시 웃지 않을 수 없었다. 그러다가 그는 스코틀랜드인에 대한 엄청난 찬양이 여자들의 얼굴에서 드러나고 있음을 알아차렸다. 그 춤이 끝나자 새로운 춤곡이 제안되었고 도널드가 잠시 사라졌다가 평상복을 입고 돌아왔을 때 그에게는 끝도 없이 많은 춤 상대가 기다리고 있었다. 아가씨들이라면 누구나 할 것 없이 춤동작의 예술을 완벽하게 이해하는 파프리와 같은 사람에게 접근하려는 경향이 있었기 때문이다.

읍 전체가 웨스트워크로 몰려갔는데 무도장이 이렇게도 즐거울 수 있다는 생각은 그 전에 주민들 머리에 떠오르지 않았었다. 나머지 구경꾼 중에 엘리자베스와 그녀의 어머니가 있었다. 엘리자베스는 생각에 잠겨 구경하고 있었지만 꽤 재미있어 했고, 그녀의 눈은 마치 조물주가 코레지오[50]의 조언을 받아 창조

---

49 하이랜더(Highlander): 스코틀랜드 고지대에 사는 사람들.

50 코레지오(Corregio): 15세기 말 16세기 초의 이탈리아 화가. 본명은 Antonio Allegri.

하기라도 한 것처럼 머뭇거리는 동경심으로 빛나고 있었다. 춤은 열기가 식지 않고 계속되었고 헨처드는 밖으로 걸어 나가서 아내가 집에 가려는 마음이 내킬 때까지 기다렸다. 그는 불빛 속에 있고 싶지 않았는데 막상 어둠 속으로 들어가자 더 나빠졌다. 왜냐하면 이젠 너무 자주 듣게 되는 그런 말이 들려왔기 때문이었다.

"헨처드 씨의 오락회는 여기에 비하면 명함도 못 내밀 거야." 누군가가 말했다. "오늘 같은 날 사람들이 그렇게 황량한 데까지 올라갈 거라고 생각한다면 고집 센 바보가 아니고 뭐겠어."

또 다른 사람은 읍장이 모자란 게 이런 일에서만은 아니라고 사람들이 얘기한다고 대답했다. "이 젊은 친구가 없었다면 그 사람 사업이 어떻게 됐겠어? 정말이지 행운의 여신이 그를 헨처드에게 보내준 거야. 파프리 씨가 처음 왔을 때 그 사람 회계장부들은 가시덤불처럼 엉망이었지. 그는 부대 자루를 마치 정원 말뚝처럼 전부 일렬로 백묵으로 그어서 세곤 했고, 낟가리는 팔을 뻗쳐 쟀고, 건초 더미는 들어 보고 무게를 쟀고, 건초는 씹어봐서 품평을 했고, 값은 욕설로 정하곤 했지. 그런데 이젠 이 배운 젊은이가 모든 걸 계산과 측정으로 해나가고 있지. 그리고 그 밀—거 왜 가끔씩 빵으로 만들면 그렇게나 쥐 냄새가 나서 무슨 품종인지 금방 알아맞힐 정도인 그것—에 대해서 파프리가 정제할 방안이 있으니 누구도 그 네발 달린 작디작은 짐승이 그 위를 한번 기어 다녔던 것을 짐작도 못 할 거야. 아, 그래, 모두가 다 파프리 생각만 하고 있지. 그러니 헨처드 씨는 그 친구를 붙들어두려면 신경

꽤나 써야 할 거야, 아무렴!" 이 신사는 이렇게 결론 내렸다.

"하지만 헨처드 씨가 그를 오랫동안 붙들어두려고 하진 않을 걸." 다른 사람이 말했다.

"안 하고말고!" 헨처드가 나무 뒤에서 혼잣말했다. "만약 그렇게 한다면 내가 지난 18년 동안 쌓아온 인격과 지위가 몽땅 땅으로 꺼져버리게 될 거야!"

그는 무도회장으로 쓰이는 천막으로 돌아갔다. 파프리는 엘리자베스-제인과 희한한 짧은 춤을 추고 있었다. 오래된 시골 춤인데 그녀가 아는 유일한 춤이었다. 비록 그가 그녀의 얌전한 걸음걸이에 맞추려고 신경 써서 움직임을 줄이긴 했지만, 주변에 둘러선 구경꾼들 눈에는 그의 구두 밑창의 반짝거리는 작은 징들의 모양새까지도 보일 정도였다. 노랫가락이 그녀를 이 춤으로 끌어들였는데 그건 곡조가 빠르고 깡충 뛰는 스텝을 밟게 하는 것이었기 때문이다. 마치 사다리를 뛰어서 오르락내리락하듯이 어떨 때는 바이올린의 은빛 현 위에서 나지막한 음조였다가 다음에는 바이올린 허리를 살짝 건너뛰는 곡조가 되기도 했다. 〈에어의 맥클라우드 양〉[51]이 곡명이었고 자기 나라에서 아주 유행하는 노래라고 파프리 씨가 말했다.

춤이 곧 끝났고 엘리자베스는 자신이 잘 췄다는 동의를 구하려고 헨처드를 쳐다봤다. 그러나 그는 동의의 표정을 보이지 않

---

51 〈에어의 맥클라우드 양 Miss M'Leod of Ayr〉: 스코틀랜드 서남부 에어 지방의 민요.

왔다. 그는 그녀를 보지 못한 것 같았다. "이보게, 파프리." 그가 마음이 딴 데 가 있는 사람처럼 말했다. "내일 포트-브레디의 큰 장에 내가 직접 갈 거네. 자넨 여기 남아서 자네 의상들이나 옷상자에 넣도록 하게. 이런 엉뚱한 놀음판을 벌였으니 무릎에 힘을 회복시켜 줘야 할 거 아닌가." 그는 미소로 시작했으나 적대적으로 되어 버리고만 시선으로 도널드를 노려보았다.

몇몇 다른 읍민들이 다가오자 도널드가 옆으로 자리를 내줬다. "이게 뭐요, 헨처드—"라고 말하며 읍 의원 터버가 마치 치즈 맛보는 사람처럼 곡물도매인을 엄지손가락으로 쿡 찔렀다. "자네가 벌여놓은 놀이판에 반대되는 놀이판을 벌였다고, 그렇지? 아랫사람이 상전같이 되어 버렸단 말이지, 안 그래? 그 친구가 자네를 완전히 앞질러버렸다 이거지?"

"이보세요, 헨처드 씨" 하며 또 다른 사람 좋은 친구인 변호사가 말했다. "당신이 실수한 건 들판으로 너무 멀리 나간 데에 있어요. 당신은 그 친구를 본떠서 여기처럼 비를 가리는 장소에서 오락회를 열어야 했어요. 하지만 당신은 그런 생각을 못한 거요, 아시다시피. 그 친구는 그런 생각을 했고, 거기서 그가 당신을 이긴 겁니다."

"그가 당신들 둘 중에서 조만간 선임이 될 거고 파죽지세로 나아갈 거요"하고 신소리 잘하는 터버 씨가 덧붙였다.

"아닐세." 헨처드가 침울하게 말했다. "그 친구는 선임이 되지 못할 거야, 왜냐하면 곧 나를 떠나게 될 테니까." 그는 도널드 쪽을 봤는데 그는 다시금 가까이 와 있었다. "내 지배인으로서의 파프리 씨의 시간은 이제 끝나가오—그렇지 않은가, 파프리?"

젊은이는 이제 헨처드의 뚜렷한 얼굴 윤곽 위의 선과 주름을 마치 선명하게 새겨진 글귀라도 되는 양 읽을 수 있게 되자 조용히 동의했다. 그리고 사람들이 이런 사실에 개탄하며 왜 그렇게 되었냐고 물을 때 그는 그저 헨처드 씨가 더는 자신의 도움이 필요하지 않다고 대답했다.

헨처드는 겉보기에는 만족해하며 집으로 갔다. 그러나 아침이 되어 질투하던 성미가 사라지자 그의 마음은 자기가 한 말과 행동으로 인해 철퍼덕 가라앉았다. 이번에는 파프리가 자신의 말을 액면 그대로 받아들이기로 작정했다는 것을 알게 되자 마음이 더욱더 심란해졌다.

제17장

엘리자베스-제인은 자신이 춤추는 데 동의하여 뭔가 실수하였다는 것을 헨처드의 태도를 보고 감지했다. 그녀는 성격이 단순한지라 눈인사나 하는 사이인 지인의 암시로 일깨워질 때까지 그 실수가 무엇인지 몰랐다. 읍장의 의붓딸로서 자신이 무도회장 천막을 가득 채운 어중이떠중이 틈에서 춤춘다는 것이 자기 위치에 썩 맞지 않다는 것을 알았다.

자신의 취향이 현재의 위치와 썩 어울리지 않고 또 망신거리가 될 수 있다는 생각이 들자 곧 그녀의 귀와 뺨과 턱은 마치 불 붙은 석탄처럼 달아올랐다.

이런 생각에 그녀는 몹시 비참해져서 여기저기서 어머니를 찾아보았다. 그러나 엘리자베스보다 덜 인습적인 헨처드 부인은 자기 딸이 마음 내킬 때 돌아오도록 놔두고 집으로 가버렸다. 엘리자베스는 읍의 경계를 따라 나 있는 어둡고 빽빽한 옛 가로수 길, 아니 산 나무로 이루어진 아치 천장 밑으로 들어가더니 선 채로 생각에 잠겼다.

어떤 남자가 몇 분 후에 따라 나왔는데 그는 그녀의 얼굴이 천막에서 나오는 불빛 쪽을 향해 있어서 그녀를 알아봤다. 그 남자는 파프리였다—지금 막 자신의 해고를 시사하는 헨처드와 대화를 끝내고 오는 길이었다.

"아가씨였군요, 뉴선 양?—난 아가씨를 사방으로 찾고 있었습니다!" 그가 곡물 상인과의 결별이 주는 슬픔을 이겨내며 말했다. "아가씨네 집 길모퉁이까지 같이 걸어도 될까요?"

그녀는 그렇게 하는 것이 뭔가 잘못일 수도 있다고 생각했지만 반대한다는 말은 하지 않았다. 이리하여 그들은 처음에는 웨스트워크로, 다음에는 보울링워크로 함께 걸어갔다. 파프리가 이윽고 말문을 열었다. "난 곧 아가씨를 떠날 것 같아요."

그녀가 머뭇거리며 물었다. "왜요?"

"아—그냥 단순한 사업상 문제로—그 이상은 아니에요. 하지만 우린 그 문제에 신경 쓸 필요는 없어요—그러는 게 잘하는 거예요. 아가씨하고 한 번 더 춤을 췄으면 했는데."

그녀는 아무리 방법이 적절하더라도 자신은 춤출 수 없다고 말했다.

"아니에요, 아가씨는 출 수 있어요. 춤추는 사람을 즐겁게 하는 건 스텝을 배우는 게 아니라 춤추는 감정이지요…… 난 이번 일을 꾸미면서 아가씨 아버님의 노염을 산 거 같아요! 그리고 전 이제, 아마, 이 세상 저 끝으로 가야할 거예요."

이 말이 너무나 우울한 장래를 말해 주는 것 같아서 엘리자베스-제인은 한숨을 쉬었다—그가 들을 수 없도록 조금씩 나눠서 한숨이 나오게 했다. 그러나 어둠은 사람들이 진심을 말하게 만드는 법이라 스코틀랜드인은 충동적으로 계속 말했다—아마도 그녀의 한숨 소리를 결국 들은 모양이었다.

"난 더 부자면 좋겠어요, 뉴선 양. 그러면 아가씨 의붓아버지도 노여워하지 않았을 텐데. 난 오래지 않아 아가씨에게 뭘 물어볼 거예요—네, 오늘 밤 물어볼 겁니다. 그런데 그건 저를 위해서가 아니에요!"

그는 그녀에게 뭘 물어보려 했는지 말하지 않았다. 그에게 말하도록 북돋워 주는 대신에 그녀는 무기력하게 침묵만 지키고 있었다. 이렇게 서로 눈치를 보면서 이들은 보울링워크의 끝에 이를 때까지 담장을 따라 산책을 계속했다. 스무 걸음만 더 가면 가로수 길은 끝나고 거리 모퉁이와 가로등이 나타날 것이다. 이것을 의식하고 그들은 발걸음을 멈췄다.

"난 그날 우리를 그 말도 안 되는 일로 던오버의 곡물 창고로 보냈던 사람이 누군지 알아내지 못했어요." 도널드가 기복이 있는 말투로 말했다. "아가씨도 몰랐나요, 뉴선 양?"

"전혀요." 그녀가 말했다.

"난 왜 그들이 그렇게 했나 의아해요."

"재미로 그랬겠죠, 아마."

"아마 재미로 한 게 아닐 거예요. 우리가 거기서 기다리면서 이야기 나누는 걸 그들이 원했을지 몰라요. 예, 그래요—당신들 캐스터브리지 사람들은 내가 가도 날 잊지 않기를 바라요."

"제가 확신하는데, 우린 잊지 않을 거예요!" 그녀가 진지하게 말했다. "전—선생님이 아예 떠나지 않으면 좋겠어요."

그들은 가로등 불빛 속으로 들어갔다. "그렇다면 한번 생각해 보겠습니다." 도널드 파프리가 말했다. "그리고 난 아가씨네 문간까지 가지는 않을 겁니다. 아가씨 아버님을 더 화내게 하면 안 되니까 여기서 헤어지죠."

그들은 헤어졌다. 파프리는 어두운 보울링워크로 되돌아갔고, 엘리자베스-제인은 길을 걸어 올라갔다. 그녀는 자기가 뭘 하는지 전혀 의식하지 못하고 아버지 집 문간에 이를 때까지 온 힘을 다하여 뛰어가기 시작했다. "아, 이런—내가 뭘 하고 있는 거야!" 그녀가 헐떡거리다 뜀박질을 멈추면서 생각했다.

집에 들어오자 그녀는 파프리가 그녀에게 물어보고 싶었으나 감히 물어보지 못한 수수께끼 같은 말의 의미를 추측해 보기 시작했다. 말없이 관찰하는 여자로서 엘리자베스는 그가 어떻게 읍민들 사이에서 인기를 얻어가고 있는지를 오랫동안 주목했었다. 그리고 이젠 헨처드의 성질을 알기 때문에 그녀는 지배인으로서의 파프리의 시간이 얼마 안 남았다고 생각했다. 따라서 그가 떠난다고 한 선언에 거의 놀라지 않았다. 자기가 했던 말과 아버지가 해고한 것에도 불구하고 파프리 씨가 캐스터브리지에 머물게 될까? 그가 그녀에게 불어넣은 불가사의한 단서들은 이 문제에서 그가 취하는 행동에 의해 설명될 것이다.

다음 날은 바람이 불었다. 너무나 바람이 세서 정원을 걷다가 엘리자베스는 사무실에서 바람에 날려 담을 넘어온 편지를 하나 주웠다. 도널드 파프리의 필적이 쓰인 업무용 편지 초안의 일부였다. 그녀는 이 쓸모없는 종잇조각을 안으로 갖고 들어가 평소에 감탄해 마지않던 그 달필의 글씨를 베끼기 시작했다. 편지는

'친애하는 선생님'으로 시작하였다. 그녀는 돌아다니는 종이쪼가리에 '엘리자베스-제인'이라고 곧바로 쓰고 이것을 '선생님' 위에 올려놓아서 '친애하는 엘리자베스-제인'이라는 글귀를 만들어냈다. 그녀의 행동을 본 사람은 거기에 아무도 없었지만 그녀는 자신이 만들어 놓은 것을 보자 얼굴이 금방 빨개졌고 온 몸이 후끈거렸다. 그녀는 잽싸게 종이를 찢어서 내팽개쳤다. 이렇게 하자 그녀는 냉정을 되찾았고, 자신에 대해 웃으며 방을 여기저기 걷다가 또 웃었다. 즐겁게 웃었다기보다는 약간 괴롭게 웃었다.

파프리와 헨처드가 서로 헤어지기로 했다는 소식은 금세 캐스터브리지에 퍼졌다. 파프리가 정말 읍을 떠나는지 알고 싶은 마음에 엘리자베스-제인의 마음은 초조하고 심란해졌다. 그녀는 그 이유를 더 이상 스스로에게 숨길 수가 없었기 때문이다. 마침내 그녀에게 들려온 소식은 그가 읍을 떠나지 않는다는 것이었다. 헨처드와 같은 업종에 있지만 소규모로 장사하는 어떤 사람이 자기 가게를 파프리에게 팔아서, 파프리가 독자적으로 밀과 건초 장사를 곧 시작한다는 소식이었다.

그녀의 마음은 도널드가 취한 행동의 소식을 듣자 두근거렸다. 그가 여기 남기로 작정했다는 것을 입증했기 때문이다. 그런데 그녀를 조금이라도 좋아하는 남자라면 헨처드 씨와 경쟁하는 사업을 벌임으로써 자신의 구혼을 위태롭게 할 것인가? 분명히 그건 아니다. 그로 하여금 그녀에게 그렇게 부드럽게 말을 걸게 만든 것은 그저 스쳐 지나가는 충동임이 틀림없었다.

춤춘 날 밤 그녀의 모습에 첫눈에 반하여 덧없는 사랑을 불러 일으켰는지 아닌지 그 문제를 해결하기 위해 그녀는 그날 입었던 것과 똑같이 모슬린, 짧은 웃옷, 샌들, 양산을 갖춰 입고 거울을 봤다. 거울에 비친 자신의 모습을 보니 딱 일시적인 관심만 끌 정도일 뿐 그 이상은 아니라는 생각이 들었다. "그분을 어리석게 만들기에 족할 뿐이지 계속 날 좋아하게 하는 데는 충분하지 않아" 하며 그녀가 이해했다는 듯이 말했다. 엘리자베스는 그가 이때쯤 자신의 겉모습은 예쁘장하지만, 지식수준은 정말 평범하고 보잘것없다는 사실을 알았을 것이라고 아주 겸허하게 생각해 보았다.

이런 연유로 자기 마음이 그에게 향한다고 느낄 때면 그녀는 아픔을 수반한 익살스런 말로 스스로에게 이렇게 말하곤 했다. "아니야, 아니야, 엘리자베스-제인아—그런 꿈들은 네겐 안 이루어져!" 그녀는 그를 보지도 생각하지도 않으려고 애썼다. 보지 않으려는 노력은 꽤 성공했으나, 생각하지 않으려는 시도는 그렇게 완전하게 성공하지는 못했다.

파프리가 더는 자신의 성미를 참아내려 하지 않는다는 것을 알고 마음이 상했던 헨처드는 그 젊은이가 대안으로 한 일을 알고 엄청나게 분개했다. 파프리가 읍내에서 독립하여 상점을 낸다는 불의의 일격에 대해 헨처드가 처음으로 알게 된 것은 읍 청사에서 읍 의원회가 끝난 후였다. 자신의 감정을 동료 읍 의원들에게 표현하는 그의 목소리는 읍내 양수장(揚水場)까지도 들렸을 것이다. 이런 말투는 비록 그가 읍장이 되고 교구위원 등등이 된 것이 자기 통제라는 오랜 굴레 아래서이기는 했지만 여전히 마이클 헨처드라는 껍질 밑에는 자기 아내를 웨이던 장터에서 팔았을 때와 똑같은 제어할 수 없는 화산 같은 뭔가가 잠재해 있다는 것을 보여줬다.

"그런데 그 사람은 내 친구이고, 난 그의 친구인데—우리가 친구가 아니라면 뭐겠소? 제기랄, 내가 그의 친구가 아니었다면 어느 누가 친구였을지 난 알고 싶단 말이오. 그 친구는 여기 올 때 발에 성한 신발 하나도 못 신었지 않았소? 내가 그를 붙들어서 여기 있게 하지 않았나 말이오?—그가 살아가게끔 도와줬고—내가 돈이건, 아님 그가 원하는 건 무엇이건 얻도록 도와주지 않았소? 난 조건을 끈질기게 요구하지도 않았소—난 '당신이 대가를 정하시오'라고 말했소. 난 한때 저 젊은 친구하고 내 마지막 빵 쪼가리까지 나눠 먹으려 했소. 난 그 친구가 그렇게 좋았단 말이오! 그런데 이제 그가 내게 도전했소! 망할 자식 같으니. 난 그자와 이제 한판 붙을 거요—공정한 매매에서 말이요, 알겠소?—공정한 매매에서—그리고 내가 그자 같은 애송이보다 높은 값을 불러 이기지 못한다면 난 아무짝에도 쓸모없는 인간이오. 내가 어느 누구보다도 사업에 대해 잘 안다는 것을 보여주겠소."

그의 읍 의회 동료들은 특별한 반응을 보이지 않았다. 그들이 거의 두 해 전에 헨처드의 놀라운 정력 때문에 그를 최고 치안판사로 선출했을 때보다 그는 이제 인기가 없었다. 그들은 이 곡물 도매상의 이런 자질에서 집단적으로 이익을 봤지만, 한편으로는 한번 이상씩 개인적으로는 겁을 먹고 찔끔했었던 것이다. 이리하여 그는 회의실에서 나와 거리를 혼자 걸어갔다.

집에 도착하자 그는 심술궂은 만족감으로 뭔가를 떠올리는 것처럼 보였다. 그는 엘리자베스-제인을 불렀다. 들어오다 그의 표정을 보고 그녀는 겁에 질린 듯했다.

"널 나무라자는 게 아니야!" 그녀가 걱정하는 것을 보자 그가 말했다. "예야, 그저 난 네게 조심하라고 그러는 거다. 그 파프리라는 남자—그 사람에 대해서야. 난 그 사람이 너한테 두세 번 말 붙이는 걸 봤다—그가 축제에서 너와 함께 춤췄고 집에 같이 왔지. 자, 자—네 탓은 아니야. 하지만 잘 들어봐라. 혹시 너 그 친구에게 뭔가 어리석은 약속을 한 적 없니? 가벼운 연애 그 이상 조금이라도 넘어간 적 없어?"

"아니요. 전 그 사람한테 아무 약속도 안 했어요."

"잘했다. 뭐든지 끝이 좋아야 좋은 법이다. 난 네가 그 친구를 다시 안 만나기를 특별히 바란다."

"잘 알겠습니다, 아저씨."

"약속하지?"

그녀는 잠시 주저하더니 말했다. "네—그렇게나 원하시면요."

"물론 원하지. 그놈은 우리 집안의 적이야."

그녀가 가고 나자 그는 앉아서 파프리에게 다음과 같은 편지를 힘들게 썼다.

선생,

난 앞으로 귀하와 내 의붓딸이 서로에게 남이 되기를 청하는 바이오. 그 아이도 귀하의 구애를 더 이상 환영하지 않기로 약속했소. 그리고 귀하도 그 애에게 억지로 구애하려 하지는 않으리라 믿는 바요.

M. 헨처드

사람들은 파프리를 꼬드겨 자기 사위로 삼는 게 제일 속 편한 생활 방식이라고 믿는 것이 헨처드의 방침이었다고 생각할 법도 했다. 그러나 적수를 매수해버리는 그런 계획은 읍장의 완고한 성격에는 전혀 와닿지 않았다. 그는 딱하게도 그런 종류의 모든 잔머리 굴리기와는 맞지 않았다. 어떤 사람을 좋아하건 미워하건 간에 그의 외교적 방침은 물소 같은 옹고집이어서, 그의 아내는 자신이 여러 가지 이유로 기꺼이 반겼을 방향을 남편에게 감히 제시하지 못했었다.

그러는 동안 도널드 파프리는 던오버힐의 어느 곳에 자기 비용으로 가게를 열었다—그전 친구이자 고용주였던 사람의 손님들과는 거래하지 않으려는 의도로 헨처드의 가게로부터 가능한 먼 곳을 택했다. 그 젊은이가 보기에는 두 사람 모두를 위한 충분하고도 남을 시장이 있었다. 도시는 작았지만, 곡물과 건초 사업은 이 도시의 규모에 맞을 만큼 컸고 그는 타고난 총명함으로 이 사업에 한몫 낄 기회를 발견한 것이다. 읍장에게 사업상 적대적으로 보일 일은 어떤 것도 하지 않기로 작정했기 때문에 그는 첫 손님인 평판 좋은 어느 대농가(大農家)를 그냥 돌려보냈다. 헨처드와 이 사람이 지난 3개월 동안 거래를 해왔기 때문이었다.

"그분은 한때 제 친구였습니다." 파프리가 말했다. "그러니 제가 그분의 거래처를 뺏으면 안 되지요. 손님을 실망시켜 죄송합니다만, 저는 제게 그렇게 잘해 주셨던 분의 사업에 손해를 입힐 수는 없습니다."

이런 칭찬받을 만한 행동 방침에도 불구하고 스코틀랜드인의 사업은 번창했다. 북구인의 정력이 이 태평한 웨섹스 양반님네들을 압도하는 힘인지, 아니면 순전히 운 때문인지 간에 그가 손댄 것은 무엇이나 번창했다는 사실에는 변함이 없었다. 마치 파단-아람에서의 야곱이 남들이 잘 안 하는 줄무늬 있고 얼룩 있는 사업 분야만 하기로 겸손하게 정하자마자 이 줄무늬 있고 얼룩 있는 것들이 수가 늘어나고 다수가 되었던 것처럼.[52]

그러나 그의 장사가 잘된 것은 운 때문은 아니라고 봐야 할 것이다. 성격이 운명이라고 노발리스[53]가 했는데, 파프리의 성격은 헨처드와 완전히 반대였다. 헨처드는 더 좋은 길로 인도해 줄 불빛도 없이 속된 사람들의 삶의 방식을 떠나온 파우스트처럼 열렬하면서고 음울한 사람으로 묘사되어도 틀리지는 않을 것이다.

---

52 《구약》〈창세기〉 30, 31장에서 야곱(Jacob)은 파단-아람(Padan-Aram)에 있는 삼촌 집에서 일하는데 상품가치가 떨어지는 반점 있고 얼룩 있는 가축들만을 자신이 갖겠다고 하고는 나중에 이들을 잘 번식시켜 큰 부를 누리게 된다.

53 노발리스(Novalis): 18세기 말 독일 시인이자 철학자였던 Georg Philipp Friedrich Freiherr von Hardenberg의 예명.

파프리는 엘리자베스-제인에 대한 관심을 끊어달라는 요청을 정식으로 받았다. 그는 그런 종류의 행동이라곤 한 적이 없었기 때문에 이 요청은 거의 필요 없을 정도였다. 그러나 그는 그녀에게 상당한 관심이 있었다. 그리고 잠시 생각해 본 뒤에 그는 이제 로미오 역할을 하지 않는 게 자신을 위해서뿐만 아니라 그 아가씨를 위해서도 좋을 것이라고 마음먹었다. 이처럼 이제 막 돋아난 애정은 짓눌려 질식되었다.

파프리가 이전 친구라 할 만한 사람과 충돌을 피하더라도, 순전히 자기방어를 위해 헨처드와 처절한 사업상 전투를 치를 수밖에 없는 순간이 왔다. 그는 그저 단순히 회피하는 것으로는 더 이상 헨처드의 격렬한 공격을 받아넘길 수 없었다. 그들의 가격 전쟁이 시작되자마자 모두들 흥미롭게 지켜봤고 결과를 점치는 사람도 더러 있었다. 이건 어느 정도는 북쪽의 통찰력 대 남쪽의 끈기 사이의 싸움이었고—단검 대 곤봉의 싸움이었다—그리고 헨처드의 무기는 첫 번째 혹은 두 번째에 치명상을 가하지 않으면 나중에 거의 그의 적수의 처분에 맡겨지게 되는 그런 것이었다.

거의 매주 토요일마다 그들은 사업상 1주일에 한 번씩 장터에 모여드는 농부들의 무리 사이에서 마주쳤다. 도널드는 항상 몇 마디 다정한 말을 건넬 준비가 되어 있었고 또 간절히 그러려고 했다. 그러나 읍장은 그 사람 때문에 고통을 겪고 손해를 봐서 결코 그 당한 일을 용서할 수 없는 사람처럼 늘 파프리를 사납게 응시하며 지나쳤다. 파프리의 주눅이 들고 당혹해하는 태도도 전혀 그를 무마시킬 수 없었다. 대농가, 곡물상, 방앗간 주인, 경매사 등등은 곡물 시장 사무소 안에 각자의 이름이 페인트로 쓰여 있는 사무 공간이 있었다. 그리고 '헨처드,' '에버딘,' '샤이너,' '다아턴' 등의 낯익은 이름들 틈에 '파프리'라고 뚜렷이 새긴 새 글자가 덧붙여지자 헨처드는 어디에 쏘인 듯 괴로워했다. 마치 벨레로폰[54]처럼 그는 영혼이 썩어들어가 사람의 무리로부터 벗어나 방황했다.

그날로부터 도널드 파프리의 이름은 헨처드의 집에서 거의 입에 오르내리지 않았다. 아침이나 저녁 식사 때 엘리자베스-제인의 어머니가 자기가 좋아하는 사람인 파프리의 근황에 대해 무심결에 언급하기라도 하면 딸은 어머니에게 잠자코 있으라고 눈짓으로 애원했다. 그러면 그녀의 남편은 "뭐야―당신도 내 적이란 말이요?"라고 말하곤 했다.

---

54 벨레로폰(Bellerophon): 그리스 신화에서 천마 페가수스를 타고 신들의 처소로 가려다가 신들의 변심으로 인해 두 자식은 죽고 자신은 천마에서 떨어져 불구가 된 인물. 그 후 그는 사람을 피하고 슬픔에 잠겨 정처 없이 방황한다.

제18장

마부 옆자리에 앉은 승객이 신작로 건너편의 도랑을 보며 곧 다가올 급정거를 예상하듯이 엘리자베스가 한동안 예상했던 충격적인 일이 일어났다.

그녀의 어머니가 앓아누웠다―몸이 너무 안 좋아서 문밖출입도 할 수 없게 된 것이었다. 화가 날 때를 빼면 그녀를 자상하게 대했던 헨처드는 자기가 생각하기에 최고의 의사인 가장 돈 많고 가장 바쁜 의사를 즉시 부르러 보냈다. 그들은 잠잘 시간이 되었지만 밤새 불을 밝혀두었다. 하루 이틀이 지나자 그녀는 원기를 회복했다.

밤새 어머니의 병상을 지키던 엘리자베스가 이튿날 아침에 아침 식사를 하러 나타나지 않아서, 헨처드는 식탁에 혼자 앉아 있었다. 그는 저지에서 온 한 통의 편지를 보고 소스라치게 놀랐다. 자신이 너무나 잘 알고 절대로 다시 보고 싶지 않던 필체로 쓰였기 때문이다. 그는 편지를 집더니 마치 하나의 그림이나 환상, 혹은 과거 행위의 추억을 보듯 바라봤다. 그런 다음 이러한 추측에 대수롭지 않게 종지부를 찍듯이 편지를 읽었다.

편지를 보낸 여자는 이제 그가 재혼했기 때문에 그들 사이의 교제는 불가능하리라는 것을 결국 알게 되었다고 말했다. 그러한 재결합이 그에게 열려있는 유일하고 올바른 처사라는 것을 그녀가 인정할 수밖에 없다는 것이었다.

"그래서 차분하게 생각해 보고," 그녀의 말이 계속되었다. "저는 당신이 저를 이런 궁지에 빠지게 한 것을 완전히 용서해요. 우리의 분별없는 교제가 있기 전의 일에 대해 당신이 아무것도 숨기지 않았다는 것을 기억하니까요. 그리고 당신 부인 쪽에서 15~6년간 아무 소식이 없었기 때문에 그럴 위험이 적어 보이기는 했지만 제가 당신과 가까워지는 데에 어떤 위험이 도사리고 있다는 사실을 정말로 당신이 침통하게 말했던 것을 기억하기도 하고요. 그래서 저는 이 모든 일을 제가 운이 없었던 탓으로 돌리지, 당신 잘못이라고 생각하지는 않아요.

"그러니, 마이클, 제가 감정이 부글부글 끓을 때면 매일매일 당신을 괴롭혀 드렸던 그 편지들을 당신이 무시해 주기를 부탁드려야겠어요. 그 편지들은 당신이 나를 잔인하게 대한다고 생각할 때 쓴 것들이에요. 하지만 이제 당신이 처했던 상황에 대해 더 자세히 알게 되니 제가 당신을 책망한 일이 얼마나 매정했던가 알게 되었어요.

"자, 제 앞날에 어떤 행복이라도 가져다줄 단 하나의 조건은 우리 사이의 과거 교제 관계가 이 섬[55] 밖에서는 비밀로 지켜져

---

55 이 섬: 저지섬을 가리킨다.

야 한다는 점을 이제 당신도 아시리라 저는 확신해요. 그 비밀을 당신이 발설하지 않으리라는 걸 알아요. 그 일에 대해 어떤 것도 글로 남기지 않으리라고 믿어요. 한 가지 더 안전장치를 말해야 겠어요. 그건 내가 당신에게 보낸 편지, 내가 가졌었던 자질구레 한 물품들을 부주의로 혹은 깜빡 잊고 당신이 갖고 있으면 안 된 다는 거예요. 이런 목적을 위해 저는 당신이 갖고 계실만한 그런 물건들을, 특히 첫 자포자기의 심정으로 썼던 편지들을 보내달 라고 부탁드리는 거예요.

　"내 상처에 붙이는 일종의 반창고로 저에게 보내준 넉넉한 돈 에 대해서는 진심으로 감사해요.

　"이제 저는 제 유일한 혈육을 만나러 브리스틀로 가는 길이에 요. 그 여자분은 부자여서 제게 뭔가를 해주실 것을 저는 바라고 있어요. 저는 캐스터브리지와 버드머스를 거쳐서 돌아올 거고 버드머스에서 우편선을 탈 거예요. 저를 만날 때 편지와 기타 잡 동사니들을 갖고 나올 수 있어요? 저는 수요일 저녁 5시 반에 앤 털러프 호텔에서 말을 바꾸게 될 역마차에 타고 있을 거예요. 저 는 한가운데가 빨간색인 페이즐리 숄을 걸치고 있을 테니 금방 알아볼 수 있을 거예요. 저는 편지들을 당신이 우편으로 부치는 것보다 이런 식으로 직접 받기를 원해요.

영원히 당신의 여인으로 남는,

　　　　　　　　　　　　　　　　　　　루시타 보냄"

헨처드는 무겁게 숨을 내쉬었다. "가엾은 것─차라리 나를 몰랐더라면 좋았을걸! 내 심장과 영혼에 걸고, 만약 내가 그대와 결혼을 이행할 입장에 있기만 하면 난 그렇게 하고야 말 거야—암, 그렇게 하고말고!"

그가 마음에 두고 있는 뜻밖의 가능성은 물론 헨처드 부인의 죽음이었다.

요청받은 대로 그는 루시타의 편지를 전부 봉했고 그 꾸러미를 그녀가 지정한 날까지 한쪽으로 치워놓았다. 이렇게 편지를 직접 돌려받는 계획은 지나간 날에 대해 그와 한두 마디 이야기를 나누려는 이 젊은 숙녀의 자그마한 계략임이 분명했다. 그는 그녀를 안 보는 편이 낫다고 생각했을 수도 있다. 그러나 이 정도까지는 묵인해도 크게 피해 볼 건 없다고 생각하고 그는 해 질 무렵에 집에서 나가 역마차 사무소 건너편에 섰다.

저녁은 쌀쌀했고 역마차는 늦게 도착했다. 헨처드는 말을 교체하는 동안 길을 건너 역마차로 갔다. 그러나 마차 안이건 밖이건 루시타는 없었다. 계획이 변경될만한 무슨 일이 그녀에게 생겼다고 결론을 내리고 그는 단념하고 집으로 갔는데, 한편으론 안도의 마음이 들었다.

그러는 동안 헨처드 부인의 용태는 눈에 띄게 나빠지고 있었다. 그녀는 더 이상 문밖출입을 할 수 없었다. 어느 날 자신을 괴롭히는 것처럼 보이는 생각을 많이 하고 난 뒤에 그녀는 뭔가 적고 싶다고 말했다. 펜과 종이와 함께 작은 책상이 침대 위로 올려졌고 그녀의 요청에 따라 사람들은 다 나갔다. 그녀는 잠시 동안 뭔가를 적더니 조심스레 종이를 접어 엘리자베스-제인에게 양초와 밀랍을 가져오라고 불렀다. 그리고는 여전히 도움을 거절하면서 종이를 봉하고 거기에 수신인 이름을 적더니 자기 책상 서랍에 넣고 잠갔다. 그녀는 겉봉에 이렇게 썼다.

"마이클 헨처드 씨에게. 엘리자베스-제인의 결혼식 날까지 개봉하지 마세요."

엘리자베스-제인은 힘이 닿는 한 매일 밤 어머니와 함께 밤을 지새웠다. 우주를 진지하게 받아들이는 법을 배우는 데에는 병상을 지키는 것—시골 사람들이 부르기로는 '깨어있는 사람'이 되는 것—보다 더 빠른 방법은 없다. 마지막 술꾼이 지나간 후 아침 첫 참새가 몸을 털고 일어나는 그 시간 동안의 캐스터브리지의 침묵—야경꾼이 간간이 내는 소리는 제외하고—이 엘리자베스의 귀에는, 계단에 걸린 괘종시계와 미친 듯이 똑딱거리며 경쟁하는 침실의 시계에 의해서만 깨질 뿐이었다. 이 시계는 점점 더 세게 똑딱거리다가 나중에는 징 소리처럼 쨍그랑대는 것 같았다. 이러는 동안 내내 섬세한 영혼을 지닌 이 소녀는 왜 자신이 태어났는지, 왜 방에 앉아서 눈을 깜빡대며 촛불을 응시하고 있는지 스스로에게 물어봤다. 그리고 왜 자기 주위의 사물들이 허다한 모습들을 두고 하필이면 현재의 모습을 하고 있는지 물어보았다. 그리고 왜 이 사물들은 지상의 속박으로부터 그들을 풀어 줄 어떤 마법 지팡이의 접촉을 기다리는 것처럼, 그렇게 희망 없이 그녀를 응시하고 있는지, 그리고 자신의 머릿속에서 지금 이 순간에 팽이처럼 빙빙 도는 의식이라 불리는 그 혼돈은 무엇으로 향하고, 무엇에서 시작되었는지 자신에게 물어봤다. 그녀의 두 눈이 내리깔렸다. 그녀는 깨어있었지만, 잠들었던 것이다.

어머니의 말이 그녀를 깨웠다. 서두 없이, 그녀 마음속에서 이미 진행되고 있는 한 장면의 연속으로서 헨처드 부인은 이렇게 말했다. "너와 파프리 씨에게 보내진 쪽지, 너에게 던오버타운에서 누구를 만나라고 요청한 거 기억하지? 넌 그게 너희를 놀리려는 속임수라고 생각했지?"

"예."

"그건 너희를 놀리려고 한 게 아니란다. 그건 너희 두 사람을 만나게 해 주려고 한 일이란다. 그렇게 한 사람이 바로 나란다—"

"왜요?" 엘리자베스가 흠칫 놀라며 말했다.

"난—네가 파프리 씨와 결혼하기를—바랐단다."

"아, 어머니!" 엘리자베스-제인은 머리를 너무나 숙여서 자기 무릎을 코앞에서 볼 정도가 되었다. 어머니가 말을 잇지 않자 그녀가 말했다. "무슨 이유로요?"

"글쎄—이유가 하나 있었지. 언젠간 알려질 거야. 내가 살아 있을 때 그렇게 되면 좋겠는데! 그런데 말이야—우리가 바라는 대로 되는 일은 하나도 없구나. 헨처드는 그 사람을 미워하고 있지 않니."

"아마 다시 사이가 좋아지겠죠," 소녀가 중얼거렸다.

"난 모르겠구나—모르겠어." 이 말을 하고 난 뒤에 그녀의 어머니는 말이 없었고 꾸벅꾸벅 졸았다. 그리고는 이 문제에 대해 더 이상 말하지 않았다.

얼마간 시간이 지난 후 파프리는 어느 일요일 아침 헨처드의 집 앞을 지나다가 창의 블라인드가 모두 내려져 있는 것을 보았다. 그는 초인종을 너무 살짝 눌러서 한번은 제대로 울리고 한번은 짧게 울렸다. 그런 다음 헨처드 부인이 바로 그 시간에 죽었다고—지금 막 죽었다고—하는 소식을 듣게 되었다.

그가 지나갈 때 마을의 양수장 앞에는 몇몇 나이 든 주민들이 모여 있었다. 이들은 지금처럼 물을 길으러 갈 시간이 있으면 이리로 왔는데, 그건 여기 물이 원래의 수원(水源)에서 나오기 때문에 자기들 집의 우물물보다 더 깨끗했기 때문이다. 주전자를 들고 거기에 한정 없이 서 있던 쿡섬 부인은 헨처드 부인의 사망 경위에 대해 자신이 간호인에게서 들은 얘기를 설명하고 있었다.

"그런데 그 여자는 대리석같이 희다고 했어." 쿡섬 부인이 말했다. "그리고 또 그렇게나 사려 깊은 여자일 줄이야—아, 가엾은 영혼 같으니!—보살핌이 필요한 모든 자질구레한 일들에 신경을 쓰더니. '그래요,' 그 여자가 이렇게 말하더래. '내가 죽거들랑, 내가 마지막 숨을 내쉬거든 뒷방 창가 쪽에 있는 옷장의 맨 위 서랍을 들여다봐요. 거기 내 수의(壽衣) 일습(一襲)이 있을 거예요. 플란넬 천 조각—그건 내 몸 밑에 깔 거고 또 다른 조그만 천 조각은 내 머리 밑에 받칠 거예요. 그리고 내 발에 신길 새 양말은—다른 물건들과 함께 옆에 개어져 있어요. 그리고 1온스 무게의 동전 네 개가 있어요. 그건 내가 찾을 수 있는 가장 무거운 동전들인데 리넨 천 조각에 싸여 있고 누르는 역할을 할 거예요. 그 동전 두 개를 내 오른쪽 눈에, 나머지 두 개는 왼쪽 눈에 올려놓아 주세요[56].' 그 여자가 이렇게 말했대. '그리고 이렇게 하고 나서 내 눈이 더 떠지지 않으면 동전들을 땅에 묻어 주세요, 부탁이에요. 그리고 그 동전들로 뭘 사는 데 쓰지 마세요. 난 그렇게 하는 게 싫으니까요. 내가 실려 나가면 바로 창문을 열고 엘리자베스-제인을 위해서 가능한 한 명랑하게 해주세요.'"

"에고, 불쌍한 것!"

"그래서, 부탁한 대로 마사가 그렇게 해 줬대. 그리고는 그 1온스 무게 동전들을 정원에 파묻었대. 그런데 이 말 믿을는지 모르지만, 저 크리스토퍼 코니라는 작자가 가서 동전들을 파내 가지고는 쓰리마리너스 술집에서 써버렸다지 뭐야.—'빌어먹을,' 그 사람이 이렇게 말했대. '왜 죽은 사람이 산 사람에게서 4펜스를 뺏어가는 거야? 죽음이란 게 우리가 그렇게까지 받들어 모셔야 할 정도로 평이 좋은 친구는 아니잖아'라고 했다는군."

"이건 순 식인종들이나 하는 짓이네." 그녀의 말을 듣던 사람들이 비난했다.

"젠장, 난 그런 돈 줘도 안 받는다." 솔로몬 롱웨이즈가 말했다. "난 이런 말을 오늘 하는 거고, 오늘은 주일 아침이야. 난 이런 때에는 6펜스짜리 은화가 한 잎 생긴다 해도 틀린 말을 하진 않을 거야. 그게 잘하는 거지. 죽은 사람을 공경하는 건 건전한 교

---

56 죽은 사람의 눈이 감기도록 동전을 눈에 올려놓는 풍습에 관한 내용이다. 죽은 사람이 눈을 뜨고 있으면 그 눈은 다음 차례에 죽을 사람을 응시한다는 미신이 있었다.

리야. 그리고 난 해골을 팔아먹진 않아—아무리 대접받지 못하는 해골이라도 말이지. 거 왜 왁스칠해서 해부용으로 쓰는 해골 말일세. 일자리가 없을 때를 빼곤 난 그런 짓 안 해. 하지만 돈은 눈을 씻고 봐도 없고 목은 마르단 말이야. 왜 죽은 사람이 산 사람에게서 4펜스를 가져**야만** 하는 거지?—내 말은 그 돈 좀 가져간다고 죽은 사람 배신하는 건 아니라는 거지."

"에이, 가엾은 것. 그 여자는 지금 이런저런 걸 막을 힘도 없죠." 쿡섬 어멈이 대답했다. "그리고 그 여자의 반짝이는 열쇠들을 죄다 빼앗아 찬장을 열어젖히겠지. 그 여자가 남들에게 보이기 싫었던 자잘한 것들도 누구나 보게 될 거예요. 그러면 그 여자의 소망들과 살았던 방식은 아무것도 아닌 게 되는 거죠!"

제19장

헨처드와 엘리자베스는 난롯가에 앉아 얘기를 나누고 있었다. 헨처드 부인의 장례가 있고 3주가 지난 뒤였다. 촛불에는 불이 켜져 있지 않았다. 석탄 위에 자리 잡은 불꽃이 안절부절못하며 곡예 하듯 비치며, 사방의 그늘진 벽에서 옆 테두리는 도금하고 커다란 위 테두리는 삼각 모양 장식을 한 낡은 체경(體鏡)을 비롯하여, 그림 액자, 여러 가지 고리들과 문손잡이들, 그리고 벽난로 선반 양옆으로 하나씩 있는 리본 달린 초인종 줄 끝의 놋쇠 장미 장식 등등 응답할 수 있는 모든 형체들의 미소를 불러내고 있었다.

"엘리자베스야, 너 옛날 생각 많이 하니?" 헨처드가 말했다.

"네, 아저씨, 종종 해요." 그녀가 답했다.

"누가 떠오르니?"

"어머니, 아버지요―다른 사람은 거의 안 떠올라요."

헨처드는 엘리자베스-제인이 리처드 뉴선을 '아버지'라고 말하면, 항상 고통을 억누르려고 애쓰는 사람처럼 보였다. "아! 난 그 모든 것에서 빠져 있구나, 빠져 있어." 그가 말했다…… "뉴선은 좋은 아버지였니?"

"예, 아저씨, 아주 많이요."

헨처드의 얼굴은 멍한 고독의 표정을 띠다가 서서히 좀더 부드러운 표정으로 바뀌었다. "만약 내가 네 진짜 아버지라면?" 그가 말했다. "네가 리처드 뉴선을 사랑했던 것만큼 날 사랑하겠니?"

"그런 것은 생각할 수 없어요." 그녀가 빨리 대답했다. "전 제 아버지 이외의 다른 누구도 아버지라고 생각할 수 없어요."

아내는 죽어 그와 분리되었다. 친구이자 조력자였던 파프리는 사이가 틀어져서, 엘리자베스-제인은 진실을 모르고 있어서, 헨처드와 분리되었다. 그가 보기에 이들 중 단 한 사람만이라도 되돌려질 가능성이 있다면, 그건 바로 이 소녀였다. 그의 마음은 자기가 누구인지 그녀에게 밝히고 싶은 마음과 그냥 그대로 내버려두자는 원칙 사이에서 요동치기 시작했고 결국 그는 더는 가만히 앉아 있을 수가 없었다. 그는 이리저리 걷다가 그녀의 의자 뒤에 서서 그녀 머리의 정수리를 내려다보았다. 그는 더는 충동을 억제할 수 없었다. "어머니가 나에 대해서—내 내력에 대해서 뭐라고 말하셨니?"

"아저씨는 결혼하여 친척이 되셨다고요."

"네 어머니가 얘기를 좀 더 했어야 했는데—네가 나를 알게 되기 전에 말이다. 그랬다면 일이 이렇게 꼬이지는 않았을 텐데…… 엘리자베스야, 네 아비는 바로 나란다. 리처드 뉴선이 아니고. 네 불쌍한 부모들은 순전히 수치심 때문에 두 사람이 다 살아 있을 적에는 이 사실을 네게 말하지 못했단다."

엘리자베스의 뒷머리는 가만히 그대로 있었다. 어깨는 숨 쉬며 움직이는 기미조차 없었다. 헨처드가 말을 이었다. "네가 모르고 있는 것보다는 차라리 너에게 경멸이건 두려움이건 뭐든지 달게 받겠다. 네가 모르고 있다는 게 난 싫다. 네 어머니와 나는 젊었을 때 부부였었다. 네가 본 것은 우리의 두 번째 결혼이란다. 네 어머니는 너무나 정직하셨지. 우리는 서로 죽은 줄만 알고 있었고—그리고—뉴선이 네 어머니의 남편이 되었던 거다."

이것이 완전한 진실에 가장 근접하게 헨처드가 말할 수 있는 내용이었다. 사적인 일과 관련하여서는 그는 어느 것도 감추려 하지 않았을 것이다. 그러나 그는 점잖은 어른답게 이 어린 소녀가 여성이라는 점과 나이가 어리다는 점을 배려했다.

그가 계속해서 자세한 내용을 설명하자 과거 그녀의 삶에서 사소하거나 주목받지 못했던 일련의 사건들이 모두 희한하게도 그 내용을 뒷받침해 주었다. 요컨대, 그의 이야기가 진실이라고 믿자 그녀는 무척 동요했고 돌아서 탁자 쪽으로 가서는 얼굴을 그 위에 던지고 울었다.

"울지 마라—울지 마." 헨처드가 북받치는 감정으로 말했다. "더는 참을 수가 없구나, 참지 않을 거다. 내가 네 아비다. 왜 우는 거냐? 내가 너에게 그렇게 두렵고 미운 사람이냐? 나를 적(敵)이라고 생각하지 말아라, 엘리자베스-제인아!" 눈물에 젖은 그녀의 손을 꽉 잡으며 그가 소리쳤다. "날 적으로 보지 말라고—비록 내가 한때 술꾼이었고 네 어머니를 모질게 대했지만—난 그런 **과거의 나**보다 너에게 더 친절하게 대해 주마. 네가 나를 아버지로 생각해 주기만 한다면 난 뭐든지 다 하마!"

그녀는 일어나서 그를 믿고 마주보려 하였다. 그러나 그렇게 할 수 없었다. 그건 마치 신분을 밝히는 요셉을 보는 그의 형제들처럼[57] 그녀는 그의 앞에 있는 게 곤혹스러웠다.

"난 네가 나한테 별안간 오기를 바라는 건 아니다." 헨처드가 바람을 맞는 커다란 나무처럼, 갑자기 움직이며 말했다. "아니다, 엘리자베스야, 난 그러길 바라지 않는단다. 난 집을 나가서 내일까지, 아니면 네가 좋다고 할 때까지 너를 안 볼 거다. 그러고 나서 내 말을 입증할 서류들을 보여주마. 자, 이제 난 나간다. 그리고 널 더 이상 괴롭히지 않으마…… 네 이름을 고른 건 나란다, 내 딸아. 네 엄마는 네 이름을 수전으로 짓고 싶어 하셨지. 예야, 네게 이름을 지어 준 사람은 나였다는 것을 잊지 말거라." 그는 문을 열고 나가 그녀를 방에 둔 채 살며시 문을 닫았고, 그녀는 그가 나가서 정원 안으로 사라지는 소리를 들었다. 그러나 그는 완전히 사라진 게 아니었다. 그녀가 움직이기 전에, 혹은 그가 털어놓은 이야기의 효과로부터 어떤 식으로건 회복되기 전에 그가 다시 나타났다.

"한마디만 더 하마, 엘리자베스야." 그가 말했다. "이제 너는

---

57 《구약》〈창세기〉에 나오는 이야기이다. 아버지의 총애를 받던 요셉은 질투하는 형제들에 의해 이집트로 팔려 가는데 그곳에서 왕의 꿈을 해몽하여 나라를 위기에서 구하며 일약 재상의 자리에 오른다. 나중에 이스라엘 땅에 가뭄이 들어 그의 형제들이 이집트로 곡물을 구하러 가면서 이들은 요셉 앞에 이르게 된다. 요셉은 일부러 본색을 숨기고 형제들을 대하다가 나중에 자신이 '요셉'임을 밝히는데 이때 형제들은 그의 앞에서 몹시 난처한 입장이 된다.

내 성(姓)을 쓸 거지—응? 네 어머니는 거기에 반대했었다만. 하지만 그러는 게 내게는 훨씬 더 기분 좋을 거야. 그게 법적으로 네 이름이란다, 너도 알다시피. 하지만 누구도 그걸 알 필요는 없겠지. 난 네가 원해서 내 성을 취하는 것으로 하겠다. 난 거기에 관한 법은 정확히 몰라서, 변호사와 상의해 볼 거다. 하지만 네가 이렇게 해 주겠니—그게 너의 이름이라고 내가 신문에 몇 줄 실어도 되겠니?"

"그게 제 이름이라면 당연히 따라야죠, 그렇죠?" 그녀가 말했다.

"좋다, 좋아. 이런 문제에서는 이름을 그냥 써 버리는 게 제일 중요하지."

"어머니는 왜 제가 아버지 성을 따르기를 원하지 않으셨나요?"

"오, 가엾은 네 엄마의 어떤 변덕 같은 거겠지. 자, 종이 한 장 가져와서 내가 불러주는 대로 한 단락 받아 적어라. 그런데 불을 좀 켜야겠구나."

"난롯불로도 보여요." 그녀가 대답했다. "예—난롯불이 오히려 더 좋아요."

"잘됐구나."

그녀는 종이를 한 장 가져왔고 난로 망(網) 위로 몸을 구부리고는 그가 어떤 광고를 보고 외웠음이 분명한 구절을 불러주는 대로 받아 적었다. 지금까지 엘리자베스-제인 뉴선으로 알려져 왔고 현재 이 글을 쓰고 있는 그녀는 앞으로 자신을 엘리자베스-

제인 헨처드라고 부를 것이라는 내용이었다. 받아 적기가 끝나자 그것을 봉해 《캐스터브리지 크로니클》지(紙) 앞으로 겉봉을 썼다.

"그러면," 헨처드가 자기주장이 관철될 때면 늘 보이는 그런 이글거리는 만족감—다만 이번에는 다정함에 의해 좀 더 부드러워진 만족감—을 보이며 말했다. "난 위층으로 올라가서 네게 이 모든 걸 입증해 줄 서류들을 찾아봐야겠다. 하지만 내일까지는 그런 걸로 널 귀찮게 하지는 않겠다. 잘 자라, 엘리자베스-제인아."

이 어리둥절한 소녀가 이게 다 무슨 일인가를 깨닫기 전에, 혹은 새로운 무게 중심에 자식으로서의 인식을 맞추기도 전에 그는 나가버렸다. 그녀는 그가 자신을 그날 밤 혼자 있게 내버려 둔 것을 고맙게 생각하며 난롯불 앞에 앉았다. 여기에서 그녀는 말없이 그대로 앉아 있다가 울음을 터뜨렸다—지금은 어머니 때문이 아니라 그 다정한 선원 리처드 뉴선 때문이었는데, 그녀는 뉴선에게 뭔가 잘못을 저지르는 것 같다고 생각했다.

그러는 동안 헨처드는 위층으로 올라갔다. 그는 집안일에 관한 서류들을 자기 침실 서랍에 넣어두고 있었는데 지금 이 서랍을 열었다. 서류들을 뒤적이기 전에 그는 뒤로 기대어 편안하게 생각에 잠겼다. 엘리자베스가 드디어 자기 딸이 된데다 분별력도 있고 착한 마음씨를 지녀서 분명히 자신을 좋아할 거로 생각했다. 그는 자신의 격정—그것이 감정적이든 성 마른 것이든—을 쏟아 넣을 어떤 대상 인물이 꼭 있어야만 하는 그런 부류의 사람이었다. 이 다정한 인간 유대를 재확립하려는 그의 마음속 갈망은 아내가 살아 있을 때 컸었고, 이제 그는 거리끼지 않고 두려움 없이 그 갈망에 몸을 내맡겼다. 그는 서랍 위로 다시 몸을 구부려 찾는 일을 계속했다.

다른 서류들 틈에 그의 아내가 쓰던 작은 책상에 들어있던 물건들이 끼어 있었는데 책상의 열쇠는 그녀의 청에 의해 그에게 이미 넘겨졌었다. 여기에 **'엘리자베스-제인의 결혼식 날까지 개봉되어서는 안 됨'**이라는 금지 조항과 함께 그의 이름이 겉봉에 적힌 편지가 있었다.

헨처드 부인은 남편보다는 더 인내심이 있기는 했지만 무슨 일을 하건 실용적인 솜씨는 없었다. 옛날식으로 봉투 없이 접어서 끝을 밀어 넣은 종이를 봉할 때 그녀는 그런 일에 필요한 마무리 손질 없이 접합 부분에 밀랍을 큰 덩어리째로 발랐던 것이다. 이 봉합 부분이 갈라져 편지가 열려 있었다. 헨처드는 금지 조항이 크게 심각한 것으로 생각할 이유가 없었고, 죽은 아내에 대한 그의 감정도 깊은 존경의 성격을 띤 것이 아니었다. "불쌍한 수전의 뭐 하찮은 변덕 같은 거겠지"라고 그는 말했다. 그리고 호기심도 없이 그의 두 눈은 편지를 훑어 내려갔다.

"여보 마이클,

우리 세 사람 모두를 위해 저는 지금까지 한 가지 일을 당신한테 비밀로 해왔어요. 내가 왜 그랬는지 당신이 이해해 줬으면 좋겠어요. 당신이 그럴 거로 생각해요. 물론 저를 용서하지는 않겠지만요. 하지만 사랑하는 마이클, 전 최선책으로 그렇게 한 거예요. 당신이 이 글을 읽을 때쯤 저는 무덤에 들어가 있을 테고, 엘리자베스-제인은 자기 가정을 꾸리고 있을 거예요. 저를 욕하지 마세요, 마이크[58]—제 입장을 좀 생각해 주세요. 차마 글로 쓸 수는 없지만 이렇게 되는 얘기에요. 엘리자베스-제인은 당신의 엘리자베스-제인이 아니에요—당신이 나를 팔았을 때 내 품 안에 있던 그 아이가 아니에요. 정말이에요. 그 아이는 그 후 석 달 만에 죽었고 이 살아있는 아이는 저의 다른 남편 자식이에요. 저는 이 아이에게 우리가 첫 아이에게 지어 줬던 세례명을 똑같이 붙여줬어요. 그리고 이 아이는 다른 아이를 잃어 생긴 제 마음의 상처를 채워 주었어요. 마이클, 전 죽어가고 있고 입을 다물게 될지도 몰라요. 하지만 그럴 수는 없어요. 이 사실을 엘리자베스의 남편에게 말하고 안 말하고는 당신이 판단할 일이에요. 그리고 할 수만 있다면 당신이 한때 몹시도 잘못 대했던 어떤 여인을 용서해 줘요. 그 여인이 당신을 용서하듯.

수전 헨처드"

그녀의 남편은 편지를 물끄러미 쳐다봤다—마치 그것이 몇 마일 앞까지도 내다보이는 유리창이라도 되듯이. 그의 입술은 씰룩거렸고, 그는 마치 더 잘 참기 위해서인 듯 자기 몸을 압축하는 것 같았다. 운명이 그에게 가혹한가 안 한가를 생각하지 않는 것

---

58 마이크(Mike)는 마이클(Michael)의 애칭.

이 그의 평상시의 습관이었다. 고통을 당할 때 그에게 드는 생각의 모습은 그저 단순히 우울하게 "내가 고통을 겪어야 한다는 걸 알고 있어," 혹은 "그렇다면 이런 중벌을 내가 받아야 하는 것인가" 하는 것이었다. 그러나 지금 그의 흥분 잘하는 머릿속에서 이런 생각이, 즉 모든 걸 날려버리는 이런 폭로는 자신이 오래전에 받아 마땅했었던 것이라는 생각이 기습해 들어왔다.

그의 아내가 이 소녀의 성을 뉴선에서 헨처드로 바꾸는 데에 극도로 주저했던 것이 이제 완전히 설명이 되었다. 이것은 또한 그 이외의 다른 일들에서 그녀를 특징지어 왔었던, 부정직함 속에서의 정직함의 또 다른 예를 제공해 준 것이었다.

그는 거의 몇 시간 동안 맥이 풀린 채 멍하니 앉아 있었다. 그러다가 갑자기 소리쳤다. "아—이게 정말 사실이란 말인가!"

그는 충동적으로 벌떡 일어나 슬리퍼를 벗어 던지고는 촛불을 들고 엘리자베스-제인의 방문 앞으로 다가갔다. 거기서 그는 열쇠 구멍에 귀를 대고 들어보았다. 그녀의 깊은 숨소리가 들려왔다. 헨처드는 살며시 문손잡이를 돌렸고, 안으로 들어가 촛불을 가리면서 침대 곁으로 다가갔다. 칸막이 커튼의 뒤로부터 살살 촛불을 가져와 그녀의 눈에는 비치지 않고 얼굴로 비스듬히 비치게끔 손에 들었다. 그는 꼼짝하지 않고 그녀의 모습을 살펴봤다.

그녀의 모습은 하얬다. 그런데 그는 거무튀튀했다. 그러나 이것은 대수롭지 않은 서두부에 불과했다. 잠든 사람의 얼굴에는 묻혀있는 가계(家系)의 사실들, 조상들의 윤곽과 죽은 사람들의 특징이 표면으로 부상하게 되는데, 이들은 낮 동안 활발히 움직일 때는 가려지고 눌려 있던 것들이었다. 지금 조각처럼 편하게 잠든 어린 소녀의 얼굴에 틀림없이 리처드 뉴선의 얼굴이 반영돼 있었다. 그는 그녀의 모습을 참을 수가 없어서 서둘러 방에서 나왔다.

비참한 느낌은 그에게 이것에 반항하며 참아내라고 가르쳐 줄 뿐이었다. 그의 아내는 죽었다, 그리고 복수하려는 최초의 충동은 그녀가 이제 그의 손의 닿지 않는 곳에 있다는 생각과 함께 사라졌다. 그는 마치 어떤 악마를 바라보듯 밖의 어둠을 응시했다. 헨처드는 그와 같은 부류의 모든 사람들과 마찬가지로 미신을 믿었다. 그는 이 밤에 일어난 연쇄적인 사건들이 자신을 벌주는 데 몰두한 어떤 사악한 지적(知的) 존재가 짠 계획이라고 생각하지 않을 수 없었다. 그럼에도 계획들은 자연스럽게 발전하였다. 그가 자신의 과거사를 엘리자베스에게 토로하지 않았었다면 그는 서류를 찾느라 서랍을 뒤지는 등의 일을 하지 않았을 것이다. 웃음거리는, 그가 소녀에게 부성이라는 피난처를 요구하라고 가르치자마자 그녀와 자기는 혈연관계가 전혀 아니라는 것을 발견했다는 사실이다.

이런 일련의 아이러니한 사건들은 마치 누군가가 저지른 짓궂은 장난처럼 그를 화나게 했다. 프레스터 존[59]의 식탁처럼 그의

---

59 프레스터 존(Prester John): 동방에서 온 전설적인 기독교 지도자. 그는 어릴 때부터 아담과 이브가 살았던 낙원을 지상에서 찾으려 했는데 이런 시도가 주제넘다고

밥상이 잔뜩 차려져 있었지만, 지옥의 아귀(餓鬼)들이 음식을 다 낚아채 간 꼴이었다. 그는 집 밖으로 나갔다. 그는 기분이 찌무룩한 상태로 계속 보도를 따라 걷다가 하이스트리트의 끝에 있는 다리에 이르렀다. 여기에서 그는 방향을 틀어, 읍의 북동쪽 경계를 이루는 강둑 위의 소로에 접어들었다.

남쪽의 가로수 길이 명랑한 분위기를 연출한다면 이 구역은 캐스터브리지의 서글픈 일면을 표현하고 있었다. 여기에 이르는 길은 처음부터 끝까지 한여름에도 햇볕이 들지 않았다. 봄이면 다른 곳들에 따사로움이 흘러넘칠 때 여기는 하얀 서리가 머뭇거리며 남아 있었다. 반면 겨울이면 그 해의 온갖 통증, 류머티즘, 고통스러운 경련의 온상이 되고 있었다. 캐스터브리지의 의사들은 북동쪽 지역의 이 같은 지형적 특징이 없었다면 밥벌이를 제대로 못 해 분명히 파리해졌을 것이다.

캐스터브리지의 슈바르즈봐서[60]인 이 강—느리고 소리 없고 검푸른 강—은 낮은 절벽 아래를 흘렀다. 강과 절벽이 합쳐져 하나의 요새를 이루고 있어서 이쪽에서는 성벽과 인공 토루가 필요 없었다. 여기에 프란체스코 교단의 수도원과 거기에 부속된 물방앗간의 폐허가 있었다. 이 물방앗간에서 내려오는 물은 뒤쪽 수문을 타고 떨어져 마치 절망의 목소리처럼 으르렁댔다. 절벽

본 신에 의해 눈이 멀었다고 전해진다. 게다가 그가 식사할 때면 아귀(harpy)들이 달려들어 음식을 다 채가고 식탁과 음식 위에 배설했다고 한다.

60 슈바르즈봐서(Schwarzwasser): '검은 물'이라는 뜻의 독일어.

위, 그리고 강 뒤쪽으로는 건물들이 더미를 이루며 솟아올랐고, 이 더미의 앞에는 한 사각형의 덩어리가 잘린 채 하늘에 박혀 있었다. 덩어리는 동상 부분이 없는 좌대의 형상이었다. 없어진 부분—이것이 없으면 디자인이 미완성인 채로 있게 된다—은 사실 어떤 남자의 시체였다. 사각의 덩어리는 교수대의 기단이었고 뒤쪽에 널리 퍼져있는 건물들은 군(郡) 형무소인 것이었다. 헨처드가 지금 걷고 있는 풀밭에서는 교수형이 있을 때면 언제나 군중이 모여들곤 했고 여기에서 이들은 으르렁대는 물레방아 수문의 물소리를 들으며 형 집행 광경을 서서 지켜보았다.

어둠으로 인해 더 과장된 모습을 띠게 된 이 구역의 음침함은 헨처드가 생각했던 것보다 더 강한 인상을 줬다. 이 장소와 그가 집안에서 겪은 상황이 너무나 완벽하게 슬픈 조화를 이뤄서 그는 그 효과를, 그 장면을, 그리고 어렴풋한 암시조차 참아낼 수 없었다. 이것이 그의 치미는 울화를 우울함으로 약화시켜 놓았다. 그리고 그는 외쳤다. "도대체 내가 여기에 왜 온 거야!" 그는 영국 전체에서 그 직업이 단 한 사람에게만 독점적으로 허용되기 이전 시대에 이 지역의 늙은 교수형 집행리(執行吏)가 살다가 죽은 오두막을 지나 계속 걸었다. 그리고는 가파른 뒷길을 통해 올라가 다시 읍내로 들어왔다.

그의 쓰라린 실망감으로 생겨난 그날 밤의 고통을 생각한다면 그는 동정받을 만했다. 그는 반쯤 기절한 상태여서 완전히 회복될 수도, 또 완전히 기절할 수도 없는 그런 사람 같았다. 그는 말로는 아내를 비난할 수 있었지만 마음으로는 그럴 수 없었다.

그리고 그녀가 남겨 놓은 편지 겉봉에 쓰여 있던 현명한 지시사항을 그가 따랐다면 이 고통은 오랫동안—아마도 영원히, 그를 비켜갈 수 있었을 것이다. 왜냐하면 엘리자베스-제인은 결혼이라는 불확실한 길로 가기 위해서 자신의 안전하고도 숨기 좋은 미혼 상태를 포기할만한 야망을 보이지 않는 것 같았기 때문이다.

이렇게 불안한 밤이 지나고 아침이 되자 뭔가 계획을 세울 필요성이 대두되었다. 그는 너무나 고집이 세어 자기 입장에서 물러나는 법이 없었는데, 그러는 것이 굴욕을 동반하기 때문에 더 그랬다. 어떠한 위선이 수반되더라도 그는 그녀를 자기 딸이라고 주장했고, 그녀는 항상 자신을 그의 딸이라고 생각해야만 했다. 그러나 그는 이런 새로운 상황에서 취해야 할 첫 번째 단계에 대비가 제대로 되어 있지 않았다. 그가 아침 식사가 차려진 방에 들어오자마자 엘리자베스가 신뢰감을 활짝 드러내며 그에게 다가와 팔을 잡았다.

"전 이 일을 밤새 생각하고 또 생각했어요." 그녀가 솔직하게 말했다. "그리고 모든 일이 말씀하신 대로라는 것을 알게 되었어요. 그래서 저는 아저씨를 사실이 그렇듯이 아버지로 생각하기로 했고 더는 헨처드 씨로 부르지 않겠어요. 이제 저한테 모든 일이 분명해졌어요—정말로요, 아버지. 왜냐하면 제가 그저 수양딸에 불과했다면 아버지는 제게 해 주신 일의 반밖에는 안 해 주셨을 것이고, 제가 완전히 멋대로 행동하도록 내버려 두지도 않으셨을 테고, 제게 선물을 사다 주지도 않으셨을 테니까요. 가엾은 어머니가 그런 희한한 실수로—(헨처드는 그가 여기서 사실을 속였던 것에 대해 기뻤다) 결혼하게 된 그분, 뉴선 씨는 무척 친절하셨어요—아, 정말 친절하셨죠!"—그녀는 눈물을 글썽이며 말했다—"하지만 그렇다고 해도 누군가의 진짜 아버지인 것과는 같지 않죠…… 자, 아버지, 아침 준비가 되었어요." 그녀가 명랑하게 말했다.

헨처드는 머리를 숙여 그녀 뺨에 뽀뽀했다. 이 순간과 이 행동을 그는 짜릿한 즐거움으로 몇 주 동안 머릿속에서 그려왔다. 그러나 막상 그 순간이 온 지금은 그에게는 그저 비참하고 무미건조할 뿐이었다. 그가 그녀의 어머니를 다시 아내로 맞아들인 것은 거의 이 소녀를 위해서였다. 그런데 이 모든 계획의 결실은 이렇게 티끌과 재[61]가 되어 버린 것이다.

---

61 티끌과 재: 〈창세기〉18: 27, 〈욥기〉 30: 19 참조.

제20장

한 처녀가 일찍이 맞닥뜨린 모든 수수께끼 중에서 헨처드가 자신이 그녀의 아버지라는 선언 뒤에 일어난 일보다 엘리자베스에게 더한 것은 없었다. 그는 마음이 들끓고 동요된 상태에서 선언했는데, 그걸로 그녀에 대한 애정을 절반은 전달한 셈이었다. 그런데, 보라, 다음 날 아침부터 계속해서 그는 그녀가 일찍이 본 적이 없을 정도로 부자연스러운 태도를 보였다.

냉랭함은 곧 노골적인 꾸지람이 되어 터져 나왔다. 엘리자베스에게는 심각한 결점이 하나 있었는데 그건 그녀가 가끔씩 사투리를 귀엽고 정취 있게 사용한다는 점이었다—정말 품위 있는 사람에게는 끔찍한 짐승의 표식[62]이었다.

저녁 식사 때였다. 그들은 식사 때 외에는 만나는 일이 없었다. 그녀는 그가 식탁에서 일어날 때 그에게 뭔가를 보여주려고 이렇게 무심코 말했다. "아버지, 있는 곳에서 1분만 머무르면 제

---

62 여기에서 '짐승의 표식'(marks of the beast)은 《신약성경》〈요한계시록〉13: 17 에서 장사나 노동하는 계층과 연관되는 것으로 언급된다. 즉, 헨처드가 보기에 엘리자베스의 사투리는 읍장의 딸에 걸맞지 않은 수준 낮은 것이다.

가 그걸 가져올게요."

"'있는 곳에서 머무른다고?'" 그가 날카롭게 그대로 되풀이했다. "이런 망측한! 이런 말을 사용하다니 너는 돼지우리에 구정물 나르는 일에나 맞는 애 아니냐?"

그녀는 창피하고 슬퍼서 얼굴이 빨개졌다.

"저는 '거기 그대로 계세요'라고 말하려고 했어요, 아버지." 그녀가 나지막하고 조심스럽게 말했다. "제가 좀 더 주의를 했어야만 했어요."

그는 대꾸하지 않고 방을 나갔다.

그 신랄한 질책이 그녀에게 효과가 있었다. 오래 지나지 않아 그녀는 '꽉 접착시키다'라는 말 대신에 '성공하다'라고 쓰게 되었다. 그녀는 더 이상 '들펄'이라고 쓰지 않고 '땅벌'이라고 말했다. 또한 젊은 남녀가 '함께 걸었다' 대신 '약혼했다'로, 그리고 '말풀' 대신 '야생 히아신스'로 말했다. 밤에 잠을 잘못 자면 다음 날 하인들에게 '마녀에게 시달렸다'라고 기묘하게 말하는 대신 '소화불량으로 고생했다'고 표현했다.

그러나 이러한 개선된 모습은 이 이야기에서 좀 앞서 나온 감이 있다. 헨처드는 스스로가 교양이 없는데도, 이 아름다운 처녀의 사소한 실수에 대해서는 가장 신랄한 비판자였다. 그러나 그녀가 닥치는 대로 책을 읽어서 이제 그런 실수는 정말로 경미하였다. 그녀의 필체와 관련하여 까닭 없는 시련이 그녀를 기다리고 있었다. 그녀는 어느 날 저녁 식당을 지나가다가 일이 생겨 뭘 가지러 그 안에 들어갔다. 문을 열고서야 그녀는 읍장이 사업상 거래를 하는 어떤 남자와 함께 거기 앉아 있다는 것을 알았다.

"이리 와라, 엘리자베스-제인아." 그가 그녀를 돌아보며 말했다. "내가 불러 주는 걸 그냥 받아 적어라—나와 이 신사분이 서명하게 될 협약서 몇 줄이다. 내가 글씨가 서툴러서 말이다."

"젠장, 나도 그렇소." 그 신사가 말했다.

그녀가 압지(壓紙) 철과 종이와 잉크를 가져와 앉았다.

"자, 그럼—'이 10월 16일에 협약을 맺다'—그렇게 먼저 적어 봐라."

그녀가 마치 코끼리가 행진하듯 종이를 가로지르며 펜을 움직이기 시작했다. 그건 그녀 자신이 생각해 낸 화려하면서도 둥글둥글하고 굵직한 필체였는데, 좀 더 최근이라면 미네르바[63]의 여인으로 특징지어졌을 그런 필체였다. 그러나 당시에는 다른 식의 생각이 지배하고 있었다. 즉, 헨처드의 신조는 제대로 된 젊은 처녀들은 숙녀의 필체로 글을 써야 한다는 것이었다—아니, 그는 곤두선 필체가 세련된 여성다움에 있어 여성의 성 자체만큼이나 본질적이고도 불가분한 부분이라고 믿고 있었다. 그래서 엘리자베스-제인이 이다 공주[64]처럼 일필휘지로

---

63 미네르바(Minerva): 로마신화에서 지혜와 예술의 여신. 그리스 신화의 아테나(Athena)인데 남성적인 여신으로 알려져 있다.

64 이다 공주(Princess Ida): 영국 시인 테니슨(Alfred Lord Tennyson)이 1847년에 출판한 장시 〈The Princess〉의 주인공. 공주는 여성만을 위한 대학을 설립하는데 어느 남자가 이 대학에 들어가고 싶어서 여성으로 가장하고는 여성의 필체로 공주에게 편지를 보내는 내용이 나온다. 따라서 이 인용부에서 얘기되는 필체는 사실은 이다

들판의 곡식이 으르렁대는 동풍(東風) 앞에

모든 이삭을 조아릴 때와 같은 필체로

쓰는 대신 대포알과 모래 부대같이 생긴 글자들로 한 줄을 써내자 그는 그녀 때문에 화가 나고 창피하여 얼굴이 붉어졌다. 그리고는 '그만 됐다—내가 끝내마'라고 엄하게 말하며 그녀를 즉시 그곳에서 내보냈다.

그녀의 사려 깊은 성격이 이제는 오히려 그녀에게 함정이 되었다. 그녀가 가끔씩 성가실 정도로, 그리고 불필요하게 육체노동의 짐을 기꺼이 지려고 했다는 점은 인정해야만 한다. 그녀는 초인종을 울리는 대신 하녀인 '피비가 두 번 올라오지 않도록' 자기가 부엌으로 내려가곤 했다. 그녀는 고양이가 석탄통을 뒤엎어 놓을 때면, 바닥을 무릎으로 기며 손에 삽을 들고 치웠다. 게다가 그녀는 방에 딸린 하녀에게 모든 일에 대해 끊임없이 감사를 표했기 때문에, 어느 날 하녀가 방에서 나가자마자 헨처드가 분통을 터뜨리며 "이런 젠장, 개가 무슨 여신에게서 태어나기라도 했냐? 왜 허구한 날 개한테 고맙다고 하냐? 그런 일을 너에게 해주라고 내가 개한테 1년에 12파운드 주지 않냐?"라고 말했다. 이 외치는 소리에 엘리자베스가 너무나 위축되어서 그는 몇분 지나자 미안해졌고 자기가 거칠게 말하려고 한 것은 아니라고 했다.

───────

공주가 아니라 이 남자의 것이다.

이렇게 드러난 집안 문제들은 그 밑에 있는 것들을 드러내기보다는 암시하는, 뾰족하게 내민 작은 바위에 불과했다. 그러나 그녀에게 있어 그의 노여움은 그의 냉랭함보다는 덜 두려웠다. 냉랭함의 빈도가 증가하는 것은 그가 점점 더 커지는 혐오감으로 그녀를 혐오하고 있다는 슬픈 소식을 말해 주는 것이었다. 그녀가 이제 마음대로 부릴 수 있고, 실제로 지혜롭게 부리는 부드럽게 하는 그 힘 아래에서 그녀의 외모와 태도가 점점 더 흥미를 끌수록 그녀는 헨처드로부터 점점 더 멀어지는 것 같았다. 가끔 그녀는 불쾌한 표정으로 경멸하며 자신을 쳐다보는 그의 눈과 마주칠 때가 있었는데 이런 일은 그녀가 견디기 어려웠다. 그의 비밀을 모르는 와중에, 그녀가 그의 성(姓)을 받아들인 때에 그녀가 처음으로 그의 반감을 자극하다니 그것은 잔인한 운명의 장난이었다.

그러나 가장 끔찍한 시련이 기다리고 있었다. 엘리자베스는 최근에 오후가 되면 마당에서 건초 더미에 송곳으로 구멍 뚫는 일을 하는 낸스 모크리지에게 사과즙이나 맥주 한 잔을 치즈 바른 빵과 같이 갖다주는 습관이 생겼다. 낸스는 이 음식 제공을 처음에는 감사하게 받아들이다가 나중에는 당연한 것으로 생각하였다. 헨처드는 어느 날 집에 있다가 자기 수양딸이 이런 일을 하기 위해 건초광에 들어가는 것을 봤다. 음식을 내려놓을 빈 곳이 마땅치 않자 그녀는 즉시 건초 다발 두 개를 붙여 식탁을 만들기 시작했고, 그동안 모크리지는 허리에 손을 얹고 서서 자기를 위한 준비를 느긋하게 지켜보고 있었다.

"엘리자베스, 이리 와!" 헨처드가 말했고 그녀는 그 말에 따랐다.

"왜 너는 그렇게 말도 안 되게 천하게 구는 거냐?" 헨처드가 화를 눌러가며 말했다. "내가 너한테 거기 대해 50번은 말하지 않았느냐? 그렇지? 저런 꼴 같지 않은 천한 계집 일꾼을 위해 네가 이런 힘든 일을 하다니! 정말이지 넌 내 눈에 흙 들어갈 때까지 내 얼굴에 똥칠을 하겠구나!"

이 말은 너무 큰 소리로 나왔기 때문에 광 안에 있던 낸스의 귀에도 들렸고, 낸스는 자기 인품에 대한 험담에 대해 즉각적으로 발끈했다. 문 쪽으로 와서 그녀는 앞뒤를 가리지 않고 이렇게 소리 질렀다. "그 문제에 대해 말씀드리자면, 마이클 헨처드 씨, 저 아가씨가 이보다 더 천한 일도 했던 걸 알려드릴 수 있다고요!"

"그렇다면 저 애는 필시 분별력보다 자비심이 더 많았던 모양이지." 헨처드가 말했다.

"아, 아니요, 그렇지 않아요. 그건 자비심이 아니라 일자리 때문이었어요. 그것도 읍내 술집에서 말이에요."

"그럴 리 없어." 헨처드가 분개하며 소리쳤다.

"그냥 따님한테 물어보시라고요." 낸스가 편하게 팔꿈치를 긁기 위해 걷어붙였던 두 팔을 팔짱 꼈다.

헨처드는 엘리자베스-제인을 힐끗 쳐다봤는데 집 안에서만 지냈기 때문에 이제 분홍과 하얀색인 그녀의 얼굴에서는 전날의 안색을 거의 찾아볼 수 없었다. "이게 어떻게 된 일이냐?" 그가 그녀에게 물었다. "조금이라도 그런 적이 있니, 아님 아예 없었니?"

"맞는 말이에요." 엘리자베스-제인이 말했다. "하지만 그건 단지―"

"그렇게 한 적이 있니, 없니? 어디서 그런 거야?"

"쓰리마리너스에서요. 우리가 거기 묵었던 어느 밤에 잠깐 동안만 했어요."

낸스는 헨처드를 의기양양하게 쳐다보고는 광 안으로 당당하게 들어갔다. 그녀는 자신이 그 자리에서 해고되리라고 생각하고 자신의 승리감을 만끽하기로 작정했기 때문이다. 그러나 헨처드는 그 여자를 해고하는 문제에 대해 일언반구도 없었다. 과거의 내력 때문에 그런 문제에 대해 지나치게 민감한 그는 최후의 모욕에 의해 완전히 짓이겨진 사람의 표정을 하고 있었다. 엘리자베스는 마치 죄인처럼 그의 뒤를 따라 집에 갔다. 그러나 집 안에 들어가자 그는 보이지 않았다. 그날 내내 그는 보이지 않았다.

비록 그 전엔 자신의 귀에까지 들어온 적은 없었지만 이런 사실이 지역에서의 그의 평판과 위치에 틀림없이 불러일으켰을 가혹한 손상을 확신하고 헨처드는 그녀와 마주칠 때마다 자기 핏줄이 아닌 이 아가씨의 존재에 대해 강한 혐오감을 드러냈다. 그는 주로 읍내의 두 주요 호텔 중 하나에 있는 상담실(商談室)에서 농부들과 식사를 같이 하면서 그녀를 완전히 외톨이로 만들어버렸다. 그녀가 이 침묵의 시간을 어떻게 활용했는지 그가 볼 수만 있

었다면 그녀의 자질에 대한 자신의 판단을 뒤집을 이유를 찾을
수 있었을 것이다. 그녀는 끊임없이 책을 읽고 메모를 했으며 고
통스러울 정도로 근면하게 사실들을 정복해갔다. 그리고 자기 스
스로 부과한 과제로부터 결코 뒤로 빼는 법이 없었다. 그녀는 라
틴어 공부를 시작했는데, 이는 자신이 사는 이 읍의 로마 풍(風)
특징에 자극받아서였다. "내가 지식을 넓히지 못한다고 하더라
도 그건 내 잘못 때문은 아닐 거야!" 그녀는 이런 공부 중에 자주
마주치는 기분 나쁜 애매한 점들 때문에 몹시 좌절할 때면 자신
의 복숭앗빛 뺨을 타고 간간이 흘러내리는 눈물 사이로 이렇게
혼잣말을 하곤 했다.

이렇게 그녀는 말없이, 생각이 깊고 커다란 눈의 여인으로,
그리고 주변의 어떤 사람에 의해서도 이해되지 않는 그런 사람
으로 살아갔다. 그녀는 파프리에 대해 처음에 품었던 관심을 강
인하게 참으며 억눌렀는데, 그건 그 관심이 일방적이고 처녀답지
않고 현명하지도 않아 보였기 때문이다. 사실 그녀만이 잘 알고
있는 이유 때문에, 그녀는 파프리가 해고된 이후 마당이 잘 보이
는 뒷방(그녀가 그렇게 학구열에 불타 거주했었던 방)에서 거리
가 내려다보이는 앞쪽 방으로 거처를 옮겼다. 그러나 이 젊은이
는 이 집을 지나는 경우에 고개를 돌리는 일이 거의 없거나 전혀
없었다.

겨울이 눈앞에 닥치고 날씨가 고르지 못하자, 그녀는 실내에
서 하는 일에 더욱 매달렸다. 그러나 캐스터브리지에는 해가 나
면 공기가 마치 벨벳처럼 부드러운 초겨울의 날들—남서쪽에서

불어오는 성난 폭풍을 뒤따라오느라 하늘이 탈진해 버리는 그런 날들―이 가끔 있었다. 그녀는 이런 날들을 자기 어머니가 묻혀 있는 곳―이 오래된 로마풍 영국 도시에서 아직도 사용 중인 묘지였다―을 주기적으로 방문하는 날로 삼았다. 이 읍의 희한한 특징은 이 로마 시대 무덤터가 아직도 묘지로서 존속한다는 점이었다. 헨처드 부인의 유해는 유리 머리핀과 호박(琥珀) 목걸이로 치장하고 관 속에 누워있는 여인네들의 유해와, 하드리아누스 황제와 포스트후무스 황제 그리고 콘스탄티누스 황제들[65] 시대의 동전을 입에 문 남자들의 유해와 뒤섞여 있었다.

아침 열 시 반은 그녀가 이곳을 찾는 시간으로 읍내의 대로들이 마치 카르낙[66]의 대로들처럼 텅 비는 때였다. 일하는 사람들은 벌써 오래전에 이 대로를 지나 일상의 일터 안으로 들어갔고 노는 사람들은 아직 이 대로에 들어서지 않았다. 그래서 엘리자베스-제인은 걸으며 책을 읽다가, 혹은 책의 가장자리 너머를 보며 생각에 잠기다가, 이렇게 하면서 교회 묘지에 이르렀다.

그곳에서 어머니의 묘로 다가가다가 그녀는 자갈길 한복판에 한 사람의 검은 형체가 홀로 서 있는 것을 보았다. 이 사람 또한 뭔가 읽고 있었다. 그러나 책을 읽고 있는 게 아니라 이 사람

---

65 하드리아누스, 포스트후무스, 콘스탄티누스(Hadrian, Posthumus, the Constantines): 이들은 모두 브리튼을 통치했던 로마의 황제들이다. '콘스탄티누스' 이름의 황제는 세 명 있었다.

66 카르낙(Karnac): 옛 테베(Thebes)의 일부를 이루던 마을로 거대한 신전의 유적이 많이 남아 있다.

이 몰두한 것은 헨처드 부인의 묘비에 새겨진 비문의 글자였다. 그 사람도 엘리자베스 본인처럼 상복을 입고 있었고, 나이와 몸집도 비슷해서 그녀보다 훨씬 더 아름다운 옷차림을 한 숙녀라는 사실을 뺀다면 아마도 그녀의 유령이거나 분신으로 생각될 수 있었을 것이다. 엘리자베스-제인은 어떤 일시적인 변덕이나 특별한 목적이 있을 때가 아니면 비교적 수수하게 옷을 입는 사람이기 때문에 그녀의 눈은 이 예술적으로 완벽한 숙녀의 모습에 홀렸다. 숙녀의 걸음걸이 또한 물결치듯 했다. 이는 모난 동작을 피하기 위해서인 듯했는데 일부러 그런다기보다는 원래 그런 성향 때문이었다. 사람이 외적으로 이런 발전단계에 이를 수 있다는 것은 엘리자베스에게는 하나의 계시였다―지금까지는 그럴 수 있으리라고 결코 생각해 본 적이 없었다. 그녀는 이런 낯선 사람이 이웃에 있는 바로 그 순간 싱싱함과 우아함이 모두 자신의 몸에서 도둑맞고 있다고 느꼈다. 이 젊은 숙녀는 그저 예쁘장할 따름이지만, 엘리자베스 자신은 이제 누가 봐도 아름다운 모습으로 보일만 하다는 사실에도 불구하고 그렇게 느꼈다.

질투했었다면 그녀는 아마 이 여인을 증오했을 것이다. 그러나 그녀는 그렇게 하지 않았다―그녀는 누군가에게 매혹된 느낌이 주는 즐거움을 스스로 누려보려고 했다. 그녀는 이 여인이 어디에서 왔을까 궁금했다. 손에 들린 안내서 비슷한 책자만으로는 알 수 없었지만 캐스터브리지에서 흔히 보는 정직하고 소박한 사람들의 짤막짤막하고 실용적인 걸음걸이와 또 검소하거나 잘못 입거나 둘 중의 하나인 옷 스타일이 아닌 것으로 보아 이 숙녀는 분명히 캐스터브리지 여자가 아니었다.

이 낯선 사람은 곧 헨처드 부인의 비석에서 벗어나더니 담장의 귀퉁이 뒤로 사라졌다. 엘리자베스도 무덤으로 갔다. 무덤 옆의 땅에는 두 개의 발자국이 선명하게 남아 있어서 그 숙녀가 거기 오래 서 있었음을 알려줬다. 엘리자베스는 자기가 본 것에 대해 마치 무지개나 오로라, 혹은 희귀한 나비나 돋을새김 보석에 대해 생각하듯 곰곰이 생각하며 집으로 돌아갔다.

집 밖에서의 일들이 그녀에게 흥미 있었던 것에 반해 집 안에서는 그녀에게 운 나쁜 날 중의 하나임이 밝혀졌다. 2년간의 읍장 직이 끝나가는 헨처드는 자기가 읍 의원 명단에서 공백으로 있는 자리에 선출되지 않을 것이고 파프리가 읍 의회의 일원이 될 가능성이 높다는 것을 알게 되었다. 이 일로 인해 자신이 읍장으로 있는 이 읍에서 엘리자베스가 하녀 노릇을 했다는 그 불행한 발견이 마음속에서 더 독을 품고 사무쳤다. 그는 사적(私的)으로 조사해서 그때 그녀가 그렇게 천하게 굴던 것이 파프리—그 배은망덕한 졸부—에게 시중든 일임을 알게 되었다. 그리고 스태니지 부인이 이 일에 대해 별 중요한 의미를 부여하는 것 같지는 않았지만—쓰리마리너스에 모이는 명랑한 사람들은 그 일의 면면을 이미 오래전에 지겹도록 다 말해버렸기 때문이다—헨처드의 거만한 기질은 워낙 대단해서 그는 단순히 절약하기 위한 이 행동을 사회적인 재앙 못지않은 것으로 간주했다.

그의 아내가 딸을 데리고 도착했던 그날 밤 이후로 그의 운명을 바꿔놓은 뭔가가 공기 중에 떠돌았다. 킹즈암스에서 친구들과의 만찬은 헨처드의 아우스터리츠[67]였다. 그는 그 후로 성공을 거두고는 있었지만 상승세를 타지는 못 했다. 그는 자신의 기대와는 달리 읍 의원들—읍민들의 귀족—의 일원이 되지 못했고 이를 의식하자 오늘 기분이 찌무룩했다.

"그래, 너 어디 갔다 왔니?" 그가 쌀쌀맞은 짧은 말로 엘리자베스에게 물었다.

"아버지, 저는 워크스와 교회 묘지를 제 배(腹)가 텅 빌 때까지 산책했어요." 그녀가 손으로 급히 입을 막았으나 너무 늦었다.

그날 여러 가지 언짢은 일들이 있던 터라 이 일은 헨처드를 격분시키기에 충분했다. "난 네가 그런 식으로 말하는 걸 **내버려두지 않겠어!**" 그가 벼락 치듯 소리쳤다. "뭐, '배가 텅 비어?' 나 참. 사람들은 네가 밭일이나 하는 계집으로 생각할 거다. 언제는 네가 술집에서 시중드는 걸 알게 되더니 이제는 네가 시골뜨기처럼 말하는 걸 듣게 되는구나. 내가 속 터져 죽는다. 계속 이런 식으로 간다면 너와 한 지붕 아래 같이 못산다."

이런 일이 있고 난 후에 잠이 오게 하는 단 하나의 즐거운 생각을 그녀가 할 수 있는 유일한 방법은 그날 봤던 그 숙녀를 떠올리고 다시 볼 수 있게 되기를 희망하는 것이었다.

---

67 아우스터리츠(Austerlitz): 나폴레옹이 1805년에 자신보다 우월한 러시아와 오스트리아 연합군에 대승을 거둔 곳. 그러나 이 몇 주 전 트라팔가(Trafalgar) 해전에서는 그의 해군함대가 거의 전멸하다시피 하여 그의 숙원이었던 영국 침공은 이미 어려워진 상태였다. 즉, 아우스터리츠 회전(會戰)은 나폴레옹에게 최대의 승리였지만 이를 정점으로 군세가 기울어지기 시작하는 운명의 전환점이 되는 셈이다.

한편 헨처드는 깨어 있으면서, 자기 혈육도 아닌 이 계집아이에게 파프리가 구애하는 것을 금지시킨 자신의 질투 섞인 어리석음에 대해 곰곰이 생각하였다. 그때 이 둘이 계속 사귀도록 허용했다면 엘리자베스 때문에 성가실 일은 생기지 않았을 거로 생각했다. 마침내 그는 벌떡 일어나 책상으로 가며 만족스럽게 혼잣말했다. "오!—그 친구는 이것이 화해 그리고 결혼지참금을 의미한다고 생각하겠지—내 집이 그 계집애 때문에 골치 아프게 되는 걸 내가 원치 않을 거라고, 그리고 지참금이 전혀 없을 거라고는 생각하지 않겠지?" 그는 다음과 같이 썼다.

"선생, 생각해 본 결과 엘리자베스-제인에게 당신이 구애하는 데에 내가 간섭하고 싶지 않소, 당신이 그 애를 좋아한다면 말이요. 따라서 나는 나의 반대를 철회하는 바요. 하나 이것만은 예외요. 즉, 연애는 내 집에서 하면 안 된다는 것이요. 이만 총총,

M. 헨처드

파프리 씨 귀하."

다음 날 날씨가 화창하자 엘리자베스-제인은 다시 교회 묘지로 갔다. 그 숙녀를 찾아보다가 묘지 문밖을 지나던 파프리의 모습에 화들짝 놀랐다. 그는 걸어가면서 장부를 보며 뭔가 셈을 하는 것처럼 보였는데 잠시 장부에서 고개를 들고 쳐다봤다. 그녀를 봤는지 못 봤는지 신경 쓰지도 않고 그는 그냥 사라졌다.

자기가 있으나 마나 한 사람이라는 생각에 몹시 풀이 죽어 그

녀는 그가 자기를 멸시하는 것 같다고 생각했다. 그리고 완전히 낙심하여 벤치에 주저앉았다. 그녀는 자기 처지에 대해 고통스러운 생각에 빠졌다. 이 생각은 "아, 사랑하는 어머니와 함께 죽었으면 좋았을걸!"이라고 몹시 큰 소리로 말하는 것으로 끝났다.

벤치 뒤쪽에는 담장 아래로 조그마한 산책로가 있었는데 사람들이 자갈길 대신 가끔씩 걷는 길이었다. 벤치에 뭔가가 닿는 느낌이 들어, 그녀는 주위를 둘러봤다. 어떤 사람의 얼굴이 자기 위를 굽어보는 것을 보았다. 그 얼굴을 베일로 가렸지만 모습이 또렷하게 보였고, 어제 봤던 바로 그 젊은 숙녀의 얼굴이었다.

엘리자베스-제인은 자기 말을 누가 엿듣고 있었다는 것을 알자 잠시 당황한 표정을 지었지만, 그 당황함 속에는 기쁨도 있었다. "그래요, 내가 들었어요." 그 숙녀가 엘리자베스의 표정에 답하며 생기 있는 목소리로 말했다. "무슨 일이 있었던 건가요?"

"아뇨—말할 수 없어요." 엘리자베스가 갑작스레 핀 홍조를 감추기 위해 손을 얼굴로 가져가며 말했다.

몇 초 동안 아무 움직임도, 말도 없었다. 그러다가 그녀는 젊은 숙녀가 자기 옆에 앉는 것을 느꼈다.

"아가씨 기분이 어떨지 짐작해요." 숙녀가 말했다. "저곳에 아가씨 어머니가 있군요." 그녀는 손을 흔들며 비석을 가리켰다. 엘리자베스는 그녀에게 이야기해도 좋을지 스스로에게 물어보기라도 하는 것처럼 그녀를 올려다보았다. 숙녀의 태도는 너무나 열망하고, 너무나 걱정하여서 그녀는 믿고 털어놓아도 좋겠다고 결정했다. "제 어머니 맞아요." 그녀가 말했다. "제 유일한 벗이었죠."

"하지만 아가씨 아버지인 헨처드 씨도 있잖아요. 그분은 살아 계신가요?"

"예, 살아 계세요." 엘리자베스-제인이 말했다.

"그분이 아가씨한테 친절하지 않은가 봐요!"

"아버지를 원망하고 싶지는 않아요."

"의견충돌이 있었나요?"

"조금요."

"혹시 아가씨 쪽 잘못인가요?" 그 낯선 사람이 넌지시 비쳤다.

"맞아요—여러 가지 면으로요." 그 순한 엘리자베스가 한숨을 쉬며 말했다. "하인이 해야 하는데 제가 석탄을 쓸어 담았고, 제 배가 텅 비었다고 말했어요. 그래서 아버지가 저한테 화를 내셨어요."

그 대답을 듣고 숙녀는 그녀를 동정하는 것 같았다. "아가씨의 말이 내게 어떤 인상을 줬는지 알아요?" 숙녀가 꾸밈없이 말했다. "그건 그분이 성질이 급한 사람이고—조금 거만하고—야망이 있다고나 할까. 하지만 나쁜 사람은 아니라는 인상이죠." 그녀가 엘리자베스의 편을 들면서도 헨처드를 욕하지 않으려고 애쓰는 것이 호기심을 불러일으켰다.

"오, 아니에요—**나쁜** 분은 분명히 아니에요." 정직한 처녀가 동의했다. "아버지는 최근까지만 해도—어머니가 돌아가실 때까지만 해도 제게 심하게 대하신 적이 없어요. 하지만 심하게 하시는 동안은 견디기가 몹시 힘들었어요! 다 제 잘못이에요, 정말로요. 그리고 제 결점은 제 내력 때문이고요."

"아가씨 내력이 어떤데요?"

엘리자베스-제인은 이 질문을 한 사람을 생각에 잠겨 쳐다봤다. 그녀는 질문한 사람이 자신을 바라보고 있음을 알았고, 시선을 내리깔고 있지만 결국 다시 쳐다볼 수밖에 없어 보였다. "제 내력은 즐겁지도 않고 사람을 끄는 것도 없어요." 그녀가 말했다. "하지만 정말 알고 싶다면 말할 수는 있어요."

숙녀는 정말 알고 싶다고 그녀를 확신시켰다. 그러자 엘리자베스-제인은 자신의 인생 얘기를 자기가 알고 있는 대로 말했다. 장터에서 사람을 판 내용이 빠졌다는 것 외에는 대체로 진실이었다.

엘리자베스의 예상과는 반대로 그녀의 새 친구는 이 이야기에 충격을 받지 않았다. 이것이 그녀를 북돋아 주었다. 그런데 자기가 최근에 그렇게 모진 대우를 받았던 그 집으로 돌아가야 한다는 생각이 드니 그녀는 의기소침해졌다.

"집에 어떻게 돌아가야 할지 모르겠네요!" 그녀가 중얼거렸다. "떠나야 한다고 생각해요. 하지만 어떡하죠? 어디로 가야 하죠?"

"아마 곧 괜찮아질 거예요." 그녀의 친구가 다정하게 말했다. "그러니 나는 더 말하진 않겠어요. 자, 이렇게 하면 어떻겠어요?—난 내 집에 살 누군가가 곧 필요해질 거예요—반은 가정부로, 반은 친구로—내게 오겠어요? 그런데, 아마도—"

"오, 가겠어요!" 엘리자베스가 눈물을 글썽이며 소리쳤다. "정말 가겠어요—저는 독립할 수만 있다면 뭐든지 하겠어요. 왜냐하면 제가 독립하면 아마도 아버지가 절 사랑하게 될지도 모르니까요. 그런데—아!"

"왜 그러죠?"

"저는 교양을 갖춘 사람이 못돼요. 사모님의 친구라면 마땅히 그런 사람이어야 할 텐데."

"오—꼭 그럴 필요는 없어요."

"그래요? 하지만 전 본의 아니게 가끔은 사투리를 쓸 수밖에 없을 텐데요."

"그건 신경 쓰지 마요—난 사투리를 알고 싶어 할 거예요."

"그리고—아, 전 알고 싶어 하지 않을 거란 걸 알아요!"—그녀가 고통스런 웃음을 띠며 소리쳤다. "전 우연히 부인네 필체 대신에 둥글둥글한 필체를 배우게 되었어요. 그리고 물론 사모님은 부인네 필체를 쓸 줄 아는 사람을 원하죠?"

"글쎄, 아닌데요."

"정말이요?—부인네 필체로 꼭 안 써도 돼요?" 기쁨에 찬 엘리자베스가 소리쳤다.

"물론."

"그런데 어디에 사세요?"

"캐스터브리지에—아니, 오늘 12시 이후에 여기서 살게 될 거예요."

엘리자베스가 깜짝 놀랐다.

"난 내 집이 준비되는 동안 버드머스에서 며칠 지내고 있어요. 내가 들어가 살려고 하는 집은 사람들이 하이-플레이스 홀이라고 부르는 집이에요. 시장으로 가는 골목길이 내려다보이는 오래된 석조 가옥이에요. 방들 전부는 아니지만 두세 개 정도는 쓰기에 적합해요. 거기서 오늘 밤 처음 자 보려고 해요. 자, 내 제안을 한 번 생각해 보고 다음 주의 첫 화창한 날에 여기서 만나고, 그때도 아가씨 마음이 여전히 똑같은지 말해 볼래요?"

엘리자베스는 참기 힘든 처지에서 벗어날 희망에 두 눈을 반짝이며 기쁘게 동의했다. 그리고 두 사람은 교회 묘지의 문 앞에서 헤어졌다.

제21장

어린 시절부터 입심 좋게 반복되는 격언일지라도 강제로 겪어서 어떤 성숙한 경험을 얻기 전까지는 사실상 주목을 못 받듯이, 이 하이-플레이스 홀도 엘리자베스-제인이 그 이름을 백여 번이나 들어봤지만 이제야 실로 처음으로 그녀에게 모습을 드러내었다.

그녀의 마음은 그날 내내 낯선 숙녀와 집 그리고 거기서 살 기회에 관한 생각뿐이었다. 오후에 그녀는 읍내에 가서 몇 가지 청구서 대금을 납부하고 장을 볼일이 좀 있었다. 그때 그녀는 자신에게 새로운 발견물이 거리에서는 벌써 공공연한 화제였던 것을 알았다. 하이-플레이스 홀은 수리 공사를 하고 있었고, 어느 숙녀가 살기 위해 거기로 곧 들어온다는 얘기였다. 모든 상인들이 그것을 알고 있었고 그 여자가 고객이 될 가능성은 별로 없다고 점치고 있었다.

그러나 엘리자베스-제인은 그녀에게 대부분 새로운 이 정보들에 더 멋진 마무리 손길을 가했다. 즉, 그 숙녀가 그날 도착했다고 말한 것이다.

가로등 불이 켜졌다. 그러나 아직은 굴뚝과 다락방과 지붕이 안 보일 정도로 어둡지 않아서 엘리자베스는 거의 연인의 심정이 되어 하이-플레이스 홀의 외부 모습을 보고 싶다는 생각이 들었다. 그녀는 그쪽 방향으로 길을 따라갔다.

홀은 전면과 난간이 회색이었고 그런 종류의 건물로서는 유일하게 읍 중심부와 무척 가까운 주택이었다. 먼저 이 집은 시골 저택의 특징 즉, 새 둥지들이 있는 굴뚝과 버섯이 자라는 축축한 구석들, 자연의 흙손이 직접 바른 울퉁불퉁한 표면 등이 있었다. 밤에는 옅은 색 벽에 가로등 불빛이 행인들의 형체를 검은색 그림자로 수놓았다.

오늘 밤에는 밀집 티끌이 여기저기 널려있었고, 집에 새로운 세입자가 들어올 때 생겨나기 마련인 무질서함의 또 다른 흔적들도 있었다. 저택은 전부 돌로 지어졌으며 크지는 않았으나 장엄함의 본보기를 보여 주었다. 완전히 귀족풍은 아니었고 뽐내는 모습은 더더욱 아니었다. 그러나 구식의 낯선 사람은, 이 저택의 부속물들에 대한 그의 견해가 아무리 막연하다 하더라도, "피(血)가 이 저택을 짓고, 부(富)가 그것을 향유한다"고 본능적으로 말했다.

그러나 저택을 향유한다고 하면 낯선 사람은 잘못 알았을 것이다. 왜냐하면 새로운 숙녀가 입주한 바로 오늘 저녁까지 집은 1, 2년 동안 비어있었는데, 그 공백 기간 전에도 저택 사용은 불규칙적이었기 때문이다. 저택이 인기가 없던 이유는 곧 명백해졌다. 방들이 장터를 내려다보고 있었다. 그런 저택에서 그런 전망은 저택에 입주하고자 하는 사람들은 바람직하지도 어울리지도 않는다고 생각하였다.

엘리자베스의 시선은 위쪽 방들을 향했고, 그곳엔 불이 켜져 있었다. 숙녀가 입주한 것이 분명했다. 비교적 세련된 태도의 이 숙녀는 학구적인 처녀의 마음에 너무나 깊은 인상을 남겨서, 처녀는 건너편 아치형 통로 밑에 서서 단지 이 매력적인 숙녀가 맞은편 벽 안쪽에 있다고 생각만 해도, 뭘 하고 있을까 궁금해하기만 해도 즐거웠다. 저택 정면의 건축술에 대한 그녀의 경탄은 전적으로 그 정면 뒤에 사는 입주자 때문이었다. 그러나 사실은 건축술이 경탄할 만했고, 아니면 적어도 그것 자체로 연구의 대상이 될 만했다. 저택은 팔라디오 풍[68](風)이었고, 고딕 시대[69] 이후로 건립된 대부분의 건물처럼 설계에 의하기보다는 짜깁기로 만들어진 집이었다. 그러나 도를 넘지 않는 것이 이 집을 인상적으로 보이게 했다. 화려하지 않지만 충분할 만큼은 화려했다. 인간이 건축물에 대해 다른 것들 못지않게 갖는 궁극적 허영심을 때맞춰 인식하였기에 예술적 사치를 피한 건물이었다.

일꾼들이 바로 전까지만 해도 꾸러미들과 짐 상자들을 들고 들락날락하면서 집 안에 있는 문과 홀을 한길처럼 만들어 놓았다. 엘리자베스는 해질녘에 총총걸음으로 열린 문을 통해 들어갔

---

68 팔라디오 풍(Palladian): 이 건축양식은 후기 르네상스 시대의 이탈리아 건축가인 팔라디오(Andrea Palladio)에 영향받은 것으로 영국에서는 18세기 초, 중엽의 지배적 양식이 되는데 균형, 개방성 등이 주된 특징이다.

69 고딕 시대(Gothic age): 성당의 높은 첨탑으로 특징지어지는 고딕양식에서 '고딕'은 게르만족의 일파였던 고트족(the Goths)에서 비롯된 이름이지만 대략 12세기 중엽부터 15세기 말 정도의 '중세'를 가리키는 말로 흔히 사용된다.

는데 자신의 무모함에 놀랐다. 재빨리 뒷마당의 높은 담장에 열려 있는 다른 문을 통해 다시 밖으로 나갔다. 놀랍게도 그녀는 자신이 읍내에서 사람들이 거의 다니지 않는 뒷골목 중 한 군데에서 있다는 것을 알았다. 자기가 나온 문을 돌아다보니, 골목에 외롭게 붙박이로 고정된 가로등 불빛을 통해서 그녀는 그 문이 아치 형태이며 오래되었음을, 집 자체보다도 더 오래되었음을 알았다. 문에 징이 박혀 있었고 아치의 종석(宗石)은 가면 모양이었다. 원래 그 가면은, 지금도 볼 수 있듯이, 우스꽝스럽게 곁눈질하는 표정이었다. 그러나 여러 세대에 걸쳐 캐스터브리지의 남자아이들이 마스크의 벌린 입을 겨냥하여 돌을 던졌었다. 거기에 가해진 돌팔매질로 인해 입술과 턱부위가 마치 병(病)이 갉아먹은 것처럼 떨어져 나갔다. 깜빡거리는 희미한 가로등 불빛 아래 그 모습은 너무나 소름 끼쳐서 그녀는 차마 볼 수가 없었다―방문해서 처음으로 본 불쾌한 모습이었다.

이상하고 낡은 문의 위치와 곁눈질 가면의 기이한 모습은 이 저택의 과거 역사와 관련해서 다른 무엇보다도 한 가지 사실을 암시하였다―음모가 바로 그것이었다. 골목을 통해서 읍내의 모든 지역―옛 극장, 옛 우시장, 옛 투계장, 그리고 이름도 채 지어지지 않은 영아(嬰兒)들이 사라져버리곤 했던 물웅덩이―으로부터 이 집까지 남의 눈에 띄지 않고 올 수 있었다. 하이-플레이스홀이 그 편리함을 자랑할 만하다는 데에는 의심의 여지가 없었다.

그녀는 집에 가는 가장 빠른 방향으로 발길을 돌렸다. 그건 골목을 따라 내려가는 길이었다. 그러나 그쪽에서 다가오는 발걸음 소리를 듣고, 그런 시간에 그런 곳에서 굳이 사람 눈에 띄고 싶지 않아서 급히 물러섰다. 다른 쪽으로는 나갈 수 없었기 때문에 그녀는 골목에 들어온 사람이 가던 길을 다 갈 때까지 벽돌 문기둥 뒤에 서 있었다.

만약 그녀가 지켜보았다면 놀랐을 것이다. 그녀는 자기 쪽으로 다가오는 행인이 아치형 문간으로 곧바로 향하는 것을 보았을 것이다. 그리고 손을 문빗장에 얹어 놓고 있을 때 가로등 불빛이 헨처드의 얼굴을 비추는 것을 보았을 것이다.

그러나 엘리자베스-제인은 구석에 너무 바짝 몸을 붙였기 때문에 이것을 전혀 식별할 수 없었다. 그녀가 그의 정체에 대해 모르듯, 헨처드도 그녀의 존재를 모른 채 골목 안으로 들어서서는 어둠 속으로 사라졌다. 엘리자베스는 재차 골목 안으로 나온 뒤 급히 서둘러 집으로 향했다.

헨처드의 꾸중이 그녀에게 숙녀답지 못할 만한 일은 어떤 것도 하면 안 된다는 소심한 두려움을 생기게 하여서, 결정적인 순간에 이렇게 묘하게 작용하여 서로를 몰라보게 하였다. 둘이 알아봤다면 많은 일이 그로부터 일어났을 것이다—적어도 "'아버지'가, 또는 '저 애'가 대체 여긴 웬일이지?"라는 의문이 양쪽에 똑같이 들게 하였을 것이다.

숙녀 집에서의 용건이 무엇이었든 간에 헨처드는 엘리자베스-제인보다 불과 몇 분 늦게 자기 집에 도착했다. 그녀의 계획은 아버지의 집을 떠나는 문제를 이날 밤 꺼내는 것이었다. 그날 있었던 일들이 그렇게 하도록 그녀를 몰아붙였다. 그러나 실행 여부는 그의 기분에 달려있어서 그녀는 자기를 대할 그의 태도를 근심스레 기다렸다. 그녀는 아버지의 태도가 변했음을 알았다. 이제 그는 더는 그녀에게 화내려고 하지 않았다. 그는 그것보다 더 나쁜 뭔가를 보였다. 완전한 무관심이 성마름을 대신했다. 그의 냉담함은 불같은 성미보다 오히려 더 그녀에게 떠나도록 권할 정도였다.

"아버지, 제가 집에서 떠나는 데 반대라도 하세요?" 그녀가 물었다.

"떠난다고? 아니—전혀 반대 안 한다. 어디로 가려는데?"

그녀는 자기에게 그렇게 관심이 없는 사람에게 자신의 행선 지에 대해 지금 말하는 것은 바람직하지 않고 불필요한 일이라고 생각했다. 그는 그 일에 대해 곧 알게 될 것이다. "저는 더 많은 교양과 품위가 생기고, 덜 게으를 수 있는 기회가 있다는 얘기를 들었어요." 그녀가 주저하며 대답했다. "어떤 집에서 일자리를 얻는 기회예요. 거기서 공부도 하고 세련된 생활 모습도 볼 수 있는 이점이 있어요."

"그렇다면 제발 최대한 그 기회를 이용하거라—지금 네가 있는 이 집에서 교양 있는 사람이 될 수 없다면."

"반대 안 하시는 건가요?"

"반대라고?—내가? 이거야, 원—아니! 전혀 반대 안 해." 잠시 그쳤다가 그가 말했다. "그런데 도움이 없으면 이 활기찬 계획을 실행할 돈이 충분하지 않을 텐데, 그렇지? 네가 원한다면 내가 너에게 기꺼이 용돈을 좀 주마. 그래야 세련된 사람들이 네게 주기 십상인 굶어 죽기 딱 좋은 급료에 매달려 살지 않아도 될 테니까."

그녀는 이 제안에 대해 그에게 감사했다.

"기왕 하는 거 제대로 해야겠지." 그가 잠시 말을 중단했다가 덧붙였다. "1년에 얼마간씩 네게 주마—네가 나에게서 독립하도록—그래서 내가 너로부터 독립할 수 있도록 말이야. 그러는 게 좋겠지?"

"그럼요."

"그럼 내가 오늘 바로 알아보마." 그는 이런 조치로 그녀를 자기 손에서 떼어내게 된 것에 안도하는 것 같았고 이들 두 사람에 관한 한 그 문제는 일단락되었다. 그녀는 이제 그냥 숙녀를 만날 일만 기다리면 되었다.

떠나야 할 그날 그 시간이 되었다. 그러나 이슬비가 내렸다. 엘리자베스-제인은 즐거운 독립생활에서 힘겨운 자조의 길로 궤도를 변경한 입장인지라 이런 날씨도 자신처럼 쇠퇴한 영광에는 썩 괜찮은 편이라고 생각했다. 좀 미심쩍기는 하지만 그녀의 친구가 이 쇠퇴한 영광을 봐주기만 한다면 말이다. 그녀는 신분이 급작스레 격상된 이후로 신발장에 늘 걸어놓았던 자신의 나막신을 가서 끌어내려 곰팡이 핀 가죽 밴드에 검은 구두약을 칠하고 옛날에 했던 대로 신었다. 이렇게 나막신을 신고 망토와 우산을 들고서 그녀는 약속 장소로 떠났다—그 숙녀가 거기 없다면 집으로 찾아갈 작정이었다.

교회 묘지의 한쪽—비바람을 맞는 쪽—은 지붕에 짚을 얹은 오래된 진흙 담이 막아주고 있었고, 담의 처마는 1, 2피트 정도 앞쪽으로 나와 있었다. 담의 뒤에는 곡물 창고와 헛간이 있는 밀 타작장이 있었는데 이곳은 그녀가 몇 달 전에 파프리를 만났던 곳이다. 밀집 처마가 나온 곳 밑에서 그녀는 한 사람을 보았다. 그 젊은 숙녀가 온 것이다.

숙녀가 나온 것이 이 처녀의 지극한 소망을 너무나 예외적일 정도로 구체화시켜 주었기 때문에, 그녀는 자신의 행운이 두렵기까지 했다. 아무리 강한 마음이라도 공상이 끼어들 자리는 있는 법이다. 여기, 인간 문명만큼이나 오래된 교회 묘지에, 또 가장 궂은 날씨에, 딴 곳에서는 절대로 볼 수 없는 묘한 매력을 지닌 낯선 여인이 와 있었다. 그녀가 나타난 데에는 뭔가 악마적인 요소가 작용한 것 같았다. 그러나 엘리자베스는 교회 탑 쪽으로 계속 걸어갔고, 탑 꼭대기에서 깃대의 줄이 바람에 덜그럭거리고 있었다. 이렇게 그녀는 담에 이르렀다.

숙녀는 이슬비 속에서 너무나 명랑한 모습을 하고 있어서 엘리자베스는 자신의 공상을 잊어버렸다. "그래서," 숙녀가 말했다. 이 말을 할 때 얼굴을 가린 검은 양모 스카프를 통해 그녀의 하얀 이가 약간 드러났다. "결정했어요?"

"네, 완전히요." 엘리자베스의 말은 진지했다.

"아버지도 기꺼이 동의하셨나요?"

"네."

"그럼 와요."

"언제요?"

"지금—아가씨 좋을 대로 가능한 빨리. 나는 사람을 보내 아가씨를 내 집으로 오게 할까 생각도 했었어요. 바람도 부는데 아가씨가 여기까지 오지 않아도 되게 말이에요. 하지만 난 외출하기를 좋아하기 때문에 내가 먼저 와서 아가씨를 보기로 했죠."

"제 생각도 그랬어요."

"그런 걸 보니 우린 맘이 잘 맞을 거 같네요. 그럼 오늘 올래요? 내 집은 너무 텅 비고 쓸쓸해서 거기에 뭔가 살아 있는 존재가 있으면 좋겠어요."

"오늘 갈 수 있을 것 같아요." 엘리자베스가 생각에 잠겨 대답했다.

그때 담 뒤로부터 사람들의 목소리와 빗방울 소리가 바람에 실려 이들에게 들려왔다. '부대 자루,' '쿼터,'[70] '타작,' '등외품,' '다음 토요일 장날' 등이 그것이었는데 각각의 문장이 마치 깨진 거울에 비친 얼굴처럼 비바람에 의해서 토막 나 들려왔다. 두 여인은 다 귀를 기울였다. "저 사람들은 누구지요?" 숙녀가 물었다.

"한 사람은 제 아버지예요. 아버지가 저 마당하고 광을 임차했거든요."

숙녀는 곡물 거래의 전문 용어들에 귀를 기울이느라 당면한 용무를 잊은 듯했다. 드디어 숙녀가 갑자기 말했다. "아가씨는 아버님께 행선지를 알려드렸어요?"

---

70 쿼터(quarter): 곡물 재는 단위.

"아니요."

"오─그건 왜?"

"저는 우선 집을 떠나는 게 안전하다고 생각했어요─아버지 성질은 종잡기가 어렵거든요."

"아가씨 생각이 옳았는지 몰라요…… 게다가 내가 아가씨한테 아직도 내 이름을 밝히지 않았으니까. 내 이름은 템플만 양이에요…… 그 사람들 갔나요?─담 뒤쪽 사람들 말이에요.

"아니요, 곡물 창고로 들어갔을 뿐이에요."

"그런데─여기 점점 축축해지네. 오늘 오는 거죠?─오늘 저녁 한 여섯시쯤."

"어느 쪽으로 들어가면 될까요, 사모님?"

"앞쪽으로 와요─대문을 돌아서. 달리 들어오는 방법은 모르겠어요."

엘리자베스-제인은 골목 쪽으로 난 문을 생각했었다.

"행선지를 아직 밝히지 않았다니까 아마도 아가씨가 집에서 완전히 나올 때까지는 그걸 비밀로 하는 게 좋겠어요. 아버지 마음이 바뀔지 누가 알겠어요?"

엘리자베스-제인이 머리를 가로저었다. "생각해 보니 아버지가 마음 바꿀 걱정은 안 들어요." 그녀가 슬프게 말했다. "아버지는 나한테 아주 쌀쌀하게 대하시거든요."

"잘 알겠어요. 그럼 6시에."

그들은 큰길로 나와 헤어질 때 바람 쪽으로 우산을 숙여 지탱하느라 애먹었다. 그래도 숙녀는 지나면서 곡물 작업장의 문 안을 들여다보며 잠시 까치발로 서 있었다. 그러나 건초 더미, 그리고 이끼가 두텁게 낀 굽은 지붕의 광, 뒤에 있는 교회 종탑 쪽으로 솟은 곡물 창고 외에는 아무것도 보이지 않았다. 교회 종탑에서는 아직도 밧줄이 깃대에 부딪치고 있었다.

한편 헨처드는 엘리자베스가 그렇게까지 서둘러 집을 나가리라고는 어렴풋이 생각하지도 못했다. 따라서 6시 직전에 그가 집에 도착하여 킹즈암스에서 온 세(貰) 마차가 문 앞에 서 있고, 자신의 의붓딸이 작은 가방과 상자를 바리바리 싸들고 마차에 들어가는 광경을 보자 그는 깜짝 놀랐다.

"하지만 제가 가도 된다고 말씀하셨잖아요, 아버지!" 그녀가 마차 창을 통해 설명했다.

"말했다고!—그렇지. 하지만 난 다음 달이나 내년으로 알았다. 제기랄—네가 시간의 앞머리[71]를 붙잡았구나. 이게 내가 그간 너 때문에 맘고생한 데 대한 보답이냐?"

"오, 아버지—어떻게 그렇게 말씀하세요? 그건 부당해요!" 그녀가 발끈하여 말했다.

"그래, 그래. 네 맘 대로구나." 그가 대답했다. 집에 들어와 그녀의 짐이 아직은 다 밑으로 내려오지 않은 것을 보자 그는 그녀의 방을 둘러보려고 위층으로 올라갔다. 그는 그녀가 차지한 이

71　시간의 앞머리: 원래는 '시간'보다 '기회'에 관해 쓰이는 속담이다. 기회의 여신 (Opportunity)은 앞머리에만 숱이 있고 뒷머리는 대머리로 그려진다. 즉, 기회라는 것은 자기 쪽으로 올 때 그 앞머리(forelock)를 꽉 붙잡아야지 일단 지나가면 소용없다는 의미이다.

래로 이 방에 한 번도 와본 적이 없었다. 자신을 향상시키려는 그녀의 고심과 노력의 증거물이, 사방에 놓여 있는 책과 스케치, 지도, 그리고 안목 있게 보이려는 자잘한 준비물들에서 보였다. 헨처드는 이런 노력에 대해 아무것도 모르고 있었다. 그는 그 물건들을 응시했고 갑자기 몸을 돌려 문가로 내려왔다.

"자, 이봐라." 그가 누그러진 목소리로 말했다—그는 이제 결코 그녀를 이름으로 부르지 않았다—"나한테서 떠나지 마라. 내가 너한테 심한 말을 해서 그런가 본데—하지만 나도 너 때문에 다른 어떤 일보다도 괴로웠다—그럴만한 이유가 있었단다."

"저 때문에요?" 그녀가 깊은 관심을 표하며 말했다. "제가 어떤 일을 했는데요?"

"지금은 말할 수 없구나. 하지만 네가 여기 머물고 내 딸로 계속 살아간다면 내가 언젠가 다 얘기해 주마."

그러나 이 제안은 10분 전에 나왔어야 했다. 그녀는 마차 안에 타 있었고—벌써 상상 속에서는 자기에게 그렇게도 매력적인 태도를 보인 숙녀의 집에 가 있었다. "아버지," 그녀는 될 수 있는 한 가장 동정 어린 말투로 말했다. "제가 지금 가는 게 우리 두 사람에게 상책이라고 생각해요. 저는 오래 머물 것도 아니고 멀리 떨어져 있는 것도 아니에요. 아버지가 정 저를 보고 싶으시다면 곧 다시 돌아올 수도 있어요."

그는 머리를 아주 조금 끄덕였는데 그건 그녀의 결심을 받아들인다는 의미이지 그 이상은 아니었다. "멀리 가지는 않을 거라고 했지? 네 주소가 어떻게 되니? 너한테 편지 쓰고 싶을 경우를 생각해서 말이다. 아니면 내가 알면 안 되니?"

"오, 돼요—물론이지요. 그냥 읍내에 있는 주소예요—하이-플레이스 홀이요."

"어디라고?" 헨처드가 표정이 가라앉으며 말했다.

그녀가 되풀이했다. 그는 움직이지도, 말도 하지 않았다. 그녀는 아주 다정하게 그에게 손을 흔들어 보이고는 마부에게 출발하라고 신호했다.

제22장

헨처드의 태도를 설명하기 위해서 이야기는 잠시 전날 밤으로 돌아간다.

엘리자베스-제인이 자신의 환상 속의 숙녀가 사는 곳까지 몰래 답사하는 산책을 할까 생각하던 그 시간에 헨처드는 루시타의 익숙한 필체로 쓰인 편지를 인편에 받고 적잖이 놀랐다. 앞선 편지들에서 보인 자제와 체념이 그녀의 기분에서 사라졌던 것이다. 그녀는 그들이 처음 사귈 때 자신을 특징짓는 자연스럽고 경쾌한 마음으로 편지를 썼다.

하이-플레이스 홀에서

사랑하는 헨처드 씨,

놀라지 마세요. 내가 캐스터브리지에 와서 살게 된 건 희망컨대 당신과 나 두 사람 모두에게 좋은 일이에요—여기서 얼마나 살지 알 수 없지만요. 그건 다른 사람에게 달렸죠. 그 사람은 남자이고, 상인이며, 읍장이죠. 또 내 사랑에 대한 최초의 권리를 가진 분이에요.

심각하게 얘기하는 거예요, 내 친구님. 사실 저는 그렇게 홀가분한 마음이 아니에요, 이 편지에서는 그렇게 보일지 모르지만요. 저는 당신 부인—그렇게 여러 해 전에 죽었다고 당신이 생각했었던 그분!—이 사망했다는 소식을 들었기 때문에 여기에 온 거예요. 가엾은 여자예요. 그 여자는 불평하지 않았지만 고통을 겪은 사람이었고, 아는 건 많지 않았지만 무지렁이는 아닌 사람으로 보여요. 당신이 그 여자분에게 공정하게 처신하셔서 기뻐요. 그분이 더 이상 이 세상 사람이 아니라는 말을 듣자마자, 내 양심은 당신이 내게 했던 약속을 이행하라고 촉구함으로써 내 경솔한 실수가 내 이름 위로 던져놓은 그림자를 흩어지게 힘써야 한다고 아주 강하게 나를 일깨워주었어요. 당신도 저와 같은 심정이기를, 그리고 당신이 이런 목적을 위해 뭔가 조치를 취해주기를 바라고 있어요. 그런데 당신이 처했던 상황 혹은 우리가 헤어진 뒤에 당신에게 어떤 일이 있었는지를 모르기 때문에 저는 당신과 편지 왕래를 재개하기 전에 이곳에서 정착하기로 결심했어요.

이 점에 대해서 당신은 저랑 같은 느낌일 거로 생각해요. 하루 이틀이면 당신을 볼 수 있을 거예요. 그때까지, 안녕. 당신의,

루시타

추신—저번에 캐스터브리지를 지나가면서 당신을 잠시 만나기로 한 약속은 지킬 수 없었어요. 가족 중에 일이 생겨서 일정이 변경되어서요. 당신은 그 일을 들으면 놀라실 거예요.

헨처드는 이미 하이-플레이스 홀이 세입자를 맞을 준비를 하고 있다는 얘기를 들은 바 있었다. 그는 지나가다 마주친 첫 사람에게 어리둥절한 기색으로 "이 홀에 살려는 사람이 누구요?"라고 물었다.

"템플만이라는 숙녀랍니다, 나리." 그에게 정보를 알려 준 사람이 말했다.

헨처드가 곰곰 생각해 보았다. "루시타가 그 여자와 관련되어 있나 보다." 그가 혼잣말했다. "그래—물론, 내가 루시타를 마땅한 자리에 앉혀 줘야지."

그가 이러는 것은 지금은 그가 도덕적 필요성이라고 보는 관념에 한때 동반되던 압박감 때문이 결코 아니었다. 그건 사실은 온정보다는 흥미 때문이었다. 엘리자베스-제인이 자신의 혈육이 아니고, 자기 자신은 자식이 없는 사람이라는 것을 알게 되었을 때 느낀 쓰라린 실망감은 헨처드에게 감정의 공백을 남겨놨고, 그는 무의식중에 이 공백을 채우기를 갈망했다. 이런 마음 상태에서, 물론 강렬한 감정은 아니지만, 그는 골목을 슬슬 걸어 올라가 하이-플레이스 홀의 뒷문으로 들어가다가 여기에서 엘리자베스와 거의 마주칠 뻔했던 것이다. 이어서 그는 마당으로 들어갔고 나무 상자에서 자기(瓷器) 그릇들을 꺼내는 남자에게 혹시 르 수웨르 양이 거기 사냐고 물었다. 르 스웨르 양은 그가 루시타—혹은 당시 그녀가 이름으로 쓰던 '루세트'—를 알았을 때의 이름이다.

그 남자는 아니라고 대답했다. 템플만 양만 왔다고 했다. 헨처드는 루시타가 아직 입주하지 않았다고 결론짓고 발길을 돌렸다.

이튿날 엘리자베스-제인이 출발하는 것을 목격했을 때 그는 이렇게 관심을 두고 탐문하는 단계였다. 그녀가 말하는 주소를 듣자마자 루시타와 템플만 양이 똑같은 사람이라는 이상한 생각이 갑자기 그를 사로잡았다. 왜냐하면 그가 그녀와 가까웠던 시절에, 그가 다소 가공의 인물일 거라고 간주했던 부자 친척의 이름이 템플만이었던 것을 기억했기 때문이다. 그가 재산을 노리는 사람은 아니었지만, 루시타가 이 친척의 후한 유언에 의해 재산을 가진 숙녀의 위치에 올랐을 가능성이, 그렇지 않으면 얻기 힘든 매력을 그녀의 모습에 부여했다. 그는 중년이라는 평탄한 땅을 향해 나아가고 있었고, 중년에는 물질적인 것들이 점점 더 마음을 사로잡는 법이다.

그러나 헨처드는 궁금한 상태에 오래 있지 않았다. 그들의 결혼 준비 과정에서 커다란 실패를 본 후에 홍수처럼 써 보낸 편지들이 보여주었듯이, 루시타는 뭔가를 휘갈겨 써 보내는 일에 중독되었다. 엘리자베스가 떠나자마자 또 한 통의 편지가 하이-플레이스 홀에서 읍장의 집으로 배달되었다.

"저는 이제 입주했어요, 그리고 안락해요. 여기까지 오기가 지치고 힘든 일이었지만요. 제가 무슨 말을 하려는지 아시죠? 모르나요? 은행가의 미망인인 마음씨 좋은 템플만 숙모님―당신은 그분의 부(富)는 말할 것도 없고 그분의 실존 자체를 의심하곤 했었죠―이 최근에 돌아가셨어요. 그리고 제게 재산의 일부를 물려주셨어요. 제가 제 이름으로부터 그리고 제 이름의 잘못들로부터 도피하기 위한 방편으로 그분의 이름을 택했다는 것 외에는 자세한 얘기는 드리지 않겠어요.

"전 이제 어디에도 매인 몸이 아니어서, 캐스터브리지에 살기로 했어요—당신이 저를 만나고 싶을 때 난처한 입장이 되지 않도록 하이-플레이스 홀에 세 들었어요. 제 원래의 의도는 당신이 길에서 저를 마주칠 때까지는 제 삶에 생긴 변화를 당신이 모르도록 하자는 것이었어요. 그러나 이렇게 하는 게 더 좋겠다고 생각했어요.

"제가 당신 따님과 어떻게 하기로 했는지는 아마 들어서 아실 테죠? 그리고 뭐라 그럴까, 제가 따님을 나와 함께 살게 만든 (그 모든 애정에 있어서의) 짓궂은 장난에 대해 분명히 웃으셨겠죠? 하지만 제가 따님과 처음 만난 건 순전히 우연이었어요. 마이클, 제가 왜 그렇게 했는지 조금이나마 이해하시겠어요?—왜냐고요? 당신이 마치 그녀를 만나러 여기 오는 것으로 보이는 구실을 주고, 내가 당신과 자연스럽게 만나기 위해서죠. 따님은 사랑스럽고 착한 처녀이고 당신이 자기를 부당하게도 가혹한 대우를 했다고 생각해요. 당신이 서두른 나머지 그렇게 했을 거예요. 하지만 고의로 그러지는 않았다는 것을 전 확신해요. 결과적으로 따님이 제게로 오게 되었으니 당신을 나무랄 마음은 아니에요. 이만 총총, 당신의 영원한,

루시타."

이런 편지들이 헨처드의 침울한 영혼에 불러일으킨 흥분감은 그에게는 상당히 즐거운 것이었다. 그는 식탁 위에 몸을 숙이고 오랫동안 꿈꾸듯이 앉아 있었다. 그가 엘리자베스-제인과 파프리와 소원(疏遠)해진 이후 급속히 낭비되어 왔던 감정들이 완전히 고갈되기 전에 거의 기계적인 전환에 의해 루시타의 주위로 모여들었다. 그녀는 분명히 결혼에 대해 꽤 적극적인 마음이었다. 그런데 예전에 자기의 시간과 마음을 그렇게도 무분별하게 그에게 줘 버린 바람에 자기의 평판을 잃게 된 어떤 가련한 한 여인이 그 이외에 무엇을 할 수 있었겠는가? 아마도 애정 못지않게 도의심이 그녀를 이리로 데려왔을 것이다. 대체로 그는 그녀를 탓하지 않았다.

"깜찍한 여자 같으니!" 그가 미소를 띠며(엘리자베스-제인에 대한 루시타의 교묘하고도 유쾌한 작전과 관련해서) 말했다.

루시타를 만나고 싶다는 감정을 느껴 헨처드는 그녀의 집으로 출발했다. 그는 모자를 쓰고 나갔다. 그가 그녀 집 문 앞에 이르렀을 때는 밤 여덟 시에서 아홉 시 사이였다. 그에게 전해진 대답은 템플만 양이 그날 밤에 약속이 있지만 다음 날에는 기꺼이 만날 수 있다는 내용이었다.

"뭐야, 이 여자가 거만을 떠는 거야!" 그가 생각했다. "그리고 우리가 어떤 사이였는지 생각하고도 그런다면—." 그러나 결국 그가 올 것을 그녀가 기대하지 않았다는 것이 분명해서 그는 이 거절을 조용히 받아들였다. 그럼에도 불구하고 그는 다음 날 가지 않기로 했다. "이런 망할 여자들 같으니—솔직한 구석이라고는 눈을 씻고 봐도 없잖아!" 그가 말했다.

자, 여기서 우리는 헨처드의 생각이 마치 하나의 실마리라도 되는 것처럼 따라가 보자. 또한 이 특정한 날 밤의 하이-플레이스 홀 내부를 살펴보도록 하자.

엘리자베스-제인은 도착하자 어떤 나이 든 여자가 위층으로 올라가서 옷을 갈아입었으면 한다고 무뚝뚝하게 말했다. 그녀는 그런 폐를 끼치고 싶지 않다고 아주 진지하게 대답하고서 복도에서 보닛[72]과 외투를 바로 벗었다. 그러고 나서 그녀는 계단참에 있는 첫 번째 문으로 안내를 받았고, 그곳에서 혼자 남아 길을 찾아갔다.

문을 여니 방은 부인 방 혹은 작은 거실로서 예쁘게 꾸며져 있었다. 머리는 검고, 눈은 큰 어떤 예쁜 여자, 분명히 부모 중 한쪽이 프랑스 혈통인 여자가, 두 개의 원통형 베개가 있는 소파 위에 비스듬히 기대고 있었다. 그 여자는 엘리자베스보다 몇 살 더 되어 보였고 눈은 반짝반짝했다. 소파 앞에는 작은 탁자가 하나 있었고 그림이 위로 놓인 카드 한 벌이 그 위에 흩어져 있었다.

루시타는 너무나 방심한 자세로 누워 있다가 방문이 열리는 소리를 듣자 용수철처럼 튀어 일어났다.

그녀는 엘리자베스인 것을 알자 마음이 편해지더니, 타고난 우아함만이 아니었더라면 다분히 요란하게 보이는 모습으로 경망스럽게 뛰며 방을 가로질러 엘리자베스에게 왔다.

---

72 보닛(bonnet): 여성용 모자로 끈이 턱 밑에서 묶게 되어 있다.

"어머, 늦었네요." 그녀가 엘리자베스-제인의 손을 잡으며 말했다.

"치워야 할 자질구레한 물건들이 너무 많았거든요."

"그런데 아가씨, 활기가 없고 피곤해 보이네. 내가 배운 몇 가지 신기한 재주로 아가씨에게 활기를 불어넣어 주고 시간도 잘 가게 해 줄게요. 거기 앉아서 움직이지 말아 봐요." 그녀가 카드를 모으고 탁자를 자기 앞으로 끌어와서는 빠른 속도로 카드를 돌리기 시작하더니 엘리자베스에게 몇 장을 고르라고 말했다.

"자, 골랐어요?" 그녀가 마지막 카드를 던져 내려놓으며 물었다.

"아뇨." 엘리자베스가 멍하게 생각에 잠겨있다 깨어나며 더듬거렸다. "깜빡 잊고 있었네요. 저는—사모님과 저에 대해 생각하고 있었어요. 여기에 제가 있게 된 건 정말 이상한 일이에요."

템플만 양은 흥미롭게 엘리자베스-제인을 쳐다보더니 카드를 내려놨다. "오, 괜찮아요." 그녀가 말했다. "아가씨가 내 옆에 앉아 있는 동안 난 여기 누워 있겠어요. 그리고 우리 얘기나 해요."

엘리자베스는 소파 머리맡으로 말없이, 그러나 기뻐하는 기색이 역력하게 다가갔다. 나이에 있어서는 엘리자베스가 지금 환대하는 사람보다 어리지만 태도와 전반적인 시각에 있어서는 그녀가 더 현자(賢者) 같았다. 템플만 양은 이전처럼 굴곡 많은 자세로 소파에 몸을 내맡겼다. 팔을 머리 위로 치켜들어 티치아노[73]가

73 티치아노(Titian): 베네치아의 화가 티치아노 베첼리오(Tiziano Vecellio. 1485-1576)를 가리킨다. 그는 비스듬히 기댄 관능적 여인을 주로 그렸는데, 여인들이 팔

착상한 유명한 자세를 취하고, 몸을 거꾸로 하여 자신의 이마와 팔 너머로 엘리자베스-제인에게 큰 소리로 말하였다.

"아가씨한테 뭔가 말해야겠어요." 그녀가 말했다. "아가씨도 눈치챘는지 모르지만. 난 얼마 전에야 큰 집과 재산을 소유하게 되었어요."

"아! 얼마 전에요?" 엘리자베스-제인이 얼굴을 약간 아래로 숙이며 중얼거렸다.

"소녀 시절에 나는 국경수비대 주둔 도시들과 그 밖의 다른 지역에서 아버지와 함께 살았어요. 그러다 결국에는 마음이 무척 들뜨고 불안정하게 되었지요. 아버지는 육군 장교였어요. 아가씨가 진실을 아는 게 더 낫다고 생각하지 않았다면 이런 얘기를 입밖에 내지 않았을 거예요."

"예, 예." 엘리자베스는 생각에 잠겨 방 안을 둘러보았다—놋쇠 상감(象嵌) 장식이 있는 작은 사각 피아노, 창문의 커튼, 램프, 카드놀이용 테이블 위의 아름답고 어두운 킹과 퀸 카드를, 그리고 마지막으로 루시타 템플만의 거꾸로 된 얼굴을 봤는데, 그녀의 반짝이는 커다란 두 눈은 거꾸로 보니 묘한 느낌을 줬다.

엘리자베스의 마음은 거의 병적일 정도로 더 많은 정보를 얻으려 했다. "사모님은 프랑스어와 이탈리아어도 물론 유창하게 하시죠." 그녀가 말했다. "전 아직은 라틴어만 알량하게 조금 아는 정도예요."

을 들어 올려 팔베개를 하거나 얼굴을 가리는 그림이 많았다.

"그런데, 그 문제라면, 내가 태어난 섬에서는 불어를 할 줄 아는 게 대단한 건 아니에요. 오히려 그 반대지."

"태어나신 섬이 어딘데요?"

템플만 양은 다소 주저하며 '저지'라고 말했다. "그곳에서는 길 이쪽 편에서는 불어를, 반대쪽에서는 영어를 쓰고, 길 한가운데에서는 두 말을 섞어서 써요. 하지만 내가 거기 살았던 건 오래전이에요. 사실은 바스[74]가 우리 집안사람들의 고향인 셈이에요―저지에 있는 우리 조상들도 영국의 누구 못지않게 훌륭했지만. 그분들은 르 수에르 가(家)예요. 그들 시대에 위대한 일을 한 오래된 가문이죠. 난 아버지가 돌아가신 후 그곳에 돌아가서 살았어요. 하지만 난 그런 지난 일들에 가치를 두지는 않아요. 난 감정과 취미에 있어서 완전히 영국 사람이거든요."

루시타의 혀가 그녀의 분별력을 잠시 앞질렀다. 그녀는 바스의 한 숙녀로 캐스터브리지에 도착했었던 것이며 저지가 그녀의 인생 이야기에서 빠져야 하는 분명한 이유들이 있었다. 그러나 엘리자베스는 그녀에게 다 말하도록 유도했고, 비밀을 말하지 않으려던 루시타의 치밀한 결심이 무너졌다.

그러나 그 결심이 무너지긴 했지만 가장 안전한 친구에게 무너진 것이었다. 루시타는 더 이상은 말하지 않았고, 이날 이후 그녀는 잔뜩 말조심했기 때문에, 결정적인 순간에 헨처드의 다정한 벗이었던 그 젊은 저지 여인과 그녀가 같은 사람인지 밝혀질

---

74 바스(Bath): 영국 남서부에 있는 유명한 온천 휴양지.

기회는 없어 보였다. 말조심 중에 전혀 즐겁지 않은 일은, 프랑스어 단어를 쓰는 것이 같은 뜻의 영어 단어보다 그녀의 혀에 우연찮게 더 쉽게 와닿는 경우에도 그녀는 프랑스어 단어를 단호하게 피하는 것이었다. 그녀는 그 심약한 사도(使徒)[75]가 "그대의 말이 그대의 정체를 드러내는구나!"라는 비난에 대해 그랬던 것처럼 급작스럽게 그 단어를 회피했다.

이튿날 아침 루시타에게는 기대감이 역력했다. 그녀는 헨처드 씨를 위해 옷을 차려입었고 정오 전에 그가 방문할 것을 들뜬 마음으로 기다리고 있었다. 그가 오지 않자 그녀는 오후 내내 기다렸다. 그러나 그녀는 엘리자베스에게 자기가 기다리고 있는 사람이 그녀의 의붓아버지라는 사실을 말하지 않았다.

그들은 루시타의 거대한 석조 저택의 한 방에 나란히 붙어있는 창가에 앉아 바느질하며 창밖으로 장터를 내다보고 있었다. 장터는 활기를 띠어가고 있었다. 엘리자베스는 아래에 보이는 사람들 틈에서 의붓아버지의 모자 꼭대기를 볼 수 있었는데 루시타도 같은 표적을 보고 있지만 좀 더 강렬한 관심으로 보고 있다는 것을 의식하지 못했다. 그는 이때쯤이면 마치 개미집처럼 활발한 군중 사이를 누비고 다녔다. 이 군중은 다른 곳에서는 좀 더 차분했고 청과물 노점상들로 인해 여기저기 흩어졌다. 농부들은

---

75 심약한 사도: 예수의 12제자(the Twelve Apostles) 중 한 명인 베드로(Peter)를 가리킨다. 그는 예수와 함께 있었다는 말을 이미 두 번 부인한 바 있었다. 구경꾼들이 베드로의 말투를 보니 예수와 함께 있던 사람이 틀림없다고 비난하자 베드로는 그들에게 욕설을 퍼부으며 세 번째로 부인했다(〈마태복음〉 26:73).

이들에게 제공된 어둡고 지붕 덮인 거래 사무실보다 비록 불편하게 사람들이 밀치고 지나가기도 하고 통과하는 마차로 인해 위험도 있지만 탁 트인 십자로를 대체로 선호했다. 여기에서 그들은 매주 이날 하루에 몰려 들어와 각반, 말채찍, 견본 부대들의 작은 세계를 형성한다. 또한 배(腹)가 하도 커서 마치 산비탈처럼 기울어져 내리는 남자들과 11월에 돌풍 맞는 나무처럼 이리저리 머리가 흔들거리는 남자들이 몰려들었다. 이들은 대화할 때 태도를 많이 바꾸는데 무릎을 벌려 몸을 낮추거나, 안쪽 깊숙한 주머니에 손을 찔러 넣거나 한다. 그들의 얼굴은 열대의 뜨거움을 발산하고 있었다. 집에 있을 때 그들의 얼굴은 계절에 따라 변하지만 장터에서는 1년 내내 작은 불로 이글거리기 때문이다.

여기에서 사람들은 겉옷이라는 게 죄다 불편하고 거치적거리는 필수품이라고 생각하며 입었다. 어떤 사람들은 옷을 잘 입었지만 대부분의 사람들은 옷에 별 신경 쓰지 않았다. 이들은 햇볕에 바래고 지난 여러 해 동안의 힘겨운 일상을 보여주는 옷을, 옷 입은 사람이 했던 일의 역사적 기록이라 할 옷을 입고 나타났다. 그러나 은행 잔고가 네 자리 수 이하로 떨어지지 않도록 철저히 조정해 주는 구겨진 수표책을 주머니에 넣고 다니는 사람들은 많았다. 사실, 이런 불룩한 사람들의 형체가 특별히 표현하는 것은 현금, 집요하게 준비 상태로 있는 돈이었다[76]―귀족들의 돈처

---

76 이 문장은 당시 상인들이 현금을 둥글게 말아 뭉치(wad)를 만들어 전대에 차거나 혹은 등짐에 넣고 다닌 관습과 관련이 되는데 이 때문에 이들은 '불룩한' 모양으

럼 일 년 기다려야 겨우 준비되는 돈이 아니었다. 오히려 전문직 사람의 돈처럼 종종 은행에서 마련될 뿐만 아니라 이들의 두툼한 손에서도 마련되는 그런 돈이었다.

오늘은 이들 모두의 한가운데에 두세 그루의 키 큰 사과나무들이 마치 그곳에서 자라난 것처럼 불쑥 솟아오르는 일이 있었다. 그러다가 이 나무들은 그것들을 팔겠다고 자신들의 장화에 자기들 군(郡)의 진흙을 묻힌 채 사과즙 생산지에서 온 남자들이 붙들고 있는 것임이 알려졌다. 이들을 종종 보아온 적이 있는 엘리자베스-제인은 "혹시 똑같은 나무를 매주 팔러오는 거 아니에요?"라고 물었다.

"무슨 나무?" 루시타가 헨처드를 찾느라 몰두해 있다가 말했다.

엘리자베스는 모호하게 대답했는데 왜냐하면 어떤 사건이 그녀의 말을 제지했기 때문이다. 나무들 중 한 그루 뒤에 파프리가 서서, 어떤 농부와 견본 자루를 놓고 열띤 대화를 나누고 있었다. 헨처드가 다가오다가 우연히 그 젊은이와 마주쳤다. 파프리의 얼굴은 "우리 이제 서로 말하고 지낼까요?"라고 묻는 것 같았다.

그녀는 의붓아버지가 젊은이의 눈을 쏘아붙이며, "아니!"라고 대답하는 표정을 봤다. 엘리자베스-제인은 한숨을 쉬었다.

"저기에 누구 특별히 관심 가는 사람이라도 있어요?" 루시타가 물었다.

"아, 아니요." 엘리자베스의 얼굴이 금세 붉어졌다. 다행히 파

로 보였을 것이다.

프리의 모습은 사과나무에 곧 가려져서 안 보였다. 루시타는 그녀를 뚫어지게 쳐다보며 "정말이에요?"하고 물었다.

"오, 그럼요." 엘리자베스-제인이 대답했다.

루시타는 다시 밖을 내다봤다. "저 사람들은 다 농부들이겠지?" 그녀가 말했다.

"아니요. 저기 벌지 씨도 있는걸요. 그분은 포도주 장수죠. 저기 벤저민 브라운레트 씨는 말장수고요. 키트선 씨는 양돈가이고 요퍼 씨는 경매사이고. 그 밖에 엿기름 만드는 사람들, 방앗간 주인 등도 있어요." 파프리의 모습이 이제는 무척 또렷하게 드러나 있었다. 그러나 엘리자베스는 그의 이름을 언급하지 않았다.

토요일 오후가 그렇게 아무렇게나 미끄러져 가고 있었다. 시장은 이제 견본 전시 시간에서 귀가 전의 한가한 시간으로 바뀌었는데, 이맘때가 되면 이런저런 이야기들이 오갔다. 헨처드는 그렇게 가까이 서 있으면서도 루시타를 방문하지 않았다. 그가 너무나 바빴음이 틀림없다고 그녀는 생각했다. 그가 일요일이나 월요일에는 오겠지.

그날들이 되었다. 그러나 루시타가 꼼꼼하게 신경 쓰며 옷치장을 되풀이했지만 방문객은 없었다. 그녀는 낙담했다. 루시타는 그들 둘이 처음 사귈 때 그녀를 특징지은 그 모든 뜨거운 순정을 더는 헨처드에게 품고 있지 않다고 즉시 선언함직도 했다. 그때의 여러 불행한 사건들이 순수한 사랑을 상당히 냉각시켰었던 것이다. 그러나 이제 방해하는 것이 아무것도 없게 된 상황에서 자신의 위치를 바로잡고 그와의 결합을 이루려는 양심적인 소망은 남아 있었다. 이는 한숨 쉬며 기다려지는 행복 그 자체였다. 왜 그들이 결혼해야 하는지에 대한 강력한 사회적 이유가 그녀 쪽에 있고 그녀가 재산도 물려받은 마당이라, 헨처드 쪽에서 군이 결혼을 연기할 세속적 이유는 없어 보였다.

화요일은 성촉절(聖燭節)[77]이어서 큰 장이 서는 날이었다. 아침 식사 때 루시타는 아주 차분하게 엘리자베스-제인에게 말했다. "오늘은 아가씨의 아버지가 아가씨 보러 오겠죠? 그분은 다른 곡물상들과 함께 장터 가까운 곳에 서 계시겠지?"

엘리자베스가 고개를 저었다. "아버지는 안 오실 거예요."

"왜지?"

"아버지는 절 미워하세요." 그녀가 목쉰 소리로 답했다.

"내가 알고 있는 것보다 더 심각하게 싸운 모양이네?"

엘리자베스는 자기가 아버지라고 믿고 있는 남자를 부당한 비난으로부터 보호하고 싶어서 "예"라고 대답했다.

"그렇다면 아가씨가 있는 곳은 모든 장소 중에서 그분이 가장 피하려는 장소겠네요?"

엘리자베스가 처량하게 끄덕였다.

루시타는 멍한 표정으로 예쁜 눈썹과 입술을 실룩거리더니 신경질적인 울음을 터뜨렸다. 여기에 재앙이 있었다—그녀의 정교한 계획이 완전히 망쳐졌다!

---

77 성촉일(Candlemas): 가톨릭에서 '성모의 정화'(the Purification of the Virgin)를 기리는 축일로 2월 2일이다.

"오, 템플만 아씨—무슨 일이에요?" 그녀의 동료가 소리쳤다.

"난 아가씨랑 같이 지내는 게 정말 좋아!" 루시타가 말할 수 있게 되자마자 말했다.

"예, 예—저도 그래요!" 엘리자베스가 위로하며 맞장구쳤다.

"하지만—하지만—" 루시타는 말을 끝맺을 수 없었다. 이 말은 당연하게도 만약 헨처드가 지금의 상황처럼 엘리자베스-제인에게 뿌리 깊은 미움을 갖고 있다면 그녀를 내보내야 하고, 그건 언짢지만 꼭 필요한 일이라는 의미였다.

임시방편의 기지가 발휘되었다. "헨처드 양—아침 먹고 바로 내 심부름 하나 해 주겠어요?—오, 그래 주면 정말 고마워. 가서 뭘 좀 주문할 게 있어—" 여기에서 그녀는 여러 가게에서 해야 할 몇 가지 일을 나열했는데, 그러면 적어도 앞으로 한두 시간은 엘리자베스의 시간을 뺏을 것이다

"그런데 박물관은 본 적 있어요?"

엘리자베스-제인은 본 적이 없었다.

"그러면 박물관부터 당장 가 봐요. 거기 가는 일이면 아침나절이 지나갈 거예요. 박물관은 뒷골목에 있는 오래된 집이에요—어딘지는 생각이 나지 않지만—아가씨는 금방 찾을 거예요—흥미로운 물건들이 많아요—해골, 치아, 오래된 단지와 냄비, 옛날 장화와 구두, 새의 알들—모두가 매력적이게도 교육적이지. 아가씨는 아주 배고파질 때까지 틀림없이 거기 머무를 거야."

엘리자베스는 서둘러 옷가지를 챙겨 입고 출발했다. "사모님이 오늘 왜 나를 멀리 보내려고 하는지 모르겠네!" 그녀가 슬픈

마음으로 걸어가며 말했다. 그녀의 봉사나 지시보다 자리 비켜주기의 요구라는 것은, 비록 그녀가 단순해 보이고 그런 요구의 의도가 뭔지 알아내기 어렵다고 하더라고, 엘리자베스-제인에게 쉽사리 명백해졌다.

그녀가 간 지 10분도 안 돼, 루시타의 하인들 중 한 명의 손에 쪽지가 들려 헨처드에게 보내졌다. 쪽지는 다음과 같은 간략한 내용이었다.

"사랑하는 마이클,

당신은 오늘 사업차 두세 시간은 내 집 가까운 곳에 서 계시겠죠. 그러면 저를 제발 만나러 와 주세요. 저번에 당신이 오지 않아서 저는 슬플 정도로 낙심했어요—왜냐하면 제가 당신과 애매한 관계이니 초조하지 않을 수 있겠어요?—특히 이제 숙모님의 재산이 저를 사람들 이목을 끌게 만들어 놨으니까요. 당신의 딸이 여기 있는 것이 당신이 날 소홀히 하는 이유겠지요. 그래서 저는 그 애를 아침나절 내보냈어요. 사업상 이유로 온다고 하세요—집엔 오로지 저만 있을 거예요.

루시타."

심부름꾼이 돌아오자 안주인은 만약 어떤 신사분이 방문하면 즉시 안으로 모시라고 지시를 내렸고, 앉아서 그 결과를 기다렸다.

감정적으로 루시타는 그를 썩 보고 싶은 상태는 아니었다. 그가 늦어지는 것이 그녀를 지치게 했다. 하지만 그를 만나야만 했다. 그리고 한숨을 쉬며 의자에서 자신의 모습을 그림같이 예쁘게 다듬었다. 처음에는 이런 식으로, 다음에는 저런 식으로, 그리고는 불빛이 머리 위를 비추게도 만들어 봤다. 그러다가 그녀에게 잘 어울리는 이중 곡선의 자세[78]로 소파에 몸을 내던져 팔을 이마 위에 얹고 문 쪽을 바라봤다. 이것이 결국은 제일 나은 자세라고 그녀는 결론 내렸다. 이런 자세로 있다 보니 어떤 남자 발걸음 소리가 계단에서 들려왔다. 그러자 루시타는 자기의 곡선상태를 생각 못 하고(왜냐하면 아직은 본래 모습이 꾸며낸 모습보다 훨씬 강했기 때문에) 벌떡 일어나 수줍은 변덕으로 창문 커튼 뒤에 뛰어가 숨었다. 열정은 식어가고 있었지만 이 상황은 가슴을 두근거리게 하였다. 그녀는 그와 저지에서 (추정되기에) 일시적으로 헤어진 이후 헨처드를 보지 못했기 때문이다.

그녀는 하인이 방문객을 방으로 안내하고는 이내 문을 닫는 소리를 들을 수 있었다. 마치 손님 혼자 가서 안주인을 찾아보라는 듯이 손님만 남겨놓고 나갔다. 루시타는 초조해하는 인사말과 함께 커튼을 걷어 젖혔다. 그녀 앞에 선 남자는 헨처드가 아니었다.

---

78 이중 곡선의 자세(cyma-recta curve): 상반신은 움푹 들어가고 하반신은 불룩 나온 자세.

제23장

루시타가 막 이름을 말하려 할 때, 찾아온 사람이 다른 사람일지도 모른다는 추측이 그녀의 마음을 스치고 지나갔지만, 이미 물러서기에는 때가 늦었다.

방문객은 캐스터브리지의 읍장보다 여러 살 아래였다. 흰 살결에 참신하고 호리호리한 미남이었다. 그는 하얀 단추가 달린 점잖은 천 각반을 차고, 끈 구멍이 무수히 많으면서 광나는 장화를 신고, 검은 벨벳 윗도리와 조끼 아래에 밝은색의 코르덴 바지를 입고 있었다. 그리고 손잡이가 은으로 된 말채찍을 손에 들고 있었다. 루시타는 얼굴이 빨개졌고 뾰루퉁함과 웃음이 묘하게 섞인 얼굴로 말했다. "아, 제가 실수 했습니다!"

방문객은 그녀와는 딴판으로 전혀 웃지 않았다. "제가 정말 죄송합니다." 그가 사과조로 말했다. "저는 헨처드 양을 찾으러 왔는데 사람들이 저를 여기로 데려왔습니다. 이런 줄 알았더라면 저는 결코 이렇게 무례하게 부인과 마주칠 일은 없었을 텐데요."

"무례한 사람은 저예요." 그녀가 말했다.

"그럼 제가 집을 잘못 찾아온 건가요, 부인?" 파프리 씨가 당황해하며 눈을 깜빡이고 말채찍으로 각반을 불안스럽게 툭툭 치며 말했다.

"오, 아닙니다—선생님. 앉으세요. 기왕에 오셨으니 와서 앉
으셔야만 해요." 루시타가 그의 당혹감을 덜어주기 위해 친절하
게 대답했다. "헨처드 양은 여기로 곧 올 겁니다."

그런데 이 말은 엄밀히 말해서 사실이 아니었다. 그러나 이
젊은 남자의 그 무엇이, 즉, 극북(極北) 지역의 시원시원함과 엄격
함이, 그리고 마치 잘 조여진 악기처럼 헨처드와 엘리자베스-제
인과 쓰리마리너스에 모인 흥겨운 패거리들이 그를 봤을 때 흥
미를 불러일으켰던 매력이, 예기치 않은 그의 출현을 루시타에게
매력적으로 보이게 했다. 그는 망설이며 의자를 바라봤고 그곳에
위험이 없다고(사실은 있지만) 생각하고는 앉았다.

파프리가 갑작스레 들어온 것은 그가 엘리자베스에게 구애
할 마음이 있다면 만나도 좋다고 헨처드가 허락한 결과일 뿐이었
다. 그는 처음에는 헨처드의 통명스러운 편지를 무시했었다. 그
러나 예외적으로 운 좋은 어떤 사업 거래로 인해 그는 모든 사람
들과 좋은 관계를 만들었고 자신도 원하기만 하면 틀림없이 결혼
할 수 있다는 것을 깨달았다. 그렇다면 엘리자베스-제인만큼 그
렇게 상냥하고 검소하며 모든 면에서 만족스러운 사람이 누가 있
겠는가? 그녀의 개인적인 장점들은 차치하고서라도 그전 친구였
던 헨처드와의 화해는 자연스레 그녀와의 결합에서부터 흘러나
올 것이다. 따라서 그는 읍장의 통명함을 용서했다. 그리고 오늘
그가 아침 장에 가는 길에 엘리자베스-제인 집에 들렀었는데 거
기에서 그녀가 지금 템플만 양의 집에 머물고 있다는 사실을 들

었다. 엘리자베스-제인이 미리 준비하고 자신을 기다리고 있지 않다는 것을 알고서―남자들이란 얼마나 멋대로 생각하는지!― 약간 자극을 받아 그는 하이-플레이스 홀로 서둘러 갔으나 엘리자베스가 아니라 집주인 본인과 마주친 것이었다.

"오늘은 큰 장이 설 모양이네요." 그들의 눈이 바깥의 분주한 광경을 응시할 때 그녀가 자연스레 화제를 돌리며 말했다. "이곳의 여러 가지 상설장과 가게들이 계속 제게 흥미를 불러일으켜요. 여기에서 내다볼 때면 얼마나 많은 일들을 제가 생각하는지!"

그는 어떻게 대답해야 할지 모르는 듯했다. 그들이 자리에 앉을 때 밖에서 지껄이는 소리가 들려왔는데 잔물결 이는 바다의 작은 파도 소리처럼 때때로 다른 소리들보다 더 크게 들려왔다. "자주 밖을 내다보세요?" 그가 물었다.

"예―아주 자주요."

"누구 아는 사람이라도 찾는 건가요?"

그녀가 왜 그렇게 대답해야만 했을까? "전 그냥 그림을 보듯이 봐요. 그런데," 그녀가 그에게 상냥하게 몸을 돌리면서 말을 이었다. "저는 지금 그렇게 하고 있는 건지 몰라요―선생님을 찾고 있는지 몰라요. 선생님은 저기에 늘 계시죠, 그렇죠? 아―심각하게 들으라고 한 말은 아닌데! 하지만 군중 속에서 아는 누군가를 찾는 건, 꼭 그 사람을 원하지 않는다고 하더라도 즐거운 일이에요. 그건 사람들 무리에 둘러싸여 있으면서 무리 중에 단 한 사람과도 연관이 없다는 끔찍한 억압감을 없애 주거든요."

"아―상당히 쓸쓸한가 봐요, 아가씨?"

"얼마나 쓸쓸한지 아무도 몰라요."

"그런데 사람들은 아가씨가 부자라고 하던데요."

"그렇다 하더라도 저는 제 부(富)를 어떻게 누려야 하는지 몰라요. 저는 여기에 살 요량으로 캐스터브리지에 왔어요. 한데― 그렇게 될지 의문이에요."

"어디서 오셨나요, 아가씨?"

"바스 인근에서요."

"저는 에든버러 인근에서 왔습니다만." 그가 중얼거렸다. "고향에 사는 게 더 좋죠, 그건 사실이에요. 하지만 남자는 돈을 버는 곳에 살아야만 해요. 참 딱한 일이기는 한데 항상 그래요!…… 하지만 전 올해 아주 사업이 잘됐어요―아, 그럼요." 그는 순진하게 신이 나서 말을 이었다. "저기 칙칙한 갈색 모직 외투 입은 남자 보이죠? 가을에 밀값이 떨어졌을 때 저는 저 사람한테서 다량으로 밀을 구입했죠. 그리고 나중에 값이 좀 올랐을 때 가진 밀을 전부 팔아버렸죠. 그래봤자 이윤은 얼마 없었어요. 그런데 농부들은 가격이 더 오르기를 기대하면서 자기들 밀을 움켜쥐고 안 내놓아요. 그러는 사이 쥐들이 낟가리 속을 텅 비게 갉아 먹고 있는데도 말이죠. 제가 막 팔아치우고 나니 값이 떨어져서 저는 밀을 움켜쥐고 안 팔던 농부들에게서 처음보다 낮은 가격으로 몽땅 사들였죠. 그리고는," 파프리가 얼굴이 벌겋게 달아 격하게 외쳤다. "밀값이 우연히 다시 오른 후 몇 주 뒤에 팔았지요! 이런 식으로 자주 반복되는 작은 이윤에 만족하다 보니 곧 500파운드를 벌게 되었죠—그래요!—(자기가 지금 어디에 있는지 까맣게 잊은 채 탁자를 손으로 내리치며)—반면에 밀을 손에 움켜만 쥐고 있던 다른 사람들은 동전 한 닢도 못 벌었지요!"

루시타는 반신반의하면서도 흥미롭게 그를 쳐다봤다. 그녀에게 그는 완전히 새로운 종류의 사람이었다. 마침내 그도 이 숙녀의 눈을 쳐다봤고 그들의 시선이 마주쳤다. "예, 지금—제가 아가씨를 피곤하게 만들고 있군요!" 그가 큰 소리로 말했다.

그녀는 낯을 조금 붉히며 말했다. "정말, 아니에요."

"그럼 무엇 때문인가요?"

"아주 다른 일로요—선생님은 정말 재밌는 분이네요."

겸연쩍게 낯을 붉힌 쪽은 이번에는 파프리였다.

"제 말은 선생님 같은 스코틀랜드 사람들이 다 그렇다는 뜻이에요." 그녀가 성급히 정정하여 덧붙였다. "남쪽 사람들이 가진 극단적 성향이 전혀 없죠. 우리 보통 사람들은 모두 이쪽 아니면 저쪽이에요. 뜨겁거나 차갑거나, 열정적이거나 냉담하거나 둘 중 하나인 거죠. 그런데 선생님 같은 분들은 몸속에서 양쪽 기질이 동시에 작용하고 있는 거죠."

"그런데—그게 무슨 뜻인가요? 좀 알아듣게 얘기해 주시면 좋겠어요, 아가씨."

"스코틀랜드인들은 활기차요—그럴 땐 성공한다고 생각하죠. 그러다가 다음 순간에는 슬퍼하고—그땐 스코틀랜드와 친구들을 생각한다는 거죠."

"그래요—저는 이따금 고향 생각을 해요!" 그가 간단히 말했다.

"저도 그래요—내 나름대로는요. 하지만 제가 태어난 집은 낡아서 사람들이 개량하려고 헐어버렸어요. 그래서 저는 이제 머리에 떠올릴 고향이 없는 것 같아요." 루시타는 그 집이 바스가 아니라 세인트 헬리어[79]에 있다고 덧붙일 수도 있었지만 그러지 않았다.

"하지만 산과 안개와 바위, 그런 것들은 거기 남아 있지 않나요? 그런 것들이 고향처럼 보이게 하지 않나요?"

그녀는 머리를 가로저었다.

"그것들이 저한테는 그래요—저한테는 그래요!" 그가 중얼거렸다. 그의 마음이 북쪽을 향해 날아가고 있음을 알 수 있었다. 이런 마음이 비롯된 것이 민족적이거나, 개인적이거나 간에 루시타가 한 말은 정말 맞는 말이었다. 파프리의 삶이라는 실(絲)에는 희한하게도 상업적인 것과 낭만적인 것의 두 가닥이 때때로 아주 뚜렷이 보였다. 얼룩덜룩한 밧줄에서의 색깔들처럼 이런 대조적 면은 한데 꼬여있기는 했지만 뒤섞이지는 않았다.

"고향으로 돌아가고 싶은가 봐요." 그녀가 말했다.

"아, 아니에요, 아가씨!" 파프리가 갑자기 제정신으로 돌아오면서 말했다.

창밖의 장터는 이제 요란스럽게 붐비고 시끄러웠다. 그날은 연중 가장 주요한 인력시장이었고 며칠 전의 장과는 사뭇 달랐다. 장터에는 하얀색이 점점이 박힌 허여스름한 갈색이 군중

---

79 세인트 헬리어(St. Helier): 저지섬의 주도(州都).

의 주류를 이루고 있었다. 이들은 바로 일자리를 구하러 대기 중인 노동자들의 무리였다. 짐마차의 덮개 같은 여자들의 긴 보닛 모자, 무명 웃옷, 체크무늬 숄이 마부들의 거친 작업복과 뒤섞였다. 이 여자들도 인력시장에 들어왔기 때문이다. 나머지 사람들 중 보도의 구석에 어떤 늙은 목동이 서 있었는데 하도 말이 없어서 루시타와 파프리의 시선을 끌었다. 그는 시련을 겪은 사람임이 분명했다. 삶과의 투쟁이 그에게는 모진 것이었던지 우선 그는 체구가 왜소했다. 그는 힘든 일과 세월 탓에 등이 너무나 굽어서 뒤따라가면서 보면 그의 머리가 거의 보이지 않았다. 그는 손잡이가 구부러진 지팡이를 도랑에 꽂고 그 손잡이에 의지하여 서 있었다. 그 손잡이는 오랜 기간 그의 손과 마찰이 되어 은처럼 빛나며 반질거렸다. 그는 자기가 어디에 있는지, 무슨 일로 왔는지 완전히 잊은 채 땅만 바라보고 있었다. 조금 떨어진 곳에서는 그에 관한 협상이 진행 중이었는데 그는 듣고 있지 않았다. 그의 마음에는 한창때 일꾼으로 잘 팔려나가던 즐거운 광경이 스쳐 지나가는 것 같았다. 그의 기술이 좋아서 원하기만 하면 어느 농장에서건 일자리를 얻었던 그런 시절이었다.

그 협상은 멀리 있는 군(郡)에서 온 농장주와 이 노인의 아들 사이에 진행되고 있었다. 협상은 난항을 겪고 있었다. 농장주는 이 거래에서 빵 속이 없는 빵 껍질, 다른 말로 하면 젊은이 없는 노인네는 취하려 하지 않았다. 노인의 아들은 현재 일하는 농장에 애인이 있었는데 이 애인이 창백한 입술로 결과를 기다리며 옆에 서 있었다.

"너를 떠나게 되어서 미안해, 넬리." 젊은이가 감정이 북받쳐 말했다. "하지만 너도 알겠지만 난 아버지를 굶길 수는 없어. 아버지는 성모 축일에 일자리를 잃으셨어. 거긴 35마일밖엔 떨어져 있지 않아."

소녀의 입술이 파르르 떨었다. "35마일!" 하면서 그녀가 중얼거렸다. "아―너무 해! 자기를 다시는 볼 수 없을 거야!" 큐피드 도령의 자석으로도 끌어당기기에 실로 희망 없는 거리였다. 왜냐하면 다른 곳에서 그렇듯이 캐스터브리지에서도 젊은 사내들이란 다 똑같기 때문이었다.

"아, 못 만나, 못 만나―자기를 절대로 못 만나게 될 거라고." 그녀는 젊은이의 손이 자신의 손을 꽉 잡을 때 이렇게 강변했다. 그리고는 우는 모습을 안 보이려고 루시타의 집 벽 쪽으로 얼굴을 돌렸다. 농장주는 젊은이에게 대답할 시간으로 반시간을 주겠다면서 이 일행을 슬퍼하게 내버려둔 채 자리를 떴다.

눈물이 그렁그렁한 루시타의 눈이 파프리의 눈과 마주쳤다. 그녀가 놀라게도 그의 눈 또한 그 광경에 젖어 있었다.

"이건 너무 가혹해요!" 그녀가 격한 감정으로 말했다. "사랑하는 사람들이 이런 식으로 헤어지면 안 돼요. 아, 저한테 소망이 있다면 그건 사람들이 원하는 대로 살고, 사랑하는 거예요!"

"저들이 헤어지지 않도록 제가 어떻게 해볼 수 있을 거 같아요!" 파프리가 말했다. "저는 젊은 짐 마차꾼이 한 사람 필요해요. 그리고 아마 저 노인도 같이 데려갈 수 있을 거예요―예, 그 노인은 품삯이 그리 비싸지 않을 테고, 물론 내가 바라는 몫을 해낼 겁니다."

"오, 선생님 참 좋은 분이에요!" 그녀가 즐거워하며 큰 소리로 말했다. "가서 저들에게 말하세요—그리고 성공 여부를 제게 알려주세요."

파프리가 밖으로 나갔고 그가 그 사람들에게 말을 거는 모습이 보였다. 모든 사람의 눈이 빛났다—거래가 곧 성사됐다. 파프리는 계약이 마무리되자마자 그녀에게 돌아왔다.

"정말 선생님은 친절하세요." 루시타가 말했다. "저는 제 하인들이 원하기만 하면 모두 다 애인을 갖게 하겠다고 결심했어요. 선생님도 같은 결심을 해 주세요."

파프리는 머리를 갸우뚱하면서 더 심각한 표정을 지었다. "저는 그보다는 좀 더 엄격해져야만 합니다." 그가 말했다.

"왜죠?"

"아가씨는—부유한 여자예요. 하지만 저는 먹고살려고 발버둥 치는 건초와 곡물 장수예요."

"저는 아주 야망이 많은 여자예요."

"아, 그런데, 어떻게 설명해야 할지 모르겠어요!—숙녀들이 야망이 있건 없건 그녀들에게 말하는 법을 저는 잘 몰라요. 사실입니다!" 도널드가 심각하게 후회하는 기색으로 말했다. "저는 사람들에게 잘해주려고 애쓰고 있어요—그 이상은 아닙니다."

"제가 보기에도 선생님은 지금 말씀하신 그대로네요." 이런 감정의 교환에서 자신이 우위에 섰음을 인식하면서 그녀가 대답했다. 그녀의 통찰력이 이렇게 드러난 가운데 파프리는 창문 밖으로 붐비는 장터를 다시 내다봤다.

농부 두 사람이 만나 악수하고 있었다. 창가에 아주 가까이 있었기 때문에 이들이 하는 말은 다른 사람들의 말처럼 똑똑히 들렸다.

"자네 오늘 아침에 그 젊은 파프리 씨를 봤나?" 한 농부가 물었다. "그 사람이 열두시 땡땡 칠 때 나랑 여기서 만나기로 약속했는데. 그런데 내가 장터를 대여섯 번이나 가로지르기도 하고 또 그 주위를 돌아다녔지만 그 사람은 그림자도 보이지 않네. 그 사람이 대개는 약속을 잘 지키는 사람인데 말이야."

"약속을 완전히 잊고 있었네요!" 파프리가 중얼거렸다.

"그럼 이제 가셔야겠군요." 그녀가 말했다. "그렇죠?"

"예." 그가 대답했다. 그러나 그는 여전히 안 가고 있었다.

"가셔야지죠." 그녀가 재촉했다. "고객 한 사람 잃겠어요."

"한데, 템플만 양, 저를 화나게 만드시겠네요." 파프리가 큰 소리로 말했다.

"그렇다면 안 가시고 좀 더 계시겠다는 거죠?"

그는 자신을 찾고 있는 농장주를 근심스레 쳐다봤다. 그 농장주는 이제 막 불길하게도 길을 건너 헨처드가 서 있는 곳으로 가고 있었다. 파프리는 방 안을 둘러보고 그녀를 바라봤다. "저는 여기 있고 싶지만 가야만 할 거 같네요!" 그가 말했다. "사업이란 잠시라고 한눈을 팔면 안 되는 거거든요, 그렇죠?"

"단 한시도요."

"맞는 말입니다! 다음 기회에 다시 오겠습니다─그래도 될까요, 아가씨?"

"물론이죠." 그녀가 말했다. "오늘 우리에게 있었던 일은 참 희한해요."

"우리만 있을 때 생각해볼 만한 일이죠, 그럴 거 같아요."

"아—잘 모르겠어요. 흔히 있을 법한 일이죠, 결국은."

"아니에요—저는 그렇게 생각하지 않아요! 아니고말고요!"

"그런데 그게 어떤 것이었든 이제는 끝났어요, 장터가 선생님을 오라고 부르네요."

"예—예. 장터—사업이죠! 세상에 사업이란 게 없으면 좋겠어요."

루시타는 거의 웃을 뻔했다—그때 그녀의 마음속에 어떤 작은 감정이 진행되고 있지 않았다면 그녀는 완전히 웃었을지도 몰랐다. "변하셨군요!" 그녀가 말했다. "선생님은 이런 식으로 변할 분이 아닌데."

"저는 그전에는 이런 일들을 바랐던 적이 없어요." 스코틀랜드인은 자신의 약한 마음에 대해 단순하면서도 부끄럽고 사과하는 표정으로 말했다. "그건 여기에 온 이후로—그리고 당신을 본 이후로 그런 거예요!"

"만약 그런 거라면 선생님은 저를 더 이상 보지 않는 게 좋겠어요. 이런, 제가 꼭 선생님을 타락시킨 거 같은 느낌이에요!"

"하지만 보건 안 보건, 난 당신을 내 마음속에서는 볼 거예요…… 자—이제 저는 가겠습니다—이렇게 방문하는 즐거움을 주셔서 감사합니다."

"머물러주셔서 고마워요."

"아마 밖에 나가서 몇 분 지나면 저는 다시 장사꾼의 마음이 될 겁니다." 그가 중얼거렸다. "하지만 잘 모르겠어요—모르겠어요!"

그가 나갈 때 그녀가 진지하게 말했다. "시간이 지나면 선생님은 캐스터브리지에서 사람들이 제 얘기를 하는 것을 듣게 될지 몰라요. 만약 사람들이 제가 요부라고 말하더라도, 몇몇 사람들이 제 인생에 있었던 사건들 때문에 그렇게 말한다 해도 믿지 마세요. 왜냐하면 저는 요부가 아니니까요."

"안 믿겠다고 맹세합니다." 그가 열정적으로 말했다.

두 사람은 이렇게 인연이 맺어진 것이다. 그녀가 이 젊은 남자의 열정에 불을 질러 감정이 흘러넘칠 정도로 만들었다면 그는 그저 새로운 형태의 한가함을 그녀에게 제공하려다가 오히려 그녀의 심각한 걱정을 일깨운 셈이 되었다. 왜 이렇게 되었을까? 그들은 말할 수 없었을 것이다.

소녀 시절이었다면 루시타는 장사꾼들을 거의 거들떠보지도 않았을 것이다. 그러나 헨처드와의 분별없는 행동으로 정점에 이른 그녀의 순탄치 못한 삶이 그녀로 하여금 신분을 따지지 않게 만들었다. 가난했을 때 그녀는 자신이 속한 사회로부터 거부당한 바가 있어서 이제는 그 사회와의 연계를 다시 시도하려는 열정이 그다지 크지 않았다. 그녀의 마음은 날아가 쉴 수 있는 어떤 방주(方舟)를 갈망했다. 그것이 따뜻하기만 하다면 방주가 거칠거나, 부드럽거나 개의치 않았다.

파프리는 자신이 엘리자베스를 만나러 왔었다는 사실을 까맣게 잊은 채 문간까지 배웅받았다. 루시타는 창가에 서서 그가 농장주들과 그들의 일꾼들의 미로 사이로 빠져나가는 것을 지켜봤다. 그녀는 그의 걸음걸이에서 그가 자신의 눈길을 의식하고 있다는 것을 알 수 있었다. 그녀의 마음은 그의 숫기 없음에 이끌려 그에게로 달려 나갔고, 두 번째 방문이 허용되는 것은 그에게 걸맞지 않다고 생각하면서도 뭔가 구실을 찾으려 했다. 그는 장터의 가게에 들어갔고 그녀는 그를 더 이상 볼 수 없었다.

3분 뒤에 그녀가 창가에서 물러나자 노크 소리가 들렸다. 여러 번은 아니지만 힘 있는 노크 소리가 온 집안에 울려 퍼졌고, 하녀가 경쾌한 발걸음으로 문으로 갔다.

"읍장님이십니다." 하녀가 말했다.

루시타는 비스듬히 누워 꿈꾸듯 손가락 사이로 바라보고 있었다. 그녀가 즉시 대답하지 않자 하녀는 정보를 반복하며 "그리고 읍장님은 시간이 많지 않다고 하셨는데요"라고 덧붙였다.

"오! 그럼 내가 머리가 아파서 오늘은 읍장님을 붙들지 않겠다고 말씀드려라." 이 전갈이 아래로 전달되었고 그녀는 문 닫히는 소리를 들었다.

루시타는 자신에 대한 헨처드의 감정을 진전시키기 위해 캐스터브리지에 온 것이었다. 그녀는 그 감정을 진전시키는 데 성공했는데 이제는 그 성공에 무관심해졌다.

엘리자베스-제인을 방해되는 존재로 보던 아침의 생각이 바뀌었고 이제 그녀는 더 이상 그 소녀를 의붓아버지 때문에 내보내야 하는 필요성을 강하게 느끼지 않게 되었다. 엘리자베스가 이렇게 바뀐 기류를 맘에 들게도 눈치 못 채고 들어오자 루시타는 그녀에게 다가가 이렇게 사뭇 진지하게 말했다. "난 아가씨가 와서 아주 기뻐요. 나랑 오래 같이 살 거죠, 그렇죠?"

엘리자베스를 집 지키는 개로 이용하여, 그녀 아버지를 못 오게 막는 것—얼마나 참신한 생각인가. 게다가 제법 즐거운 일이기도 했다. 헨처드는 과거에 이루 말로 표현할 수 없을 정도로 그녀의 명예를 위태롭게 해놓고서는 요 며칠 동안 내내 그녀를 무시해 왔던 것이다. 그가 자신이 자유로운 몸이 되고 그녀가 재산가가 되었음을 알았을 때 할 수 있었을 최소한도의 일은 그녀의 초대에 대해 기꺼이, 그리고 신속하게 응하는 것이었다.

그녀의 감정들이 솟구치고 떨어지면서 파도를 쳤고, 이 감정들이 급작스럽게 일어나는 것에 대해 되는 대로의 추측이 그녀의 마음을 가득 채웠다. 그렇게 그날 루시타의 경험은 지나갔다.

제24장

가엾은 엘리자베스-제인, 자기가 도널드 파프리로부터 얻은 막
피어난 관심을 시들게 하려고 자신의 불길한 별이 무슨 일을 했
는지 생각조차 못한 채, 루시타로부터 이곳에 머물며 같이 살자
는 말을 듣고 기쁘기만 했다.

왜냐하면 루시타의 집이 거처가 된다는 것 외에도 그 집에서
장터를 샅샅이 다 볼 수 있다는 것이 루시타 못지않게 엘리자베
스에게도 매력적이었기 때문이다. 장터의 교차로는 구경거리 연
극 속에 흔히 등장하는 공터와도 같아서[80], 이곳에서 일어나는 일
들은 항상 이웃한 주민들의 삶에 우연찮게 영향을 끼친다. 농부
들, 상인들, 목축업자들, 사기꾼, 장돌뱅이들이 매주 여기에 나타
났다가 오후가 기울어질 무렵에는 사라졌다. 이곳은 사람들이 움
직이는 모든 궤도의 교점(交點)이었다.

토요일에서 다음 토요일까지 이제 두 젊은 여인들에게는 그

---

80 고대 그리스 연극에서 흔히 큰길에 인접한 공터나 공공장소를 극중 행위가 일어
나는 곳으로 설정하여 다양한 인물들이 그곳에서 얽히고설키게 하여 여러 가지 사건
들이 일어나도록 했다.

저 그날이 그날 같을 뿐이었다. 감정상으로 이들은 그 기간 동안 은 전혀 사는 게 아니었다. 다른 날에는 어디를 헤매고 다녔건 장 이 서는 날만 되면 이들은 반드시 집에 있었다. 이들은 둘 다 창 밖으로 파프리의 어깨와 머리를 은밀히 훔쳐보았다. 그들은 그의 얼굴은 좀처럼 보지 못했다. 그가 수줍어해서인지 혹은 자신의 장사꾼 기분을 방해받고 싶지 않아서인지, 그들의 처소로 고개를 돌리는 일은 피했다.

이런 식으로 일이 계속되다가 어느 장날 아침에 새롭게 놀랄 일이 하나 일어났다. 엘리자베스와 루시타가 아침 식사를 하고 있을 때 런던에서 루시타 앞으로 소포로 보낸 옷 두 벌이 왔다. 루시타는 아침 식사 중인 엘리자베스를 불렀고, 엘리자베스는 친 구의 침실로 들어가자 가운이 침대 위에 펼쳐져 있는 것을 보았 는데, 하나는 짙은 체리색이었고, 또 하나는 더 옅은 체리색이었 다. 각각의 가운마다 장갑은 옷소매 끝에 한 짝씩 놓여 있고, 보닛 은 목 부분의 위에, 양산은 장갑을 가로질러 놓여 있었다. 루시타 가 사람 모양을 떠올리는 이 형상 옆에 생각에 잠겨 서 있었다.

"저라면 그렇게 어렵게 생각하지 않겠어요." 루시타가 이 옷 이 더 어울릴까, 저 옷이 더 어울릴까 몹시 고심하는 것을 목격하 고 엘리자베스가 말했다.

"하지만 새 옷을 선택하는 일은 너무 어려워요." 루시타가 말 했다. "나는 저 사람이 될 수 있고"(침대 위 형상 중 하나를 가리 키며), "아니면 나는 완전히 다른 저 사람이 될 수도 있어." (다른 형상을 가리키며), "다가오는 봄철 내내 말이에요. 그리고 어느 쪽일지는 모르지만 둘 중의 하나는 아주 꼴사나운 옷차림으로 판명이 날 거예요."

결국 템플만 양은 어떻게 해서든 체리색 옷을 입은 사람이 되겠다고 결정하였다. 옷은 잘 맞는다고 선언되었고, 루시타는 엘리자베스가 뒤따르는 가운데 그 옷을 입고 앞방으로 들어갔다.

이튿날 아침은 예년과 비교해 예외적으로 화창했다. 햇살이 루시타의 저택 맞은편 집들과 보도 위로 아주 낮게 비쳐서, 이것들에 반사된 빛이 루시타의 방 안으로 쏟아지고 있었다. 갑자기 마차가 덜커덕 지나가고 난 뒤, 천장 위에서 일정하게 비추는 이 햇빛에 빙빙 도는 환상적 빛줄기들이 더해지자, 두 여인은 창 쪽으로 몸을 돌렸다. 바로 맞은편에 희한하게 생긴 마차 한 대가 와서 멈췄는데 꼭 거기에 전시하기 위해 갖다 놓은 것처럼 보였다.

그것은 이 지역 시골에서는 그때까지 알려지지 않았던 파종기라고 불리는 새로운 모양의 신식 농기구였다. 이 지역에서는 옛날 7왕국[81] 때와 마찬가지로 씨를 입으로 뿌리는 존경할 만한 기술이 아직도 사용되고 있었다. 파종기의 도래는 마치 날아다니는 기계가 체링 크로스[82]에서 불러일으킬 만큼이나 커다란 흥분을 곡물시장에 불러일으켰다. 농부들이 그 주위에 몰려들었고, 여인네들이 가까이 다가갔고, 아이들은 기계 밑과 안으로 기어들

---

81 7왕국(Heptarchy): 기원 후 6-9세기에 앵글로 색슨의 일곱 왕국이 모여 이룬 연합체.

82 체링 크로스(Charing Cross): 런던 중심부의 번화한 광장.

어 갔다. 기계는 초록색, 노란색, 빨간색의 밝은 색조로 칠해졌다. 전체를 보면 말벌, 메뚜기, 새우를 한데 합쳐 엄청나게 확대한 것처럼 보였다. 아니면 앞부분이 없는 수직형 악기와도 유사해 보였을 것이다. 이것이 루시타가 받은 인상이었다. "아니, 이건 일종의 농업용 피아노네." 그녀가 말했다.

"뭔가 곡식이랑 관련 있는 거 같아요." 엘리자베스가 말했다.

"대체 어떤 사람이 이런 걸 여기 들여올 생각을 했을까?"

두 여인의 마음속에 도널드 파프리가 그 혁신가로 떠올랐다. 왜냐하면 그는 농부는 아니지만 농사일과 긴밀히 관련되어 있었기 때문이다. 그는 마치 이들의 생각에 응답이라도 하듯 그 순간 다가와서 기계를 바라보았고, 그 주위를 한 바퀴 돌더니 마치 그 기계의 구조에 대해 뭔가 알기라도 하는 것처럼 조작해 보았다. 지켜보는 두 여인은 그가 오는 것을 마음속에서 응시했었고, 엘리자베스는 창가를 떠나 방의 뒤 구석으로 가서 마치 벽의 장식 판자 속으로 빨려간 듯 서 있었다. 그녀는 루시타가 자기의 새 옷을 파프리의 출현과 결부시키면서 "우리 가서 그 기계 구경해요, 그게 뭐건 간에"라고 들떠서 외칠 때까지 자기의 이러한 행동을 모르고 있었다.

엘리자베스-제인의 보닛과 숄이 곧 몸 위로 올려졌고 그들은 밖으로 나갔다. 주변에 모여 있는 모든 농사꾼들 틈에서 이 새로운 기계의 합당한 주인은 루시타밖에 없는 것처럼 보였다. 그건 그녀만이 색깔에 있어서 이 기계와 맞수가 될 수 있었기 때문이었다.

그들은 호기심 어린 눈으로 기계를 살폈다. 트럼펫 모양의 튜브들이 겹쳐져 만든 열(列)과, 회전하는 소금 수저처럼 생긴 작은 국자들을 살펴보았다. 이 국자들은 씨앗을 땅으로 내려보내는 튜브의 위쪽 주둥이 속으로 씨앗을 던져 넣는 장치였다. 그때 누군가가 "안녕, 엘리자베스-제인"하며 말했다. 그녀가 고개를 들어보니 의붓아버지가 서 있었다.

그의 인사말은 좀 무미건조하고 천둥치듯 컸다. 엘리자베스-제인은 당황하여 평정심을 잃고 "아버지, 이분이 저랑 사는 숙녀분이에요.—템플만 양이요"라고 두서없이 더듬거리며 말했다.

헨처드가 손을 모자에 갖다 댔다. 그는 모자를 벗어 큰 곡선을 그리며 무릎 지점에 대었다. 템플만 양은 몸을 굽혀 인사했다. "알게 돼서 기쁩니다, 헨처드 씨." 그녀가 말했다. "이거 참 신기한 기계네요."

"그렇군요." 헨처드가 대답했다. 그러고 나서 그는 기계를 설명하기 시작했다. 실은 더욱더 강하게 기계를 비웃었다.

"이걸 누가 여기에 가져왔나요?" 루시타가 물었다.

"아, 나한테 묻지 마세요, 아가씨!" 헨처드가 말했다. "저 물건—그걸 제대로 작동하는 건 불가능해요. 어떤 시건방지고 되바라진 녀석이 추천해서 우리 기계공 중 한 명이 여기로 가져왔어요. 근데 그 녀석이 생각하기를……" 그의 눈이 엘리자베스-제인의 애원하는 얼굴을 보자 말을 멈췄는데, 아마도 구애가 진행 중일 거로 생각했다.

그가 떠나려고 몸을 돌렸다. 그러다가 그의 의붓딸이 자신의 환각임이 틀림없다고 생각한 어떤 일이 일어난 것 같았다. 헨처드의 입술에서 분명히 중얼거리는 소리가 새어 나왔는데, 그것은 "당신이 날 만나기를 거부하다니!"라며 루시타에게 하는 비난의 말임을 엘리자베스는 알아챌 수 있었다. 그녀는 이 말이 근처에 있던 노란 각반을 한 농부들 중 누군가에게 건네진 게 아닌 한 자기 의붓아버지 입에서 튀어나왔을 리가 없다고 생각했다. 그러나 루시타는 잠자코 있는 것처럼 보였다. 그러다가 이 사건에 대한 모든 생각이, 마치 기계의 내부에서 울려 나오는 듯한 노래의 흥얼거림에 의해 흩어졌다. 헨처드는 이때쯤 벌써 장터 가게 안으로 사라졌고, 두 여자의 시선은 파종기 쪽을 향했다. 그들은 어떤 남자의 구부린 등이 기계 뒤편에 있는 것을 볼 수 있었는데, 그는 기계 내부로 머리를 들이밀어 기계의 단순한 비밀을 숙달하려는 중이었다. 콧노래가 계속 흘러나왔다.

> 어느 여름날 오후였지
> 해 떨어지기 직전이었어,
> 그때 키티는 새로 산 갈색 가운을 입고
> 언덕을 넘어 가우리[83]로 건너왔다네.

엘리자베스-제인은 노래하는 사람이 누군지 곧 알아차렸고,

---

83 가우리(Gowrie): 스코틀랜드 중앙부의 옛 지역. 오늘날의 퍼스(Perth)가 이 지역의 중심 도시이다.

무엇 때문인지도 모르면서 죄의식을 느끼는 표정이었다. 루시타 가 그다음으로 그를 알아차렸고 자신을 더 잘 조절하는 사람으로 서 능글맞게 말했다. "파종기 안에서 '가우리의 아가씨'가 흘러 나오다니—얼마나 대단한 현상인가!"

마침내 자신이 한 조사에 만족해하며 그 젊은 남자는 허리를 펴고 일어났고, 기계 꼭대기 너머로 두 여자의 눈길과 마주쳤다.

"우리는 신기한 새 파종기를 보고 있었어요." 템플만 양이 말 했다. "하지만 사실 이건 멍청한 물건이에요—그렇죠?" 헨처드 가 알려준 정보를 믿고 그녀가 덧붙였다.

"멍청하다고요? 오, 아니에요." 파프리가 정색하며 말했다. "이 기계는 이 인근 지역의 파종에 혁명을 가져올 거예요. 이제 씨 뿌리는 사람들이 씨를 여기저기 퍼지게 던져서 어떤 건 길가 에, 어떤 건 가시덤불에 떨어지는 등의 일은 없을 거예요[84]. 낱알 하나하나가 심어질 곳으로 곧바로 떨어질 테고, 그 밖의 곳으로 는 절대로 떨어지지 않을 겁니다."

"그렇다면 씨 뿌리는 사람의 낭만은 영원히 사라지는 거네 요." 적어도 성경의 해석에서는 파프리와 의견일치를 보고 있다 고 느끼는 엘리자베스-제인이 말했다. "'바람을 지켜보고 있는 사람은 씨를 뿌리지 말지니,'—라고 설교자 솔로몬이 말했죠.[85] 하지만 그가 한 말은 이젠 적절하지 않아요. 세상의 일이라는 게

---

84 〈마가복음〉 4:3-20, 〈마태복음〉 13: 4-7 참조.

85 〈전도서〉 11:4 참조.

얼마나 빨리 변하는데요."

"예—예…… 그렇게 되겠죠?" 도널드는 그 말을 인정하며 먼 허공에 시선을 고정시켰다. "하지만 기계들은 영국의 동부와 북부에서는 벌써 아주 흔해요." 그가 변명하듯 덧붙였다.

루시타는 성경에 대한 지식이 다소 짧아서 이런 감정들의 흐름 밖에 놓여 있는 것 같았다. "이 기계 선생님 것인가요?" 그녀가 파프리에게 물었다.

"오, 아닙니다, 아가씨." 그는 엘리자베스-제인의 목소리에는 아주 마음이 편했지만 루시타의 목소리 음조에는 당황하고 공손해졌다. "아니요, 아니요—저는 이 기계를 구입해야 한다고 추천했을 뿐이에요."

뒤따르는 침묵 속에서 파프리는 루시타만을 의식하는 것처럼 보였다. 그는 엘리자베스를 인식하고 있다가 엘리자베스가 현재 속해 있는 영역보다 더 밝은 어떤 존재의 영역 안으로 들어간 것 같았다. 루시타는 그날 그가 무척 뒤섞인 감정, 즉 일부는 장사꾼의 기분이고 또 일부는 낭만적인 기분이라는 것을 분간해내고 그에게 "그런데요, 우리 때문에 기계를 저버리지는 마세요"라고 명랑하게 말하고는 자기 동료와 함께 집 안으로 들어갔다.

엘리자베스는 왜 그런지 이유는 알 수 없지만 자신이 방해된다고 느꼈다. 그들이 다시 거실에 들어와서 루시타가 "난 지난번에 파프리 씨에게 말할 기회가 있었어요. 그래서 오늘 아침 그분을 알아본 거예요"라고 말할 때, 그 이유를 얼마간 짐작할 수 있었다.

루시타는 그날 엘리자베스에게 무척 친절했다. 그들은 장터가 사람들로 메워지는 것과, 시간이 경과함에 따라 해가 마을의 위쪽 끝을 향해 서서히 기울어 가는 동안 사람들이 빠져나가는 것을 같이 지켜봤다. 햇빛은 길이 끝나는 곳까지 들어와서 긴 대로를 끝에서 끝까지 샅샅이 비추었다. 이륜마차와 짐수레들도 하나둘 사라져 이제는 거리에 한 대도 보이지 않았다. 타고 움직이는 세계가 끝나고 이제 보행자들의 세계가 지배했다. 들 일꾼들과 그들의 처자식들이 매주 한 번 보는 장을 위해 인근의 마을에서부터 몰려나왔고, 조금 전까지 주류를 이루던 마차 바퀴가 덜그럭대는 소리와 말발굽의 쿵쿵 소리 대신에 이제는 많은 사람들의 발 끄는 소리만 들렸다. 기구들은 죄다 사라졌고 농부들과 돈 있는 사람들도 모두 사라졌다. 읍내 거래의 성격이 양(量)에서 수(數)로 바뀌었고 거래 단위도 그날 낮에는 파운드화(貨)였다면 이제는 페니가 되었다.

루시타와 엘리자베스는, 지금은 밤이고 가로등도 밝혀졌지만, 집의 덧문을 잠그지 않아서 이 광경을 내다볼 수 있었다. 벽난로 불이 꺼져가며 깜빡거리는 속에서 그들은 좀 더 거리낌 없이 말했다.

"아가씨의 아버지는 아가씨하고 사이가 멀어졌나 봐요." 루시타가 말했다.

"예." 그리고 그녀는 헨처드가 루시타에게 말하는 것처럼 보인 순간적인 신비를 잊고 이렇게 말을 이었다. "그건 아버지가 제가 품위가 있다고 생각하지 않기 때문이에요. 저는 아가씨께서 상상할 수 있는 이상으로 품위 있게 되려고 노력해 왔지만 허사였어요! 어머니가 아버지와 헤어졌던 게 제게는 불행이에요. 아가씨는 그런 그림자가 평생 드리워 있다는 느낌이 어떤 건지 모를 거예요."

루시타가 움찔하는 것처럼 보였다. "나는—딱히 그런 종류의 느낌은 모르죠." 그녀가 말했다. "하지만 당신은 일종의 수치심이라든가 창피함, 뭐 이런 걸 다른 식으로 느꼈겠죠."

"한 번도 그런 느낌 가져본 적 없나요?" 더 나이 어린 여자가 순진하게 물었다.

"아, 없지요." 루시타가 재빨리 말했다. "나는 생각하고 있었어요—여자들이 가끔 자기들 잘못은 전연 없는데도 세상 사람들 눈에 이상하게 보이는 상황이 될 때 어떤 일이 일어나는가를."

"그런 일은 여자들을 나중에 아주 불행하게 만들게 뻔해요."

"그들을 근심하게 만드는 거죠. 왜냐하면 다른 여자들이 그 여자들을 경멸하게 되지 않겠어요?"

"전적으로 경멸하지는 않을 거예요. 하지만 그들을 썩 좋아하거나 존경하지는 않겠죠."

루시타는 다시 한번 움찔했다. 그녀의 과거는 이곳 캐스터브리지에서조차도 조사해 보면 전혀 안전하지 않았다. 먼저, 그녀가 자신의 첫 열정 속에서 써서 보낸 수많은 편지들을 헨처드가 아직까지 전혀 돌려주지 않았던 것이다. 아마도 그 편지들이 파기되었을 수도 있다. 그러나 그녀는 그 편지들을 아예 쓰지 않았어야 했다고 생각했다.

파프리와의 우연한 만남과 루시타를 향한 그의 태도는 생각 깊은 엘리자베스로 하여금 그녀의 화려하면서도 사랑스러운 동료를 더 유심히 살피게 만들었다. 며칠 후 그녀의 눈이 외출하는 루시타의 눈과 마주치자, 엘리자베스는 템플만 양이 매력적인 스코틀랜드 남자를 만나는 희망을 품고 있다는 것을 왠지 알았다. 그 사실은 지금 엘리자베스가 읽기 시작하듯 그녀의 표정을 읽을 수 있는 사람이면 누구에게나 루시타의 온 볼과 눈에 보란 듯이 쓰여 있었다. 루시타는 계속 걸어가 문을 닫고 길로 나섰다.

예지자(豫知者)의 영(靈)이 엘리자베스를 사로잡아 난롯가에 앉게 하였다. 자신이 확보한 자료들로부터 사건들을 너무나 확실하게 알아맞혔기 때문에 실제로 그 사건들을 목격했다고 여겨질 정도였다. 그녀는 이렇게 마음속으로 루시타를 따라갔다. 그녀가 마치 우연인 양 어딘가에서 도널드와 마주치는 것을 봤다. 그가 여자들을 만날 때 짓는 특별한 표정도 봤는데 이번에는 상대가 루시타이기 때문에 더 강렬해졌다는 것도 알았다. 그녀는 그의 열정적인 태도를 그려봤다. 그들 둘이 헤어지기 싫어하는 것과 남들 눈에 띄지 않기를 바라는 마음 사이에서 결정을 못하고 있는 것을 볼 수 있었다. 그들이 악수하는 것도 그려보았다. 또 그들이 전체적인 윤곽과 동작에서는 아마도 딱딱하게 헤어졌겠지만 좀 더 작은 특징들에서는 그들 자신들 외에는 다른 누구도 볼 수 없는 정렬의 불꽃을 드러내는 것도 그려보았다. 이처럼 잘 분간해내는 말 없는 마녀가 이런 생각들을 다 마치기 전에 루시타가 소리 없이 뒤에서 다가와서 그녀를 깜짝 놀라게 했다.

그녀가 그려본 것은 모두 사실이었다―맹세하려면 맹세할 수도 있었다. 루시타의 눈은 그윽하게 붉어진 뺨 위에서 강렬하게 빛나고 있었다.

"파프리 씨 만나셨군요." 엘리자베스가 시치미를 떼고 말했다.

"그래요," 루시타가 말했다. "어떻게 알았어요?"

루시타는 벽난로 앞에 무릎을 꿇고는 들뜬 마음으로 친구의 두 손을 자기 손 안에 잡았다. 그러나 그녀는 자기가 언제 어떻게 그를 만났는지, 그가 무슨 말을 했는지는 끝내 말하지 않았다.

그날 밤 루시타는 안절부절못했다. 아침에는 열이 있었다. 그리고 아침 식사 때에 그녀는 자기 친구에게 자기가 마음속에 담아둔 뭔가가, 자기가 아주 관심 있어 하는 어떤 사람과 관련된 뭔가가 있다고 말했다. 엘리자베스는 진지하게 듣고 공감하려는 태도였다.

"이 사람은―어떤 숙녀는―한때 어떤 남자를 많이 사모했었어요―아주 많이." 그녀가 머뭇거리며 말을 꺼냈다.

"아!" 엘리자베스-제인이 말했다.

"그들은 깊은 사이였어요―상당히. 남자는 그녀가 그를 생각하는 만큼 그녀를 깊이 생각하지는 않았어요. 하지만 어떤 충동적인 순간에, 순전히 보상의 의도로 그녀에게 자기 아내가 되어달라고 제의했어요. 여자는 동의했고요. 그런데 그 과정에 예기치 않았던 장애물이 생겼어요. 하지만 여자는 남자에게 너무나 깊이 빠져있어서 순전히 양심상 다른 남자에겐 시집갈 수 없다고 생각했어요. 설사 그러려는 마음이 있었다 하더라도 말이에요. 그 후로 이들은 사이가 많이 벌어져서 한동안 상대의 소식을 듣지 못했고 그 여자는 자기 인생이 완전히 끝났다고 느꼈죠."

"아, 그 아가씨 가엾기도 해라!"

"그 여자는 그 남자 때문에 고통을 많이 받았어요. 일어났던 일이 전적으로 그 남자 잘못은 아니라고 내가 덧붙여야겠지만. 결국 그들을 갈라놓았던 장애물이 천우신조로 제거되었지요. 그리고 이제 그가 그녀와 결혼하러 왔고."

"얼마나 기뻐요!"

"하지만 그러는 사이에 여자는, 내 가엾은 친구는, 그 남자보다 더 좋아하는 다른 남자를 만난 거예요. 자, 문제는 여기에 있는 거죠. 과연 그 여자가 첫 남자를 도의상 버릴 수 있을까?"

"그 여자가 새로 생긴 남자를 더 좋아하는군요—그건 나쁜 일인데!"

"그래요." 루시타가 마을 펌프 손잡이에 매달려 놀고 있는 어떤 남자애를 고통스레 쳐다보면서 말했다. "나쁜 일이긴 해요! 하지만 그 여자가 어떤 우연한 일로 첫 번째 남자와 애매한 입장에 놓일 수밖에 없었다는 건 아가씨가 알아 둬야 해요. 그 남자가 두 번째 남자만큼 많이 배우거나 세련되지도 못했고, 그녀가 처음에 생각했던 것보다 남편감으로 덜 바람직한 여러 가지 단점을 갖고 있다는 사실도 알아야 해요."

"뭐라 대답하기 어려워요." 엘리자베스-제인이 생각에 잠겨 말했다. "참 어려운 문제예요. 이런 건 교황이라도 나서야 해결될 문제죠."

"대답하고 싶지 않아서 그러는 거죠, 아마도?" 루시타는 자신이 엘리자베스의 판단에 얼마나 많이 의존하는지를 호소하는 말 속에 보여줬다.

"예, 템플만 양." 엘리자베스가 그렇다고 인정했다. "전 말하지 않는 게 낫겠어요."

그럼에도 불구하고 루시타는 상황을 조금이라도 공개했다는 단순한 사실만으로도 홀가분해진 것 같았고 두통도 서서히 회복되었다. "거울 좀 갖다줘요. 사람들 눈에 내가 어떤 꼴로 보일까?" 그녀가 맥없이 말했다.

"글쎄요—조금 피곤해 보이겠죠." 엘리자베스가 마치 비평가가 미심쩍은 그림을 볼 때 그러듯 그녀를 처다보며 대답했다. 거울을 가져와 그녀는 루시타가 자기 모습을 보도록 해줬다. 루시타는 근심스럽게 거울을 보았다.

"시간이 지나면 좀 나아지려나." 그녀가 잠시 후에 말했다.

"예—많이."

"내 몸에서 어디가 제일 약점인가요?"

"눈 밑이요—거기에 약간 갈색 기운이 있어요."

"그래요. 나도 거기가 제일 약점이란 걸 알아요. 아가씨 생각에는 내가 앞으로 가망 없이 못생겨지기까지 몇 년이 더 남았을까?"

이러한 토의에서 엘리자베스가 나이는 더 어리지만 경험 많은 현자(賢者)의 역할을 하게 된 데는 희한한 뭔가가 있었다. "5년

쯤이요." 그녀가 재판관처럼 말했다. "아니면, 조용히 산다면 10년 정도? 애정 문제로 속만 썩지 않는다면 10년은 너끈하리라고 봐요."

루시타는 이 말이 변경될 수 없고 불편부당한 평결이라고 생각하는 것 같았다. 그녀는 제3자의 경험인 것처럼 되는대로 어렴풋이 그려낸 자신의 애정 문제를 엘리자베스-제인에게 더 이상은 얘기하지 않았다. 그리고 본인의 신조에도 불구하고 무척 다정다감한 엘리자베스는 그날 밤 잠자리에서 예쁘고 돈 많은 친구 루시타가 자기에게 고백하면서 사람들의 이름과 날짜를 완전하게 털어놓지 않았다는 생각에 한숨지었다. 왜냐하면 루시타의 이야기 속 '그녀'에 대해 엘리자베스는 속아 넘어가지 않았기 때문이다.

제25장

루시타의 마음에서 헨처드가 밀려나는 다음 단계는 파프리가 명백히 당황해하며 그녀를 시험 삼아 방문했을 때였다. 관례적으로 얘기하자면 그는 템플만 양과 그녀의 친구, 양쪽과 대화를 나누었다. 그러나 사실은 방 안에서 엘리자베스는 그의 눈에 띠지 않은 채 앉아 있었다고 보는 게 맞다. 도널드는 전혀 엘리자베스를 쳐다보는 것 같지 않았고 그녀의 재치 있고 간단한 말에 대해 퉁명스럽고 냉담한 단음절어로 대답했다. 그의 시선과 정신 기능은 바뀌는 모습에서, 분위기와 의견에서, 또한 신념에 있어서 엘리자베스보다 더 바다의 신[86] 같은 다양성을 자랑할 수 있는 여인에게 붙들려 있었다. 루시타는 그녀를 자신의 테두리 안으로 집요하게 끌어들이려 했다. 그러나 엘리자베스는 그 테두리가 닿지 않을 어색한 제3의 점처럼 남아 있었다.

수전 헨처드의 딸은 더 악조건에서도 견뎌왔듯이 이러한 서릿발 같은 냉대의 아픔도 견디고 있었다. 그리고 자신이 나가도

---

86 바다의 신: 그리스 신화에 나오는 프로테우스(Proteus)로서 자유자재로 변신할 수 있었다.

아무도 섭섭해하지 않을 불화의 방에서 가능한 한 빨리 나가려고 궁리했다. 스코틀랜드인은 사랑과 우정 사이의 섬세한 균형을 유지하며 그녀와 춤을 추고 같이 걷기도 했던 그 파프리가 아닌 듯 보였다. 그런 균형이 유지되는 기간이야말로 사랑의 역사에서 고통이 섞이지 않은 유일한 시기라고 부를 만하다.

엘리자베스는 무심하게 침실 창밖을 내다보았고, 마치 자기의 운명이 바로 옆 교회의 첨탑에 써 있기라도 한 것처럼 거기 대해 생각해 보았다. "맞았어," 그녀가 창턱을 손바닥으로 탁 치면서 드디어 입을 열었다. "그분은 그녀가 나한테 들려준 얘기에 등장하는 두 번째 남자구나!"

이러는 기간 내내 루시타를 향해 모락모락 피어오르던 헨처드의 감정은 그 사건의 상황이 부채질함에 따라, 점점 더 높은 불길로 타올랐다. 그는 한때 그 젊은 여자에게 연민의 열정을 느꼈으나, 곰곰이 생각해보니 거의 차갑게 식어버렸었다. 그러나 그녀가 이제는 접근하기 약간 어렵고 좀 더 성숙한 아름다움을 갖추게 되면서 자신의 삶을 만족시켜줄 장본인이 되었음을 깨달아가는 중이었다. 고고하게 떨어져 있음으로써 그녀를 자기 곁으로 오게 한다고 생각하는 것은 소용없는 일이라는 것이 그녀의 침묵에 의해 하루하루 입증되고 있었다. 그래서 그는 그 방법을 포기하고 엘리자베스-제인이 없을 때 그녀를 다시 찾아온 것이다.

그는 다소 어색하고 무거운 발걸음으로 방을 가로질러 그녀에게 다가갔다. 파프리의 겸손한 시선에 비교되게 달 옆의 해처럼 강렬하고 뜨겁게 그녀를 응시하면서, 그리고 오래된 친구에게 인사하듯이 자연스러운 태도로 다가갔다. 그러나 그녀는 처지가 바뀌면서 눈부시게 변해 보였고 너무나 차가운 우정으로 손을 내밀었기 때문에, 그는 공손해졌고 한눈에 봐도 맥이 풀린 채 자리에 앉았다. 그는 옷의 유행에 대해서는 거의 아는 바가 없었지만, 지금까지 거의 자신의 소유물이라고 꿈꿔왔던 그 여자 옆에 있으니 자기 옷차림이 적절하지 못하다고 느낄 만큼은 충분히 알았다. 그녀는 그가 자신을 잘 찾아왔다며 뭔가 아주 정중한 말을 했다. 이것이 그로 하여금 마음의 안정을 되찾도록 만들어줬다. 그는 이제 두려움이 없어져서 그녀의 얼굴을 묘한 표정으로 쳐다봤다.

"아니, 난 당연히 올 데를 온 거요, 루시타." 그가 말했다. "그런 뚱딴지같은 말은 대체 뭐요? 내가 바라고 있었을지라도, 아니 내게 당신에 대한 호의가 조금이라도 있었다 해도, 어쩔 수 없었다는 걸 당신도 알지 않소? 내가 찾아온 건 관습이 허용하는 한 가장 빨리 당신에게 내 성(姓)을 붙여줄 준비가 돼 있다고 말하기 위해서요. 그간 당신이 보여준 헌신에 대해, 그로 인해 자기한테는 소홀하면서도 내게 너무 신경 쓰느라 당신이 잃어버린 것들에 대해 보상하기 위해서요. 그리고 당신이 좋으면 날이건 달이건 아무 때나 잡으라고, 내가 거기 전적으로 동의한다고 말하기 위해서 온 거요. 이런 일들은 당신이 나보다 더 잘 알지 않소."

"아직 너무 일러요." 그녀가 회피하듯 말했다.

"맞아, 맞아. 내 생각에도 그렇긴 해. 하지만 루시타, 당신도 알다시피 나는 불쌍하고 학대받은 수전이 죽고 난 직후, 재혼한다는 건 생각조차 할 수 없던 때였지만 당신과 나 사이에 그런 일이 있었던 이상 쓸데없이 지체하지 않고 사태를 바로잡는 게 내 의무라고 느꼈소. 하지만 서두르려는 건 아니요. 왜냐하면—글쎄, 당신이 갖게 된 이 돈에 대해 내가 어떻게 느낄지 당신이 추측할 수 있을 테니까." 그의 목소리가 서서히 낮아졌다. 그건 길거리에서는 드러나지 않은 우악스러운 자신의 말투와 태도가 이 방 안에서 드러나는 것을 인식했기 때문이었다. 그는 새로 산 벽걸이 장식과 우아한 가구들이 그녀를 둘러싸고 있는 방을 빙 둘러보았다. "맹세컨대 이런 가구를 캐스터브리지에서 살 수 있는지는 몰랐는데." 그가 말했다.

"살 수 없죠." 그녀가 말했다. "문명이 앞으로 50년이 더 지나도 이 읍에서는 살 수 없어요. 이 가구들을 가져오는 데 마차 한 대와 말 네 필이 필요했어요."

"그래. 당신은 돈더미 위에 사는 것처럼 보이는군."

"오, 아니에요, 전 그렇지 않아요."

"돈이야 많을수록 좋은 거지. 그런데 사실 당신이 이렇게 기반을 완전히 잡은 게 내가 당신을 대할 때 좀 어색하게 만드네."

"왜요?"

대답이 굳이 필요 없었다. 그래서 그는 대답을 주지 않았다. "자," 그가 말을 이었다. "난 이 세상에서 그 누구건 당신보다 앞서 이런 큰 재산을 누리는 것은 보고 싶지 않았소, 루시타. 그리고 단언컨대 이런 부를 누리는 데에 당신보다 더 어울리는 사람도 없고." 그는 축하하는 감탄과 함께 그녀 쪽으로 몸을 돌렸는데, 이 감탄이 너무나 열렬해서 그녀는 그를 그렇게나 잘 알고 있음에도 불구하고 약간 몸을 움츠렸다.

"이 모든 일에 대해 당신한테 정말 감사해요." 그녀가 다소 의례적인 태도로 말했다. 감정의 교류가 잘 이루어지지 않고 있다고 느끼자 헨처드는 즉시 언짢은 마음을 드러냈고, 이것을 드러내는 데에 있어 헨처드보다 더 빠른 사람은 없었다.

"감사해도 그만, 안 해도 그만이지. 비록 내가 하는 말들이 최근 당신 인생에서 당신이 처음 누리는 세련됨은 없지만, 그 말들은 다 진심이란 말이요, 루시타 마나님."

"제게 그런 식으로 말씀하시다니, 무례하군요." 루시타가 매서운 눈매로 뾰루퉁해서 말했다.

"천만에!" 헨처드가 발끈하여 대답했다. "그런데, 이봐, 이봐, 난 당신하고 싸우고 싶지 않소. 난 저지섬에 있는 당신의 적들을 침묵시키는 진실한 제안을 갖고 온 거니, 당신은 거기 대해 고마워해야 하오."

"어쩌면 그렇게 말할 수가 있어요!" 그녀가 곧 발끈하며 대답했다. "내가 잘못한 거라고는 뭐가 옳은지도 모르면서 어리석은 소녀의 열정에서 당신에게 푹 빠진 것밖엔 없다는 걸, 사람들이 내가 죄를 지었다고 부르는 내내 **난** 내 자신을 죄 없는 사람이라고 불렀다는 걸 알면서도 말이에요. 당신은 그렇게 모질게 말하면 안 되지요! 난 그 괴로운 시절에 고통을 겪을 만큼 겪었어요. 당신이 부인이 돌아왔다고 내게 편지로 알리고, 이어서 나를 버렸던 그 시절 말이에요. 그러니 제가 이제 좀 독립적이 되었다면 그 특권은 분명히 제가 받아 마땅한 거 아니겠어요?"

"그건 그렇소." 그가 말했다. "하지만 세상 사람들은 당신의 실제 모습이 아니라 겉모습으로 판단하는 거요. 그런 이유로 당신이 나를 받아 줘야만 한다고 생각하오. 당신의 그 훌륭한 이름을 위해서라도 말이요. 당신 고향인 저지에서 알려진 일은 여기에서도 알려질 수 있는 거요."

"당신은 어째서 저지 얘기만 계속하실까! 난 영국인이라고요."

"그래, 그래. 그런데 내 제안에 대해 어떻게 생각하는 거요?"

그들이 알게 된 후 처음으로 루시타가 주도권을 쥐었다. 그러나 아직은 주저하고 있었다. "당분간은 이대로 있어요." 그녀가 약간 당혹해하며 말했다. "절 그냥 알고 지내는 사람으로 대하세요. 저도 당신을 그렇게 대할게요. 시간이 지나면—" 그녀는 말을 멈췄다. 그도 이 공백을 메울 말을 한동안 하지 않았다. 이렇게 어설프게 아는 사이에서는 그럴 마음이 없다면 굳이 말할 압박을 느끼지 않았기 때문이다.

"일이 그렇게 되어 가는구만, 그렇지?" 그가 자기 생각이 맞다는 듯 고개를 끄덕이면서 마침내 침울하게 말했다.

반사된 햇살의 노란 물결이 방을 잠시 채웠다. 그건 시골에서 들어온 갓 묶여진 건초 더미가 파프리의 이름이 새겨진 짐마차에 실려 지나가면서 반사된 것이었다. 그 옆에 파프리 본인이 말 등에 앉아 가고 있었다. 루시타의 얼굴은, 말하자면, 사랑하는 남자가 눈앞에 유령처럼 나타났을 때의 여자의 얼굴처럼 되었다.

헨처드가 눈을 한번만 돌렸다면, 창밖을 한번만 내다봤다면, 그녀가 접근을 불허하는 비밀을 찾아낼 수 있었을 것이다. 그러나 헨처드는 그녀의 논조의 의미를 헤아리느라 너무나 수직으로 방바닥만 쳐다보고 있었기 때문에 루시타의 얼굴 위에 누군가를 의식하며 달아오른 표정을 주목하지 못했다.

"그렇게 생각하지 말았어야 하는 건데—여자들에 대해서 그렇게 생각하지 말았어야 했는데!" 그가 곧 이렇게 힘주어 말하고 일어나 몸을 흔들어 움직였다. 한편 루시타는 그가 조금이라도 진실을 눈치채지 못하게 하려고 너무 신경을 쓴 나머지 그에게 서둘러 떠나지는 말라고 청했다. 그리고는 사과 몇 개를 내와서 하나를 깎아 그에게 먹으라고 강권했다.

그는 사과를 먹으려 하지 않았다. "아니야, 아니야. 그런 건 내 입맛에 안 맞아." 덤덤하게 말하며 그는 문가로 갔다. 나가면서 그는 눈길을 돌려 그녀를 쳐다봤다.

"당신은 순전히 나 때문에 캐스터브리지에 와서 사는데," 그가 말했다. "그런데 이제 당신은 여기 있으면서도 내 제안에 대해 일체 말하려 들지 않다니!"

그가 계단을 내려가자마자 그녀는 소파에 털썩 주저앉았다. 그리고는 처절한 발작과 함께 다시 벌떡 일어났다. "난 그이를 사랑**하고 말 거야.**" 그녀가 격하게 소리 질렀다. "또 다른 **그 사람**— 그는 성미 급하고 냉혹해. 그러니 이걸 알면서도 나를 그 사람에게 얽어매는 건 미친 짓이야. 난 과거의 노예가 되지 않을 거야—

난 내가 원하는 사람을 사랑할 거야!" 그런데 그녀가 헨처드와 헤어지기로 작정했기 때문에 사람들은 아마도 그녀가 파프리보다 더 나은 사람을 목표로 삼을 수 있다고 생각했을 것이다. 그러나 루시타는 사리를 분간할 수 없었다. 단지 자기가 예전부터 알아오던 사람들로부터의 비난을 두려워할 뿐이었다. 이제 그녀에게는 남아 있는 친척도 없었다. 그래서 그녀는 타고난 경솔한 마음에서 운명이 제공하는 것을 선선히 받아들였다.

엘리자베스-제인은 솔직한 마음이라는 일종의 수정구(水晶球)를 통해 두 연인 사이에 놓인 루시타의 입장을 관찰해왔고, 그녀의 아버지—그녀는 요새 헨처드를 그렇게 불렀다—와 도널드 파프리가 매일매일 그녀의 친구에게 점점 더 필사적으로 빠져들고 있음을 놓치지 않고 알아챘다. 파프리 쪽에서는 젊음의 자발적인 열정이었고, 헨처드 쪽에서는 더 성숙한 나이가 갖는 인위적으로 자극된 시기심이었다.

엘리자베스는 이 두 남자가 그녀 자신의 존재를 거의 완전히 잊고 있다는 점 때문에 고통스럽지만 이 상황이 우스꽝스럽다고 생각하면 때로는 그 고통이 반 정도는 사라졌다. 루시타가 손가락이라도 찔리면 두 남자는 마치 그녀가 죽기라도 할 것처럼 크게 염려했다. 그런데 엘리자베스 자신이 몹시 아프거나 위험에 처해 있다는 소식을 들어도 그들은 그저 의례적인 위로의 말 한 마디만을 하고는 즉시 다 잊어버리는 것이었다. 그러나 헨처드와 관련하여 보면 그녀의 이러한 자각은 그녀로 하여금 자식으로서의 슬픔을 불러일으키기도 했다. 그녀는 자기가 어떻게 하였기에 헨처드가 자신을 걱정한다고 공언했음에도 그렇게 무시되어야 하는지 자문하지 않을 수 없었다. 파프리와 관련하여서는 그녀는 진지하게 숙고한 뒤에 그의 그런 태도가 상당히 자연스러운 것으로 생각했다. 루시타 옆에 있는 그녀는 누구란 말인가?—달이 하늘에 떴을 때의 '더 보잘것없는 밤의 별들'[87] 중의 하나에 불과하다고 생각했다.

그녀는 체념이라는 교훈을 배운 바 있어서 하루하루의 소망이 붕괴되는 것에 마치 매일 해가 지는 것만큼이나 익숙해져 있었다. 그녀의 속세의 이력이 그녀에게 책에서 배우는 철학은 별로 가르쳐주지 못했지만 적어도 이런 일에서는 그녀를 잘 단련시켰다. 그러나 그녀의 경험은 일련의 순수한 실망 속에 존재한다기보다는 일련의 대체(代替) 속에 존재했다. 그녀가 원하는 것은 주어지지 않고 그녀에게 주어진 것은 그녀가 원하지 않는 일이 계속해서 일어났다. 그래서 그녀는 마음의 평정을 유지하려고 애쓰면서, 도널드가 그녀의 선언되지 않은 연인이었던 때를 이제는 지워진 시절로 생각했고, 하늘이 그 사람 대신에 또 어떤 원하지 않는 것을 보내줄지 궁금해했다.

---

87 '더 보잘 것 없는 밤의 별들': 헨리 워튼(Sir Henry Wotton 1568-1639)이 쓴 시 '그의 연인 보헤미아의 여왕에게'에 나오는 구절이다.

제26장

어느 화창한 봄날 아침 헨처드와 파프리가 읍의 남쪽 성벽을 따라 뻗은 밤나무 산책길에서 우연히 마주쳤다. 두 사람 다 아침을 일찍 먹고 막 밖으로 나온 길이었고, 근처에 다른 사람은 없었다. 헨처드는 자신의 편지에 회답으로 보낸 루시타의 편지를 읽고 있었다. 편지에 그녀는 그가 바라던 두 번째 면담을 즉시 허락하지 않은 것에 어떤 변명을 하고 있었다.

도널드는 현재 거북한 관계에 있는 예전 친구 헨처드와 대화하고 싶은 마음이 없었다. 그렇다고 낯을 찌푸리며 말없이 그의 앞을 지나가려고도 하지 않았다. 그는 고개를 끄덕여 아는 체했고 헨처드도 똑같이 했다. 그들이 서로에게서 몇 발자국씩 물러났을 때 어떤 목소리가 '파프리!'하고 불렀다. 그건 헨처드의 목소리였고, 그는 서서 파프리를 바라보고 있었다.

"자네, 기억나나?" 헨처드는 마치 자신에게 말하게 만든 것이 앞에 있는 파프리가 아니라 자신의 생각이라는 듯이 말했다. "자네 그 두 번째 여인에 관한 내 이야기 기억나는가? 거 왜 나하고 분별없이 정을 통하는 바람에 고생한 그 여자 말일세."

"기억납니다." 파프리가 말했다.

"그 일이 어떻게 시작되어 어떻게 끝났는지 내가 얘기한 거 기억하나?"

"예."

"글쎄, 이젠 내가 그럴만한 입장이 돼서 내가 그 여자한테 결혼하자고 했네. 그런데 그 여자는 나랑 결혼을 안 하겠다는군. 자, 이 여자에 대해 자넨 어떻게 생각하나? 자네 의견을 묻는 거네."

"글쎄요. 읍장님은 이제 그 여자에게 빚진 게 없죠." 파프리가 진심에서 말했다.

"그건 사실이야." 헨처드는 이렇게 말하고 가던 길을 계속 갔다.

그가 편지를 읽다가 고개를 들어 이런 질문을 했다는 것은 루시타가 이런 일에 죄가 있다는 생각을 파프리의 마음에서 완전히 차단시켰다. 사실, 그녀의 현재 처지는 헨처드의 이야기에 나오는 젊은 여자의 처지와 너무나 달라서, 파프리로 하여금 그녀의 신원을 까맣게 모르게 하기에 그 자체로도 충분할 정도였다. 헨처드로서는 그의 마음속을 스친 의혹이 파프리의 말과 태도에 의해서 사라져버린 셈이었다. 그들은 상대를 경쟁자로 의식하는 사이는 아니었다.

그러나 헨처드는 다른 누군가에 의한 경쟁은 있다고 굳게 믿었다. 그는 이것을 루시타 주변의 분위기에서 느낄 수 있었고 그녀가 쓴 편지의 표현에서도 볼 수 있었다. 어떤 적대적인 세력이 작동 중이어서 그가 그녀 곁에 머무르려고 할 때면 꼭 역류 속에서 있는 것 같았다. 이것은 그녀의 타고난 변덕 때문이 아니라는 것을 그는 점점 더 확신하고 있었다. 그녀의 창문들은 마치 그를 원하지 않는 듯 반짝였다. 그녀의 커튼은 마치 몰아내는 존재를 가린 양 교활하게 내걸린 듯했다. 그 존재가 누구인지—정말이지 결국 파프리인지, 아니면 제3자인지—알아내기 위해 그는 다시 그녀를 만나려고 무진 애를 썼다. 그리고 결국은 성공했다.

면담 중에 그녀가 차를 내왔을 때 그는 그녀가 파프리 씨를 아는지 조심스레 알아보는 일을 시작하고야 말았다.

"아, 예, 그 사람 알아요"라고 그녀가 선언했다. 그녀는 자기가 읍의 중심부와 투기장이 내려다보이는 그런 전망대 같은 집에 살고 있어서 캐스터브리지의 사람들 거의 모두를 알 수밖에 없다고 말했다.

"유쾌한 젊은 친구지." 헨처드가 말했다.

"그래요." 루시타가 말했다.

"우리 둘 다 그분을 알아요." 엘리자베스-제인이 자기 친구의 난처함을 눈치채고 그걸 덜어주기 위해 말했다.

문에서 노크 소리가 들렸다. 글자 그대로 세 번 크게 두드리더니 끝에 한 번은 약하게 두드렸다.

"그런 종류의 노크 소리는 뭔가 반반(半半)을 의미하지. 양반과 상놈의 중간쯤 되는 사람 말이야." 곡물 도매상이 혼잣말했다. "따라서 그게 그자라 하더라도 놀랄 일은 아니지." 정말이지 곧바로 도널드 바로 그 사람이 걸어 들어왔다.

루시타의 마음은 조금 안절부절못하고 두근거렸다. 이것이 헨처드의 의심을 증가시켰다. 그 의심이 정확한지 아닌지 어떠한 특별한 증거를 제시할 필요가 없는 그런 의심이었다. 이 여인을 향해 서 있는 자신의 처지가 기묘하다는 생각이 들자 그는 거의 광포해졌다. 사람들에게 자신이 비방 받을 때 자기를 저버렸다며 그를 비난했던 사람도, 바로 그 점 때문에 자신을 고려해 줄 것을 강하게 요구했던 사람도, 그를 기다리며 살아왔던 사람도, 자신을 아내로 맞이하여 그를 위해 자신이 취해왔던 거짓된 입장을 바로잡아 달라고 적절한 첫 순간에 그에게 요구했었던 사람도 그녀였다. 그런데 이제는 그가 그녀의 관심을 얻기를 간절히 바라며 그녀의 차 테이블에 앉아, 마치 바보 같은 젊은 연인이 느끼는 것처럼, 그 자리에 있는 다른 남자를 악당이라고 느끼는 사랑의 분노에 빠져들고 말았던 것이다.

그들은 어둠에 잠겨가는 테이블에 굳은 채로 나란히 앉아 있었다. 마치 엠마오에서 저녁 식사하는 두 제자를 그린 어느 토스카나 화가의 그림에서처럼. 루시타는 그 후광이 드리운 세 번째 인물로서 그들을 마주하고 앉아 있었다[88]. 엘리자베스-제인은 이 게임에 들어가 있지도 않았고, 이 두 사람 그룹에 속해 있지도 않았기 때문에 마치 이런 내용을 다 기록해야 하는 복음 전도

---

88 〈누가복음〉 24: 13-35. 예수가 십자가형 당한 이틀 후 예수의 제자 두 명이 예루살렘에서 엠마오(Emmaus)로 가다가 또 다른 행인을 만나자 저녁을 같이하기로 청하는데 제 삼의 인물인 이 행인이 사실은 예수라는 것을 두 제자는 몰랐다. 여기서 '토스카나 화가'는 〈엠마오에서의 저녁 식사〉를 그린 카라바조(Michelangelo Merisi da Caravaggio 1573-1610)를 지칭하는 듯한데 실제로는 이 그림에서 후광은 보이지 않는다고 한다.

자[89]처럼 멀찌감치 떨어져서 모든 것을 관찰할 수 있었다. 또 오랫동안 침묵이 흘렀기 때문에, 모든 외부의 상황은 스푼과 찻잔의 부딪히는 소리, 구둣발이 창문 밑 보도 위로 딸각대는 소리, 손수레나 짐마차가 지나가고 마부가 휘파람 부는 소리, 길 건너 읍 공동 양수장에서 집집에서 가져온 양동이에 물 쏟아지는 소리, 이웃 사람들이 인사 나누는 소리, 그리고 그들의 저녁 식사 거리를 운반해 가는 말들의 멍에가 덜그럭거리는 소리로만 간신히 들릴 정도라는 것도 관찰할 수 있었다.

"버터 바른 빵 더 드시겠어요?" 루시타가 헨처드와 파프리에게 똑같이 말하면서, 길쭉하게 자른 빵이 가득한 접시를 두 사람 사이로 내밀었다. 헨처드가 한 조각의 한쪽 끝을 잡았고 파프리는 그 반대쪽을 잡았다. 두 남자는 각자 그 조각이 자기 먹으라고 준 거라고 확신하며 놓으려 하지 않아서 조각은 두 동강이 났다.

"아, 정말 죄송해요!" 루시타가 신경질적으로 킥킥 웃으며 소리쳤다. 파프리는 웃으려고 해봤다. 그러나 그는 너무나 깊이 사랑에 빠져 있어서 이 사건을 비극적인 관점으로밖에 볼 수 없다.

"이 세 사람 모두 하는 짓이 정말 웃기네!" 엘리자베스가 속으로 말했다.

헨처드는 증거는 티끌만큼도 없으면서 파프리가 자신의 연적(戀敵)이라는 추측만 엄청나게 많이 하며 집을 나왔다. 그러다 보

---

89 '복음전도자'(evangelist)는 이 엠마오 이야기를 기록한 누가(Luke)를 가리킨다.

니 자기 마음을 굳이 정하려 하지 않았다. 그러나 엘리자베스-제인에게는 도널드와 루시타가 갓 사랑하게 된 사이라는 것이 읍의 공동 양수장이 있는 것만큼이나 명약관화했다. 루시타는 조심하면서도 마치 새가 보금자리를 바라보듯 흘깃 시선을 날려 파프리를 쳐다보는 것을 억제하지 못한 적이 한두 번이 아니었다. 그러나 헨처드는 너무나 선이 굵은 인물이라 이런 미세한 일들을 저녁 불빛 아래에서 분간해 낼 수 없었다. 이런 일들은 그에게는 인간의 귀가 들을 수 있는 영역 밖에 있는 벌레 소리와도 같은 것이었다.

그러나 그는 마음의 동요를 일으켰다. 그리고 구혼에 있어서의 베일에 싸인 경쟁을 인식하게 되자 그들의 사업에 있어서 피부로 느끼는 경쟁심은 훨씬 더 커졌다. 구혼에서의 경쟁은 사업상 경쟁의 저급한 물질성에 불타오르는 영혼을 보탰다.

이렇게 불붙은 적대감은 파프리의 출현으로 원래의 지배인 자리를 뺏긴 조프를 데리러 헨처드가 사람을 보내는 행동으로 표현되었다. 헨처드는 길거리에서 이 남자와 종종 만났고, 궁핍함을 말해주는 그의 옷차림을 관찰해 왔고, 그가 믹슨레인에 살고 있다는 말을 들었다. 이곳은 읍의 뒤쪽 빈민가로서 캐스터브리지의 주거지역에서는 갈 데까지 간 곳이었다. 거기에 산다는 것 자체가 자잘한 일들에 구애받지 않는 단계에 도달했다는 증거와 다름없었다.

조프는 해가 진 뒤 가게 마당에 난 문을 통해 들어와서 건초와 짚 더미를 더듬더듬 헤치며 헨처드가 혼자 그를 기다리고 있는 사무실로 들어섰다.

"난 이제 다시 지배인이 없네." 곡물 도매상이 말했다. "자네 지금 뭐 일하고 있는 거 있나?"

"거지나 다를 바 없는 일입죠, 읍장님."

"얼마면 되겠나?"

조프가 액수를 말했는데 매우 싼 보수였다.

"언제 올 수 있나?"

"지금 당장이라도요, 읍장님." 조프가 대답했다. 조프는 그의 외투 어깨가 태양에 빛이 바래 허수아비가 걸친 녹색 옷처럼 될 때까지 손을 주머니에 꽂고 길모퉁이에 서 있으면서 장터에서의 헨처드를 규칙적으로 관찰하고 가늠해보고 연구했었다. 한곳에 머물러 있는 사람이 그 머물러 있음으로 인해 분주하게 움직이는 사람 본인보다 그를 더 잘 알게 해 주는 그런 힘에 의해 그렇게 할 수 있었다. 조프에게도 요긴하게 써먹을 경험이 있었으니, 그건 그가 헨처드와 입 무거운 엘리자베스를 빼곤 캐스터브리지에서 유일하게 루시타가 진짜로 저지 출신이고 바스는 근처에만 갔을 뿐이라는 사실을 아는 사람이라는 점이었다. "저도 저지는 좀 알지요, 읍장님." 그가 말했다. "읍장님께서 그쪽 지역에서 사업을 하시던 때에 저도 거기에 살고 있었지요. 아, 예, 종종 거기서 뵙곤 했었죠."

"그랬었나! 매우 잘됐군. 그렇다면 이 문제는 해결되었군. 자네가 처음에 이 일자리를 얻으려 할 때 내게 보여주었던 추천장이면 족하네." 사람의 성품은 곤궁한 때에는 타락한다는 생각이 헨처드에게는 전혀 떠오르지 않았다. 조프는 감사하다고 말했고 결국 자기가 그 자리를 공식적으로 차지했다는 것을 의식하며 더욱 굳세게 버티고 섰다.

"자," 헨처드가 강렬한 눈빛으로 조프의 얼굴을 쏘아 보며 말했다. "이 지역에서 가장 큰 곡물상이자 건초상으로서 나는 한 가지가 필요해. 읍내의 상권을 그렇게 뱃심 좋게 자기 손아귀에 넣은 그 스코틀랜드인을 잘라내야겠어. 내 말 들었지? 우리 둘은 나란히 함께 살아갈 수 없단 말이네. 그건 분명하고도 확실한 일이야."

"저도 다 봐왔습니다요." 조프가 말했다.

"물론 공정한 경쟁으로 하겠다는 거야." 헨처드가 말을 이었다. "하지만 공명정대한 만큼이나 가혹하고, 맵고, 단호하게 해야해. 오히려 그보다 더해야지. 보통 농장주들이 하는 것보다 훨씬 더 필사적인 입찰로 그자와 맞서면 그자를 가루로 만들 수 있을 거야. 몹시 굶겨 내쫓아버릴 수도 있지. 나한테는 자본이 있다고, 알았나? 그리고 난 그렇게 할 수 있어."

"저도 전적으로 그렇게 생각합니다." 새 지배인이 말했다. 한때 자기 자리를 빼앗았던 파프리에 대한 반감 때문에 조프는 시키면 무엇이든 할 하수인이 된 반면에, 동시에 헨처드가 고를 수 있었던 가장 못 믿을 사업상의 동료가 되었다.

"전 가끔 이렇게 생각하는데요." 그가 덧붙였다. "그는 일 년 앞을 내다보는 어떤 요술 구슬을 갖고 있는 게 틀림없어요. 그 사람은 무엇이건 손만 대면 행운을 가져오게 하는 그런 재주가 있어요."

"그자는 너무 속이 깊어서 정직한 사람 그 누구도 그걸 헤아릴 수 없어. 하지만 우린 그자를 더 얕아지게 만들어야 해. 우린 그자보다 더 싸게 팔고, 더 비싸게 사서 그자의 싹을 아주 잘라버려야 해."

그리고 나서 그들은 이 계획을 달성할 과정의 구체적인 세부 사항을 논의했고 밤늦게 헤어졌다.

엘리자베스-제인은 의붓아버지가 조프를 고용했다는 것을 우연히 들었다. 그녀는 조프가 그 자리에 와야 할 사람이 아니라고 완전히 확신하고 있었기 때문에 헨처드의 노여움을 살 위험을 무릅쓰고 그들이 만났을 때 자기의 염려를 표시했다. 그러나 아무 소용없었다. 헨처드는 신랄하게 퇴짜 놓으며 그녀의 주장을 막아버렸다.

계절의 날씨가 이들의 계획을 도와주는 것 같았다. 당시는 외국과의 경쟁이 곡물 무역에 혁명을 일으키기 직전 시절이었다. 아주 옛날에 그랬던 것처럼 매달 매달의 밀 시세가 전적으로 국내의 수확에 달려 있던 때였다. 수확이 나쁘거나 혹은 그럴지 모른다는 가능성은 곡물 가격을 몇 주 안에 두 배로 뛰게 했고, 수확이 좋으리라는 전망은 그만큼 빠르게 가격을 하락시켰다. 곡물 가격은, 경사가 급하고 토목기술, 측량술, 혹은 표준도 없이 공사 단계마다 지역의 형편을 반영하는 당시의 도로들과 닮아 있었다.

농사꾼의 수입은 그의 시야가 미치는 범위 안의 밀 수확에 의해 좌우되었고, 밀 수확은 날씨에 의해 좌우되었다. 따라서 농사꾼은 자기 스스로 주위의 하늘과 바람을 향해 항상 촉각을 세우고 있는 일종의 인간 기압계가 되었다. 그에게는 지역의 날씨가 전부였다. 다른 나라의 날씨는 관심 밖의 문제였다. 농부가 아닌 시골 사람 대부분도 날씨의 신을 오늘날의 사람들이 그러는 것보다 더 중요한 인물로 보았다. 실로 이 문제에 있어서 농부들이 느끼는 감정은 너무나 강렬해서 요즘과 같은 평온한 시대에는 거의 납득할 수 없는 것이었다. 죄라고는 가난한 것밖에는 없는 이런 농가들에게 때아닌 비와 폭풍은 천벌로 다가오는데, 이럴 때면 그 앞에 납작 엎드리다시피 하여 비탄에 잠기는 게 그들이 충동적으로 하는 일이었다.

한여름이 지나면 이들 농부들은, 집주인을 만나러 사랑방에서 대기 중인 손님들이 전갈을 가져올 하인을 지켜보듯 풍향계[90]를 지켜봤다. 태양은 그들을 생기 나게 했다. 조용히 내리는 비는 그들을 안정시켰다. 몇 주 동안 내리는 비 폭풍은 그들을 망연자실하게 했다. 지금은 나쁜 날씨 정도로 여겨지는 하늘의 그러한 변화를 당시에는 해로운 것으로 생각했었다.

때는 6월이었고 날씨가 무척 궂었다. 캐스터브리지는 말하자면 이웃한 모든 작은 촌락과 마을들이 저마다의 소리를 내는 벨-보드[91]이지만 요즘은 확실히 따분한 때였다. 가게 진열장에는 새

---

90 풍향계(weathercock): 지붕 위에 설치하여 바람에 따라 돌아가게 되어 있는 장치로서 수탉(cock) 모양인 경우가 많다.

91 벨-보드(bell-board): 빅토리아 시대(1837-1901) 주택에서 사용되던 장치로, 하인들을 부르는 여러 가지 초인종들을 걸어놓은 나무판을 가리킨다.

로운 상품 대신 지난여름에 외면당했던 물건들이 다시 내놓아졌다. 자리를 내준 낫들, 뒤틀린 모양의 갈퀴들, 진열장에서 닳아버린 각반들, 그리고 시간에 의해 뻣뻣해진 방수 장화도 가능한 한 새것에 가깝게 잘 닦여 다시 등장했다.

헨처드는 조프의 도움을 받아 곡식 저장 비용이 재앙을 가져온다는 것을 파악했고, 그러한 파악 위에서 파프리와 싸울 전략을 짜기로 했다. 그러나 행동에 옮기기 전에 그는 지금 당장은 강한 가능성에 불과한 것을 확실하게 알고자 했다―이런 소망을 가졌던 사람이 얼마나 많았던가! 이렇게 고집 센 사람들이 흔히 그렇듯 그는 미신을 믿었고 이 문제와 관련하여 마음속에 한 가지 생각을 품고 있었다. 그것은 조프에게도 말하고 싶지 않은 생각이었다.

읍에서 몇 마일 떨어진 어느 외딴 촌락에―너무나 외져서 흔히 외진 마을이라 불리는 것들도 이 촌락에 비하면 사람이 바글대는 편이었다―일기 예보자 혹은 날씨 예언가라는 희한한 평판을 받고 있는 어떤 남자가 살고 있었다. 그의 집으로 가는 길은 구불구불하고 진창이어서 지금처럼 궂은 날씨에는 가기가 더 어려웠다. 어느 저녁에 비가 너무나 많이 와서 담쟁이덩굴과 월계수 잎이 멀리서 들리는 소총 소리처럼 울려 퍼지고 있었다. 밖에 돌아다니는 사람은 귀와 눈까지 완전히 덮고 다녀도 흠이 될 게 없을 정도였다. 그런 날에 그렇게 잔뜩 몸을 가리며 예언자의 오두막 위로 빗물을 뚝뚝 떨어뜨리는 개암나무 숲 방향으로 걸어서 가고 있는 어떤 사람이 눈에 띄었을 것이다. 대로가 시골길이 되었고, 시골길은 이제 우마차만 다닐 수 있는 길이 되었다. 그 우마차 길은 말 타고 가는 길로, 또 그 길은 걸어서 가야 하는 길로, 그 걸어가는 길도 이젠 잡초로 뒤덮인 길로 바뀌었다. 이 외로운 도보 여행자는 여기저기에서 미끄러졌고 가시나무로 자연적으로 만들어진 덫에 걸려 넘어지기도 하면서 결국은 그 집에 다다랐다. 집에는 높고 촘촘한 산울타리로 둘러싸인 정원이 있었다. 이 오두막은 비교적 큰 편이었고, 집주인이 진흙으로 손수 지은 집이었다. 짚 지붕도 자신이 직접 엮었다. 여기에서 그가 항상 살아왔었고 또 삶을 마칠 것으로 생각되었다.

예언가는 눈에 띄지 않는 보급품으로 살아갔다. 왜냐하면 이웃 사람들 중에는 완전히 확신에 찬 얼굴로 "별 거 아니네"라는 판에 박힌 말을 하며 이 남자의 예언을 비웃는 척하지 않는 사람이 한 명도 없는 반면에, 마음속에서 은밀히 그의 주장을 안 믿는 사람 또한 거의 없는 이상한 현상이 벌어졌기 때문이다. 이들은 그에게 자문을 구할 때면 언제나 '재미 삼아' 그렇게 했다고 했다. 그에게 돈을 지불할 때면 그들은 경우에 따라 "그냥 크리스마스라 좀 드립니다"라거나 '성촉절 때라서'라고 말했다.

그는 고객들이 더 정직하기를, 위선적인 조롱을 덜 하기를 바랐을 것이다. 그러나 고객들이 겉으로는 빈정거리지만 근본적으로는 자신의 예언을 믿고 있다는 점이 그를 위로했다. 앞서 말한 대로 그에게도 살아가는 방편이 있었는데, 그건 사람들이 남들이 보고 있지 않을 때 그를 후원했기 때문이다. 그는 사람들이 교회에서는 그렇게 고백은 많이 하면서도 믿는 일은 그렇게 적은 반면에 자신의 집에 와서는 고백은 그렇게 적게 하면서도 믿기는 그렇게 많이 하는 데에 가끔 놀라곤 했다.

그의 등 뒤에서 사람들은 그의 평판 때문에 그를 '사기꾼'이라 불렀다. 그러나 그의 면전에서는 비 내림 '씨(氏)'로 불렀다.

그의 집 정원의 산울타리는 출입구 위로 아치 모양을 이루고 있었고 문 하나가 마치 벽 안에 있는 것처럼 그 안에 끼워져 있었다. 문밖에서 키 큰 여행자는 걸음을 멈추고 마치 치통을 앓기라도 하듯 손수건으로 얼굴을 감싸고는 통로를 따라 올라갔다. 창의 덧문들이 닫혀있지 않아서 그는 집 안에서 저녁을 준비하고 있는 예언자를 볼 수 있었다.

노크 소리에 대한 대답으로 비 내림 점쟁이가 손에 촛불을 들고 문간으로 나왔다. 방문객은 불빛에서 조금 물러나서 의미심장한 말투로 "얘기 좀 해도 되겠습니까?"라고 말했다. 주인의 들어오라는 청에 대한 응답은 시골식으로 "여기도 괜찮습니다, 감사합니다"였다. 그러면 집주인은 자신이 밖으로 나오는 것 외에는 다른 도리가 없었다. 그는 옷장 구석 위에 촛대를 세워놓고 못에 걸려 있는 모자를 들고는 문을 닫고 나와 현관에서 이 낯선 사람과 만났다.

"저는 도사님께서 어떤 일을 할 수 있다는—한다는 것을 오랫동안 들어왔습니다." 헨처드가 가능한 한 자신의 정체를 드러내지 않으려고 애쓰며 말을 시작했다. "그럴지도 모르죠, 헨처드 씨." 일기 예보자가 말했다.

"아, 왜 저를 그렇게 부르시나요?" 방문객이 흠칫 놀라며 물었다.

"왜냐하면 그게 선생의 이름이니까요. 선생이 오리라고 감지하고 나는 기다리던 중이었소. 그리고 선생이 걸어오느라 시장할 거로 생각하고 내가 저녁밥을 두 그릇 지었소. 여기 보시오." 그가 문을 활짝 열고는 저녁 식탁을 보여줬는데 거기에는 그가 말한 대로 의자, 칼과 포크, 접시, 큰 컵이 하나씩 더 놓여 있었다.

헨처드는 사무엘의 대접을 받는 사울 같은 느낌이 들었다.[92] 그는 잠시 동안 말없이 앉아 있다가 지금까지 유지해온 냉담함의 가면을 벗어던지고 이렇게 말했다. "그렇다면 내가 온 게 헛되지 않았군요…… 그런데 예를 들어 사마귀를 주문으로 없앨 수 있나요?"

"일도 아니지."

"연주창도 고칠 수 있어요?"

"그것도 한 적이 있소─생각해 보니─환자가 낮뿐만 아니라 밤에도 두꺼비 다리가 든 자루를 목에 두르고 있기만 한다면."

"날씨 예보는요?"

"노력과 시간이 필요하오만."

"그렇다면 이거 받으시오." 헨처드가 말했다. "여기 1크라운[93]

92 〈사무엘 전서〉 9장의 내용. 젊은 사울은 아버지의 잃어버린 노새들을 찾다가 못 찾자 선지자 사무엘에게 도움을 청하러 간다. 사무엘은 주(主)에게서 장차 이스라엘의 왕이 될 사람이 온다고 미리 들었기에 사울의 식사를 준비해 놨었고 사울이 오자 자신이 그의 생각을 알아맞혀 보겠노라고 말한다.

93 크라운(crown): 5실링 은화.

있소. 자, 앞으로 두 주일 뒤의 수확이 어떨 것 같소? 언제쯤이면
내가 알 수 있겠소?"

"내가 이미 다 알아냈습니다. 선생께서도 당장 알 수 있소이
다"(사실은 시골의 다른 지역들로부터 다섯 명의 농장주가 같은
용무로 이미 이곳을 다녀갔었다). "태양, 달과 별, 구름, 바람, 나
무와 풀, 촛불과 제비, 풀 내음, 그리고 고양이의 눈, 갈까마귀, 거
머리, 거미, 그리고 소똥에 의해 보건대 8월의 마지막 두 주는—
비와 폭풍우가 올 거요."

"물론 확신하는 건 아니겠죠?"

"모든 것이 불확실한 세상에서 사람들이 확신을 가질 수 있는
만큼은요. 올 가을은 영국보다는 계시록 속에서 사는 것 같을 거
요. 내가 별자리 점괘로 방안을 대충 적어드리리까?"

"오, 아니요, 아니요." 헨처드가 말했다. "난 점 따위는 전혀
믿지 않고 두 번 다시 생각하지도 않아요. 하지만 난—"

"믿지 못하시겠다—믿지 못하시겠다—완전히 이해가 갑니
다." 전혀 멸시하는 기색 없이 그 사기꾼이 말했다. "선생은 돈이
너무 많으니 내게 크라운 한 닢을 준 거지요. 그런데 식사가 다
준비되어 있으니 저녁이나 같이하지 않겠소?"

헨처드는 기꺼이 응할 수도 있었다. 왜냐하면 오두막 안에서
현관으로 흘러나오는 스튜의 향이 너무나 식욕을 당기는 게 뚜렷
해서 고기, 양파, 후추, 허브 등의 몇 가지 냄새는 그의 코가 알아
맞힐 수 있을 정도였다. 그러나 그는 식탁에 앉아 친해지는 것은
자신을 아주 암묵적으로나마 일기 예언가의 제자로 낙인찍게 만

들까봐 거절하고 발길을 돌렸다.

　다음 토요일 헨처드는 너무나 엄청난 양의 곡물을 사들여서 그의 이웃들과 변호사, 포도주 상인, 의사 사이에서 그의 구매에 대해 아주 많은 이야기들이 오갔다. 그다음 토요일에도, 그리고 가능한 모든 날마다 곡물을 사들였다. 그의 창고들이 숨이 막힐 정도로 꽉 차고 나자, 캐스터브리지의 풍향계들이 일제히 삐걱 소리를 내더니 마치 남서쪽은 싫증이 난 듯 다른 방향으로 얼굴을 돌렸다. 날씨가 변했다. 여러 주 동안 주석처럼 거무튀튀하던 태양의 빛이 황옥(黃玉)의 색조를 띠게 되었다. 하늘 천장의 기질이 무기력을 지나 생기로 향했고 대풍(大豊)이 거의 확실해 보였다. 이 결과로 곡물 가격은 곤두박질쳤다.

　이러한 모든 변화가 외부 사람에게는 상쾌했겠지만 머리를 잘못 쓴 곡물 도매상에게는 끔찍한 것이었다. 그는 전부터 잘 알고 있던 바이지만, 사람이란 네모난 푸른 밭을 놓고 마치 도박장의 파란 테이블에서 하듯 기꺼이 도박을 한다는 것을 상기하게 되었다.

　헨처드는 날씨가 나빠지는 쪽에 내기를 걸었다가 분명히 진 것이다. 그는 밀물이 되는 것을 썰물이 되는 것으로 잘못 판단했다. 그의 거래량이 너무 막대해서 해결책을 오래 미룰 수 없었고, 해결하려면 그가 단지 몇 주 전에 쿼터 당 몇 실링씩이나 더 주고 샀던 곡물을 떨이로 팔 수밖에 없었다. 이 곡물 중에는 그가 전혀 보지 못한 것도 상당량이었다. 이것들은 수 마일 떨어진 곳에 노적돼 있는 낟가리에서 채 운반되어 오지도 못한 것들이었다. 이렇게 그는 막심한 손해를 보았다.

8월 초의 이글거리는 더위에 그는 장터에서 파프리를 만났다. 파프리는 그의 거래 사실을 알고 있었고(비록 그 거래가 자신을 겨냥한 것을 추측하지는 못했지만) 그를 동정했다. 왜냐하면 사우스워크에서 몇 마디 말을 주고받은 후 이들은 딱딱하게나마 서로 말을 건네는 사이가 되었기 때문이다. 헨처드는 순간적으로 이 동정을 분하게 여기는 것 같았으나 곧 태연한 척했다.

"오, 아니야, 아니라고!—전혀 심각하지 않다고, 이보게!" 그가 격할 정도로 쾌활하게 소리쳤다. "이런 일들이란 항상 일어나는 것 아닌가, 그렇지? 내가 최근에 큰 손해를 봤다고 사람들이 말하는 것 아네. 하지만 그게 드문 일은 아니잖나? 사람들이 이해하는 것만큼 그렇게 상황이 나쁘지는 않네. 그리고, 망할, 사내자식이 장사에서 흔히 있는 위험에 일일이 신경 쓰면 바보지!"

그러나 그는 과거에는 한 번도 가볼 필요가 없었던 이유들로 그날 캐스터브리지 은행에 들어가야만 했고 중역실에서 위축된 태도로 장시간 앉아 있어야 했다. 그 후에 곧이어 방대한 양의 농산물 비축분뿐만 아니라 읍내와 이웃 지역에 헨처드의 이름으로 되어 있는 꽤 많은 부동산도 사실상 은행가들의 손에 넘어갔다는 소문이 돌았다.

은행 계단을 내려오다가 그는 조프와 마주쳤다. 지금 막 은행 안에서 끝낸 그 울적한 거래가 그날 아침 파프리로부터 받은 동정의 찌르는 통증을 원래보다 더 화끈거리게 했다. 그는 이 동정이 위장된 조롱일지 모른다고 생각했다. 그러다 보니 조프는 결코 부드러운 응대를 받을 수 없었다. 조프는 이마의 땀을 닦으려고 모자를 벗는 중이었고 어떤 아는 사람에게 "화창하고 더운 날이군요"라고 말했다.

"자넨 연신 이마의 땀이나 닦으면서 '화창하고 더운 날이군요'라고 말할 수 있단 말인가, 엉?" 헨처드가 조프를 은행 벽에 몰아붙이며 나지막하지만 사나운 음조로 소리 질렀다. "자네의 그 망할 조언만 없었다면 오늘이 아주 화창한 날일 수 있었겠지! 자네 왜 내가 그렇게 하도록 내버려 뒀나, 응?―자네에게서, 혹은 다른 사람에게서 의심쩍다는 말이 한마디만 나왔어도 내가 한 번 더 생각하지 않았겠나! 왜냐하면 날씨라는 건 지나갈 때까지는 결코 확실히 알 수 없는 것 아닌가."

"읍장님, 제가 드린 조언은 읍장님 생각에 제일 좋은 일을 하시라는 거였습니다."

"정말 쓸모 있는 친구로군! 자네가 다른 누군가를 좀 더 일찍 그런 식으로 도왔으면 더 좋을 뻔했어!" 헨처드는 이런 투로 계속 조프에게 말을 하다가 결국에는 바로 그 자리에서 그를 해고하고 발길을 돌려 그에게서 떠났다.

"이 일을 후회하시게 될 겁니다, 나리. 사람이 후회할 수 있는 한도까지 말이죠!" 조프가 창백한 얼굴로 서서 말했고 곡물 도매상이 바로 옆의 장터 사람들 무리 사이로 사라질 때까지 그의 뒷모습을 지켜보고 있었다.

제27장

때는 추수 전야였다. 가격이 내려가자 파프리는 곡물을 사들이고 있었다. 통상 그러하듯이 지역의 농부들은 기근이 생길 날씨라고 너무나 확고히 믿었는데 나중에 반대쪽 극단으로 치닫자 (파프리의 의견으로는) 너무나 무모하게 떨이로 팔아치우고 있었다. 이제는 풍작이 될 거라고 지나치게 확신한 탓이었다. 그래서 그는 예년과 비교해 터무니없이 싼 가격에 묵은 곡식을 계속 사들였다. 왜냐하면 지난해의 생산은 많지 않았지만 품질은 뛰어났기 때문이다.

헨처드가 자포자기식으로 문제를 처리하고, 성가신 구입 곡물을 터무니없이 손해 보며 팔아치우는 사이 추수가 시작되었다. 사흘 동안 쨍쨍한 날이 계속되었다. 그러자 "만약 저 빌어먹을 점쟁이 놈의 말이 맞는다면 어떻게 될까!"하고 헨처드가 중얼거렸다.

사실 낮을 휘두르자마자 갑자기 양갓냉이가 다른 양분도 없이 자라기라도 할 것처럼 대기 중의 습기가 느껴졌다. 사람들이 밖을 돌아다닐 때, 마치 젖은 플란넬 천처럼 습기가 그들의 뺨을 스쳤다. 몹시 덥고 거센 돌풍이 몰아쳤다. 국지적으로 내리는 빗방울이 멀리 떨어진 유리창에 별 무늬를 만들어냈다. 빛줄기는 갑자기 펼쳐진 부채처럼 펄럭이며 유리창의 무늬를 방바닥 위에 뿌연 무색의 빛으로 뿌려놓더니만, 나타날 때처럼 갑자기 사라졌다.

그날 그 시간부터 수확이 결국 성공적이 못 될 것이 명백해졌다. 만약 지긋이 기다리기만 했다면 헨처드는 이윤을 남기지는 못하더라도 적어도 손해 보는 일은 피할 수 있었을 것이다. 그러나 그의 성격을 움직이는 힘은 인내심을 모르고 있었다. 사태가 이렇게 변하자 그는 말을 잃었다. 그의 마음은 어떤 세력이 그에게 적대적으로 작용했다고 생각하는 쪽으로 움직이는 것 같았다.

"혹시," 그는 으스스한 불길함을 느끼며 스스로에게 물었다. "혹시 누군가가 밀랍으로 내 허수아비를 만들어 불에 굽고 있거나, 아니면 날 패가망신 시키려고 부정한 술을 휘젓고 있었던 게 아닐지! 난 그런 것들이 영험하다고 믿지는 않아. 한데 만약 그런 짓을 해오고 있는 자들이 있다면!" 하지만 그런 짓을 저지르는 사람이 있다 하더라고 그게 파프리일 거라고는 인정할 수 없었다. 이렇게 홀로 있고 미신에 잠기는 시간은 헨처드가 우울하게 낙담해 있을 때 그를 찾아왔다. 그럴 때면 평상시의 실질적이고 폭넓은 그의 관점은 그에게서 새어 나가 없어졌다.

한편 도널드 파프리는 번창했다. 그는 시장이 너무나 침체되었을 때 곡물을 구입했기 때문에 현재의 적당히 높은 가격으로도 예전에 조금밖에 쌓지 못했던 금덩이를 이젠 커다랗게 쌓기에 충분했다.

"아니─이 녀석이 곧 읍장이 될 모양이네." 헨처드가 말했다. 그는 다른 누구보다도 이 남자가 탄 승리의 마차를 따라 유피테르의 신전[94]으로 가야 한다는 것이 정말 곤혹스러운 일이라고 생각했다.

주인들 사이의 경쟁은 하인들 간의 경쟁으로 이어졌다.

구월의 밤 그늘이 캐스터브리지에 내렸다. 시계는 8시 반을 쳤고 달이 떠올랐다. 이렇게 비교적 이른 시간인데도 읍내의 거리는 이상하게도 조용했다. 땡그랑거리는 말방울 소리와 육중한 바퀴 소리가 거리를 지나갔다. 이런 소리에 뒤이어 루시타 집 밖에서 화난 목소리들이 들려왔다. 이 목소리들이 그녀와 엘리자베스-제인을 창가로 달려가 차일을 걷어 올리게 만들었다.

이웃한 시장 건물과 읍 청사는 아래층을 제외하고는 바로 이웃에 있는 교회와 맞닿아 있었다. 이 아래층에는 아치형의 가로(街路)가 불스테이크라 불리는 넓은 광장으로 나 있었다. 광장 한복판에는 돌기둥 하나가 솟아 있었다. 전에는 황소들을 이웃 도축장에서 도살하기 전에 여기에 묶어놓고는 개들을 시켜 못살게 하였는데, 그건 고기를 연하게 하기 위해서였다. 한쪽 구석에는 가축들이 매여 있었다.

---

94 유피테르의 신전(the Capitol): 로마 시대에는 전쟁에 승리한 장군들이 유피테르(Jupiter)의 신전(*Capitolium*)을 향하여 개선 행진을 했는데 패전 국민들은 이들의 뒤를 따라 걸어야 했고, 이 개선 행진이 끝난 뒤에는 노예로 불하되었다.

지금 이 지점에 이르는 길이 말 네 필이 끄는 두 대의 짐마차와 말들로 인해서 막혀 있었다. 마차 한 대에는 건초가 실려 있었고, 마차 두 대의 선두 말들은 이미 상대 마차의 선두 말들을 지나갔지만 결국 서로 엇갈려 머리에서 꼬리까지 한데 엉겨 있었다. 빈 마차들이라면 서로 비켜 지나갈 수 있었겠지만 지금 이 마차처럼 집의 침실 창문 높이까지 건초를 싣고 있으면 불가능했다.

"자네가 일부러 이렇게 한 게 틀림없어." 파프리의 마부가 말했다. "오늘 같은 밤에는 반 마일 밖에서도 내 말의 방울 소리가 들릴 테니 말이야."

"자네가 그렇게 바보같이 이리저리 휘청대며 오는 대신에 자네 일에나 신경 썼다면 나를 봤겠지." 헨처드의 격분한 마부가 응수했다.

그런데 엄격한 도로 규칙에 따르면 헨처드의 마부에게 더 잘못이 있어 보였다. 따라서 그는 하이스트리트 안으로 뒷걸음치려고 했다. 이렇게 하는 동안 가까운 쪽 뒷바퀴가 들어 올려져서 교회 담벼락에 부딪혔고 산더미 같은 짐이 통째로 넘어갔다. 네 바퀴 중 두 바퀴와, 마차 축에 매인 말의 다리가 허공에 들렸다.

짐을 어떻게 다시 모을까 생각하는 대신에 이 두 남자는 달라붙어 주먹다짐을 시작했다. 싸움의 첫판이 채 끝나기 전에 헨처드가 현장에 당도했다. 누군가가 그에게 달려가 알렸던 것이다.

헨처드는 두 남자의 멱살을 자기 팔로 한쪽씩 잡아 서로 다른 방향으로 잡아채서 비틀거리게 했고, 쓰러진 말 쪽으로 몸을 돌려 힘들게 그 말을 차축에서 떼어냈다. 그러고 나서 어찌 된 연유인지 물었다. 그는 자기의 마차와 짐의 상태를 보자 파프리의 마부를 불같이 꾸짖기 시작했다.

루시타와 엘리자베스-제인은 이때쯤 거리 모퉁이로 뛰어 내려갔고, 거기에서 갓 벤 건초 더미가 달빛 속에 환히 놓인 것을 지켜보다가 헨처드와 짐꾼들 곁을 왔다 갔다 했다. 이 여인들은 다른 누구도 보지 못한 것, 즉 사고의 원인을 목격했었다. 루시타가 이렇게 말했다.

"제가 다 봤어요, 헨처드 씨." 그녀가 소리쳤다. "그리고 선생님 일꾼이 더 잘못한 거예요!"

헨처드는 자신의 장광설을 잠시 멈추고 몸을 돌렸다. "오, 당신이 여기 있는 걸 못 봤네요, 템플만 양." 그가 말했다. "내 마부가 잘못했다고요? 아, 그렇고말고, 그렇고말고! 하지만 실례지만 이 말은 해야겠군요. 상대 쪽 마부는 빈 마차를 몰았소. 그러니 그냥 밀고 들어온 저쪽 책임이 더 크단 말이요."

"아니에요, 저도 다 봤어요." 엘리자베스-제인이 말했다. "그리고 저는 그 사람이 어쩔 수 없었다는 것도 확실하게 말할 수 있어요."

"**이분들의** 분별력은 믿을 수 없어요!" 헨처드의 일꾼이 중얼거렸다.

"왜 아니지?" 헨처드가 날카롭게 물었다.

"그게, 아시다시피, 주인님, 여자들은 죄다 파프리 편이거든요. 진짜 젊은 멋쟁이니까요. 마치 양의 뇌 속에 기어들어 가 현기 중 나게 만드는 벌레처럼 처녀들의 마음속으로 기어들어 가는 그런 종류의 남자란 말씀이죠. 굽은 것도 이 처녀들 눈에 곧아 보이게 만들 만한 사람이죠."

"그런데, 자네가 그런 식으로 뇌까리고 있는 저 숙녀가 누군지는 아나? 내가 저 숙녀에게 관심을 두고, 또 가끔은 관심을 받기도 한다는 걸 자네는 아나? 그러니 입조심하란 말일세."

"전 아닙니다요. 저는 1주일에 받는 8실링 말고는 아무것도 모릅니다요, 주인님."

"그리고 파프리 씨가 이런 일에 밝다고 했나? 그 사람은 사업에선 빈틈없지만 자네가 암시하는 것처럼 그런 비열한 짓을 할 사람은 아니네."

루시타가 이 나직한 대화를 들어서인지 아닌지 그녀의 허연 모습은 문간에서 안으로 사라졌다. 그리고 헨처드가 그녀와 좀 더 이야기를 나누려고 문간에 이르기도 전에 문은 닫혔다. 이것이 그를 실망시켰는데 왜냐하면 그는 이 마부가 한 말에 몹시 심란해져서 그녀와 좀 더 밀착하여 얘기를 나누고 싶었기 때문이다. 이렇게 멈칫하고 있는 사이에 늙은 경관이 다가왔다.

"오늘 밤 마차를 몰다 저 건초 더미와 짐마차에 부딪히는 사람 없도록 잘 보라고, 스터버드." 곡물 도매상이 말했다. "아침까지 그대로 둘 수밖에 없네. 왜냐면 일꾼들이 아직 다 들판에 있으니까. 그리고 만약 마차건 짐마차건 간에 이리로 들어오려면 뒷골목으로 돌아가야 한다고 말하고, 그렇게 제대로 하는지 꼼짝 말고 지켜보게…… 내일 읍청사에서 다뤄질 사건 있나?

"네, 나리. 하나 있습니다요, 나리."

"오, 그게 뭔고?"

"어떤 극악한 노파가 교회 담벼락에 대고 욕지거리를 하면서 아주 불경스럽게도 마치 대폿집에서 하듯 소변을 봤습니다, 나리. 그뿐입니다요, 나리."

"아, 읍장[95]께서는 지금 읍내에 안 계시지, 그렇지?"

"그렇습니다요, 나리."

"잘됐군, 그럼 내가 그리로 감세. 저 건초 더미 지키는 거 잊지 말게. 잘 있게."

이러는 동안 헨처드는 그녀가 교묘히 피하는 데도 불구하고 루시타를 뒤따라가기로 작정했다. 그래서 들어갈 허가를 얻기 위해 그녀 집 문을 노크했다.

그가 들은 대답은 템플만 양이 외출할 약속이 있어서 그날 저녁에 다시 그를 만날 수 없어 유감스럽다는 내용이었다.

헨처드는 문간에서 나와 길 맞은편으로 걸어가 자신의 건초 더미 옆에 서서 쓸쓸히 명상에 잠겼다. 경관은 다른 곳을 돌아다니고 있었고 말들은 길에서 다 치워졌다. 아직 달이 밝지는 않았지만 가로등은 켜져 있지 않았다. 그는 불스테이크로 가는 길에 있는 돌출한 문설주들 중 하나의 그림자 속으로 들어갔다. 여기에서 그는 루시타의 문을 지켜봤다.

---

95 읍장: 헨처드는 그 사이 읍장에서 물러났었고 현재 다른 사람이 그 자리를 맡고 있다.

촛불의 빛이 그녀의 침실을 들락날락했다. 그녀는 무엇인지는 몰라도 이 늦은 시간의 약속에 나가기 위해 옷을 차려입고 있는 게 분명했다. 불빛이 사라졌고 시계는 아홉 시를 쳤다. 그리고 거의 같은 순간에 파프리가 건너편 모퉁이를 돌아와 문을 두드렸다. 그녀가 바로 문 안쪽에서 그를 기다리고 있었다는 것이 분명했다. 왜냐면 그녀가 곧바로 나와서 친히 문을 열었기 때문이다. 그들은 앞쪽의 큰길을 피해 뒤쪽으로 난 골목길을 따라 함께 서쪽으로 걸었다. 그들이 어디로 가는지 추측해 보며 그는 이들을 미행하기로 작정했다.

변덕스러운 날씨 탓에 추수가 너무나 미뤄져왔기 때문에 단 하루라도 볕이 들면 사람들은 피해를 본 수확물에서 건질 수 있는 건 뭐든 건지려고 몸을 아끼지 않았다. 해가 급속히 짧아지기 때문에 추수꾼들은 달빛 아래에서 일했다. 따라서 오늘 밤 사각형 모양의 캐스터브리지 읍의 양 측면에 접한 밀밭은 수확하는 일꾼들로 생기를 띠고 있었다. 이들의 고함소리와 웃는 소리가 시장 건물에 서서 기다리고 있는 헨처드에게도 들려왔다. 그는 파프리와 루시타가 들어선 길로 보아 이들이 그 현장으로 향하고 있다는 것을 의심하지 않았다.

거의 모든 읍민이 들에 나가 있었다. 캐스터브리지 주민들은 어려울 때 서로 돕는 옛 풍속을 여전히 간직하고 있었다. 따라서 곡식이 이 조그마한 공동체, 즉 던오버 지역에 거주하는 농민들의 것이었지만 나머지 읍민들도 곡식을 집으로 가져가는 노동에 대해 이들 못지않은 관심이 있었다.

그 골목길의 꼭대기에 다다르자 헨처드는 성벽 위 어둠에 잠긴 길을 가로질러 풀로 뒤덮인 성벽을 미끄러져 내려가 나무 그루터기들 사이에 섰다. '묶인 더미' 혹은 낟가리들이 누런 들판 여기저기에 마치 천막처럼 솟아올랐고 먼 데 있는 것들은 뿌연 달빛 속으로 사라졌다. 그는 현재 수확 작업 중인 곳에서 좀 떨어진 지점으로 들어갔다. 그러나 그 두 사람은 작업 현장 속으로 들어갔고 그는 이들이 낟가리들 사이를 누비며 나아가는 것을 볼 수 있었다. 그들은 자기들이 걷는 방향에 전혀 신경 쓰지 않았고, 이들의 정처 없이 구불구불한 발길이 곧 헨처드 쪽으로 향하기 시작했다. 마주치면 어색할 것 같아 그는 가장 가까운 낟가리의 비어있는 속으로 들어가 앉았다.

"아무 말이든 내 앞에서 하셔도 돼요." 루시타가 명랑하게 말했다. "하고 싶은 말씀 뭐든 하세요."

"아, 예, 그렇다면." 파프리가 완전히 사랑에 빠졌다는 것을 명확히 보여주는 억양으로 대답했다. 헨처드는 그의 입술에서 또렷하게 울려 퍼지는 이 억양을 전에는 결코 들은 적이 없었다. "아가씨는 지위, 재산, 재능과 아름다움이 대단하니까 분명 따라다니는 남자들이 많을 거예요. 그런데 수많은 숭배자들이 따라다니는 그런 숙녀 중의 하나가 되려는 유혹을 뿌리치겠어요? 예, 그리고 그저 소박한 한 남자를 택하는 데 만족하겠어요?"

"그 소박한 남자가 지금 말하고 계신 분이겠죠?" 그녀가 웃으며 말했다. "아주 좋아요, 선생님. 자, 다음은 무엇이죠?"

"아, 지금 제 감정 때문에 제가 예의를 잊을 것 같네요!"

"그렇다면 선생님이 단지 그런 이유 때문에 잊게 될 거라면 예의를 아예 갖지 말도록 하시죠." 헨처드가 놓친 몇 마디 단편적인 말을 한 뒤에 그녀는 "질투 안 할 거라고 확신하세요?"라고 덧붙였다.

파프리는 질투하지 않는다는 것을 그녀의 손을 잡아 확신시켜 주려는 것처럼 보였다.

"도널드, 당신은 제가 다른 누구도 사랑하지 않는다고 확신하시죠?" 그녀가 곧이어 말했다. "하지만 전 어떤 일에서는 제 방식대로 하길 원해요."

"모든 일에서겠죠! 어떤 특별한 일을 말하는 건가요?"

"가령 여기에서는 행복할 수 없다는 것을 알게 돼서 캐스터브리지에서 계속 살고 싶어 하지 않게 되면요?"

헨처드 귀에는 대답이 들리지 않았다. 그는 들으려면 얼마든지 들을 수 있었지만 엿듣는 사람이 되고 싶지는 않았다. 그들은 추수하는 현장 쪽으로 갔는데, 거기에는 묶인 다발들이 있어 싣고 갈 손수레와 짐마차에 1분에 십여 개씩 실리고 있었다. 루시타는 그들이 일꾼들과 가까워지자 파프리에게 여기서부터 따로 가자고 고집했다. 그는 일꾼들과 볼 일이 있어서 그녀에게 잠시만 기다려달라고 청했지만, 그녀는 매정하게 혼자 집을 향해 총총걸음으로 갔다.

헨처드도 그러자 곧 들판을 떠나 그녀 뒤를 따라갔다. 그는 마음 상태가 그랬기 때문에 루시타 집 문에 이르러서 노크도 없이 문을 열었고 그녀가 거기 있으리라 기대하며 곧장 거실로 걸어 들어갔다. 그러나 방은 텅 비어있었고, 그는 서둘러 여기까지 오는 동안 어찌 된 일인지 그녀를 앞질렀다는 것을 알았다. 하지만 오래 기다리지 않아도 됐는데 왜냐하면 그녀의 옷이 홀에 스치며 뒤이어 문을 살짝 닫는 소리를 곧 들었기 때문이다. 잠시 뒤 그녀가 모습을 드러냈다.

불빛이 너무 약해서 그녀는 처음에는 헨처드를 알아보지 못했다. 그러나 곧 그를 보자, 거의 공포에 가까운 나지막한 고함을 질렀다.

"어떻게 그렇게 저를 놀라게 할 수 있어요?" 그녀가 얼굴을 붉히며 외쳤다. "밤 10시가 넘었고 당신은 그런 시간에 여기에서 저를 놀라게 할 권리가 없어요."

"내게 그런 권리가 없다는 걸 모르겠군. 어쨌든 난 여기 올 만한 이유는 있소. 내가 굳이 예절이니 관습이니 따위를 생각해야만 한다는 말이요?"

"너무 늦은 시각이라 예의에 어긋나요. 그리고 이게 제 평판을 손상시킬지 몰라요."

"내가 한 시간 전에 왔었는데 당신이 날 만나려 하지 않았잖소. 그리고 지금 찾아왔을 때는 당신이 안에 있다고 생각했지. 잘못을 범하고 있는 건 루시타, 당신이라고. 당신이 날 이런 식으로 내팽개치는 건 옳지 않아. 난 당신에게 상기시킬 작은 일이 하나 있어. 당신이 잊은 것처럼 보이지만."

그녀는 의자에 푹 꺼지게 앉았고 얼굴이 창백해졌다. "듣고 싶지 않아요. 듣고 싶지 않단 말이에요!" 그가 그녀의 잠옷 끝자락에 바짝 붙어 서서 저지에서의 날들을 들추기 시작하자 그녀가 얼굴을 가린 손 사이로 말했다.

"하지만 들어야 해." 그가 말했다.

"그건 이미 실패로 끝난 일이에요, 당신으로 인해서. 그렇다면 그런 슬픔을 겪고 얻은 내 자유를 왜 그대로 좀 내버려 두지 않는 거죠? 당신이 순수한 사랑으로 구혼했다고 내가 생각했다면 난 지금 당신에게 의무감을 느낄 거예요. 하지만 당신이 단순한 자비심에서—거의 불쾌한 의무로서—구애를 계획했다는 걸 곧 알게 됐어요. 왜냐하면 내가 당신을 간호해 줬고 내 자신의 체면을 위태롭게 만들었기 때문에 당신은 거기 대해 내게 보상해야만 한다고 생각한 거죠. 그 일 이후로 난 당신을 그전처럼 깊이 좋아하지 않게 되었어요."

"그럼, 여기까지 왜 날 찾아왔어?"

"난 양심상 당신하고 결혼해야 한다고 생각했어요. 당신이 이제 홀몸이 되었으니까요. 비록 나는—당신을 그렇게 좋아하지는 않았지만요."

"그런데 왜 지금은 그렇게 생각하지 않는 거지?"

그녀는 잠자코 있었다. 새로운 사랑이 끼어들어 찬탈하기 전까지는 양심이 충분히 잘 지배하고 있었다는 것이 너무나 명백할 따름이었다. 이렇게 느끼다 보니 그녀는 스스로를 일부나마 정당화할 주장을 그 순간 잊었다. 즉, 헨처드의 기질의 결점들을 발견한 이상 자기는 일단 그의 손아귀에서 벗어난 뒤에는 다시는 그의 손에 자기 행복을 맡기는 모험을 하지 않아도 될 구실을 갖게 됐다는 그런 주장이었다. 그녀는 그저 "난 그땐 가련한 한 소녀였어요. 지금은 상황이 바뀌어서 이제 난 예전의 내가 아니에요"라는 말만을 할 수 있을 따름이었다.

"그건 맞는 말이요. 그리고 그게 내 입장을 더 어색하게 만들어. 하지만 난 당신 돈을 건드리고 싶지 않아. 난 당신 재산 동전한 닢이라도 다 당신 자신을 위해 쓰도록 기꺼이 내버려 두겠소. 게다가 그런 주장은 말도 안 되는 거요. 당신이 생각하고 있는 그 남자는 나보다 나을 게 없어."

"당신이 그 사람만 하다면 나를 내버려 둬야죠!" 그녀가 격하게 소리 질렀다.

이 말이 불행하게도 헨처드를 발끈하게 했다. "체면상 당신은 나를 거절 못해." 그가 말했다. "바로 오늘 밤 당신이 내 아내가 되겠다고 증인 앞에서 내게 약속하지 않으면 난 우리가 연인 사이라고 털어놓을 거야. 다른 남자들도 다 공평하게 사실을 알도록 말이야!"

체념의 빛이 그녀 얼굴에 어렸다. 헨처드는 그 표정의 비통함을 봤다. 만약 루시타의 마음이 파프리가 아닌 이 세상의 다른 어떤 남자에게라도 주어졌다면 헨처드는 바로 그 순간 그녀에게 연민의 정을 보였을 것이다. 그러나 자기를 몰아내고 들어선 사람은 그의 어깨를 딛고 높은 자리에 오른 벼락 출세자(헨처드는 파프리를 그렇게 불렀다)여서 그는 전혀 자비를 베풀 수 없었다.

더 이상 말하지 않고 그녀는 초인종을 눌러 엘리자베스-제인을 방에서 데려오라고 지시했다. 엘리자베스가 한참 공부하다가 놀라서 나타났다. 헨처드를 보자마자 그녀는 자식 된 도리로 방을 가로질러 그에게 갔다.

"엘리자베스-제인아," 그녀의 손을 잡으며 그가 말했다. "네가 이 얘기를 듣기 바란다." 그리고 루시타에게 몸을 돌리고는 "나와 결혼하겠소, 하지 않겠소?"

"당신이―그러길 원한다면, 난 동의할 수밖에요!"

"당신 동의한다고 말한 거지?"

"네."

이 약속을 하자마자 그녀는 뒤로 넘어져 기절했다.

"대체 어떤 끔찍스러운 일 때문에 그녀가 이런 말을 한 거예요, 아버지? 말하는 게 그녀에겐 그렇게도 고통스러울 텐데." 엘리자베스가 루시타 옆에 무릎을 꿇으면서 물었다. "그녀가 하고 싶지 않은 건 강요하지 마세요. 전 이 아가씨와 같이 살고 있어서 그녀가 마음이 여리다는 걸 알아요."

"북쪽 놈 같은 얼간이가 되진 마라." 헨처드가 담담히 말했다. "이 약속이 그놈이 너랑 자유롭게 교제하게 해 줄 거야, 네가 그를 원한다면 말이야, 그렇겠지?"

이 말에 루시타는 깜짝 놀라 기절 상태에서 깨나는 것 같았다. "그 사람이라니요? 지금 누구 얘기하는 거예요?" 그녀가 미친 듯이 소리쳤다.

"아무것도 아닌 사람이에요, 저에 관한 한." 엘리자베스가 단호하게 말했다.

"아, 그래. 그렇다면 내가 잘못 생각했구나." 헨처드가 말했다. "그런데 이 일은 나와 템플만 양 사이의 일이야. 그녀가 내 아내가 되는 데 동의했거든."

"하지만 지금 당장은 그 얘기 하지 말아요." 엘리자베스가 루시타의 손을 잡은 채 간청했다.

"저 여자가 약속만 한다면 나도 이 얘기 더 하고 싶지는 않아." 헨처드가 말했다.

"약속했잖아요, 했어요." 루시타가 신음하듯 말했다. 비참한 마음에다 기운이 없는 탓에 그녀의 팔이 마치 도리깨처럼 축 늘어졌다. "마이클, 제발 더 이상 그거 따지지 말아요!"

"안 하리다." 그가 말했다. 그리고 모자를 집어 들고는 나가버렸다.

엘리자베스-제인은 계속 루시타 옆에 무릎 꿇고 있었다. "이게 다 어찌 된 영문이에요?" 그녀가 물었다. "아씨는 제 아버지를 마치 잘 아는 사람처럼 마이클이라 불렀죠? 그리고 아버지가 아씨에게 대체 어떤 힘을 갖고 있기에, 아씨는 원하지도 않으면서 아버지와 결혼하겠다고 약속하나요? 아, 아씨는 내게 숨기는 게 정말 많군요!"

"아마, 아가씨도 내게 감추는 게 좀 있을 거야." 루시타가 눈을 감고 중얼거렸다. 하지만 그녀는 전혀 의심하고 있지 않았기 때문에 엘리자베스의 마음속 비밀이 그녀 자신의 마음에 이런 손상을 불러 온 그 젊은 남자와 관련이 있다는 것을 생각해내지 못했다.

"저는 아씨에게 해가 될 일은 뭐든—안 할 거예요!" 엘리자베스가 더듬대면서 말했다. 감정이 드러나지 않게 마음속에 가둬놓느라 금방이라도 터질 지경이었다. "전 아버지가 어떻게 아씨에게 그렇게 명령할 수 있는지 이해할 수 없어요. 전 그런 점에 대해서 아버지와 전혀 공감할 수 없어요. 아버지한테 가서 아씨를 놓아주라고 청할 게요."

"아니, 아냐." 루시타가 말했다. "그냥 내버려 둬요."

제28장

이튿날 아침 헨처드는 경범죄 재판을 주재하러 루시타의 집 아래에 있는 읍청사로 나갔다. 여전히 직전 읍장의 자격으로 그해 동안 치안판사직을 맡고 있었기 때문이다. 지나가면서 그녀 집 창문을 올려다보았으나 그녀가 집에 있다는 기미는 없었다.

치안판사로서의 헨처드는 처음에는 셸로우와 사일런스[96]보다도 더 안 어울려 보였을 것이다. 그러나 그의 거칠며 즉각적인 지각력, 큰 망치로 내리치는듯한 과단성은 이 법정에서 그의 손에 맡겨지는 이런 간단한 재판을 처리하는 데 있어서 종종 훌륭한 법률 지식보다 오히려 더 도움이 되었다. 오늘은 올해의 읍장인 의사 초크필드가 부재중이라 곡물 도매상 헨처드가 상석을 차지하고 앉았다. 그러나 그의 시선은 여전히 창밖을 넘어 하이-플레이스 홀의 마름돌로 된 전면(前面)에 멍하니 고정되었다.

사건은 한 건뿐이었고 범죄자가 그의 앞에 서 있었다. 그녀는 얼굴에 얼룩덜룩한 반점이 있는 노파였고, 만들 수는 없지만

---

96 셸로우와 사일런스(Shallow and Silence): 셰익스피어의 《헨리 4세》, 2부에 등장하는 무능한 판사들의 이름.

자연스럽게 생성된 제3의 이름 없는 색채의 숄을 걸치고 있었다. 황갈색도, 적갈색도, 담갈색도 아니고 회색도 아니었다. 기름때 낀 검은 숙녀모(淑女帽)는 구름에서도 기름이 떨어진다던[97] 다윗 왕이나 솔로몬 왕 시대에 썼음직한 것이었다. 그리고 앞치마는 비교적 최근까지도 때가 묻지 않아서 그녀의 다른 옷들과 눈에 띄게 대조되었다. 술에 절어 있는 이 여인의 모습은 전체적으로 보아 어느 시골 출신도, 혹은 어느 농촌 도시의 출신도 아닌 것으로 보였다.

그녀는 헨처드와 부(副)치안판사를 힐긋 훑어봤다. 그리고 헨처드도 그녀를 보다가 마치 그 여자가 분명치는 않지만, 그의 마음에 획 들어왔다가 획 나가버린 어떤 사람 혹은 어떤 것을 상기시키기라도 한 것처럼 잠시 멈칫했다. "자, 저 노파가 무슨 죄를 저지른 건가?" 그가 기소장을 내려다보며 말했다.

"그 노파는, 나리, 여성 풍기문란에 노상방뇨 혐의로 기소되었습니다요." 스터버드가 귀엣말로 했다.

"어디에서 그랬는가?" 다른 치안판사가 물었다.

"교회 옆에서요, 나리. 세상에 끔찍한 곳들도 많은데 하필이면! 현행범으로 체포했습니다요, 나리."

"그럼 뒤로 물러서게." 헨처드가 말했다. "자네의 진술을 들어보세."

스터버드는 선서했고, 헨처드는 자기가 직접 메모를 하는 사

---

97 구름에서도 기름이 떨어진다던……: 〈시편〉 65: 11의 내용.

람이 아니라서 치안판사의 서기가 펜을 잉크에 찍어 적을 준비를 했다. 경관은 이렇게 진술을 시작했다.

"불법 행위를 하는 소리를 듣고 저는 밤 11시 25분에, 스기[98] 이달 5일 밤에, 거리를 따라 내려갔죠. 제가 거기……"

"너무 빨리 말하지 말아요, 스터버드." 서기가 말했다.

경관은 서기의 펜대를 지켜보며 기다렸고 마침내 서기가 펜으로 휘갈겨 쓰기를 그치자 '예'라고 했다. 스터버드는 계속했다. "현장에 도착해서 저는 피고인이 다른 곳에, 즉 낙수 홈통 곁에 있는 것을 봤습니다." 그는 말을 멈추고 서기의 펜 끝을 다시 응시했다.

"낙수 홈통, 예, 스터버드."

"그곳에서 12피트 9인치 남짓 되는 지점이었습니다, 제가……" 서기가 펜 쓰는 속도를 앞지르지 않으려고 여전히 주의하면서 스터버드는 다시 말을 멈췄다. 왜냐하면 증거를 외우고 있기 때문에 어디에서 말을 멈추는가는 그에게 중요하지 않았다.

"저는 그 점에 대해 이의 있습니다!" 노파가 언성을 높여 말했다. "'그곳에서 12피트 9인치 남짓 되는 지점이었습니다, 제가……'는 맞는 증언이 아닙니다."

치안판사들이 상의했고, 부치안판사는 증인 선서를 한 사람

---

98 경관 스터버드는 무식한데 아는 체하느라 이런 표현을 쓴다. 원래 '서기'(西紀)는 라틴어로 Anno Domini(in the year of our Lord)인데 스터버드는 원문에서 이와 발음만 비슷한 엉터리 단어인 '스기'(Hannah Dominy)라고 말하고 뒤에 연도도 붙이지 않고 있다.

이 12피트 9인치라고 한 것은 받아들일 수 있다는 게 재판부의 의견이라고 말했다. 스터버드는 자신의 증언이 옳다고 인정받은 의기양양함을 억누르면서 노파를 응시하다가 말을 이었다. "서 있던 곳에서 말입니다. 저 노파는 아주 위험하게 비틀비틀 길을 가고 있었고 제가 가까이 가자 오줌을 쌌고 저를 모욕했습니다."

"'저를 모욕했습니다'라…… 그래, 저 여자가 뭐라 말한 거요?"

"저 여자는 '망할 등불 치워요'라고 말했어요, 그렇게 말했어요."

"그래서."

"저 여자는 이렇게 말했어요. '내 말 안 들려, 이 늙어빠진 돌대가리야? 거 망할 등불 좀 치우라니까. 난 당신 같은 빌어먹을 멍텅구리보다 훨씬 더 잘생긴 놈들도 때려누인 적이 있다고, 이 개자식아. 내가 그런 적 없으면 손에 장을 지지겠다'라고 말했어요."

"그 증언에 이의 있어요!" 노파가 끼어들었다. "난 내가 뭐라고 했는지 나 자신도 잘 들을 수 없었어요. 그러니 내가 듣지 못하는 데서 말한 건 증거가 될 수 없어요."

상의하기 위해 재판부의 심의가 한 번 더 중단되었고 법률 서적 한 권이 참조되었다. 마침내 스터버드는 계속 증언하도록 허용되었다. 사실은 이 노파가 치안판사들보다도 법정에 훨씬 더 자주 나타났었기 때문에 치안판사들은 재판 과정에서 정신을 더 바짝 차리고 있어야만 했다. 그러나 스터버드가 두서없이 좀 더 말을 잇자 헨처드가 참지 못하고 불쑥 내뱉었다. "자, 우린 그 망할 '빌어먹을'이라든지 '개'라든지 하는 이야기를 더 이상 듣고 싶지 않소! 남자답게 분명하게 말하고 뒤로 빼지 마시오, 스터버드. 아니면 그냥 집어치우든가!" 그런 다음 여자 쪽으로 몸을 돌려서는 "자, 이제, 저 사람한테 물어볼 말이나 할 말 있소?"라고 말했다.

"예." 노파가 눈을 반짝이며 대답했다. 그리고 서기는 펜촉을 잉크에 담갔다.

"20여 년 전 저는 웨이던 장터에서 밀죽을 팔고 있었지요—"

"'20년 전'이라. 아니, 그거 옛날도 새까만 옛날이야기로구먼. 아예 천지창조 때까지 거슬러 올라가지 그래요?" 서기가 비꼬는 투로 말했다.

그러나 헨처드는 눈을 둥그렇게 떴고 무엇이 증거이고 무엇이 아닌지를 완전히 잊었다.

"남녀 한 쌍이 어린아이를 하나 데리고 내 천막 가게로 들어왔지요." 노파가 말을 이었다. "그들은 자리를 잡고 앉아 각자 한 양푼씩 먹었어요. 오, 젠장! 그땐 내가 지금보다 좀 더 세상에서 존경받는 위치에 있었죠. 밀수품 장사를 크게 하고 있었으니까요. 그리고 찾는 사람에게는 밀죽에 럼주로 맛을 내서 팔곤 했죠. 그 남자에게도 그렇게 했어요. 그랬더니 그 남자는 자꾸만 더 달라는 거예요. 그러다가 급기야 자기 아내하고 싸우더니 자기 아내를 최고액 입찰자에게 팔겠다며 경매에 부쳤죠. 수부 한 사람이 들어와서 5기니를 걸고 돈을 지불하고는 그 여자를 데리고 나갔어요. 그렇게 자기 아내를 팔아먹은 위인이 저 커다란 의자에 앉아 있는 사람이라고요." 노파는 머리를 헨처드를 향해 끄덕거리고 팔짱을 끼면서 말을 마쳤다.

모두의 시선이 헨처드를 향했다. 그의 얼굴은 이상해 보였고 마치 재를 뒤집어쓴 듯한 색조가 되었다. "우리는 당신의 인생이나 모험에 대해 듣고 싶지 않소." 부치안판사가 이어지던 침묵을 깨며 날카롭게 말했다. "피고인은 본건(本件)과 관련하여 말할 게 있느냐고 질문받은 겁니다."

"그건 본건과 관련돼요. 그건 저 사람이 나보다 나을 게 없는 사람이고 저기 앉아 나를 심판할 권리가 없다는 것을 증명하지요."

"이건 날조된 이야기네." 서기가 말했다. "그러니 입 닥치시오."

"아니에요—사실입니다." 이 말이 헨처드에게서 나왔다. "그건 마치 빛처럼 진실이요.[99]" 그가 느릿느릿 말했다. "그리고 내 영혼에 맹세코 내가 저 여인보다 나은 게 없다는 것을 증명해 주고 있소! 내가 복수심에 저 여자를 가혹하게 다루는 유혹에 빠지지 않도록 나는 이 사건을 당신들에게 위임하겠소."

법정에서의 놀라움은 말로 표현할 수 없이 컸다. 헨처드는 자리에서 일어나 밖으로 나갔고 계단과 건물 밖에 평상시보다 훨씬 많이 모인 사람들의 무리를 뚫고 지나갔다. 왜냐하면 이 늙은 밀

---

99 〈요한복음〉1: 8-9 참조.

죽 장사는 캐스터브리지에 도착한 이래 죽 살아오고 있는 그 골목의 거주민들에게 자기가 이 지역의 거물인 헨처드 씨에 관해 자기가 원하기만 하면 말할 수 있는 한두 가지의 희한한 일을 알고 있다며 알쏭달쏭한 암시를 줬기 때문에, 이 암시가 사람들을 여기로 불러 모은 것이었다.

"오늘따라 할 일 없는 사람들이 읍 청사에 왜 이리 많이 모여 있지?"하고 루시타가 하인에게 물었는데 그때는 재판이 끝난 뒤였다. 그녀는 늦게 일어났고 막 창밖을 내다봤다.

"오, 아씨, 이건 헨처드 씨에 관한 소동이에요. 그분이 신사가 되기 전에 어느 장터 주막에서 아내를 5기니에 팔았다고 어떤 여자가 폭로했어요."

헨처드가 그녀에게 수전과 헤어진 일에 대해, 그리고 수전이 죽었다고 자신이 믿었다는 것 등등에 관해 그렇게 여러 해 동안 말해 왔던 그 모든 설명에 있어서 그는 그 헤어진 원인의 실질적이고 즉각적인 이유에 대해서 명쾌하게 말한 적이 결코 없었다. 이 이야기를 그녀는 이제 처음 듣는 것이었다.

루시타는 전날 밤 그가 자신에게서 쥐어 짜냈던 약속에 대해 곰곰이 생각할수록 점점 더 비참함이 얼굴을 뒤덮었다. 그렇다면 헨처드는 저 밑바닥에선 결국 이런 인간이었던 것이다. 한 여자가 자신을 이런 남자에게 내맡겨야 하는 만일의 사태는 얼마나 끔찍한가.

낮 동안 그녀는 집에서 나가 원형 경기장과 또 다른 곳으로 가서 땅거미가 질 무렵까지 들어오지 않았다. 집 안으로 돌아와

엘리자베스-제인을 보자마자 그녀는 자기가 집을 떠나 며칠 동
안 바닷가에, 즉 포트-브레디에 가 있기로 마음먹었다고 말했다.
캐스터브리지는 너무 우울하게 만든다고 했다.

루시타가 창백하고 심란한 것을 보자 엘리자베스는 기분 전
환이라도 하면 그녀 마음이 안정될 거로 생각하며 이 계획을 지
지했다. 그녀는 루시타의 눈에 캐스터브리지를 엄습한 것처럼 보
이는 우울은 부분적으로는 파프리가 집을 멀리 떠나있다는 사실
때문일지도 모른다고 의심할 수밖에 없었다.

엘리자베스는 자기 친구가 포트-브레디로 떠나는 것을 지켜
보았고 그녀가 돌아올 때까지 하이-플레이스 홀을 떠맡았다. 이
삼일 간 쓸쓸하게 지내고 끊임없이 비가 내리고 난 후 헨처드가
집을 방문했다. 그는 루시타가 없다는 말에 실망하는 눈치였고
겉으로는 무관심한 듯 고개를 끄덕였지만 초조한 태도로 턱수염
을 어루만지며 나갔다.

다음 날 그가 다시 찾아왔다. "아씨 돌아왔니?" 그가 물었다.

"예. 오늘 아침 돌아오셨어요." 의붓딸이 대답했다. "그런데
아씨는 집 안에 없어요. 포트-브레디로 가는 대로를 따라 걷겠다
고 나가셨어요. 어둑해져야 집에 올 거예요."

자신의 안절부절못하는 초조함만을 드러내는 데 보탬이 될
뿐인 말을 몇 마디 한 뒤에 그는 다시 집에서 나왔다.

제29장

이 시각에 루시타는 엘리자베스가 말한 꼭 그대로 포트-브레디로 가는 길을 따라 걷고 있었다. 그녀가 마차를 타고 세 시간 전에 캐스터브리지로 돌아왔던 길을 오후의 산책길로 택한 것은 이상한 일이었다―한 가지 한 가지가 다 나름의 이유가 있다고 알려진 연속적인 현상들에서 이상하다고 불리는 그 무엇이 있다면 말이다. 오늘은 큰 장이 서는 날, 즉 토요일이었고, 파프리가 상인들 방에 있는 자신의 곡물 판매대에서 처음으로 자리를 비운 날이었다. 그럼에도 불구하고 그가 밤에는, 캐스터브리지에서 '일요일을 위해서'라고 부르듯, 집에 돌아올 것으로 알려졌다.

루시타는 계속 걷다가, 읍의 이쪽저쪽으로 대로변을 따라 늘어선 나무들의 열(列) 끝에 드디어 이르렀다. 이 끝에 1마일 표지판이 세워져 있고, 여기서 그녀는 멈췄다.

그 지점은 두 개의 완만한 오르막 사이에 있는 골짜기였다. 아직도 로마 시대 때 건설된 상태 그대로인 도로는 측량기사의 줄처럼 똑바로 앞으로 뻗어나가다가 가장 먼 산등성이에 이르러서야 시야에서 사라졌다. 지금은 산울타리도 나무도 보이지 않았다. 길은 그루터기 천지인 널따란 밀밭 지역에 마치 물결 모양의 옷 위에 그려진 하나의 줄무늬처럼 달라붙어 있었다. 그녀 옆에 헛간이 하나 있었다. 그녀의 눈이 닿는 곳에는 건물이라고는 이 헛간밖에 없었다.

그녀는 눈을 가늘게 뜨고 좁아져 가는 길을 올려다보았지만 길 위에는 아무것도, 점 하나도 나타나지 않았다. 그녀는 '도널 드!'하며 한마디 신음소리를 냈고 되돌아가려고 얼굴을 읍내 쪽으로 돌렸다.

여기서 다른 상황이 일어났다. 한 사람의 모습이 그녀에게 가까이 왔는데 엘리자베스-제인의 모습이었다.

루시타는 쓸쓸하였음에도 조금 화난 듯이 보였다. 엘리자베스의 얼굴은 자기 친구를 알아보자마자 아직 서로 말을 건네기에는 먼 거리였지만 애정을 담은 표정을 띠었다. "나가서 아가씨를 만나야겠다는 생각이 갑자기 들었어요." 그녀가 웃으며 말했다.

루시타의 대답은 어떤 뜻하지 않은 사태로 입술에서 사라졌다. 그녀 오른쪽의 샛길은 들판에서 내려와 그녀가 서 있는 지점의 대로와 합쳐졌다. 황소 한 마리가 그 길을 따라 그녀와 엘리자베스 쪽으로 정처 없이 어슬렁거리며 내려오고 있었고, 이들은 길의 반대쪽을 향해 있었기 때문에 황소를 보지 못했다.

매년 후반기면 캐스터브리지와 그 이웃 지역에서는 소들이 주민들의 생업의 기둥이기도 하면서 동시에 공포의 대상이기도 했다. 이곳에서는 소들의 사육이 아브라함의 성공[100]처럼 잘 이루

---

100 아브라함의 성공: 구약의 아브라함(Abraham)은 많은 부족의 조상이자 여러 종

어지고 있었다. 이 계절에는 지역 경매꾼들이 팔기 위해 이 읍으로 몰고 들어오고 나가는 소의 마릿수가 엄청났다. 이리저리 몰려다니는 이 뿔난 짐승들은 달리 피할 데가 없는 아낙네와 애들을 집 안으로 몰아넣었다. 대개는 소들이 아주 조용히 길을 따라 걷지만 캐스터브리지의 전통은 소떼를 몰 때 야후[101] 같은 광대 짓과 몸짓이 곁들여진 무서운 소리가 반드시 사용되어야 한다는 것이었다. 그리고 커다란 작대기를 휘두르고 떠돌이 개들도 불러들여서 전반적으로 성깔 사나운 소들은 노하게 만들고 순한 소들은 겁에 질리게 하는 식으로 모든 일이 행해졌다. 집주인이 자기 집 거실을 나서면서 자기 집 홀과 통로에 어린아이들과 유모들, 나이 든 여자들, 혹은 여학교 한 반 전체 아이들이 가득 차 있는 것을 보는 것은 흔한 일이었다. 이럴 때면 그들은 "황소가 팔려서 길을 내려가고 있어요"라고 말함으로써 자기들이 집 안에 들어와 있는 것에 대해 변명했다.

　루시타와 엘리자베스는 의심스럽게 그 소를 바라봤는데, 그 사이 소는 눈에 띄지 않게 그들 쪽으로 다가오고 있었다. 소는 그 품종치고는 몸집이 큰 편에 속했다. 짙은 회갈색인데 지금은 주름진 옆구리 주변에 묻은 진흙으로 인해 보기가 흉했다. 두 뿔은 두툼하고 끝에는 놋쇠가 씌워져 있었고, 두 콧구멍은 옛날에 장

교의 교부였으며, 아주 많은 소를 갖고 있었다고 알려져 있다.

101　야후(Yahoo): 스위프트(Jonathan Swift)의 《걸리버 여행기 Gulliver's Travels》 제4부에 나오는 사람 모양을 한 탐욕스러운 존재.

난감 요술경으로 보았던 템스 강 지하 터널 같았다. 양 콧구멍 사이에는 코 연골을 뚫고 단단한 구리 코뚜레가 끼워져 용접되어서, 마치 거스의 놋쇠 목줄[102]처럼 뗄 수 없었다. 코뚜레에는 1야드 길이의 물푸레나무 막대기가 달려 있었는데 황소는 이 막대기를 마치 도리깨질하듯 머리로 이리저리 돌려댔다.

젊은 여인들이 정말로 놀란 것은 이 대롱거리는 막대기를 보고나서였다. 이 황소는 너무 사나워 몰고 다니기 어려운 늙은 소였고 어찌어찌하여 도망쳐 나왔는데, 소 모는 사람이 이 황소를 다룰 때 팔 하나 거리만큼 뿔을 멀리하는 수단으로 바로 이 막대기를 사용한다는 것을 두 여자가 알았기 때문이었다.

여인들은 피신할 곳이나 숨을 데를 찾아 두리번거리다가 바로 옆에 있는 헛간을 떠올렸다. 그들이 황소에 눈을 떼지 않고 있는 동안 황소도 접근해 올 때는 조심하는 기색이 좀 보였다. 그러나 이들이 헛간으로 가려고 몸을 돌리자마자 황소가 머리를 들더니 이들을 단단히 혼내줄 심산인 것 같았다. 상황이 이러자 힘없는 두 여자는 정신없이 뛰었고, 이에 황소는 느릿느릿 공격하기 위해 접근해 왔다.

헛간은 끈적끈적한 녹색 연못 뒤에 있었고, 이들 맞은편의 흔히 두 짝이 같이 붙은 문 중의 하나만 울타리 막대에 받쳐 열려있

---

102 거스의 목줄: 거스(Gurth)는 19세기 스코틀랜드의 역사소설가 스코트(Sir Walter Scott)가 쓴 《아이반호우 Ivanhoe》에 등장하는 돼지 치는 사람이다. 그는 노예였기 때문에 목에 놋쇠 목줄(brass collar)이 채워져 있었는데 용접되어 있어 뗴 낼 수 없었다.

을 뿐 전부 닫혀 있었다. 이들은 열린 이곳을 향해 뛰었다. 헛간 내부는 한쪽 끝에 마른 클로버 더미가 쌓여 있는 것을 제외하고는 최근의 도리깨질로 인해 말끔히 치워져 있었다. 엘리자베스-제인은 상황을 바로 이해하고 "우린 저 위로 올라가야 해요"라고 말했다.

그러나 그곳에 채 이르기도 전에 황소가 밖에서 연못을 급하게 건너오는 소리가 들렸다. 황소는 곧 울타리 막대를 무너뜨리고 넘은 뒤 헛간 안으로 돌진해 들어왔다. 소가 들어온 뒤에 육중한 문이 꽝 하고 닫혀서 이들 셋은 모두 헛간 안에 함께 갇혀버렸다. 길을 잘못 든 짐승은 이들을 보고, 이들이 도망쳐 들어온 헛간의 한쪽 끝으로 성큼성큼 걸어왔다. 여자들은 너무도 민첩하게 갑자기 돌아섰기 때문에 추적자가 헛간 벽까지 이르렀을 때쯤에는 이 도망자들은 벌써 반대쪽 끝의 반까지 가 있었다. 황소가 긴 몸통을 돌려 거기까지 쫓아 올 수 있을 즈음에 그녀들은 이미 반대쪽으로 건너온 뒤였다. 이렇게 쫓고 쫓기는 일이 계속되었다. 황소의 콧구멍에서 나오는 뜨거운 김은 마치 시로코[103]처럼 불어와 그들을 덮어 씌었고 엘리자베스나 루시타에게는 문을 열 수 있는 단 한 순간도 허용되지 않았다. 이런 상황이 계속되었다면 이들에게 어떤 일이 일어났을지 알 수 없었다. 그러나 곧 문에서 달그락거리는 소리가 이들의 적수의 관심을 끌었고, 한 남자

---

103 시로코(sirocco): 북아프리카의 사막에서 발생하여 지중해를 건너 남유럽까지 불어오는 모래 섞인 열풍.

가 나타났다. 그는 소의 코에 매달린 잡아끄는 막대기로 달려가 붙잡고는 마치 분질러버리기라도 할 듯 짐승의 머리를 비틀었다. 너무나 우악스럽게 비틀어서 소의 굵은 목이 빳빳함을 잃고 반쯤 마비되었고, 그러는 동안 코에서는 핏방울이 떨어졌다. 코뚜레라 고 하는 미리 계산된 인간의 고안물은 충동적인 짐승의 힘에는 너무나 교활한 것이어서 황소는 결국 뒷걸음질 쳤다.

다소 어둑어둑한 곳에 서 있는 그 남자는 체구가 컸고 우물쭈 물하지 않는 사람으로 보였다. 그가 소를 문가로 끌고 갈 때, 햇빛 에 의해 그가 헨처드임이 드러났다. 그는 소를 밖에 단단히 붙들 어 매고 루시타를 구하러 다시 들어왔다. 왜냐하면 클로버 더미 위로 기어 올라간 엘리자베스는 못 봤기 때문이다. 루시타는 광 란 상태에 빠져있었다. 헨처드는 그녀를 두 팔로 안아 문가로 들 고 갔다.

"당신이—날 구했군요!" 루시타는 말을 할 수 있게 되자마자 소리쳤다.

"난 당신의 친절에 보답한 거요." 그가 다정하게 대답했다. "당신도 날 한 번 구해줬지 않소."

"어떻게—하필 당신이었을까요—당신?" 그녀가 그의 대답에 는 신경 쓰지 않고 물었다.

"난 당신을 찾으러 여기까지 나왔던 거요. 난 요 이삼일 전부 터 당신에게 뭔가를 얘기하려고 했소. 그런데 당신이 출타 중이 어서 할 수가 없었소. 아마 당신은 지금도 나하고 얘기할 수 없 겠지?"

"오, 얘기할 수 없어요. 엘리자베스는 어디 있죠?"

"여기 있어요!" 보이지 않던 사람이 명랑하게 소리쳤다. 그리고 사다리가 놓아지기를 기다리지 않고 그녀는 클로버 더미 위로 미끄럼을 타고 바닥으로 내려왔다.

헨처드는 루시타의 한쪽을, 엘리자베스-제인은 다른 쪽을 부축하면서 이들은 오르막길을 따라 천천히 걸었다. 언덕 꼭대기에 이르러 다시 내려가는 중에 루시타는 이제 많이 회복되어 자기가 헛간에 목도리를 떨어뜨리고 왔음을 기억해냈다.

"제가 뛰어갔다 올 게요." 엘리자베스-제인이 말했다. "전 아씨만큼 지치지 않았으니까 괜찮아요." 그러고 나서 그녀는 서둘러 헛간으로 다시 갔고, 다른 사람들은 가던 길을 계속 갔다.

엘리자베스는 목도리를 곧 찾았다. 그런 물건은 그 당시에는 결코 부피가 작지 않았기 때문이다. 밖으로 나오다가 그녀는 잠시 걸음을 멈추고 황소를 쳐다봤다. 황소는 코에서 피를 흘리고 있어서 이젠 동정의 대상이 되었는데 아마도 사람을 죽이기보다는 골탕 먹이려고 의도했었는지 모른다. 헨처드는 소의 코에 달린 막대기를 헛간 문의 돌쩌귀에 끼워 넣고 말뚝으로 쐐기를 박아 소가 꼼짝 못 하게 해 놓았었다. 그녀는 생각에 잠겨 있다가 마침내 몸을 돌려 서둘러 앞으로 나갔다. 그때 그녀는 파프리가 모는 초록색과 검은색으로 된 이륜마차가 반대쪽에서 접근해 오는 것을 봤다.

그가 여기에 나타난 것은 루시타가 그쪽으로 산책한 이유를 설명해 주는 듯했다. 도널드는 그녀를 보자 마차를 세웠고 어떤 일이 일어났었는지에 대해 다급한 설명을 들었다. 루시타가 얼마나 큰 위험에 처했었는지 엘리자베스-제인이 말하자 그는 동요하였는데 그녀가 지금까지 그에게서 보아왔던 어느 동요 못지않게 강렬했지만 종류는 달랐다. 그는 이 상황에 너무나 몰두한 나머지, 자기가 지금 뭘 해야 할지 충분히 알기 어려울 정도여서 엘리자베스를 마차에 올려 자기 옆자리에 앉게 도와야 한다는 생각을 못 했다.

"그녀가 헨처드 씨와 같이 갔다는 얘기죠?" 이윽고 그가 물었다.

"네. 아버지가 아씨를 집으로 데려다주고 있어요. 지금쯤 집에 거의 당도했을 거예요."

"그녀가 집까지 잘 갈 수 있다고 확신해요?"

엘리자베스-제인은 매우 확신하고 있었다.

"아가씨의 의붓아버지가 그녀를 구했다고요!"

"완전하게 구했어요."

파프리가 마차의 속도를 늦췄다. 그녀는 그 이유를 추측해 보았다. 그는 지금 당장은 이 두 사람 사이에 끼어들지 않는 것이 좋겠다고 생각하였다. 헨처드가 루시타를 구했다. 이런 마당에 헨처드보다 파프리 자기 자신에게 더 깊은 애정을 보일 수 있으면 보이라고 루시타를 자극하는 것은 현명하지도 너그럽지도 않은 일이라고 생각한 것이다.

그들이 나누는 당면한 화제가 바닥나자, 그녀는 자신의 지난날의 연인 옆에 이렇게 앉아 있는 것이 더 거북하게 느껴졌다. 그러나 곧 다른 두 사람의 모습이 읍내 어귀에서 보였다. 루시타는 자꾸만 뒤를 돌아봤으나 파프리는 말에 채찍을 가하지는 않았다. 이들이 읍의 성곽에 도달했을 때 헨처드와 그의 일행은 길 아래로 사라지고 없었다. 파프리는 엘리자베스-제인이 내려달라고 특별히 간청한 곳에 내려주고 자기 숙소 뒤쪽에 있는 마구간으로 마차를 몰고 돌아갔다.

이런 연유로 파프리는 정원을 지나 집으로 들어왔고 올라가면서 보니 자기 방이 매우 어질러진 상태임을 알았다. 상자들은 계단참 위에 끌어내져 있었고, 책꽂이는 세 부분으로 나뉘어 있었다. 그러나 이런 현상에 그는 조금도 놀라지 않은 듯했다. "언제쯤 짐을 다 옮겨 주시겠어요?" 그가 이삿짐을 감독하고 있는 여주인에게 말했다.

"여덟 시 전에 끝나기는 어렵습니다, 선생님." 그녀가 말했다. "저희는 오늘 아침까지도 선생님이 이사 나가실 줄 몰랐어요. 알았다면 저희가 일을 좀 더 일찍 마칠 수 있었겠죠."

"아, 괜찮습니다, 괜찮아요!" 파프리가 쾌활하게 말했다. "그보다 늦어지지만 않는다면 여덟 시도 괜찮아요. 자, 자, 거기 서서 애기들만 하지 마시고. 아니면 12시나 되어야 끝날 거예요." 이렇게 말하면서 그는 앞문으로 나가 길 위로 나섰다.

그동안 헨처드와 루시타는 색다른 종류의 경험을 하고 있었다. 엘리자베스가 목도리를 가지러 떠난 뒤에 곡물 도매상은 솔직히 심경을 토로했다. 그녀의 손을 자기 팔 안에 꼭 낀 채로 했지만 그녀는 그 손을 빼고 싶어 했다. "루시타, 난 요 이삼일 동안 정말 당신 보고 싶었소." 그가 말했다. "지난번 본 후로 내내. 난 그날 밤 당신의 약속을 받아낸 그 방법을 곰곰이 생각해 보았소. 당신은 '내가 남자라면 난 그렇게 밀어붙이지 않겠어요'라고 내게 말했지. 그 말이 내 가슴을 깊이 찔렀소. 난 그 말에 진실이 있다고 느꼈어. 난 당신을 비참하게 만들고 싶지 않아. 그리고 당신이 지금 당장 나하고 결혼하는 건 다른 어떤 것보다도 당신을 비참하게 할지도 모르지. 그건 너무도 명백한 일이야. 그래서 나는 정혼 기간을 정하지 않는 것에 동의해, 결혼에 대한 모든 생각을 1, 2년 뒤로 미루는 데에 동의한다고."

"하지만—하지만—제가 뭔가 다른 식으로 해드리면 안 될까요?" 루시타가 말했다. "전 당신에게 감사한 마음으로 가득 차 있어요—당신이 제 목숨을 구해 주었으니까요. 그리고 당신이 저에게 신경 써 주니, 마치 내 머리 위에 불붙은 석탄이 있는 것 같아요.[104] 전 이제 돈이 있는 사람이에요. 확실히 저는 당신의 친절에 뭔가를, 실질적인 뭔가를 보답할 수 있겠죠?"

헨처드는 생각에 잠겼다. 그는 이런 대답을 기대하지 않았음이 분명했다. "당신이 할 수 있는 일이 하나 있지, 루시타." 그가 말했다. "그런데 엄밀히 그런 종류의 일은 아니고."

"그렇다면 어떤 종류라는 거예요?" 그녀가 근심이 새로워지며 물었다.

---

104 불붙은 석탄: 〈잠언〉 25:22. 기본적으로는 복수를 하지 말라는 내용인데 누군가에게 복수하려는 마음으로 가득 찬 사람이 그 누군가에게서 복수심을 사랑으로 보답 받게 되면 자기 머리 위에 불붙은 석탄을 올려놓은 것처럼 고통과 수치심과 후회를 느끼게 될 것이라는 이야기.

"당신이 그렇게 물어보니 내가 비밀을 하나 말해야만 하겠어—. 내가 올해 운이 없었다는 얘기는 들어 알고 있겠지. 난 전에는 하지 않던 일을 저질렀어. 경솔하게 투기(投機)를 했다는 거지. 그리고 손해를 봤소. 그게 나를 곤경으로 몰아넣었지."

"그래서 제가 당신에게 돈을 좀 미리 융통해 주기를 바라는 건가요?"

"아니야, 아냐." 헨처드가 화내다시피 말했다. "난 여자한테서 뜯어먹는 그런 남자가 아니요. 비록 그 여자가 당신처럼 거의 내 여자나 다름없는 사람일지라도 말이요. 아니요, 루시타. 당신이 할 수 있는 건 이거요. 그러면 그게 나를 구할 거요. 내 최대 채권자는 그로우어 씨요. 내가 만약 누군가의 손에서 고통받는다면 그건 바로 그의 손에서지. 그 사람이 2주일만 참아준다면 난 충분히 이 어려운 상황을 헤치고 나갈 수 있어. 그의 동의를 구할 한 가지 방법은 이런 거야. 즉, 당신이 내 약혼자이고, 우리가 두 주일 뒤에 조용히 결혼할 예정이라고 당신이 그 사람한테 귀띔해 주는 거지—자, 이쯤 해두자고, 내 말이 다 끝난 건 아니지만!— 그 사람한테 이 이야기를 해주자고. 물론 우리 사이의 실제 결혼은 시일이 오래 걸릴 거라는 사실을 그 사람이 눈치채지 못하게 해야겠지. 그 사람 외에는 누구도 알 필요 없어. 당신은 나하고 같이 그로우어 씨한테 가서 마치 우리가 그런 사이인 것처럼 내가 그 사람 앞에서 당신에게 말하게만 해주면 되는 거야. 우린 그 사람한테 비밀을 지켜달라고 할 거야. 그러면 그 사람은 기꺼이 기다려 줄 거요. 2주가 끝나갈 때 난 그 사람을 대면하고 우리 사이의 모든 일이 1, 2년 연기되었다고 시치미 떼고 말하면 되는 거지. 당신이 나를 어떤 식으로 도와줬었는지 이 읍내에서 아는 사람이 한 사람이라도 있으면 안 돼. 당신이 도움이 되려고 하니 이게 당신이 도울 수 있는 방법이요."

지금이 소위 하루 중 '분홍빛으로 물드는 시간'이라 부르는 때, 즉 황혼 직전의 15분간이었기 때문에 그는 처음에는 자기가 한 말이 그녀에게 가져온 효과를 관찰하지 못했다. "그 일만 아니고 다른 일이라면," 그녀가 말을 시작했다. 그리고 그녀의 목소리에는 입술이 타들어 가고 있다는 것이 드러났다.

"그런데 그건 정말 사소한 일이라고!" 그가 크게 나무라며 말했다. "당신이 제의한 것보다 작은 일이야—당신이 아주 최근에 약속한 일의 시작에 불과한 거야! 내 입으로 말할 수도 있었지만, 그랬으면 그는 내 말을 믿으려 하지 않았을 거요."

"제가 하고 싶지 않아서가 아니라, 전혀 할 수 없기 때문이에요." 그녀가 괴로운 기색이 짙어지며 말했다.

"정말 성질나게 하는구면!" 그가 버럭 소리를 질렀다. "그것만으로도 나에겐 당신이 한 약속을 당장 강제로 이행하게 만드는데 충분해!"

"전 할 수 없어요!" 그녀가 필사적으로 고집했다.

"왜? 당신이 당장 하겠다고 약속한 일에서 당신을 면제해 준지 불과 몇 분밖에 안 됐는데."

"왜냐하면—그 사람이 증인이기 때문이에요!"

"증인—뭐의 증인?"

"제가 그 말을 해야만 한다면—. 제발, 저를 제발 나무라지 말아요!"

"글쎄—무슨 얘기인지 먼저 들어봐야겠지?"

"제 결혼의 증인이라고요—그로우어 씨는."

"결혼?"

"네, 파프리 씨하고요. 오, 마이클, 전 벌써 그분의 아내예요. 우리는 이번 주 포트-브레디에서 결혼했어요. 우리가 여기에서 결혼하지 않은 이유들이 있어요. 그로우어 씨가 증인이었는데 그건 그분이 우연히 그때 포트-브레디에 있었기 때문이에요."

헨처드는 마치 백치가 되어버린 듯 서 있었다. 그녀는 그의 침묵에 몹시 겁을 먹어 그 험난한 2주일을 무사히 넘길 충분한 돈을 그에게 빌려주겠다는 것 비슷한 말을 중얼거렸다.

"그 친구랑 결혼했다고?" 헨처드가 드디어 말문을 열었다. "이런 젠—, 뭐라고, 나랑 정혼한 중에—그놈이랑 결혼했다고?"

"그건 이렇게 된 일이에요." 그녀가 눈물이 그렁그렁한 채 떨리는 목소리로 설명했다. "제발, 나한테 정말 그러지 좀 말아요! 전 그분을 너무나 사랑했고 당신이 그분에게 우리 과거 일을 얘기했다고 생각했어요. 그게 저를 가슴 아프게 했어요. 그런데 제가 당신에게 약속한 뒤 전 당신이—본부인을 마치 말이나 소처럼 장터에서 팔아버렸다는 소문을 듣게 되었어요. 그런 소문을 듣고 어떻게 제 약속을 지키겠어요? 저는 당신 손아귀에 나를 맡기는 모험을 할 수 없었어요. 그런 불미스러운 일을 듣고도 당신의 성(姓)을 내 이름에 붙이는 것은 내 위신을 실추시키는 일이었을 테니까요. 하지만 저는 도널드를 바로 내 남자로 만들지 않으면 그를 잃게 되리라는 걸 알고 있었어요. 왜냐하면 당신은 우리의 과거 교제를 그에게 말하겠다는 협박을 실행에 옮기려 했으니까요. 저를 당신 여자로 옆에 둘 가능성만 있다면 그렇게 하려고 했겠죠. 하지만 이젠 그러지 않겠죠, 그렇죠, 마이클? 왜냐하면 저와 그 사람을 갈라놓기에는 너무 늦었으니까요."

그녀가 이 말을 하는 동안 성 베드로 성당의 묵직한 종소리가 바람에 실려 그들에게 날아왔다. 그리고 북채를 아낌없이 사용하는 것으로 유명한 읍 취주 악대의 상쾌하게 쿵쾅대는 소리가 이제 힘차게 고동치며 길을 따라 내려갔다.

"그렇다면 사람들이 지금 일으키고 있는 소란은 그 때문인가, 그런가?" 그가 말했다.

"그래요. 제 생각엔 그이가 사람들에게 말했거나, 아니면 그로우어 씨가 말했거나. 이제 저 가도 돼요? 저의―그이는 오늘 포트-브레디에서 지체하고 있어서 저를 자기보다 몇 시간 먼저 보낸 거예요."

"그렇다면 내가 오늘 구한 건 그자의 아내의 목숨이었구먼."

"그래요―그래서 그이는 평생 당신에게 감사할 거예요."

"그 친구 정말 고맙군, 그래…… 오, 당신은 못 믿을 여자야!" 이 말이 헨처드 입에서 튀어나왔다. "당신 나한테 약속했었잖아!"

"그래요, 그래요. 하지만 그건 강압에 못 이겨 한 일이었고, 전 다 알지 못했어요, 당신 과거의―."

"이제 난 당신이 받아 마땅한 벌을 내릴 작정이야! 당신이 내게 어떻게 구애했었는지 내가 그 진짜 새신랑한테 한마디만 하면 당신의 그 소중한 행복은 산산조각이 나서 가루가 될 거야."

"마이클—저를 좀 가엾게 여기시고 그냥 눈감아 주세요!"

"당신은 가엾게 여길 만하지 못해. 전엔 그랬지. 하지만 지금은 아니야."

"제가 당신이 빚 갚는 걸 도와드릴게요."

"파프리 아내한테서 돈 타 먹는 사람이 되란 말이야? 난 아니야! 당신 나하고 더 이상 같이 있으면 안 되겠네. 내가 더 안 좋은 얘기를 할지도 모르니까. 집에나 가라고."

그녀가 남쪽 산책로의 나무 아래로 사라져갈 때 취주 악대가 그녀의 행복을 축하하면서 나무줄기, 돌멩이 하나하나의 메아리를 일깨우며 길모퉁이를 돌아 나왔다. 루시타는 악대를 거들떠보지도 않고 뒷골목을 뛰어 올라가 눈에 띄지 않게 자기 집에 당도했다.

제30장

파프리가 여주인에게 했던 말은 그의 상자들과 기타 세간을 최근 그의 하숙집에서 루시타의 집으로 옮기는 일을 말하는 것이었다. 이삿짐을 옮기는 일은 힘들지 않았다. 그러나 이사 소식에 놀라 사람들이 외쳐대는 소리로 인해 이사는 자꾸 중단되어 많이 지연되었다. 이사 간다는 사실을 맘씨 좋은 여주인은 불과 몇 시간 전에야 편지로 간단히 통보받았을 뿐이었다.

포트-브레디를 떠나는 마지막 순간에 파프리는 존 길핀[105]처럼, 중요한 고객들에게 붙들렸다. 지금과 같은 예외적인 상황에서도 이들은 그가 소홀이 대할 수 없는 사람들이었다. 게다가 루시타가 그녀 집에 먼저 도착하는 것에 편리한 점이 하나 있었다. 그녀 집에서 누구도 그들 사이에 있었던 일을 아직 모르고 있었다. 그리고 이 소식을 집식구들에게 전하고 자기 남편을 맞을 준

---

105 존 길핀(John Gilpin): 영국 시인 카우퍼(William Cowper)가 발라드를 시로 옮긴 〈존 길핀의 재미있는 이야기 The Diverting History of John Gilpin〉(1782)에 나오는 주인공. 포목상을 하는 길핀은 결혼 20주년 기념으로 아내와 여행을 떠나기로 하는데 막 가게에 들어온 손님 세 명을 대하느라 출발이 지연되고, 기다리던 아내는 친구들과 먼저 출발해 버린다.

비를 지시하는 일에 그녀가 가장 좋은 위치에 있었다. 따라서 그는 이제 겨우 이틀 된 자기 신부를 전세 사륜마차에 태워 보냈고, 그 사이 자신은 그날 밤 도착할 시간을 그녀에게 알려주고 나서 몇 마일 밖 밀과 보리 낟가리가 쌓여 있는 시골로 갔다. 이것이 이들이 네 시간 동안 서로 떨어져 있다가 그녀가 그를 마중하러 총총걸음으로 외출했던 일을 설명해 준다.

그녀는 헨처드와 헤어진 후 몹시 애를 써서 마음을 안정시키고 나서, 하숙집을 떠나 하이-플레이스 홀로 오는 도널드를 맞을 준비를 했다. 어떤 일이 일어나더라도 자기가 그를 차지했다는 인식은 한 가지 가장 중요한 사실이었고, 그 사실은 그녀가 이렇게 할 수 있는 힘을 부여했다. 그녀가 도착하고 반 시간 뒤에 그가 걸어 들어왔다. 그녀는 안도의 기쁨으로 그를 맞았는데 한 달 동안이나 위태롭게 떨어져 있었다 하더라도 그 기쁨이 이보다 더 강렬하지는 못했을 것이다.

"한 가지 제가 아직 끝내지 못 한 일이 있어요. 게다가 중요한 일이기도 해요." 황소와의 모험에 관한 얘기를 끝내고 그녀가 진지하게 말했다. "그건, 우리 결혼 소식을 내 사랑스러운 엘리자베스-제인에게 알리는 일이에요."

"아, 당신이 아직 얘기를 안 했구려." 그가 생각에 잠겨 말했다. "헛간에서 집으로 오는 길에 아가씨를 마차에 태워줬는데 나도 그 얘기는 하지 않았소. 아가씨가 읍내에서 그 소식을 들었을지도 모르고, 수줍다든가 뭐 그와 비슷한 이유로 내게 축하한다는 말을 못 한다고 생각했기 때문이오."

"그녀는 소식을 듣지 못했을 거예요. 하지만 제가 알아볼게요. 지금 그녀에게 가야겠어요. 그리고 도널드, 제가 그 아가씨와 그전처럼 계속 같이 사는 거 괜찮겠어요? 그녀는 참 차분하고 겸손해요."

"아, 물론, 물론 괜찮소." 파프리가 약간 어색한 듯 답했다. "하지만 그 아가씨가 그렇게 하려나?"

"아, 그럼요." 루시타가 기다렸다는 듯 대답했다. "그녀가 그럴 거라고 확신해요. 게다가, 에구 가엾은 것, 그녀는 이 집 말고는 어디 갈 데도 없어요."

파프리는 그녀를 쳐다봤고, 그녀가 자신의 좀 더 과묵한 친구의 비밀을 의심하지 않는 것을 알았다. 그는 루시타가 아무것도 모르고 있어서 그녀를 더 좋아했다. "그 아가씨 일은 물론 당신 좋을 대로 하구려." 그가 말했다. "내가 당신 집에 온 거지, 당신이 내 집에 온 건 아니잖소."

"뛰어가서 그 아가씨한테 말할게요." 루시타가 말했다.

그녀가 이 층 엘리자베스-제인의 방에 갔을 때 엘리자베스는 밖에서 입던 옷을 벗고 책을 읽으며 쉬는 중이었다. 루시타는 그녀가 아직 소식을 모르고 있다는 것을 금방 알아챘다.

"제가 아씨한테 내려가지 못했네요, 템플만 양." 그녀가 순진하게 말했다. "아씨가 그 놀란 일에서 완전히 회복되었는지 물어보려고 했는데 아씨에게 방문객이 있더군요. 종들이 왜 울리는지 모르겠어요. 또 악대는 왜 연주하는 거죠? 누군가가 결혼하는 게 틀림없어요. 아니면 크리스마스를 대비해서 연습하든가요."

루시타는 막연하게 '맞아요'라고 말했다. 그리고는 다른 젊은 여자의 곁에 앉아 생각에 잠긴 채 그녀를 바라봤다. "아가씨는 어째 이리 외톨이일까!" 하며 그녀가 곧 입을 열었다. "뭐가 진행되고 있는지도 모르고, 사람들이 비상한 관심을 가지고 여기저기서 수군대는 게 뭔지도 모르니 말이야. 아가씨도 밖에 좀 나가 봐요, 그리고 다른 여자들처럼 남들 얘기로 수다도 떨어보고. 그러고 나면 나한테 그런 식의 질문은 할 필요가 없을 텐데. 자, 이제 내가 아가씨에게 할 얘기가 있어요."

엘리자베스-제인은 대단히 고맙다고 말하고는 얘기 들을 준비를 했다.

"좀 한참 거슬러 올라가야겠네." 루시타가 말했다. 옆에 앉아 곰곰이 생각하는 사람한테 자기 자신을 만족스럽게 설명하는 일이 어렵다는 것은 그녀가 하는 말의 음절마다에서 점점 더 뚜렷이 드러났다. "내가 언젠가 아가씨한테 들려줬던 저 괴로운 양심의 문제 기억해요? 첫 번째 애인, 두 번째 애인 얘기 말이에요." 그녀가 자신이 했던 이야기의 서두 한두 마디를 움찔거리며 꺼냈다.

"아, 네, 기억나요. **아씨 친구** 이야기." 엘리자베스가 루시타 눈의 홍채를 마치 그 정확한 그림자까지 포착하려는 듯이 주시하면서 말했다. "그 두 애인—옛 애인과 새 애인. 그녀가 새 애인과 결혼하기를 대단히 바라지만 옛 애인과 결혼해야만 한다고 했던 그 얘기 말이죠? 그래서 그녀는 나쁜 길을 좇느라 좋은 길을 소홀히 한 거죠. 마치 시인 오비디우스가 쓴 '나는 좋은 일들을 보왔고 그들을 인정했다. 그러나 나쁜 일을 따랐다'[106]라는 구절처럼 저는 바로 그렇게 이해하고 있어요."

"오, 아니야, 그녀가 꼭 나쁜 길을 좋은 건 아니에요!" 루시타가 서둘러 대답했다.

"하지만 아씨가 말하기로는 그녀가―아니면 **아씨**라고 제가 불러도 되겠지만." 엘리자베스가 가면을 벗으며 대답했다. "체면상, 그리고 양심상 첫 남자와 결혼해야만 한다는 거였잖아요?"

마음을 다 읽혔다고 생각하자 루시타는 얼굴을 여러 차례 붉히다가 이렇게 근심스럽게 대답했다. "이거 절대로 아무한테도 말하지 않을 거죠, 그렇죠, 엘리자베스-제인?"

"물론이죠, 아씨가 말하지 말라고 하시면."

"그럼 그 일이 내가 한 얘기보다 더 복잡하고, 실은 더 나쁘다는 것을 아가씨한테 말해 줄게요. 나와 그 첫 남자는 이상하게 한데 엮이게 되었고 세상 사람들이 우리 이야기를 수군대고 해서 우리는 결합해야 한다고 느꼈죠. 그 남자는 홀아비였어요, 자기가 그렇다고 생각하듯이. 그 사람은 자기 첫 번째 아내 소식을 여러 해 동안 못 들었어요. 그런데 그 아내가 돌아왔고 우리는 헤어졌어요. 그 여자는 이제 죽고 없어요. 그래서 그 남편은 내게 와서는 '우리의 목적을 이루자'고 말하며 내게 구혼하는 거예요. 하지만 엘리자베스-제인, 이 모든 일이 결국은 그 사람이 나에게 새로 구혼하는 모양새가 된 거죠. 왜냐면 난 그 남자의 부인이 돌아

---

106 《변신 Metamorphoses》, vii. 20-1.

옴으로써 내가 했던 모든 맹세에서 풀려났던 거니까."

"그런데 아씨는 최근에 약속을 새로 하지 않았나요?" 둘 중에 더 어린 여자가 조용히 뭔가를 추측해 보며 말했다. 그녀는 제1번 남자가 누구인지 짐작해냈다.

"그 약속은 나를 협박해서 쥐어 짜낸 거예요."

"네—그랬군요. 하지만 어떤 여자건 아씨처럼 불행하게 과거에 한 남자와 교제했다면 그 여자는 잘못이 없다 하더라도, 그렇게 할 수만 있다면, 그의 아내가 되어야 마땅하다고 저는 생각해요."

루시타의 얼굴에서 생기가 사라졌다. "그 남자가 내가 결혼하기에 두려운 사람으로 판명됐는데도?" 그녀가 변명했다. "정말 두려워요. 그리고 내가 약속을 다시 하고 난 뒤에야 그걸 알게 되었어요."

"그렇다면 정직해지기 위해서는 한 가지 방법밖에 없네요. 아씨는 독신녀로 남아야만 해요."

"하지만 다시 생각해 봐요. 좀 고려해 보면—."

"저는 확신해요." 그녀의 친구가 매정하게 말을 가로챘다. "난 그 남자가 누구인지 아주 잘 추측해 냈어요—우리 아버지죠. 그리고 아버지가 아니면 누구도 아씨의 결혼 상대가 될 수 없어요."

올바르지 못한 행실에 대한 의구심은 엘리자베스-제인에게는 황소 앞의 붉은 보자기 같았다. 사태를 바로잡으려는 그녀의 갈망은 가히 악의적일 정도였다. 자기 어머니와 관련하여 예전에 겪은 고생 탓에 조금이라도 정도(正道)에서 벗어나 보이는 것은 그녀에게는 공포였다. 자신들의 이름이 전혀 의심받지 않는 사람들은 알 길이 없는 그런 공포였다. "아씨는 헨처드 씨와 결혼해야만 해요, 아니면 아무하고도 할 수 없어요—절대로요—그분 외에 다른 남자하곤 안 돼요." 그녀가 떨리는 입술로 말을 이었는데 그 입술의 움직임에는 갈망과 공포의 두 가지 감정이 섞여 있었다.

"난 받아들일 수 없어요." 루시타가 흥분하며 말했다.

"받아들이건 안 받아들이건 그건 사실이에요."

루시타는 오른손으로 자신의 눈을 가렸다. 마치 더 이상 변명할 수 없다는 듯이. 그리고는 왼손을 엘리자베스-제인에게 내밀었다.

"어머, 아씨는 벌써 아버지랑 결혼**하셨군요**!" 엘리자베스는 루시타의 손가락을 한번 흘끗 본 다음에 기뻐서 깡충깡충 뛰며 소리쳤다. "언제 했어요? 왜 제게 진작 말하지 않았어요? 이렇게 저를 놀리기만 하고. 아씨, 정말 훌륭해요! 아버지는 한때 어머니에게 몹쓸 짓을 하셨어요. 술에 취한 어느 한순간에 그랬던 것 같아요. 그리고 아버지가 때로는 용서를 모른다는 것도 맞는 얘기예요. 하지만 아씨는 아씨의 아름다움과 재산과 교양으로 아버지를 완전히 지배하실 거라고 확신해요. 아씨야말로 아버지가 숭배할 여자이고 우리 셋 모두는 이제 함께 행복하게 될 거예요."

"오, 사랑하는 엘리자베스-제인!" 루시타가 괴로운 표정으로 소리쳤다. "내가 결혼한 사람은 다른 사람이에요! 난 너무 절망적이었기 때문에, 강압에 못 이겨 달리 어떻게 될까 봐 너무나 두려웠어요. 나에 대한 그분의 사랑을 꺼뜨려 버릴 폭로가 너무도 두려워서, 나는 어떤 결과가 생기더라도 즉시 결혼하기로, 그리고 여하한 희생을 치르는 한이 있어도 1주일 만이라도 행복하게 살자는 결심을 했던 거예요."

"아씨는─그럼, 파프리 씨와 결혼한 거군요!" 엘리자베스-제인이 나단[107]의 말투로 소리쳤다.

루시타가 고개를 숙였다. 그녀는 이제 제정신으로 돌아와 있었다. "종이 울리는 건 그 때문이에요." 그녀가 말했다. "내 남편은 아래층에 있어요. 좀 더 적당한 집이 우리를 위해 마련될 때까지 그분은 여기서 살 거예요. 그리고 아가씨와 그전처럼 계속 함께 살고 싶다고 그이한테 말했어요."

"생각 좀 해볼게요, 저 혼자서." 소녀는 소용돌이치는 감정을 놀라울 정도로 억누르며 재빨리 대답했다.

"그렇게 해요. 우리는 다 같이 행복할 거라고 난 확신해요."

루시타는 아래층의 도널드에게로 내려갔고, 거기에서 그가 아주 편하게 앉아 있는 것을 보자 막연한 불안감이 기쁨 위로 떠

---

107   나단(Nathan): 다윗왕은 휘하의 장군 우리아(Uriah)의 아내 밧세바(Bathsheba)를 탐하여 간통하고 우리아를 전장에 보내 죽게 만든다. 그 후 다윗은 그녀와 결혼하고 아이를 낳는다. 이에 궁정의 예언가 나단은 다윗을 힐책하기 위해 한 가지 가상적 일화를 들려준다. 어느 부자가 가난한 사람의 유일한 재산이자 자식 같은 새끼 양을 자기 손님 접대를 위해 뺏어갔다면 그 부자에게 어떻게 해야 하느냐고 나단이 묻자, 다윗은 진노하며 그런 부자는 죽어 마땅하다고 대답한다. 이 때 나단은 다윗이 바로 그 부자 같은 사람이라고 지적하며 다윗의 집에 재앙이 따를 것을 예고한다. 곧이어 다윗의 아이가 죽으면서 나단의 예언은 실현된다.〈사무엘 하〉 12: 1-18.

돌았다. 그녀가 그렇게 느끼는 것은 친구 엘리자베스 때문은 아니었다. 왜냐하면 엘리자베스-제인의 감정의 추이에 관해서 그녀는 추호의 의심도 없었기 때문이다. 의심은 헨처드의 감정 추이에 대해서만 있었다.

이제 수전 헨처드의 딸이 즉각적으로 내린 결정은 그 집에서 더 이상 머무르지 않는 것이었다. 루시타의 행동이 적절했는지 아닌지에 대한 그녀의 평가와는 별개로 파프리는 자신의 거의 공인된 연인이었기 때문에 그녀는 그곳에 머물 수 없다고 느꼈다.

엘리자베스가 옷을 급히 갖춰 입고 집에서 나갔을 때는 아직 이른 저녁이었다. 그녀는 이곳 지리를 잘 알고 있어서 몇 분 지나지 않아 적당한 숙소를 구했고 그날 밤 입주하기로 해 놓았다. 되돌아와 소리 없이 들어가면서 그녀는 입고 있던 예쁜 옷을 벗고 수수한 옷으로 갈아입었다. 벗어놓은 옷은 나들이옷으로 아끼기 위해 싸 뒀다. 지금부터 매우 절약해서 살아야 하기 때문이었다. 그녀는 떠나며 루시타에게 쪽지를 하나 남겼다. 루시타는 문을 꽁꽁 닫고 응접실에서 파프리와 같이 앉아 있었다. 그러고 나서 엘리자베스-제인은 손수레꾼을 한 사람 불렀고 자기 짐 상자가 손수레에 실리는 것을 보고는 총총걸음으로 길을 내려가 새로 얻은 집으로 갔다. 새집은 헨처드가 사는 거리에 있었고 그의 집 거의 맞은편이었다.

여기에 앉아 그녀는 살아갈 방법을 곰곰이 생각해 보았다. 의붓아버지에게서 매년 받기로 한 얼마 안 되는 돈으로 연명은 할 수 있을 것이다. 각종 그물을 짜는 놀라운 솜씨―뉴선의 집에서

예망(曳網)을 짜면서 어린 시절에 터득한 그 솜씨—가 그녀에게
크게 도움이 될 것이다. 그리고 끊임없이 해 왔던 그녀의 공부는
더더욱 도움이 될 것이다.

　이때쯤 그들이 결혼했다는 소식이 캐스터브리지 전역에 알려
지게 되었다. 그 이야기는 길가의 연석(緣石) 위에서 시끄럽게, 계
산대 뒤에서는 은밀하게, 쓰리마리너스 술집에서는 유쾌하게 오
갔다. 파프리가 자기의 사업을 팔고 아내의 돈으로 신사 행세를
할 것인지, 혹은 자신의 그 빛나는 반려자에도 불구하고 그대로
장사 일을 계속할 만한 독립심을 보여줄지가 커다란 관심사였다.

제31장

그 죽 장수 노파가 치안판사들 앞에서 쏘아붙였다는 소식이 좍 퍼졌다. 24시간도 지나지 않아 헨처드가 오래전에 웨이던-프라이어스 장터에서 한 황당한 미친 짓 이야기를 모르는 사람은 캐스터브리지에서 단 한 명도 없었다. 그 후 그가 이 잘못을 보상하는 심경으로 살아온 나날은 원래 행위의 극적인 불꽃에 의해 가려지게 되었다. 그 사건이 오래전에 그리고 늘 잘 알려졌었다면 지금쯤은 젊은 시절의 크게 방탕했던 일 정도로 가볍게 여겨졌었을 것이다. 그것도 오늘의 (고집이 좀 세기는 하지만) 건실하고 원숙한 시민인 그와 공통점이라고는 거의 없던 젊은이의 단 한 번의 방탕이었다. 그러나 그 행위는 그 시간 이후 내내 죽은 것처럼 파묻혀 있었고, 그 사이의 세월 동안 남의 눈에 띄지 않았기 때문에, 젊은 시절의 이 검은 오점이 꼭 최근 저지른 범죄처럼 보이게 만들었다.

치안법정에서의 사건은 그 자체로는 사소했지만, 헨처드의 운명의 내리막길에서는 가장자리 혹은 방향 전환을 이루는 지점이었다. 그날, 거의 바로 그 시각, 그는 번영과 명예의 산등성이를 통과해 빠른 속도로 반대쪽으로 내려가기 시작했다. 그가 그렇게

나 빨리 사람들에게서 신망을 잃은 것은 이상한 일이었다. 그는 사회적으로는 깜짝 놀랄 가속으로 내리막을 걷기 시작했고, 사업상으로는 경솔한 거래로 인해 이미 사업상의 상승세를 상실했기 때문에, 이 양쪽 측면에서 그의 몰락에는 매시간 속도가 붙었다.

그는 이제 걸어 다닐 때면 길바닥을 더 많이 응시하고 길가의 집 정면은 덜 응시하였다. 사람들의 발과 각반을 바라보는 때가 더 많았고, 전에는 사람들 눈을 깜빡거리게 할 정도였던 그 이글거리는 시선으로 사람들 눈동자를 들여다보는 일도 이제는 덜 하였다.

새로운 사건들이 결합하여 그를 몰락하게 하였다. 올해는 헨처드뿐만 아니라 다른 사람들에게도 어려운 해였다. 그가 완전히 믿었던 한 채무자의 대실패는 이미 비틀거리던 그의 신용을 완전히 뒤엎어 놓았다. 그리고 지금 자포자기하는 와중에 그는 곡물 거래의 생명이라 할 수 있는 상품과 견본 사이의 엄격한 일치를 지키지 못했다. 이것은 주로 그의 일꾼 중 한 명의 잘못인데, 이 변변치 못한 친구는 헨처드가 소유한 엄청난 양의 이등 품 곡물에서 견본을 골라놓고는 막상 쭉정이 지고, 상하고, 곰팡이 핀 알곡을 대량으로 보내버리는 몹시 어리석은 짓을 한 것이다. 이 곡물은 정직하게 보냈다면 아무런 물의도 빚지 않았을 것이다. 그러나 때가 때인 만큼 이 잘못 보낸 실수는 헨처드의 이름을 시궁창으로 질질 끌고 들어갔다.

그의 실패의 세부 사항은 흔히 보는 그런 것들이었다. 어느 날 엘리자베스-제인은 킹즈암스 앞을 지나고 있었다. 장도 서지 않는 날이었는데 사람들이 딴 때보다 더 부산하게 들락날락하는 것을 봤다. 구경하던 어떤 사람이 그녀가 모르고 있는 데에 놀라며 헨처드 씨의 파산 문제를 처리하기 위해 특별위원회의 회합이 열리고 있다고 귀띔해 줬다. 그녀는 눈물이 왈칵 쏟아져 나오는 것을 느꼈고 그가 호텔 안에 있다는 말을 듣고는 들어가서 만나고 싶었으나, 그날은 끼어들지 않는 게 좋다는 조언을 들었다.

채무자와 채권자들이 모여 있는 방은 길가 쪽 방이었고, 헨처드는 창밖을 내다보다가 덧문의 쇠줄 틈으로 엘리자베스-제인을 봤다. 그에 대한 조사가 마감되어서 채권자들은 자리를 뜨고 있었다. 엘리자베스의 출현은 그를 상념에 잠기게 했다. 그러다가 마침내 얼굴을 창문에서 돌렸고, 빚쟁이들 위로 우뚝 솟아 있는 그는 이들의 주목을 잠시 더 받았다. 그의 얼굴은 번영을 누릴 때의 불그레함과는 좀 달랐다. 즉, 검은 머리와 구레나룻은 예전과 같았지만, 잿빛의 막이 나머지 위를 덮은 것이다.

"신사 여러분," 그가 입을 열었다. "우리가 지금까지 논의했었던 자산 외에, 그리고 대차대조표에 나타난 것 이외에, 이런 것들이 더 있소이다. 이 또한 제가 가진 다른 모든 것과 마찬가지로 모두 여러분 소유이니 저는 여러분께 감추고 싶지 않소이다, 난 말입니다." 이 말을 하면서 그는 주머니에서 금시계를 꺼내 탁자 위에 올려놓았다. 그리고는 손가방──농장주들과 장사꾼이면 누구나 들고 다니는 누런 범포(帆布)천 돈 가방──을 풀고 흔들어서 돈이 탁자 위 시계 옆에 쏟아지게 했다. 그는 돈 가방을 잠시 잽싸게 끌어당겨 루시타가 자기 머리카락으로 만들어서 준 끈을 빼냈다. "자, 이제 여러분은 내가 이 세상에서 가진 전부를 차지하게 되었소." 그가 말했다. "그런데 여러분을 위해 내가 가진 게 좀 더 많았으면 좋았겠소만."

채권자들, 농장주들은 한 사람도 빠짐없이 그 시계를, 그 돈을, 그리고는 창밖의 길을 바라봤다. 그때 웨더베리의 농장주 제임스 에버딘이 말문을 열었다.

"아니, 아니요, 헨처드." 그가 따뜻하게 말했다. "우린 그 정도까지 원하는 건 아니요. 당신의 이런 처사는 존경받을 만하오. 하지만 그건 그냥 갖고 계시오. 어떻게 생각하세요, 이웃분들? 제 말에 동의하나요?"

"예, 물론이죠. 우린 그거 전혀 필요 없어요." 또 다른 채권자인 그로우어가 말했다.

"그가 계속 가지게 해요, 아무렴." 뒤에 서 있는 또 다른 사람이 중얼거렸다. 그는 볼드우드라는 이름의 조용하고 수줍음 타는 젊은 남자였다. 그리고 나머지 사람들도 모두 이구동성으로 호응했다.

"자, 그러면," 선임 특별위원이 헨처드에게 말했다. "본 건(件)이 절박한 내용이기는 하지만, 나는 당신보다 더 떳떳하게 행동한 채무자는 본 적이 없다는 걸 인정해야만 하겠소. 나는 대차대조표가 이 이상 더 성실하게 작성될 수 없다는 것을 입증했소. 우리가 이 일을 하는 데 어려움은 없었소. 재산을 빼돌리거나 은닉한 것도 없었소. 경솔한 거래가 이런 불행한 사태에 이르게 했다는 것이 진정 분명하오. 내가 아는 한 그는 다른 사람에게 손해를 입히지 않으려고 모든 노력을 경주했소."

헨처드는 이 말에 다른 사람들이 눈치 못 채기를 바라면서도 몹시 감동 받았고 다시금 창 쪽으로 머리를 돌렸다. 그 위원의 말에 뒤이어 모두 동의한다고 중얼거리는 소리가 들렸다. 회합은 끝나고 사람들은 뿔뿔이 흩어졌다. 이들이 가고 나자 헨처드는 이들이 돌려준 시계를 쳐다봤다. "이건 당연히 내 것이 아니지." 그가 혼잣말했다. "도대체 왜 이 시계를 가져가지 않은 거야! 난 내 것이 아닌 건 원하지 않아." 그러나 어떤 기억에 마음이 움직여 그는 시계를 길 건너 시계포로 가져가서 가게 주인이 부르는 값에 바로 그 자리에서 팔아버렸다. 그리고는 받은 돈을 갖고 가서 소액 채권자 중 한 명으로 궁색한 처지에 있는 던오버의 어느 소농(小農)에게 건네줬다.

헨처드 소유의 재산 모두에 딱지가 붙여지고 경매가 진행될 때 읍내 사람들 사이에서는 상당히 동정적인 반응이 있었다. 사실 그때까지 이들은 과거 얼마 동안 그를 비난하기만 하던 사람들이었다. 이제 헨처드의 전(全) 경력이 이웃들에게 뚜렷한 모습으로 나타나면서 사람들은 그가 정력이라는 자신의 한 가지 재능을 얼마나 경탄할만하게 사용하여 완전한 무일푼의 상태로부터 부(富)의 자리를 창조해 냈는지 알았다. 기실 이 재능은 그가 송곳과 칼을 넣은 바구니를 메고 날품팔이 건초 일꾼으로 이 읍에 왔을 때 보여줄 수 있었던 전부였다. 사람들은 이렇게 생각에 잠기며 그의 몰락을 유감스럽게 여겼다.

엘리자베스는 아무리 애써 봐도 그를 만날 수 없었다. 어느 누구도 그를 믿지 않았지만 그녀만은 여전히 그의 사람됨을 믿고 있었다. 그녀는 그가 자신에게 모질게 대했던 일을 용서하도록, 그리고 곤경에 처해 있는 그를 돕도록 허락되기를 원했다.

그녀는 그에게 편지를 썼으나 답장이 없었다. 그러자 그녀는 그의 집으로 찾아 갔다. 한동안 자신이 그렇게 행복하게 살았던 큰 집이었다. 유약을 칠한 듯 여기저기 윤이 나는 암갈색 벽돌로 된 전면과 육중한 철제 창문을 지닌 집이었다. 그러나 헨처드를 더 이상 그곳에서 찾을 수 없었다. 이전 읍장은 전성기 때의 집을 떠났고 수도원 물방앗간 옆의 조프네 집으로 이사해 들어갔다. 엘리자베스가 자기 딸이 아니라는 것을 알게 된 밤에 그가 방황하며 다녔던 그 슬픈 동네였다. 그곳으로 그녀는 발길을 옮겼다.

엘리자베스는 그가 이 장소를 은거지로 정한 것이 이상하다고 생각했지만 궁핍해 지면 다른 선택의 여지가 없다고 추정했다. 워낙 고목으로 보여 탁발수도사들이 심었다고 생각될 정도인 나무들이 여전히 주위에 서 있었다. 그 옛날 물방앗간의 뒤쪽 수문은 수 세기 동안 무시무시한 천둥소리를 일으켰던 폭포를 아직도 만들고 있었다. 오두막 자체는 오래전에 해체된 수도원의 오래된 돌과 그물코 세공 장식의 조각들, 반죽해 만든 창틀 옆 기둥들, 창틀 상단 몰딩 등과 벽에서 떨어져 나온 깨진 조각들을 한데 합쳐서 만들어졌다.

이 오두막에서 헨처드는 방 몇 칸을 쓰고 있었는데, 그가 고용하고, 푸대접하고, 농락하고, 해고하기를 번갈아 했었던 조프가 집 주인이었다. 그러나 여기에서도 그녀의 의붓아버지는 보이지 않았다.

"그분 딸인데도 안 되나요?" 엘리자베스가 간청했다.

"누구도 안 됩니다—현재는요. 그게 그분의 명령입니다." 그녀는 이런 대답만을 들었을 뿐이다.

잠시 후 그녀는 아버지 사업의 본거지였던 곡물 가게와 건초 창고들 옆을 지나고 있었다. 이제는 그가 그곳을 더 이상 지배하고 있지 않다는 것을 그녀는 알았다. 그러나 낮은 문간을 바라볼 때 놀라움을 금할 수 없었다. 짙은 납 색깔의 페인트가 헨처드의 이름을 지우기 위해 한번 덧칠해져 있었는데 밑바탕 글자들이 마치 안개 속의 배들처럼 희미하게 비치고 있었다. 그 위로 새롭게 흰 페인트로 파프리의 이름이 칠해져 있었다.

아벨 위틀이 비쩍 마른 머리통을 창구에서 내밀고 있었다. "파프리 씨가 여기 주인인가요?" 그녀가 물었다.

"예, 미스 헨처드." 그가 대답했다, "파프리 씨가 이 가게와 가게에 딸린 우리 일꾼들까지 전부 샀어요. 그래서 우리는 예전보다 한결 나아요. 비록 그분의 의붓딸인 아가씨한테 할 말은 아니지만요. 우리는 전보다 더 열심히 일하고 이제는 겁먹을 일도 없어요. 원래 몇 가닥 안 남은 내 머리카락이 그분이 무서워서 더 빠졌었거든요. 불같이 화를 내거나 문을 부서져라 닫는 일이 없어졌고, 우리의 영원한 영혼이나 뭐 그런 것들에게 시시콜콜 간섭하는 일도 이젠 없답니다. 전보다 1주에 1실링 덜 받지만 저는 더 부자예요. 왜냐하면 마음이 항상 괴롭다면 세상을 다 가진들 무슨 소용이겠어요, 헨처드 양?"

이 정보는 대체로 맞는 얘기였다. 그리고 파산 처리 과정에서 마비 상태에 있었던 헨처드의 가게들은 새 상인이 세(貰) 들어오면서 다시금 활기를 띠었다. 그때로부터 속을 꽉 채운 부대 자루들이 반짝이는 쇠사슬 고리에 묶여 도르래로 바삐 오르내렸고, 털이 숭숭 난 팔들이 여기저기 문간에서 뻗어 나와서 곡물을 안으로 끌어당겼다. 건초 다발들이 다시 광 안에서 밖으로 던져졌고, 건초를 들어 올리는 기구가 삐걱거려댔다. 전에는 주먹구구가 규칙이었던 곳에서 이제는 저울과 휴대용 소형 저울이 바빠지기 시작했다.

제32장

캐스터브리지 읍 아래쪽 지역 가까이에는 두 개의 다리가 놓여 있었다.

비바람에 얼룩진 첫 번째 벽돌 다리는 하이스트리트 바로 끝에 있었다. 거기서 갈라져 나온 한 가닥 길이 빙 돌아 저지대의 던오버 샛길들로 이어졌다. 그래서 다리 주위는 상류층과 빈민층의 접합점이 되었다. 돌로 된 두 번째 다리는 대로상에서 훨씬 멀리 떨어져 있었고, 읍의 경계 안에 있기는 했지만 사실상 풀밭 한가운데 있다고 해도 과언이 아니었다.

이 다리들은 말이라도 할 듯한 모습을 하고 있었다. 다리 돌 출부는 죄다 뭉툭하게 닳아 있었다. 더러는 풍상에 의해서, 대개는 수세대에 걸쳐 이곳을 어슬렁거리는 사람들이 일으킨 마찰에 의해서였다. 사람들이 그곳에 서서 저마다의 일을 골똘히 생각하며 발끝과 발꿈치로 다리의 난간을 매년 불안하게 비벼댔기 때문이다. 좀 더 부서지기 쉬운 벽돌과 돌의 경우에 심지어 편편한 표면까지도, 같은 식으로 발끝과 발꿈치가 합동으로 비벼대어 닳아서 움푹 패여 있었다. 다리 꼭대기의 석조물은 각 접합부가 쇠로 조여져 있었다. 실의에 빠진 사람들이 치안판사들에 대한 무분별한 저항심으로 석조물의 보호 마감재를 뒤틀어 빼내어 강물에 던져버리는 일이 심심찮게 일어났기 때문이다.

왜냐하면 이 한 쌍의 다리에 읍내의 모든 실패자들이 끌리듯 왔기 때문이다. 사업에, 사랑에, 금주에 실패한 사람들과 범죄에 빠진 사람들이 그들이었다. 왜 이 부근의 불행한 사람들이 대체로 울타리 가로장, 문, 담장 디딤돌보다 이 다리들을 선호하여 명상의 장소로 택하는지는 썩 분명치 않았다.

가까운 벽돌 다리를 찾는 사람들과 멀리 떨어진 돌다리를 찾는 사람들 사이에는 질적 차이가 두드러졌다. 저급한 성품의 사람들은 읍내에 인접한 벽돌 다리를 선호했다. 그들은 남의 이목에 신경 쓰지 않았다. 그들은 잘나가던 시절에도 비교적 대수롭지 않은 사람들이었고, 풀이 죽어서도 자신들의 파멸에 대해 특별히 수치심을 느끼지 않았다. 그들의 손은 대개 주머니에 꽂혀 있었고 엉덩이나 무릎 주위에 가죽 천을 덧대어 입었다. 그리고 끈이 아주 많이 있어야 하지만 하나도 달려 있지 않아 보이는 장화를 신고 있었다. 자기들이 처한 역경에 대해 한숨 쉬는 대신 이들은 침을 뱉었다. 그리고 자기들의 영혼에 쇠막대기가 들어왔다[108]고 말하는 대신에 운이 나빴다고 말했다. 괴로울 때 조프가 이 다리 위에 종종 서 있었다. 쿡섬 어멈, 크리스토퍼 코니, 그리고 가엾은 아벨 위틀도 또한 그러했다.

더 멀리 떨어진 다리 위에서 발을 멈춘 불운한 사람들은 좀

---

108 〈시편〉 105: 18 참조.

더 품위 있는 부류의 사람들이었다. 이들 가운데에는 파산자들, 우울증 환자들, 실수나 불운으로 이른바 '형편이 안 좋다'고 불리게 된 사람들과 전문 직종에서 능력이 떨어지는 사람들도 포함되었는데, 이들은 모두 아침과 정찬 사이의 무료한 시간, 그리고 정찬과 밤사이의 더 무료한 시간을 어떻게 보내야 할지 모르는 초라한 신사들이었다. 이런 종류의 사람들의 시선은 대개 다리 난간 아래를 흐르는 강물에 고정되었다. 거기에 서서 강물을 그렇게 못 박힌 듯이 보고 있는 남자라면 이런저런 이유로 세상이 친절하게 대해 주지 않은 사람임이 아주 확실했다. 곤경에 처해 시내 쪽 다리 위에 서 있는 사람은 자신을 그렇게 쳐다보는 사람들에 신경 쓰지 않고 등을 난간에 붙이고는 행인들을 위아래로 훑어보았다. 반면, 곤경에 처해 멀리 있는 다리 위에 서 있는 사람은 결코 길 쪽을 향해 서 있지도 않고, 다가오는 사람들의 발걸음 쪽으로 고개를 돌리는 법도 결코 없었다. 자신의 처지에 민감한 반응을 보이며 낯선 사람이라도 다가오면, 그는 오히려 지느러미 달린 생물이란 생물은 여러 해 전에 밀렵으로 죄다 강에서 자취를 감추었음에도 마치 어떤 희한한 물고기가 그의 관심을 끄는 듯이 흐르는 물줄기를 지켜봤다.

그곳에서 그렇게 그들은 생각에 잠기곤 했다. 만약 그들의 슬픔이 박해의 슬픔이라면 그들은 자기들이 왕이었으면 하고 바랐다. 만약 그들의 슬픔이 가난의 슬픔이라면 백만장자이기를 바랐다. 죄의 슬픔이라면, 그들은 자신들이 성자나 천사였으면 했다. 실연당한 사랑의 슬픔이라면 이들은 군(郡)의 미남으로 소문나 뭇 여인들의 구애를 받는 아도니스[109] 같은 남자이기를 바랐다. 어떤 사람들은 시선을 아래쪽으로 고정하고 그렇게 오랫동안 서서 생각에 잠기다가 결국 자신들의 가엾은 몸뚱이를 그 시선을 따라가게 만든 경우도 있다고 알려졌다. 그러면 이들은 다음 날 아침 자신들의 괴로움에서 벗어나 여기에서, 혹은 좀 더 강상류 쪽의 블랙워터라고 불리는 깊은 웅덩이에서 시체로 발견되곤 했다.

이 다리로, 헨처드는 자신보다 앞선 다른 불행한 사람들이 그랬던 것처럼 찾아 왔다. 그는 읍의 으스스한 변두리에 있는 강변의 소로를 따라 이곳까지 왔다. 어느 바람 부는 오후 그는 여기에 서 있었고 던오버 교회 시계는 5시를 쳤다. 돌풍이 불어와 그의 귀에 습지를 건너온 종소리를 실어 오는 동안, 어떤 남자가 그의 뒤를 지나가다가 헨처드의 이름을 부르며 인사했다. 헨처드는 약간 몸을 돌려 바라봤고 오고 있는 사람이 자신의 옛 십장이었다가 지금은 다른 곳에 고용된 조프라는 것을 알았다. 헨처드는 그를 증오하기는 했지만 그의 집에 거처를 정했다. 조프는 이 몰락한 곡물 도매상이 그의 관찰과 의견을 냉담할 정도로 경멸하는 캐스터브리지의 유일한 사람이었기 때문이다.

헨처드는 겨우 알아볼 정도로 그에게 고개를 끄덕였고, 조프는 걸음을 멈췄다.

---

109 아도니스(Adonis): 그리스 신화에서 미의 여신 아프로디테의 사랑을 받은 미(美)청년.

"그분 내외가 오늘 새집으로 입주해 들어갔습니다요." 조프가 말했다.

"오," 헨처드가 건성으로 대답했다. "무슨 집이라고?"

"주인님 옛날 집말입니다요."

"내 집으로 들어갔다고?" 그리고 퍼뜩 놀라며 헨처드가 덧붙였다. "읍내의 허다한 집을 놔두고 하필이면 **내** 집이라니!"

"글쎄요, 누군가가 그 집에 살게 될 건 분명하고, 나리께선 그럴 수가 없으니, 그분이 새 집주인이 되었다고 나리께 해될 건 없습죠."

그건 틀림없이 맞는 말이었다. 그는 그것이 자기에게 해가 될 일은 아니라고 생각했다. 이미 작업 마당과 가게들을 손에 넣은 파프리는 인접해 있다는 명백한 편리함 때문에 그 집마저 소유하게 된 것이다. 그러나 전(前) 주인인 자기는 오두막에 사는데 방들이 널찍널찍한 집을 이렇게 거처로 삼은 파프리의 행동은 말로 표현할 수 없이 헨처드의 속을 쓰리게 했다.

조프가 말을 이었다. "그런데 경매에서 나리의 가장 좋은 가구들을 산 그자에 대해 들으셨어요? 그자는 딴 사람이 아닌 바로 파프리를 위해서 내내 입찰에 응하였습죠. 그 가구들을 집에서 내가지도 않았어요. 그가 이미 집 소유권을 차지해버렸으니까요."

"내 가구까지! 필시 이 자가 내 몸뚱이와 영혼까지도 사버리겠군."

"나리께서 기꺼이 팔겠다면 그 사람이 그러지 말란 법도 없습죠." 한때 그에게 왕과 같았던 주인의 심장에 이런 상처를 심어놓고 조프는 가던 길을 계속 갔다. 그러는 동안 헨처드는 빠른 강물을 응시하고 또 응시하다 보니 다리(橋)가 자기를 태우고 뒤로 물러나는 것만 같았다.

저지대는 더 어두워졌고 하늘은 짙은 회색이 되었다. 주위가 마치 잉크 방울로 얼룩진 그림같이 보일 때 또 다른 행인이 이 커다란 돌다리로 접근해 왔다. 그는 이륜마차를 탔고, 가는 방향도 읍내 쪽이었다. 다리 중간 아치의 둥그런 부분 위에서 마차가 멈췄다. "헨처드 씨 아닌가요?" 마차에서 파프리의 목소리가 들려왔다. 헨처드가 얼굴을 돌렸다.

자기의 추측이 맞았다는 것을 알자 파프리는 동행하던 남자에게 마차를 몰고 집으로 가라고 일렀다. 그새 그는 마차에서 내려 자기의 예전 친구에게 다가갔다.

"듣자니 이민 갈 생각을 하신다고요, 헨처드 씨?" 그가 말했다. "그게 사실인가요? 물어볼 만한 진짜 이유가 있어서요."

헨처드는 얼마 동안 대답하지 않고 있다가 비로소 입을 열었다. "그렇네. 사실이네. 몇 년 전에 자네가 가려고 했지만 내가 붙잡아서 여기 눌러앉게 만들었던 바로 그곳으로 이번에 내가 가는 거야. 세상일은 돌고 도는 법이네, 그렇지 않은가? 내가 자네에게 머무르라고 설득하며 지금처럼 우리가 초크워크 길 위에 서 있었던 것 기억하나? 그땐 자네는 자네 앞으로 된 재산이라곤 하나도 없이 서 있었고, 난 콘스트리트에 있는 집의 주인이었지. 그러나 이제 나는 지팡이도, 넝마 조각도 하나 없이 서 있고, 저 집의 주인은 자네가 되었군."

"예, 예. 그렇게 되었군요! 세상일이 그런 것이지요!" 파프리가 말했다.

"하, 하, 맞네그려!" 헨처드가 갑자기 익살맞은 기분으로 빠져들며 소리쳤다. "성(盛)할 때가 있으면 쇠(衰)할 때가 있는 법! 난 거기에 익숙하다네. 어찌 되었건 무슨 상관인가!"

"이제 내 말 좀 들어보세요, 읍장님 시간을 뺏는 게 아니라면요." 파프리가 말했다. "제가 읍장님 말에 귀 기울였듯이 말이에요. 가지 마세요. 외국 나가지 말고 고국에 머무르세요."

"하지만 난 달리 할 수 있는 일이 없다네, 젊은이." 헨처드가 경멸조로 말했다. "내가 가진 몇 푼 안 되는 돈으로 몇 주일은 연명하겠지만 그 이상은 안 되겠지. 난 다시 날품팔이 일로 돌아가고 싶은 생각은 없네. 하지만 아무것도 안 하고 여기 머물 수도 없으니 내게 가장 좋은 기회는 다른 데에 있는 거지."

"아닙니다. 제가 제안하는 바는 이렇습니다—만약 귀 기울이신다면요. 읍장님 옛집에 들어와 사세요. 방 몇 개는 충분히 여분이 있습니다—내 아내도 그걸 상관하지 않을 거라 확신해요—어디 일자리가 생길 때까지 말입니다."

헨처드는 깜짝 놀랐다. 루시타와 한 지붕 아래 있을 건데도 의심하지 않는 도널드가 그려내는 그림에 너무나 놀라서 태평하게 받아들일 수가 없었다. "아니야, 아닐세." 그가 퉁명스레 말했다. "우린 싸울 거네."

"읍장님은 전용 구역을 가지시게 될 거예요." 파프리가 말했

다. "그리고 누구도 읍장님께 간섭하지 않을 거예요. 읍장님이
지금 거처하는 저 아래 강가 쪽 집보다는 훨씬 건강에 좋을 겁니
다."

여전히 헨처드는 거절했다. "자네는 지금 자네가 무슨 제의를
하고 있는지 모르고 있군." 그가 말했다. "하지만 자네한테 고맙
기는 하네."

그들은 헨처드가 젊은 스코틀랜드인에게 머무르라고 설득하
던 그때에 나란히 걸었던 것처럼 그렇게 읍내로 걸어 들어왔다.
"들어오셔서 저녁 좀 드시죠?" 길이 좌우로 갈라지는 읍내 한복
판에 이들이 이르렀을 때 파프리가 말했다.

"아니야, 아닐세."

"그런데, 깜빡 잊고 말 안 할 뻔했네요. 제가 읍장님의 가구를
상당히 많이 샀습니다."

"그랬다는 말 들었네."

"그런데요, 저를 위해서 가구를 사려고 했던 건 아닙니다. 읍
장님이 갖고 싶어 하는 가구들은 죄다 빼내 가져가시기 바랍니
다. 사연이 있어서 애착이 가거나 혹은 특별히 읍장님이 사용하
기에 적합한 그런 것들 말이에요. 그런 가구들을 읍장님 집으로
가져가세요. 그런다고 내 재산이 축나는 건 아닙니다. 우리 식구
는 다소 덜 가져도 잘 지낼 수 있고요, 저는 앞으로도 더 많이 살
기회가 얼마든지 있을 테니까요."

"뭐라고? 나한테 거저 주겠단 말인가?" 헨처드가 말했다. "하
지만 자네는 채권자들에게 가구값을 치르지 않았나."

"아, 그랬죠. 하지만 그 가구들은 나보다 읍장님에게 더 가치가 있겠죠."

헨처드는 약간 감동 받았다. "난—가끔은 내가 자네에게 나쁜 짓을 했다고 생각하네!" 그는 밤의 어둠이 감췄던, 얼굴의 동요하는 기색을 드러내는 말투로 말했다. 그는 갑자기 파프리의 손을 잡고 악수를 하더니 마치 자신을 더 이상 드러내고 싶지 않다는 듯이 서둘러 가버렸다. 파프리는 그가 대로를 통과해 불스테이크로 접어들어 프라이어리밀 쪽으로 사라져 내려가는 것을 지켜봤다.

한편 엘리자베스-제인은 예언자의 방[110]보다 크지 않은 이 층 방에서, 잘나가던 시절의 비단옷들을 상자에 넣어 치워놓고는, 자기가 입수할 수 있던 책들을 열중해서 읽는 와중에 틈틈이 아주 열심히 그물을 뜨고 있었다.

그녀의 숙소는 의붓아버지가 전에 거처하다가 이제는 파프리의 집이 돼버린 곳 거의 맞은편에 있었기 때문에 그녀는 도널드와 루시타가 신혼의 재미에 푹 빠져 뻔질나게 집을 들락거리는 것을 볼 수 있었다. 그녀는 그쪽으로 눈길을 돌리는 것을 가능하면 피하려고 했지만, 문이 쾅 소리를 내는데도 눈을 딴 데로 돌리고 있는 것은 사람의 본성이 아니었다.

---

110 예언자의 방: 구약에 나오는 얘기로, 수넴(Shunem)의 어떤 여인과 그녀의 남편은 예언자 엘리사(Elisha)를 위해 자기들 집 지붕에 작은 방을 마련해서 엘리사가 이들이 사는 곳에 들르면 머물 수 있도록 했다. 〈열왕기 하〉 4: 10.

이렇게 조용히 살아가고 있던 어느 날 그녀는 헨처드가 감기에 걸려 몸져누웠다는 소식을 들었다. 아마도 궂은 날씨에 목초지를 서성댄 결과일 것이다. 그녀는 즉시 아버지의 집으로 갔다. 이번에는 거절당하지 않고 집 안에 들어가기로 작정하고는 이 층으로 올라갔다. 그는 두꺼운 외투를 두르고 침대 위에 앉아 있었다. 처음에는 그녀의 갑작스러운 방문에 불쾌감을 표했다. "가라고—가란 말이야!" 그가 말했다. "널 보고 싶지 않다."

"하지만, 아버지—"

"만나고 싶지 않대도." 그가 되풀이해서 말했다.

그러나 어색한 분위기가 가시자 그녀는 안 가고 머물렀다. 그녀는 방을 더 안락하게 만들었고 아래층 사람들에게 이런저런 지시를 내렸다. 그래서 그녀가 나갈 때쯤에는 그녀가 방문하는 일을 의붓아버지가 받아들이게 만들어 놓았다.

그녀가 잘 챙겨줘서인지, 아니면 단순히 그녀가 모습을 나타냈기 때문인지 모르지만 결과적으로 그는 빨리 회복하였다. 그는 곧 바깥출입을 할 수 있을 정도로 몸이 좋아졌고 이제 그의 눈에는 모든 사물이 새로운 색채를 띠는 것 같았다. 그는 더 이상 이민 갈 생각은 하지 않고, 엘리자베스에 대해 생각을 더 많이 하였다. 아무것도 할 일이 없다는 것은 그를 다른 어떤 경우보다 더 쓸쓸하게 만들었다. 그러던 어느 날 그가 예전에 품었던 것보다 파프리에 대한 생각이 좋아지고, 또한 정직한 노동은 부끄러워할 일이 아니라고 인식하고서, 그는 굴욕을 참고 파프리의 작업 마당으로 가서 날품팔이 건초 일꾼으로 써 달라고 부탁했다. 그는 즉시 고용되었다.

헨처드의 고용은 어느 십장을 통해 이루어졌는데 그건 파프리가 이전 곡물 도매상과의 개인적 접촉은 꼭 필요한 경우가 아니면 피하는 것이 낫다고 생각했기 때문이다. 도와주고 싶어 했지만 그는 헨처드의 예측하기 어려운 기질을 이때쯤에는 잘 알게 되어서 그와 좀 멀리하는 것이 상책이라고 생각했다. 같은 이유로 헨처드에게 여기저기 시골 농장으로 늘 하던 식으로 건초 묶으러 가라는 그의 지시도 항상 제3자를 통해 내려졌다.

한동안 이런 식의 조정이 잘 진행되었다. 건초를 이웃의 여러 농가에서 구매하기 때문에 그것을 실어 가기 전에 각 농가의 건초 야적장에서 묶는 것이 당시 관습이어서 헨처드는 그런 곳들을 다니느라 일주일 내내 집을 떠나 있는 일이 잦았다. 이런 일들이 모두 끝나고 헨처드가 어느 정도 익숙해지고 나자 그는 다른 일꾼들처럼 집 구내에서 매일 일하게 되었다. 그리하여 한때 번창하던 상인이자 읍장이며 기타 등등의 위치에 있었던 그가 이제는 자신이 과거에 소유했던 광과 곡물 창고에서 한 사람의 날품팔이꾼으로 서 있게 된 것이다.

"나도 전에는 날품팔이 일꾼으로 일했지, 그렇지 않은가?" 그는 시비조로 말하고는 했다. "한데 내가 그 일을 다시 하면 안 된다는 법 있나?" 그러나 이제 그는 젊었을 때의 그와는 판이하게 다른 날품팔이 일꾼으로 보였다. 젊었을 때에 그는 옅고 경쾌한 색상의 깨끗하고 단정한 옷을 입었었다. 각반은 금잔화처럼 노란색이었고, 코르덴 바지는 새 리넨 천처럼 티 하나 없었으며, 목도리는 꽃밭처럼 화려했다. 그러나 지금은 신사 시절에 입다 남은 낡고 푸른 천의 옷을 입고, 빛바랜 실크해트와, 한때는 검은색이었으나 지금은 때 묻고 초라한 비단 목도리를 걸치고 있었다. 이런 옷차림을 하고, 그는 아직도 비교적 활동적인 남자로서 여기저기 돌아다녔다. 왜냐하면 그는 아직 마흔을 과히 넘지 않았기 때문이다. 그리고는 마당의 다른 일꾼들과 마찬가지로 도널드 파프리가 정원으로 연결된 초록 문을 들락거리는 것을, 그리고 그 큰 집과 루시타를 지켜보았다.

겨울이 시작되자 이미 읍 의회의 의원이기도 한 파프리 씨가 앞으로 1, 2년 안에 읍장 직을 제의받을 것이라는 소문이 캐스터브리지에 퍼졌다.

"그래, 그 여자는 현명했어, 그 여자는 같은 무리 내에선 현명했어!"[111] 헨처드는 어느 날 파프리의 건초 광으로 가던 길에 이 소문을 듣고 이렇게 혼잣말했다. 그는 건초 다발 끈에 구멍을 뚫으며 자꾸만 이 생각을 했고 이 소식은 파프리에 관한 옛날의 견해—자신을 짓밟는 의기양양한 적수로의 도널드 파프리—를 되살리는 입김으로 작용했다.

"그 나이 또래가 읍장이 되다니, 내 참!" 그는 입 가장자리를 오므리고 웃으며 중얼거렸다. "그런데 그놈을 하늘에 두둥실 떠오르게 만든 건 그 여자의 돈이지. 하—하, 정말 야릇한 일이네! 여기 내가, 그자의 이전 주인이었던 내가 지금 그자의 일꾼으로

---

111 〈누가복음〉 16: 8 참조.

그자를 위해 일하고 있다니! 그자는 내 집, 내 가구, 내 아내라 부를 수도 있는 여자 등등 전부 자기 것으로 갖고 주인으로 군림하고 있구나.”

　그는 하루에도 백 번씩이나 이런 말들을 되뇌어 중얼거렸다. 루시타와 알고 지냈던 전(全) 기간 동안에도, 그는 그녀를 잃고 후회하고 있는 지금만큼 그렇게 처절하게 그녀를 자기 여자라고 주장하고자 했던 적은 없었다. 그의 마음을 흔들어 놓는 것은 그녀의 재산에 대한 금전적 욕구가 아니었다. 그러나 그 재산은 자기와 같은 기질의 남자들을 끌어당기는 독립심과 건방짐을 그녀에게 부여함으로써 그녀를 더욱더 차지하고 싶은 여자로 만드는 수단이 되었던 것이다. 또한 그 재산은 그녀에게 하인, 집, 좋은 옷을 주었는데, 이는 그녀가 곤궁하던 시절에 알고 지냈던 헨처드를 깜짝 놀라게 할 만한 신기함을 그녀에게 부여하는 배경이 되었다.

　따라서 그는 침울한 기분에 빠져들었고 파프리가 곧 읍장직에 선출될 가능성이 언급될 때마다 그 스코틀랜드인에 대한 이전의 증오심이 되살아났다. 이 일과 함께 그는 한 가지 도덕적 변화를 겪었는데 그건 누가 듣거나 말거나 이따금 이렇게 의미심장한 말을 하는 것으로 이어졌다. 즉, “2주일만 더!” 그러다가는 “12일만 더!”라 말하며 하루하루 숫자를 줄여나갔다.

　“왜 12일만 더라고 말하는 거요?” 곡물 창고에서 귀리 무게 다는 일을 헨처드 옆에서 하다가 솔로몬 롱웨이스가 물어봤다.

　“왜냐면 12일만 지나면 나는 내가 했던 맹세에서 해방되기 때문이오."

"무슨 맹세요?"

"알코올 들어간 액체는 그 어느 것도 마시지 않겠다는 맹세요. 12일이 지나면 내가 맹세한 지 21년이 되오. 그때부터 난 내인생을 즐길 생각이오, 젠장."

엘리자베스-제인은 어느 일요일 자기 집 창가에 앉아 있었다. 그때 그녀는 헨처드의 이름이 들먹거려지는 대화가 아래의 길가에서 오가는 것을 들었다. 그녀는 무슨 일인가 의아하게 생각했는데, 길을 지나던 어떤 제3자가 그녀의 심중에 있던 질문에 답을 했다.

"마이클 헨처드가 21년 동안 술을 한 방울도 안 마시더니 이제 퍼마시기 시작했다는구먼."

엘리자베스-제인은 벌떡 일어나 옷을 차려입고 밖으로 나갔다.

제33장

이맘때쯤 캐스터브리지에는 유쾌한 관습 하나가 유행했는데, 비록 제대로 인정받지는 못했지만 그래도 꽤 확립된 관습이었다. 매주 일요일 오후면 캐스터브리지 직공들의 큰 무리—착실한 교인이자 점잖은 사람들—가 예배에 참석하고 나서, 교회 문을 줄지어 나와 길 건너 쓰리마리너스 술집으로 갔다. 그리고 더블 베이스, 바이올린, 플루트를 겨드랑이에 낀 합창단이 으레 이 무리의 후미 부대를 이루었다.

이 성스러운 행사의 중요한 점, 혹은 명예로운 점은 각자가 자신의 주량을 반 파인트로 엄격히 제한한다는 것이었다. 이런 면밀함을 술집 주인은 너무나 잘 이해하고 있어서 사람들은 죄다 그만한 용량의 컵에 술을 제공 받았다. 그 컵들은 다 똑같이 생겼다. 직각을 이루는 옆면에는 잎이 떨어진 두 그루의 참피나무가 갈색으로 그려져 있었다. 그 나무 중 하나는 술 마시는 사람의 입술 쪽으로, 다른 하나는 앞에 앉은 그의 친구를 향하고 있었다. 여관 주인이 이런 컵들을 다 합쳐 몇 개나 갖고 있을까 하는 것은 신기한 일을 찾아다니는 아이들에게는 즐거운 생각거리였다. 이러한 경우에 큰 방에서는 적어도 40개의 컵이 눈에 띌 것이다. 다리가 열여섯 개 붙은 커다란 참나무 식탁의 가장자리 둘레에 컵들이 마치 원시 시대 스톤헨지[112]의 환형(環形) 거석들처럼 원을 이루고 있었다. 이 40개의 컵 바깥쪽과 위로 40개의 도제(陶製) 담뱃대에서 40개의 담배 연기가 뿜어져 나오면서 원을 만들고 있었다. 담뱃대들 바깥쪽을 빙 두른 40개 의자의 등받이에 40명의 교인이 기댄 모습이 보였다.

이들이 나누는 대화는 주중의 대화와는 달랐다. 대화의 관점은 완전히 더 섬세하였고, 성조(聲調)도 훨씬 더 높았다. 이들은 항상 그날 설교에 대해 토론하고, 분석하면서, 평균 이상이니 이하니 하며 저울질했다. 설교를 비판가와 비판받는 대상 사이의 관계로 보는 점을 제외하고는 자신들의 삶과 관계없는 하나의 과학적인 위업이나 행위로 보는 것이 전반적인 경향이었다. 더블베이스 연주자와 교회 서기는 설교자에 대한 자신들의 공식적 관계 때문에 나머지 사람들보다 더 많은 권위를 갖고 말하는 게 보통이었다.

헨처드가 긴 금주 기간을 끝내는 장소로 택한 술집이 바로 쓰리마리너스였다. 그는 40명의 교인이 습관적인 음주를 위해 들어서는 시간에 맞춰 그 큰 방에 미리 자리 잡기 위해 들어왔다. 그의 얼굴 위에 깃든 불그레함은 21년간의 맹세가 이미 막을 내렸다는 것을, 방종의 세월이 새롭게 시작했다는 것을 즉시 선언

---

112 스톤헨지(Stonehenge): 영국 남부 솔즈베리(Salisbury) 평원의 선사시대 돌기둥 유적.

해 주었다. 그는 교인들을 위해 마련된 거대한 참나무 식탁 옆에 갖다 놓은 작은 식탁에 앉아 있었다. 몇몇 교인들이 자리를 잡으면서 그를 아는 체하며, "안녕하신지요, 헨처드 씨? 여기와는 전혀 안 어울리는 분이 오셨네요"라고 말을 건넸다.

헨처드는 몇 분 동안 굳이 대답하려 하지 않았고 내뻗은 자기 다리와 장화만 바라보고 있었다. "그래요." 드디어 그가 말문을 열었다. "그건 사실이요. 난 지난 몇 주 동안 기분이 안 좋았소. 당신 중 몇몇은 그 이유를 아실 거요. 이젠 좀 나아졌지만 완전히 평안한 마음은 아니요. 여러분 합창단원이 노래 한 곡조 연주해 주면 좋겠소. 그 곡조에 스태니지의 술을 곁들이면 나는 단조(短調)와 같은 이 침울함에서 완전히 벗어날 거 같소."

"기꺼이 그러지요." 제1바이올린 연주자가 말했다. "악기 줄을 다 풀어놓았어요, 그래요. 하지만 곧 줄을 다시 조이지요. 자, 단원 여러분, A 음조 잡아요. 그리고 저분께 한 곡조 뽑아드립시다."

"난 가사 같은 건 전혀 신경 안 써요." 헨처드가 말했다. "찬송가이건, 발라드 곡이건, 아니면 거 막돼먹은 노래라도 괜찮소. 불명예 제대 병사의 행진곡이건, 천사의 노래건 간에 화음만 잘 맞고 잘 연주하기만 한다면 상관없소."

"그래요, 헤헤. 우린 그 정도는 할 수 있어요. 우리 중 합창단 석을 20년 넘게 지켜오지 않은 사람은 단 한 명도 없어요." 악단 지휘자가 말했다. "단원 여러분, 오늘이 일요일이고 하니 내가 보완한 사무엘 웨이클리[113]의 곡조에 맞춰 〈시편〉 4장을 하면 어떻겠습니까?"

"이런 제기랄, 당신이 보완했다는 그 사무엘 웨이클리 곡 말이요?" 헨처드가 말했다. "당신의 시편 따위는 집어 던지시오. 옛 〈월트셔〉[114]야말로 노래할 만한 유일한 곡이지. 내가 착실한 사람이었던 시절에 내 피를 마치 파도처럼 몰려오고 밀려 나가게 만들곤 했던 시편 곡이요. 거기 어울릴 가사를 찾아봐야겠소." 그는 시편 중 하나를 골라서 책장을 넘기기 시작했다.

그때 우연히 창밖을 내다보다가 그는 한 무리의 사람들이 지나가는 것을 봤다. 설교가 아래쪽 교구민들이 선호하는 분량보다 길어져 이제야 막 예배를 끝내고 나온 위쪽 교회의 회중(會衆)이라는 것을 그는 알았다. 그 무리의 유지(有志)급 주민들 사이에 읍의원 파프리 씨가, 팔을 잡은 루시타와 같이 걸어가고 있었고, 영세 상인들의 부인네들은 모두 다 이 둘을 관찰하면서 흉내 냈다. 헨처드의 입술이 약간 씰룩거렸고 그는 계속해서 책장을 넘겼다.

"자, 이제," 그가 말했다. "〈시편〉 109편을 〈월트셔〉 곡조에 맞춰서. 10절부터 15절까지. 내가 가사를 읊어보겠소.

"그의 자손들은 고아가, 그의 아내는

---

113 사무엘 웨이클리(Samuel Wakely): 정확히 누구인지 알기 어려우나 당대의 가수로 추정됨.

114 〈월트셔 Wiltshire〉: 스마트(George T. Smart) 작곡의 악곡.

슬픔에 잠긴 과부가 될 것이다.
　　그의 부랑아 자식들은 아무도 구제해
　　　줄 수 없는 곳에서 빵을 구걸하리라.

　"부정하게 얻은 그의 부는
　　　고리대금업자의 먹이가 될 것이다.
　　그의 모든 노고의 열매는
　　　낯선 자들에게 빼앗기리라.

　"그의 결핍에 자비를 베풀 사람은,
　　　그의 의지할 곳 없는 고아 자손에게
　　최소한의 도움을 줄 사람은,
　　　어디에서도 찾을 수 없을 것이다.

　"그의 불행한 일족에게
　　　급작스러운 파괴가 엄습할 것이다.
　　그리고 다음 시대는 그의 가증스러운 이름을
　　　완전히 지워버릴 것이다."

　"저도 이 시편 알아요, 이 시편 알고 있습니다!" 합창단 지휘
자가 서둘러 말했다. "하지만 이 곡은 부르지 않는 게 좋겠습니
다. 이것은 노래하기 위해 지어진 곡이 아닙니다. 우리는 목사님
의 암말을 집시가 훔쳐 갔을 때 목사님 기분 좋아지시라고 한번

선택한 적은 있습니다. 하지만 목사님이 무척 언짢아하셨어요. 하나님의 종 다윗이 지으면서 뭔 별별 생각을 했는지 모르겠지만 이 시편은 스스로를 모욕하지 않고는 도저히 부를 수 없는 노래예요. 자, 그러면 내가 더 낫게 고친 〈시편〉 4편을 사무엘 웨이클리의 곡에 맞춰요."

"건방진 소리 하고 있네! 109편을 〈월트서〉에 맞춰 노래하란 말이오. 그 노래를 꼭 부르게 하겠소!" 헨처드가 으르렁댔다. "그 시편을 노래할 때까지 당신네 윙윙거리는 전체 단원들 중에서 단한 명도 이 방에서 못 나가!" 그가 식탁에서 미끄러져 내려와 부지깽이를 집어 들더니 문으로 가서 등을 대고 섰다. "자, 그럼 어서 노래 시작하시오, 당신들 그 빌어먹을 대갈통이 깨지고 싶지 않으면 말이야!"

"그러지 마세요, 그렇게 흥분하지 마세요!—오늘은 안식일이고 그건 하나님의 종 다윗의 말이지 우리가 한 말은 아니니 한번쯤은 괜찮겠죠, 어때요?" 겁에 질린 한 합창단원이 다른 단원들을 둘러보며 말했다. 이리하여 악기들이 조율되고 그 저주의 구절들이 노래로 불렸다.

"고맙소, 고마워요." 헨처드가 누그러진 목소리로 말했다. 그의 눈은 점점 아래로 내리깔리고, 선율에 크게 감동받은 사람의 태도를 보였다. "다윗을 탓하지 마시오." 그가 눈은 치켜들지 않은 채 머리를 가로저으며 나지막한 투로 말을 이었다. "그는 이구절을 쓸 때 자기가 뭘 하려고 하는지 알고 있었소. 난 여유만 된다면 내 인생에서 이렇게 바닥까지 온 암울한 시절에 내가 돈을 내서 교회 합창단이 날 위해 연주하고 노래하게 만들고 싶소. 그러지 못할 바엔 차라리 돼지는 게 낫지. 그런데 하나 원통한 일은 부자였을 때는 난 내가 가질 수 있는 것이 필요하지 않았고, 이제 가난해진 지금은 내가 필요한 것을 가질 수 없다는 것이요!"

합창단이 잠시 멈춘 동안, 루시타와 파프리가 다시 지나갔는데, 이번에는 집 쪽을 향해서 갔다. 다른 사람들과 마찬가지로 큰길에 가서 잠시 걷다가 예배 시간과 차 마시는 시간 사이에 돌아오는 것이 이들의 습관이었기 때문이다. "우리가 불렀던 노래 속 남자가 바로 저기 있소" 헨처드가 말했다.

연주자와 합창단원들이 머리를 돌렸고 그가 뭘 의미하는지 알아차렸다.

"설마 그럴 리가요!" 더블 베이스 연주자가 말했다.

"저게 바로 그 인간이요." 헨처드가 고집스레 되풀이 말했다.

"이 노래가 살아 있는 사람을 향해 불리도록 의도된 줄 알았다면, 내 숨통에서 그 시편을 연주할 숨이 나오지 말았어야 했는데, 이걸 어쩌나!" 클라리넷 연주자가 엄숙하게 말했다.

"나도 그래요." 수석 합창단원이 말했다. "하지만 내 생각에 그 시편은 워낙 오래전에 쓰인 것이라서 별 특별한 의미는 없다고 생각했소. 그러니 한 사람 소원을 들어주는 거요. 곡조 자체가 잘못된 건 아니잖소."

"아, 친구들, 자네들은 이미 그 노래를 부른 거요." 헨처드가 의기양양하게 말했다. "그자에 관해 얘기하자면 그자가 나를 능가하고 나를 번쩍 들어 올려 밖으로 내던진 것은 그자가 부른 노래들 때문이기도 하지…… 난 맘만 먹으면 그자의 몸을 이렇게 반으로 꺾을 수 있어—하지만 그렇게 하지는 않아." 그가 부지깽이를 자기 무릎에 가로로 갖다 대더니 마치 잔가지 다루듯 구부려 내던져버리고는 문간에서 물러났다.

엘리자베스-제인이 의붓아버지가 어디에 있는지 듣고 창백하고 고뇌어린 얼굴로 방에 들어선 게 바로 그때였다. 합창단과 나머지 일행은 그들의 반 파인트 음주 규칙을 지켜 그곳을 떠나고 없었다. 엘리자베스-제인은 헨처드에게 다가가서 자기를 따라 집에 같이 가자고 애원했다.

이때쯤 그의 본성의 화산 같은 불길은 다 타버렸고, 아직까진 술을 많이 마시지 않아서, 그는 그 말에 묵묵히 따랐다. 그녀는 그의 팔을 잡고 같이 걸어갔다. 헨처드는 마치 장님처럼 멍하게 걸으며 합창단이 부른 노래 끝부분의 가사를 되뇌어 보았다.

"그리고 다음 시대는 그의 가증스러운 이름을
완전히 지워버릴 것이다."

마침내 그가 그녀에게 입을 열었다. "난 내가 한 약속은 지키는 사람이야. 난 내 맹세를 21년 동안 지켜왔어. 그리고 이제 나는 양심에 거리낄 것 없이 술 마실 수 있다고…… 꼭 그놈 때문이 아니라도 말이야. 보라고, 난 맘만 먹으면 끔찍한 해코지도 할 수 있는 사람이야. 그자가 내게서 모든 걸 앗아갔어. 그래서 맹세코, 그자를 만나면 난 내 행동에 책임지지 않을 거라고!"

알 듯 모를 듯한 이 말에 엘리자베스는 깜짝 놀랐다―헨처드의 태도에서 보이는 무언의 결의에 의해 더더욱 놀랐다.

"어떻게 하시려고 그래요?" 그녀가 불안한 마음에 떨면서, 그리고 헨처드의 암시를 아주 잘 추측하면서 조심스레 물었다.

헨처드는 대답하지 않았다. 이들은 그의 오두막에 이를 때까지 계속 같이 걸어갔다. "저 들어가도 돼요?" 그녀가 물었다.

"아니, 안 돼. 오늘은 안 돼." 헨처드가 말했다. 그녀는 파프리에게 주의시키는 것이 분명 자신의 강한 충동이면서 또한 의무나 다름없다고 느끼면서 발길을 돌렸다.

일요일에 그러듯 평일에도 파프리와 루시타가 두 마리 나비처럼, 아니면 평생의 동맹을 맺은 벌과 나비처럼, 읍내 여기저기를 경쾌하게 지나다니는 것을 볼 수 있었다. 그녀는 남편과 동행하지 않으면 어디를 가든 즐거워하지 않는 듯했다. 따라서 사업 일로 그가 집에서 한가하게 오후를 보낼 수 없을 때면 그녀는 집 안에 머물렀고 그가 돌아올 때까지 시간이 지나기만을 기다렸다. 그런 그녀의 얼굴을 엘리자베스-제인은 자기 방의 높다란 창문을 통해 볼 수 있었다. 그러나 엘리자베스-제인은 파프리가 루시타의 이러한 헌신에 고마워해야 한다고 혼잣말하지는 않았지만 책을 많이 읽은 덕에 "아가씨여, 자신이 누군지 알아야 해요. 멋진 남자와 사랑으로 엮이게 된 걸 무릎 꿇고 하늘에 감사드리세요"라는 로잘린드의 외침[115]을 인용했다.

---

115 로잘린드의 외침:《당신 뜻대로 As You Like It》(III. v. 57-8. 로잘린드

그녀는 헨처드에 대해서도 예의 주시하고 있었다. 어느 날 건강을 물어보는 그녀의 질문에 대한 대답으로, 그는 마당에서 함께 작업할 때 그를 보는 아벨 위틀의 동정 어린 눈길을 참을 수 없다고 말했다. "그 녀석은 너무나 바보여서, 내가 그곳의 주인일 때를 결코 잊지 못한단 말이야."

"허락하시면 그 사람 대신에 제가 와서 아버지를 도와 구멍 뚫는 작업을 할게요"하고 그녀가 말했다.

그녀가 작업 마당으로 가려는 의도는 의붓아버지가 이제 그곳의 일꾼이므로 파프리 집 내부의 전반적인 상황을 관찰할 기회를 얻자는 데 있었다. 헨처드의 위협이 그녀를 너무나 깜짝 놀라게 해서 그녀는 이 두 남자가 얼굴을 마주칠 때 그의 행동이 어떨지 보고자 했던 것이다.

그녀가 일하러 나온 지 2, 3일 동안 도널드는 전혀 얼굴을 내밀지 않았다. 그러다가 어느 오후에 녹색 문이 열리더니 파프리가 앞서 나오고 그의 뒤를 따라 루시타가 나왔다. 도널드는 자기 아내를 거리낌 없이 사람들에게 내보였다. 그는 자기 아내와 지금의 날품팔이 건초 일꾼 사이에 무엇이건 어떤 공통의 과거지사가 있을 것이라고 의심하지 않는 것이 분명했다.

헨처드는 이 한 쌍 중의 누구에게도 눈길을 주지 않았고 자기가 꼬고 있는 끈에만 눈을 고정하고 있었다. 마치 그 일만이 그를 몰두하게 만들 수 있다는 태도였다. 쓰러진 경쟁자에게 의기양양

(Rosalind)는 이 셰익스피어의 희극에 등장하는 총명한 여주인공.

한 태도로 보일 만한 것은 무엇이든 피하도록 항상 유도하는 어떤 섬세한 감정이 파프리로 하여금 헨처드와 그의 딸이 일하고 있는 건초 광 쪽으로는 가지 않고 곡물부로 바로 가도록 했다. 한편 루시타는 헨처드가 자기 남편 밑에 들어와 일한다는 얘기를 듣지 못해서 산책하듯 걷다가 곧장 광으로 갔다. 거기에서 갑자기 헨처드와 마주치자 '어머!'하고 작은 소리를 내뱉었는데 행복하고 분주하기만 한 도널드는 너무 멀리 떨어져 있어서 이 소리를 듣지 못했다. 헨처드는 맥없는 비굴한 태도로 위틀과 나머지 인부들이 그렇게 하듯 자기 모자의 챙에 손을 가져다 댔고, 거기에 대해 그녀는 얼빠진 듯이 '안녕하세요'라는 말을 간신히 내뱉었다.

"뭐라 하셨나요, 마님?" 마치 못 들은 듯이 헨처드가 말했다.

"안녕하시냐고 했어요." 그녀가 더듬거렸다.

"아, 그래요. 안녕하세요, 마님." 그가 다시 모자에 손대며 대답했다. "뵙게 되어 반갑습니다, 마님." 루시타는 당황한 기색이었으나 헨처드는 계속했다. "왜냐하면 여기 있는 저희 천한 일꾼들은 숙녀분이 여기 납셔서 저희에게 관심 가져 주시는 것을 대단한 영광으로 생각하기 때문입지요."

그녀는 애원하듯 그에게 시선을 던졌다. 빈정댐이 너무도 고통스럽고, 너무도 참기 어려웠다.

"지금 몇 시인지 알려주시겠습니까, 마님?" 헨처드가 물었다.

"네." 그녀가 서둘러 말했다. "4시 반이요."

"감사합니다. 1시간 반만 지나면 저희는 일에서 해방됩니다.

아, 마님, 저희 같은 아랫것들은 마님 같은 분들이 누리시는 즐거운 여가라는 걸 모른답니다."

루시타는 될 수 있는 대로 빨리 그의 곁을 떠났고, 엘리자베스-제인에게 고개를 끄덕이며 웃어 보이고는 집 반대쪽 끝에 있던 자기 남편과 합류했다. 그곳에서 그녀는 헨처드 앞을 다시 지나가지 않기 위해 남편을 바깥쪽 문을 통해 데리고 나가는 것이 보였다. 그녀가 기습당했다는 것이 명백했다.

이 뜻하지 않게 마주친 결과로 다음 날 아침 편지 한 통이 우편배달부를 통해 헨처드 손에 쥐어졌다.

"선생님께서는……" 루시타는 가능한 최대의 고통을 이 짧은 편지에 담아 써 내려갔다. "선생님께서는 제가 어느 때고 마당을 지나갈 때 오늘 제게 했던 것과 같은 매섭고 빈정대는 투로 저한테 말 걸지 않으실 거죠? 저는 당신한테 아무 악의가 없어요. 전 선생님이 제 사랑하는 남편을 위해 일하게 되었다는 게 매우 기쁠 뿐이에요. 하지만 우리 둘 모두에게 공평하게 나를 그분의 아내로 대우해 주세요. 그리고 은밀한 조롱으로 저를 비참하게 만들려 하지 마세요. 전 아무런 죄도 저지른 적 없고, 선생님께 해를 입힌 적도 없어요."

"가엾은 바보로군!" 헨처드가 편지를 쳐들면서 잔인함을 즐기는 듯한 태도로 말했다. "이런 글 나부랭이는 안 쓰는 게 낫다는 걸 어리석게도 모르는군! 아니, 이걸 내가 그 여자의 사랑하는 남편에게 보이기라도 해 봐, 쳇!" 그는 편지를 불 속으로 던져버렸다.

루시타는 건초와 곡물 작업하는 곳으로 다시는 오지 않으려고 주의했다. 그녀는 그렇게 가까이에서 헨처드와 두 번째 마주치는 모험을 하느니 차라리 죽는 게 낫다고 생각했다. 그들 사이의 틈은 날이 갈수록 더 벌어지고 있었다. 파프리는 그의 몰락한 지인(知人)에게 늘 신경을 써줬지만 이 전날의 곡물 도매상을 그의 다른 일꾼들 이상으로 계속해서 생각해 주는 것은 점차로 불가능해졌다. 헨처드는 이것을 알아챘고, 자신의 감정을 둔감이라는 덮개 아래에 감췄다. 그리고 매일 밤 쓰리마리너스에서 맘껏 술을 퍼마심으로써 마음을 모질게 만들었다.

엘리자베스-제인은 그가 술을 더 마시는 것을 막으려는 노력으로 오후 5시면 종종 작은 바구니에 차를 담아 그에게 가져가곤 했다. 어느 날 이런 용무로 갔다가 그녀는 의붓아버지가 곡물 창고의 맨 위층에서 클로버 씨와 평지 씨의 무게를 달고 있는 모습을 보고 위로 올라가 그에게로 갔다. 각 층에는 허공중으로 열리는 문이 인양기 아래에 하나씩 있었고, 그 인양기에는 부대 자루를 달아 올릴 쇠사슬이 매달려 있었다.

엘리자베스의 머리가 뚜껑 문을 통해 위로 올라가자, 그녀는 위쪽 문이 열려 있다는 것을 알았다. 그리고 의붓아버지와 파프리가 문 바로 안쪽에서 대화를 나누는 중이었다. 파프리는 아찔하게 가장자리 가까이에 서 있었고 헨처드는 좀 더 안쪽에 서 있었다. 이들을 방해하지 않으려고 그녀는 머리를 그 이상 높이 들지 않은 채 계단에 그대로 서 있었다. 이렇게 기다리고 있는 동안 그녀는 의붓아버지가 손을 서서히 들어 파프리의 어깨높이만큼

올리고 얼굴은 희한한 표정에 사로잡히는 것을 보았다―아니, 보았다고 생각했는데 그건 이것이 확실하다고 생각하기를 그녀가 두려워했기 때문이었다. 그 젊은이는 헨처드의 이러한 동작을 전혀 의식하지 못하고 있었다. 너무나 넌지시 이 일이 이루어져서 파프리가 설사 봤다 하더라도 아마 팔을 할 일 없이 뻗은 것으로 거의 생각했을 것이다. 그러나 비교적 가볍게 건드리기만 해도 파프리가 균형을 잃고 거꾸로 공중에 떨어지는 일은 가능했을 것이다.

엘리자베스는 이것이 무엇을 의미할 것인지 생각하니 마음이 몹시 아팠다. 그들이 몸을 돌리자마자 그녀는 기계적으로 차를 헨처드에게로 가져가서 내려놓고는 가버렸다. 곰곰이 생각해본 후 그녀는 헨처드의 동작이 그저 별 의미 없는 기이한 행동일 뿐이지 그 이상은 아니라고 스스로에게 확신시키려고 애썼다. 그러나 다른 한편으로 자기가 한때 주인이었던 사업장에서 이제 지시를 받는 자리에 있게 된 것이 일종의 자극하는 독약으로서 그에게 작용하고 있는 것인지도 몰랐다. 그래서 그녀는 도널드에게 주의시키기로 마침내 결심했다.

제34장

이런 이유로 엘리자베스는 다음 날 새벽 5시에 일어나 거리로 나섰다. 아직 날이 밝지 않았다. 짙은 안개가 깔리고 읍내는 어둠이 짙은 만큼이나 주위도 사뭇 고요했다. 이 자치 읍을 장방형으로 둘러싼 가로(街路)들로부터 들려오는 소리, 즉 나뭇가지 위에서 응결된 물방울들이 똑똑 떨어지며 내는 자그마한 합창만이 유일한 소리였다. 한번은 웨스트워크로부터, 다음에는 사우스워크로부터, 그리고 나중에는 양쪽 구역에서 동시에 소리가 바람에 실려 들려왔다. 그녀는 콘스트리트의 제일 아래쪽으로 움직여 갔다. 그녀는 파프리의 일과(日課) 시간을 잘 알았기 때문에 몇 분 기다리지 않아 집의 문이 꽝 소리와 함께 친숙하게 닫히는 소리를, 그런 다음 그녀를 향해 빠르게 걸어오는 소리를 들었다. 그녀는 읍을 둘러싼 가로수의 맨 끝 나무가 길의 맨 끝 집과 맞닿아있는 지점에서 그와 마주쳤다.

그는 처음에는 그녀를 선뜻 알아보지 못했다. 그리고는 의아하다는 듯이 그녀를 쳐다보며 말했다. "아니―헨처드 양―어떻게 이렇게 일찍 나왔어요?"

그녀는 그렇게 이른 시간에 매복하듯 그를 기다린 것에 용서를 구했다. "하지만 꼭 말씀드리고 싶은 게 있어서요." 그녀가 말했다. "그리고 제가 집을 방문해서 파프리 부인을 깜짝 놀라게 해드리고 싶지 않았어요."

"그래요?" 그가 손윗사람이 갖는 유쾌한 기분으로 말했다. "그래, 그게 뭔가요? 아가씨는 아주 친절하군요, 정말로."

그녀는 지금 자신의 마음속에 있는 가능성들의 정확한 모습을 그의 마음에 전달하기가 어렵다고 느꼈다. 그러나 아무튼 말문을 열었고 헨처드의 이름을 꺼냈다. "저는 어떤 때 두려워요." 그녀가 힘들게 말했다. "그분이 어떤 술책을 써서 뭔가 시도하려고, 선생님을 모욕 주는 일을 시도하려고 할까 봐서요, 선생님."

"하지만 우리는 서로에게 최고의 친구인데요."

"아니면 선생님을 해코지할지도 몰라요, 선생님. 그분이 부당한 대우를 받고 있다는 걸 명심하세요."

"하지만 우린 아주 친한데."

"아니면 다른 뭔가를 할지도 몰라요—선생님께 해를 끼치거나—다치게 하거나—상처를 입히거나 할지 몰라요." 그녀는 말 한마디를 할 때마다 그 두 배만큼의 고통을 느꼈다. 그런데 그녀는 아직도 파프리가 믿지 않고 있다는 것을 알았다. 파프리가 보기에 자기 밑에서 일하는 불쌍한 남자 헨처드는 자신을 지배했던 그 헨처드가 아니었다. 그러나 헨처드는 여전히 같은 사람이었을 뿐만 아니라, 전에는 잠들어 있던 음험한 성질이 운명에 시달림당하여 갑자기 되살아난 그런 사람이기도 했다.

행복하기만 하고 나쁜 일은 생각도 안 하는 파프리는 그녀의 두려움을 계속 대수롭지 않게 여겼다. 이렇게 그들은 헤어졌고 그녀는 집으로 갔다. 날품팔이 일꾼들이 이제 길 위에 나왔고, 마부들은 수선을 맡긴 물품들을 챙기러 마구상(馬具商)에 가고 있었고, 농장의 말들은 편자공에게로 가고 있었고, 노동으로 밥 벌어먹는 사람들은 다들 어디론가 움직여 가고 있었다. 엘리자베스는 침울한 마음으로 숙소에 들어섰다. 자기가 한 일이 소용이 없었고, 자신의 그 미약한 경고로 인해 우스꽝스러운 꼴이 되고 말았다고 생각했다.

그러나 도널드 파프리는 자신이 겪은 사건은 결코 완전히 잊는 법이 없는 그런 사람이었다. 그는 자신이 받은 인상들을 후속되는 관점에서 수정했으며 한순간의 충동적 판단이 항상 그의 영속적인 판단은 아니었다. 서리 내린 새벽녘에 본 엘리자베스의 진지한 얼굴이 하루 종일 여러 차례 떠올랐다. 그녀 성격의 견실함을 알고 있었기 때문에 그는 그녀의 암시를 완전히 헛소리만으로 생각하지는 않았다.

그러나 그는 바로 그 당시 헨처드를 위해 염두에 두고 있었던 어떤 선의의 계획을 그만두지는 않았다. 그날 늦게 읍사무소 서기인 변호사 조이스를 만났을 때 그는 그 계획에 찬물을 끼얹는 어떤 일도 일어나지 않았다는 듯이 그 계획에 대해 말했다.

"저 조그만 씨앗 가게 말인데요," 그가 말문을 열었다. "교회 묘지가 내려다보이는, 세놓는다고 나온 가게요. 그건 내가 필요해서가 아니라 우리의 불운한 동료 읍민 헨처드를 위해서입니다. 조촐하지만 그분에게는 새 출발이 될 수 있을 겁니다. 저는 그분이 자리 잡도록 남들보다 앞장서서 개인적으로 기부금을 내겠다고 읍 의회에서 밝힌 적이 있습니다. 의원들이 50파운드를 내놓는다면 제가 나머지 50파운드를 기부하겠다고 말했습니다."

"예, 예. 저도 그렇게 들었습니다. 그 문제라면 이의 없습니다." 읍 서기는 분명하고 솔직한 태도로 대답했다. "하지만 파프리 씨, 남들은 다 아는데 당신만 모르는 게 있네요. 헨처드는 당신을 증오해요. 그래요, 당신을 증오한다고요. 당신은 이 사실을 알아야만 해요. 제가 아는 바로는 그는 지난밤에 쓰리마리너스에 있었는데, 사람들 앞에서 당신에 관해 말했어요. 그런데 그게 차마 입에 담을 수 없는 내용이었다는군요."

"그래요? 아, 그런가요?" 파프리가 시선을 떨구며 말했다. "그분이 왜 그래야 할까요?" 젊은 남자는 비통하게 덧붙였다. "내가 대체 그분에게 무슨 해를 끼쳤길래 그분은 내게 해코지하려는 건가요?"

"누가 알겠어요!" 조이스가 눈썹을 치켜올리며 말했다. "당신이 그 사람을 견뎌내며 계속 고용하려면 만만찮은 긴 고통이 따른다는 걸 그 사건이 보여주네요."

"하지만 한때 제게 좋은 친구였던 사람을 해고할 수는 없어요. 내가 여기 왔을 때 내 스스로 기반을 잡게 해 준 사람이 바로 그분이라는 것을 내가 어떻게 잊겠어요? 안 되지요—안 돼. 내가 하루치 일감이라도 시킬 게 있는 한 그분이 원하기만 하면 그 일을 드릴 거예요. 그분에게 이런 사소한 것을 거절할 내가 아닙니다. 하지만 생각을 좀 더 해볼 때까지는 그분에게 가게를 차려주는 생각은 접겠어요."

이 계획을 포기한다는 것이 파프리에게는 가슴 아픈 일이었다. 그러나 떠도는 이런저런 말들로 인해 이미 그 계획에 찬물이 끼얹어졌기 때문에 그는 가서 자신이 주문한 것들을 취소했다. 파프리가 말할 때 헌 가게 주인이 안에 있었다. 협상을 취소한 일에 대해 설명이 좀 필요하다고 느끼고 도널드는 헨처드의 이름을 언급했고 읍 의회의 계획이 변경되었다고 말했다.

가게 주인은 대단히 실망했고, 헨처드를 보자마자 그에게 가게를 차려주기로 한 읍 의회의 계획을 파프리가 박살 냈다고 곧바로 알려줬다. 이리하여 한 사람의 말실수로부터 원한이 자라나게 되었다.

그날 저녁 파프리가 집 안으로 들어가자 찻주전자가 반 계란형 화덕의 높다란 시렁 위에서 소리를 내며 끓고 있었다. 루시타는 요정처럼 가볍게 앞으로 뛰어가 그의 손을 잡았고, 파프리도 그에 맞춰 그녀에게 입맞춤했다.

"오!" 그녀가 창 쪽으로 얼굴을 돌리더니 명랑하게 외쳤다. "봐요─블라인드가 내려지지 않아서 사람들이 여기 안을 들여다볼 수 있어요─창피해라!"

촛불이 켜지고 커튼이 드리워진 다음 두 사람이 앉아서 차를 마실 때 그녀는 그가 심각해 보인다는 것을 알았다. 왜 그런지 직접 물어보지 않은 채 그녀의 눈은 근심스레 그의 얼굴에 머물렀다.

"누가 찾아왔었소?" 그가 멍하게 물었다. "누가 날 만나러 온 사람 있었소?"

"아니요." 루시타가 말했다. "무슨 일 있어요, 도널드?"

"글쎄—이야깃거리는 못 되오." 그가 침울하게 대답했다.

"그럼 신경 쓰지 말아요. 당신은 거기서 벗어날 거예요. 그걸 이겨내실 거예요. 스코틀랜드 사람들은 항상 운이 좋잖아요."

"아니요—항상 그렇지는 않소!" 그가 식탁 위의 빵 부스러기를 물끄러미 쳐다보다가 머리를 우울하게 가로저으며 말했다. "난 그렇지 못한 사람들을 많이 알고 있소! 샌디 맥팔레인이 그런 사람인데, 그 사람은 자기 운수를 시험해 보기 위해 미국으로 가다가 익사했소. 그리고 아치벌드 리스는 살해당했고! 불쌍한 윌리 던블리즈와 메이틀랜드 맥프리즈는 나쁜 길로 접어들어 결국 그 모양이 되었고!"

"아니, 당신 바보 같아요. 제 말은 일반적으로 그렇다는 거예요, 물론. 당신은 항상 곧이곧대로 믿네요. 차를 다 마시고 나면 굽 높고 은(銀) 꼬리털 달린 신발과 41명의 구혼자에 관한 그 우스운 노래 좀 불러 줘요."

"아니요, 아니요. 오늘 밤은 노래 못 하겠소. 그건 헨처드 때문이오. 그 사람이 날 미워하고, 그래서 내가 그러려고 해도 난 그와 친구가 될 수 없소. 그 사람이 약간 질투하는 거라면 이해할 수 있겠소. 하지만 그가 그렇게나 독한 감정을 품고 있는 이유가 뭔지 모르겠소. 루시타, 당신은 알겠소? 이건 그저 사업상의 사소한 경쟁이라기보다는 케케묵은 사랑의 경쟁으로 보인단 말이오."

루시타의 얼굴이 약간 창백해졌다. "아니에요" 그녀가 대답했다.

"난 그에게 일자리를 줬소. 난 그런 일을 마다할 순 없소. 하지만 그 사람같이 성질이 불같은 사람이 언제 무슨 짓을 할지 모른다는 사실에 눈 감고 있을 수도 없소!"

"무슨 말을 들은 거예요? 오, 도널드, 여보?" 루시타가 깜짝 놀라서 말했다. 그녀의 입술에까지 올라왔던 말은 '저에 대해 뭔가 들은 거라도?'였다. 그러나 그녀는 이 말을 입 밖에 낼 수 없었다. 그녀는 마음의 동요를 누를 수 없었고 눈에 눈물이 그렁그렁해졌다.

"아니요, 아냐. 그건 당신이 생각하듯 그렇게 심각한 일은 아니요." 파프리가 위로하듯 선언했다. 그러나 그 일의 심각성에 대해 그는 그녀만큼 잘 알지 못 했다.

"저는 당신이 우리가 얘기했던 대로 해 주기 바라요." 루시타가 슬픔에 잠겨 말했다. "사업을 접고 여기를 떠나요. 우린 돈도 많은데 왜 꼭 여기서 살아야 해요?"

파프리는 이 제안에 대해 진지하게 논의할 의향으로 보였고 거기 관해 얘기하고 있다 보니 방문객이 왔다는 전갈이 왔다. 그들의 이웃인 읍 의원 바트가 들어왔다.

"가엾은 초크필드 의사 선생이 돌아가셨다는 소식 들으셨죠? 그래요, 오늘 오후 5시에 돌아가셨어요." 바트 씨가 말했다. 초크필드는 지난 11월에 읍장 직을 승계했었던 읍 의원이었다.

파프리는 이 소식을 듣고 마음이 아팠다. 바트 씨는 말을 계속했다. "그런데, 우리는 그분이 언젠가 돌아가실 거라고 알고 있었고, 그분의 가족이 만반의 준비를 해 놓고 있으니 우리는 그저 진행되는 대로 처리하면 됩니다. 그런데 나는 당신에게 이걸 물어보러 왔소, 아주 사적으로 말이요. 내가 그의 뒤를 이을 사람으로 당신을 추천하고, 특별한 반대가 없다면, 읍장직을 수락하겠소?"

"하지만 저보다 순서가 앞선 분들이 있습니다. 그리고 저는 너무 어리고, 주제넘다고 생각될지도 몰라요." 파프리가 잠시 후 말했다.

"전혀 그렇지 않아요. 나는 내 생각만을 말한 게 아니요. 여러 사람의 말이요. 거절하지는 않겠죠?"

"우리는 이곳을 떠날 생각이에요." 루시타가 파프리를 근심스레 쳐다보다 이야기에 끼어들었다.

"그건 그냥 생각일 뿐이에요." 파프리가 중얼거렸다. "읍 의회에서 명망 있는 다수가 원한다면 저는 거절하지 않겠습니다."

"아주 좋아요. 그럼, 당신이 선출된 걸로 생각하세요. 나이 든 사람들만 너무 오래 시켜왔거든요."

그가 가고 나자 파프리는 생각에 잠겨 말했다. "자, 봐, 우리가 저 위 하늘에 있는 신에 의해 어떻게 지배되고 있는지를! 우리는 이것을 계획하지만 실제로는 저것을 하게 되지. 저들이 나를 읍장에 앉히길 원한다면 나는 여기 머무를 거야. 그리고 헨처드는 제멋대로 헛소리나 지껄여대게 내버려 두지 뭐."

이날 저녁부터 루시타는 무척 아프기 시작했다. 그녀가 경솔함의 화신이 아니었다면 그녀가 하루나 이틀 뒤에 우연히 헨처드를 만났을 때 했던 그런 행동은 하지 않았을 것이다. 만난 건 복작대는 장터에서였는데, 그때 이들의 대화에 기꺼이 주목할 사람은 아무도 없었다.

"마이클," 그녀가 말했다. "저는 몇 달 전에 당신께 요청했던 것을 다시 요청해야겠어요—내가 보낸 편지나 쪽지 같은 거 갖고 있으면 돌려 달라는 요청이요—당신이 없애버리지 않았다면 말이에요. 우리가 저지에서 같이 보낸 시간을 지워버리는 것이 모든 사람들을 위해 얼마나 바람직한지 당신도 아실 거예요."

"아니, 이런 여자가 다 있나—당신이 마차타고 오면 주려고 당신이 쓴 편지 쪼가리 하나까지도 다 싸 놨었는데—안 나타났잖아."

그녀는 숙모가 돌아가셔서 그날 여행을 떠날 수 없었다고 설명했다. "그럼 그 편지 뭉치는 어떻게 됐어요?" 그녀가 물었다.

그는 말할 수 없었다—생각을 먼저 해봐야 했다. 그녀가 떠나가고 나서야 그때, 그는 쓸모없는 서류 뭉치 하나를 지금은 파프리가 차지하고 있는 예전의 식당 방 금고—그의 옛집 벽에 붙박이로 설치된 곳—에 넣어뒀다는 것을 기억해 냈다. 편지들이 종이들 틈에 있을지 몰랐다.

기이하게 씩 웃는 미소가 헨처드의 얼굴에 떠올랐다. 그 금고가 만약 열렸었다면?

이 일이 있은 바로 그날 밤 캐스터브리지에는 커다란 종소리가 울려 퍼졌다. 금관악기, 목관악기, 현악기, 그리고 북들이 합세하여 그전보다 더 풍성한 타악(打樂) 음으로 읍내를 누비며 연주하였다. 파프리가 이제 읍장이 된 것이다. 멀리 찰스 1세 시절로부터 시작하여 200여 번째로 선출된 읍장이었고, 아름다운 루시타는 읍에서 선망의 대상이었다…… 그러나 아! 꽃봉오리 안의 벌레[116]—헨처드가 있구나. 그가 무슨 말을 하게 될는지!

그러는 사이 자기에게 작은 씨앗 가게를 마련해 주는 계획을 파프리가 반대했다는 잘못된 정보를 듣고 분통을 터뜨리던 헨처드는 읍장 선거 소식을 접하게 되었다(이 선거는 파프리가 상대적으로 어린데다가 전례 없이 스코틀랜드 출신이라는 이유로 인해 보통 때보다 훨씬 더 큰 흥밋거리였다). 종소리와 티무르[117]의 나팔 소리처럼 우렁찬 악대의 연주가 이 몰락한 헨처드의 가슴을 말로 표현할 수 없을 정도로 찔러댔다. 이제 자신의 축출이 완성된 것처럼 그에게 보였다.

다음 날 아침 그는 평상시처럼 곡물 작업장으로 나왔다. 11시쯤에는 도널드가 녹색 문을 통해 들어왔는데 우쭐대는 기색은 없었다. 이 선거로 인해 그와 헨처드 사이에 이루어진 보다 더 뚜렷한 자리바꿈은 이 겸손한 젊은이의 태도에 약간의 난처함이 다시 나타나게 했다. 반면 헨처드는 이 모든 것을 못 본 체하는 사람의 뻔뻔함을 보였다. 그리하여 파프리의 기분 좋은 마음은 즉시 반으로 줄어들었다.

"내가 당신한테 물어보려던 참이었는데," 헨처드가 말문을 열었다. "내가 식당 방에 있는 내 옛 금고 안에 남겼을 듯한 서류 뭉치에 관해서 말이오." 그가 세부적인 사항을 덧붙였다.

---

116 꽃봉오리 안의 벌레: 셰익스피어, 《십이야 Twelfth Night》 II. iv. 110-12 참조.

117 티무르(Timur)(1336-1405). 몽고에서 지중해까지 이르는 광대한 지역을 정복한 터키-몽고의 지도자. 그의 군대는 나팔을 크게 울리며 진군한 것으로 유명하다. 영어식 이름은 테머레인(Tamerlane)이다.

"만약 그랬다면 지금도 거기 있겠죠." 파프리가 말했다. "나는 지금까지 그 금고를 한 번도 안 열어 봤어요. 왜냐하면 난 밤에 맘 편히 자려고 서류들을 은행에 맡겨 놓거든요."

"별로 중요한 건 아닌데―내게는 말이오." 헨처드가 말했다. "하지만 오늘밤 가지러 갈까 하는데, 당신만 괜찮다면 말이오."

그가 이 약속대로 간 것은 꽤 늦은 시간이었다. 요새 자주 그러듯이 그가 독주를 실컷 퍼마신 뒤였다. 그 집에 가까워지자 마치 어떤 끔찍한 종류의 오락거리를 골똘히 생각하기라도 하는 듯 입술은 냉소적인 기분으로 꼬여 있었다. 이 기분이 어떤 것이건 간에 그가 집 안에 들어서도 그 강도(强度)는 줄지 않았는데, 그건 이번이 그가 이 집에서 주인으로 살았던 이후 첫 방문이기 때문이었다. 초인종 소리는 뇌물을 받아먹고 그를 저버린 어떤 뻔뻔스러운 막일꾼의 목소리처럼 그에게 말을 걸었다. 그리고 문들의 움직임에서는 죽은 날들이 되살아난 듯했다.

파프리는 그를 식당 방으로 맞아들여 벽에 붙박이로 설치된 쇠 금고―그의, 헨처드의 금고, 그의 지시로 재주 좋은 열쇠공이 만든 금고―를 즉시 열었다. 파프리가 거기에서 편지 꾸러미와 다른 서류들을 꺼내며 미처 돌려주지 못했다며 사과했다.

"괜찮소." 헨처드가 무미건조하게 말했다. "사실은 이게 대부분 편지들인데…… 그렇지." 그가 앉으며 루시타의 열렬한 사랑이 담긴 편지 뭉치를 펼치며 말을 이었다. "여기 있군. 내가 이것들을 다시 보게 될 줄이야! 파프리 부인은 어제 애 많이 쓰셨는데 괜찮으시오?"

"집사람이 좀 힘들었나 봐요. 그래서 일찍 잠자리에 들었죠."

헨처드는 다시 편지들로 돌아가 흥미 있게 가려내었다. 파프리는 식탁의 반대쪽 끝에 앉아 있었다. "당신, 잊지 않았겠지, 물론?" 그가 다시 말을 시작했다. "내가 당신한테 들려줬던 내 과거사의 흥미로운 부분 말이요. 그리고 당신이 나한테 조언해 줬던 일을? 이 편지들은 사실 그 불행한 일과 관련되어 있지. 고맙게도 지금은 다 지난 일이 되었지만."

"그 가엾은 여인은 어떻게 되었나요?" 파프리가 물었다.

"운 좋게 그 여자는 결혼했소. 결혼을 해도 잘했지." 헨처드가 말했다. "그래서 그녀가 내게 쏟아부은 이런 비난들도 이젠 내 마음을 아프게 하지 않지. 그녀가 결혼하지 않았더라면 계속 아프게 했겠지만…… 그냥 화난 여자가 뭐라고 하나 듣고만 있으면 되는 거요!"

파프리는 전혀 흥미를 못 느껴서 하품이 터져 나왔지만 기꺼이 헨처드의 기분을 맞춰 주려고 그의 말에 정중히 귀 기울였다.

"'저에게는,'" 헨처드가 읽기 시작했다. "사실상 미래가 없어요. 관습도 완전히 무시하고 당신에게 마음을 바친 여인이에요. 당신 이외의 다른 남자의 아내가 되는 것은 생각할 수도 없는 그런 여인이에요. 하지만 당신이 길거리에서 만난 첫 여인보다 당신에게 더 나을 것도 없는 여인—그게 바로 저예요. 당신이 내게 나쁜 일을 하려 했던 의도는 다 용서할게요. 하지만 당신은 나쁜 일이 내게 들어온 통로이기는 해요. 당신의 현 부인이 죽을 경우 당신이 나를 그 자리에 앉혀주겠다는 것은 내게 어느 정도 위안이 돼요. 하지만 그게 어느 정도까지일까요? 이렇게 저는 여기 앉아 있어요. 내가 아는 몇 안 되는 사람들에게서 버림받고, 그리고 당신에게도 버림받은 채."

"그 여자는 이런 식으로 내게 지껄여댔소." 헨처드가 말했다. "수만 마디나 되는 그런 말들을 썼소. 이미 벌어진 일이라 나도 어찌할 수 없는 그런 입장이었을 때에 말이요."

"그렇군요." 파프리가 멍하게 말했다. "여자들은 그런 법이지요." 그러나 사실 그는 여성에 대해 거의 아는 바가 없었다. 하지만 자신이 숭배하는 여인이 토로하는 말과 누구인지 잘 모를 여자가 토로하는 말 사이에 문체상으로 어떤 유사성이 있음을 감지하고서도, 아프로디테[118]가 두 여인 중 누구의 모습을 띠는지와 상관없이 이건 아프로디테가 했을 법한 말이라고 결론지었다.

헨처드는 또 다른 편지를 펴들고, 같은 식으로 죽 읽어 내려 갔는데 앞에서처럼 이름이 서명된 부분에서는 읽기를 멈췄다. "난 그 여자 이름은 읽지 않겠소." 그가 온화하게 말했다. "내가 그 여자와 결혼 못 하고 딴 남자가 했기 때문에 그 여자한테 공정하려면 이름을 밝히면 안 되는 거요."

"오─옳아요, 오─옳아요." 파프리가 말했다. "그런데 읍장님은 수전 사모님이 돌아가셨는데도 왜 그녀와 결혼하지 않았어요?" 파프리가 이렇게 물었고 또 다른 질문도 했는데 이 문제와

---

118 아프로디테(Aphrodite): 그리스 신화의 사랑과 미의 여신. 로마 신화의 비너스 (Venus).

아주 거리가 먼 사람의 편안하고 무관심한 말투였다.

"아—당신이 그렇게 물어보는 것도 당연하지." 헨처드가 대답했고 초승달 모양의 일그러진 웃음이 또다시 그의 입가에 어렸다. "그녀의 온갖 항의에도 불구하고 내가 너그러운 의무감으로 그렇게 하려고 다가갔을 때 그녀는 이미 내 여자가 아니었소."

"다른 남자와 이미 결혼해 버렸다는 건가요—아마도?"

헨처드는 더 이상 세부 사항으로 들어가면 너무 바람 가까이 항해하는 꼴이 될 것으로 생각하는 듯했다. 그래서 그는 "그렇소"라고만 대답했다.

"그 젊은 숙녀는 아주 쉽게 마음을 바꾸는 사람이 틀림없군요."

"그랬지, 그랬소." 헨처드가 강조하며 말했다.

그는 세 번째, 네 번째 편지를 개봉하여 읽었다. 이번에는 마치 서명부가 편지 본문과 한데 붙어 있기라도 하듯 맺음말 부분까지 읽어 내려갔다. 그러나 다시 그는 갑자기 멈췄다. 실은 예견할 수 있는 바와 같이 그는 그 이름을 큰 소리로 읽음으로써 이 극(劇)의 끝부분에서 거창한 파국을 가져올 의도가 다분했었다. 그는 오로지 이 생각만으로 이 집에 온 것이다. 그러나 여기에 앉아 피가 식은 상태에서는 그렇게 할 수 없었다. 사람의 마음을 그렇게 무자비하게 부수는 것은 헨처드 본인도 소름끼치게 만드는 일이었다. 그의 사람됨이 그러했기 때문에 그는 피 끓는 행동으로 이 두 사람을 파멸시키려면 시킬 수 있었다. 그러나 말에 담긴 독(毒)으로 그러한 행동을 수행하는 것은 그가 품은 원한의 범위 저 너머에 있는 일이었다.

제35장

도널드가 말했듯이 루시타는 피곤해서 일찍 자기 방으로 물러났었다. 그러나 그녀는 쉬러 간 것은 아니었고 침대 옆 의자에 앉아 책을 읽으며 그날 있었던 일을 곰곰이 생각하고 있었다. 헨처드의 초인종 누르는 소리에 그녀는 이렇게 비교적 늦은 시간에 찾아오는 사람이 누구일까 궁금했다. 식당 방은 그녀의 침실 거의 바로 아래 있어서 그녀는 누군가가 그곳에 안내되어 들어오는 소리를 들을 수 있었고 곧 누군가가 뭔가를 읽는 명확지 않은 웅얼거림이 들려왔다.

도널드가 평상시 위층에 올라오는 시간이 오고 지나갔지만, 읽는 소리와 대화는 여전히 계속되었다. 참 특이한 일이었다. 그녀는 뭔가 범상치 않은 범죄가 저질러져서, 이 방문자가 누구건 그가 《캐스터브리지 크로니클》지(紙)의 특별판에 나오는 범죄 기사를 읽는 중이라고밖에 생각할 수 없었다. 마침내 그녀는 방을 나와 계단을 내려갔다. 식당 방의 문이 조금 열려 있어서 그녀가 층계 아래 참에 이르기도 전에 모두가 잠들어 있는 집 안의 침묵 속에서 목소리와 말이 누구의 것인지 알아들을 수 있었다. 그녀는 꼼짝 못 하고 그 자리에 섰다. 그녀 자신이 했던 말들이 헨처드의 목소리로 마치 무덤에서 나온 유령처럼 그녀를 반겼다.

루시타는 계단 난간에 기대어 서서 마치 자신의 비참한 처지에 친구라도 삼으려는 듯 부드러운 손잡이 가로장에 뺨을 대었다. 이런 자세로 굳어 있는 동안 점점 더 많은 말이 연이어 그녀의 귀에 들어왔다. 그러나 그녀를 가장 놀라게 한 것은 그녀 남편의 말투였다. 그는 자신의 시간을 선물로 바치는 사람의 억양으로 말할 뿐이었다.

"한마디만 할게요." 바스락거리는 종이 소리가 헨처드가 또 한 통의 편지를 개봉한다는 것을 알려 주고 있을 때 파프리가 말했다. "당신만 보라고 의도한 편지들을 낯선 사람에게 이렇게 장황하게 읽어주는 게 과연 이 젊은 여인을 기억하는 일에 정말 공정한 처사일까요?"

"뭐, 그렇다고 볼 수 있소." 헨처드가 말했다. "그 여자의 이름을 밝히지 않기 때문에 나는 이것을 모든 여성의 한 예로 말하는 것뿐이지 어느 한 여인에 대한 추문으로 만들고 있는 건 아니요."

"내가 만약 당신이라면 난 이 편지들을 다 태워 없애 버리겠습니다." 파프리가 그가 지금까지 그랬던 것보다 편지들에 주의를 더 기울이면서 말했다. "이 일이 알려지면 이제 다른 남자의 아내인 그 여자가 피해를 입겠군요."

"아니요—난 태워 없애지 않을 거요." 헨처드가 편지들을 치우며 중얼거렸다. 그러고 나서 그는 자리에서 일어났고 루시타의 귀에 들려오는 말은 더 이상 없었다.

그녀는 반쯤 마비된 상태로 자기 침실로 돌아갔다. 그 두려움만으로도 그녀는 옷도 벗지 못한 채 침대 모서리에 걸터앉아 기다렸다. 헨처드가 집에서 나가며 인사를 하다가 비밀을 폭로해 버리지 않을까? 그녀의 불안은 끔찍한 것이었다. 그녀가 파프리를 사귄 지 얼마 안 되었을 때 모든 것을 고백했더라면 아마도 그는 이 일을 극복하고 그녀와 결혼도 그대로 했을 것이다―한때는 그럴 것 같지 않아 보였지만. 그러나 이제 비밀을 그에게 말하는 것은 그녀나 다른 누구에게나 치명적일 것이다.

문이 꽝 닫혔다. 그녀는 남편이 문에 빗장 거는 소리를 들었다. 늘 하듯 한 바퀴 둘러본 뒤에 그는 느릿느릿 계단을 올라왔다. 그가 침실 문가에 이르렀을 때 그녀의 눈은 거의 빛을 잃었다. 그녀의 시선은 잠시 의심의 기색으로 내리깔렸다. 그러다가 그가 어떤 곤혹스러운 장면에서 막 벗어난 사람이 보이는 힘내는 미소로 그녀를 바라보는 것을 알자 그녀는 즐거워하며 놀랐다. 그녀는 더 이상 버티지 못하고 신경질적으로 흐느꼈다.

그녀를 진정시킨 후 파프리는 아주 자연스럽게 헨처드에 관해 말했다. "모든 사람 중에서 그 사람은 방문객으로 제일 바람직하지 못한 사람이요." 그가 말했다. "하지만 그는 그저 약간 제정신이 아닌 거라고 나는 믿어요. 그는 나한테 자기 과거와 관련되는 수많은 편지를 장황하게 읽어대고 있었소. 그리고 난 그걸 귀담아들으면서 그 사람 기분을 맞춰줄 수밖에 없었소."

이거면 충분했다. 그렇다면 헨처드는 발설하지 않은 것이다. 요컨대 헨처드가 문지방에 서서 파프리에게 한 마지막 말은 이랬다. "자, 귀담아 들어줘서 무척 고맙소. 그 여자에 대해 나중에 언제 더 얘기해 드리리다."

이 일을 알고 나자 그녀는 문제를 결국 공개한 헨처드의 의도가 도대체 무엇인지 몹시 어리둥절했다. 왜냐하면 이런 경우에 우리는 우리 자신이나 친구들에게서 결코 발견하지 못하는 시종일관한 행위의 힘을 적(敵)이 갖고 있다고 생각하고, 마음이 약해서 중도에 끝내는 시도는 관용을 베풀 때뿐만 아니라 복수할 때도 가능하다는 사실을 망각하기 때문이다.

다음 날 아침 루시타는 막 시작된 이 공격을 어떻게 피할까 궁리하면서 잠자리에 그대로 누워 있었다. 도널드에게 진실을 말하려는 무모한 행동은, 막연히 생각한 거지만 아직은 너무 무모한 것이었다. 왜냐하면 그렇게 하다가 그도 세상의 다른 사람들처럼, 그 삽화적 사건이 그녀의 불운이라기보다 그녀의 잘못 때문이라고 믿게 되지나 않을까 두렵기 때문이었다.

그녀는 설득을 사용하기로 했다―도널드가 아니라 바로 적 그 사람에게. 이것이 여자로서 그녀에게 남겨진 사용 가능한 유일한 무기로 보였다. 계획을 짜고 나서 그녀는 자리에서 일어나 자신을 이렇게 애타게 만드는 그에게 편지를 썼다. "저는 간밤에 선생님이 제 남편과 나누는 얘기를 엿들었어요. 그리고 선생님이 품은 복수심이 어떤 것인지 알 수 있었어요. 그걸 생각만 해도 저는 부서지는 느낌이에요. 곤경에 빠진 여인을 불쌍하게 여겨 주세요. 막상 저를 보신다면 마음이 누그러질 거예요. 근심이 최근에 저를 어떤 꼴로 만들어놨는지 선생님은 모르실 거예요. 선생님이 일 끝마치는 시간에, 해가 지기 직전에 경기장에 가 있을게요. 꼭 그리로 오세요. 선생님과 마주 대하고 이 난폭한 놀이를 더 이상 하지 않겠다는 약속을 선생님 입에서 들을 때까지 저는 편하게 쉴 수 없어요."

이 호소를 끝맺으며 그녀는 스스로에게 말했다. "약한 사람들이 강한 사람들과 싸울 때 눈물과 애원이 도움이 된 적이 있다면 이제 나도 그렇게 해야지!"

이런 생각을 하며 그녀는 지금까지 해왔던 것과는 완전히 다른 화장을 했다. 타고난 매력을 강조하는 것은 그녀가 어른이 된 후 지금까지 변치 않는 노력이었고, 그렇게 하는 데 있어 그녀는 풋내기가 아니었다. 그러나 이제 그녀는 이것을 무시하고 심지어는 더 나아가 타고난 겉모습까지 손상시키려 했다. 당연한 이유 때문에 약간 일그러져 보이는 모습 외에도, 간밤에 한잠도 못 잤기 때문에 그녀의 예쁘지만 다소 지친 얼굴은 극도의 슬픔에 조로(早老)한 표정을 띠게 되었다. 그녀는 의도적이기도 했지만 마음 또한 내키지 않아서 자기 옷 중에서 가장 변변치 못하고, 가장 수수하고, 가장 오랫동안 처박아 놨던 옷을 골랐다.

누가 혹시나 얼굴을 알아볼까봐 그녀는 베일을 썼고 재빠르게 집을 빠져나갔다. 그녀가 원형극장 맞은편의 길 위에 올라섰을 때쯤에는 해가 마치 눈꺼풀 위에 맺힌 핏방울처럼 언덕에 걸려 있었다. 그녀는 원형경기장으로 급히 들어갔다. 안은 어둑어둑해서 살아있는 거라곤 아무것도 없음이 분명했다.

그녀는 그를 기다리는 두려움에 찬 희망에 실망하지는 않았다. 헨처드가 경기장 꼭대기를 넘어서 내려오고 있었기 때문이다. 루시타는 숨을 죽이고 기다렸다. 그러나 투기장에 이르렀을 때 그녀는 그의 거동에서 어떤 변화를 알아챘다. 그는 그녀에게서 좀 떨어져서 가만히 서 있었다. 그녀는 그가 왜 그러는지 알 수 없었다.

다른 누구라도 알 수 없었을 것이다. 사실은 만남을 위해 이 장소, 이 시간을 정한 것 자체가 루시타가 말 이외에 사용할 수 있었던 가장 강력한 주장이었고, 그렇게 함으로써 이 변덕스럽고, 침울하고 미신 믿는 남자에 대한 자신의 애원을 부지중에 뒷받침한 것이다. 이 거대한 경기장 한복판에 서 있는 그녀의 모습과 그녀 옷의 전례 없는 수수함, 그리고 희망과 호소가 어린 그녀의 태도는 지난날에 바로 그곳에 그렇게 서 있었고 이제는 저세상으로 가 잠들어 있는 또 다른 학대받은 여인에 대한 기억을 그의 영혼 속에서 너무나 강하게 되살아나게 해서 남자로서의 그의 기백을 사라지게 했다. 그의 마음은 그렇게 연약한 또 한 사람의 여성에게 보복을 시도한 자기 자신을 후려갈겼다. 그가 그녀에게 다다랐을 때 그녀가 한마디도 꺼내기 전에 그녀의 목적은 벌써 반쯤은 달성한 셈이 되었다.

그가 여기로 내려올 때의 태도는 빈정대는 무관심이었다. 그러나 이제 그는 냉혹한 억지웃음을 접고 친절하게 가라앉은 투로 말했다. "잘 있었소? 당신이 날 원한다면 내가 기쁜 마음으로 나오는 건 당연하지."

"오, 고마워요." 그녀가 근심스레 말했다.

"당신이 그렇게 병색이니 마음이 안 좋소." 후회하는 마음을 감추지 못하고 그가 더듬대며 말했다.

그녀는 머리를 가로저으며 물었다. "선생님이 고의로 그렇게 만들어 놓고서 마음이 안 좋다고 할 수 있어요?"

"뭐라고?" 헨처드가 언짢아하며 말했다. "당신이 이 지경에 이른 게 내가 무슨 짓이라도 했기 때문이란 말이야?"

"다 선생님이 한 일이잖아요!" 그녀가 말했다. "저는 이 일 외에 다른 슬픈 일은 없어요. 당신의 협박만 없으면 저의 행복은 충분히 보장될 거예요. 오, 마이클, 저를 이런 식으로 결딴내지 말아 주세요. 당신도 지금까지 지나치게 행동하였다는 생각이 드실 거예요! 여기에 왔을 때 전 젊은 여인이었어요. 그런데 지금은 급속도로 늙은 여자가 돼가고 있어요. 제 남편이건 다른 어떤 남자건 저를 오래 관심을 두고 지켜보지 않을 거예요."

헨처드는 무장해제 되었다. 오랫동안 여성 전체에 대해 품어 왔던 그의 오만불손한 동정심은 그의 첫 여인의 분신(分身)으로 여기 나타난 탄원자에 의해 더욱 강해졌다. 게다가, 그녀를 이 모든 어려움으로 몰아갔던 그 부주의하고 통찰력 없는 성향은 여전히 가엾은 루시타에게 남아 있었다. 즉, 루시타는 위험은 인식하지도 못하고 뭔가 타협해 보겠다며 그를 만나러 여기 나온 것이다. 그런 여자는 사냥감이 되기에는 너무 몸집이 작은 사슴이었다. 그는 부끄럽게 느꼈고 루시타를 창피 주려던 모든 흥미와 욕망을 그때, 그곳에서 잃었다. 그리고 파프리가 자신의 여인을 차지해 버린 것을 더 이상 질투하지도 않았다. 파프리는 돈과 결혼한 것이지 그 이상은 아닌 것이었다. 헨처드는 이 승부에서 손을 떼고 싶었다.

"그러면, 당신은 내가 어떻게 해 주기를 바라는 거요?" 그가 부드럽게 말했다. "당신 하자는 대로 기꺼이 할 것을 다짐하오. 내가 그 편지들을 소리 내 읽은 건 그저 일종의 짓궂은 장난이었을 뿐이오. 난 어떤 것도 폭로하지 않았소."

"결혼 얘기나 혹은 그보다 더 안 좋은 내용이 들어 있는, 선생님이 갖고 있는 편지와 쪽지들을 제게 돌려주기를 바랍니다."

"그렇게 하리다. 종이 쪼가리 하나까지 다 돌려주겠소…… 하지만 우리끼리 얘긴데, 루시타, 그가 틀림없이 이 일에 대해 어느 정도 알아차리게 될 거요, 조만간에 말이오."

"아," 그녀가 간절한 마음을 떨리는 목소리에 담아 말했다. "하지만 내가 그이에게 정절 있고 자격 있는 아내로 입증해 보일 때까지는 알아낼 수 없을 거예요. 언젠가 그때가 되면 그분은 내 모든 걸 다 용서해 줄 거예요."

헨처드는 말없이 그녀를 바라봤다. 그는 이런 사랑을 받는 파프리를 바로 이 순간에도 거의 질투하다시피 했다. "흐음—그러기를 나도 바라오." 그가 말했다. "그 편지들을 당신이 틀림없이 받도록 해 주겠소. 그리면 당신의 비밀은 지켜질 거요. 맹세하리다."

"고맙기도 하셔라!—편지를 어떻게 돌려받지요?"

그는 생각해보더니 다음 날 아침에 보내겠다고 말했다. "자, 날 의심하지 마오." 그가 덧붙였다. "나는 약속은 지키는 사람이오."

제36장

약속 장소에서 돌아오다가 루시타는 웬 남자가 집 문과 가장 가까운 가로등 옆에 서서 기다리고 있는 것을 봤다. 그녀가 안으로 들어가려고 잠시 걸음을 멈추자 그 남자가 다가와서 말을 걸었다. 조프였다.

그는 그녀에게 말을 건 것에 용서를 구했다. 파프리 씨가 이웃 곡물상으로부터 고용직 동업자를 한 명 추천해 달라는 부탁을 받았다는 얘기를 그가 들어서라고 했다. 만약 그렇다면 그는 자신을 그 자리에 천거하고 싶다고 말했다. 그는 자기가 믿을 만하다고, 그리고 파프리 씨에게 보낸 편지에서 그렇게 말했다고 했다. 그렇지만 루시타가 남편에게 한마디 해 준다면 무척 감사하겠다는 것이었다.

"나는 전혀 모르는 일이에요." 그녀가 차갑게 말했다.

"하지만 마님은 제가 다른 누구보다도 믿을 만한 사람이라고 잘 말해 주실 수 있습니다, 마님." 조프가 말했다. "저는 저지에서 몇 년 살았고, 거기에서 마님과 안면이 있었습죠."

"그래요?" 그녀가 대답했다. "하지만 나는 당신과 전혀 안면이 없어요."

"마님, 제 생각엔 마님이 한두 마디만 해 주시면 제가 그렇게 간절히 원하는 일자리를 얻을 수 있습니다요." 그가 끈질기게 말했다.

그녀는 이 일에 관여하는 것을 한결같이 거절했다. 그리고 남편이 찾기 전에 집에 빨리 들어가야 한다는 불안감에 그의 말을 중간에 잘라버리더니 그를 보도 위에 남겨둔 채 발길을 돌렸다.

조프는 그녀가 사라질 때까지 지켜보다가 집으로 갔다. 집에 도착하자 그는 불도 없는 벽난로 가에 앉아 장작 받침쇠와, 아침 주전자 물을 데우기 위해 받침쇠 위에 걸쳐져 있는 장작을 바라보고 있었다. 위층의 인기척이 고요를 깨뜨렸고, 헨처드가 침실에서 내려왔는데, 거기서 상자들을 뒤졌던 것 같았다.

"자네 말이야," 헨처드가 말했다. "내 부탁을 하나 들어주면 좋겠어, 조프, 지금—내 말은, 할 수 있다면 오늘 밤에. 이걸 파프리 부인 댁에 가져가서 놓고 오게. 물론 내가 직접 가져가야 하지만 거기서 남들 눈에 띄고 싶지 않아서 그러네."

그는 갈색 종이에 싸서 봉해진 꾸러미를 건넸다. 헨처드는 자기가 한 약속을 지켰다. 집 안으로 들어오자마자 그는 얼마 안 되는 물건들을 뒤졌던 것이다. 그가 갖고 있던 루시타의 쪽지 하나까지도 다 꾸러미에 있었다. 조프는 그렇게 하겠노라고 무덤덤하게 대답했다.

"한데, 오늘은 좀 어땠나?" 그의 하숙인이 물었다. "일자리 얻을 가능성이 있나?"

"없을 거 같네요." 조프가 말했다. 그는 자기가 파프리한테 구직을 신청한 사실을 헨처드에게 말하지 않았었다.

"캐스터브리지에는 없을 거야." 헨처드가 단호하게 말했다. "좀 더 멀리 들판으로 나가 돌아다녀야 할 거야." 그는 조프에게 잘 자라고 하고는 자기 방으로 돌아갔다.

조프는 계속 앉아 있다가 벽 위의 초 심지 그림자에 시선이 끌렸다. 그러다가 실제의 초 심지를 보자 그는 이것이 흡사 꽃양배추의 머리 부분이 벌겋게 달아오른 것 같은 모양이라고 생각했다. 헨처드가 준 꾸러미가 다음으로 그의 눈길을 끌었다. 그는 거기에 헨처드와 지금의 파프리 부인 간의 구혼 성격을 띤 뭔가가 있음을 알았다. 이 일에 관한 그의 막연한 생각은 이렇게 좁혀졌다. 즉, 헨처드는 파프리 부인 소유의 꾸러미를 갖고 있고, 그는 이 꾸러미를 그녀에게 직접 돌려주지 못하는 이유가 있는 것이다. 그 안에 뭐가 들었을까? 그는 이렇게 계속 생각해 보다가 결국 거만하다고 생각되는 루시타에 대한 증오심에 의해, 그리고 헨처드와의 이 거래에 뭔가 약점이 있는지 알고 싶은 호기심에 의해 고무되어 그 꾸러미를 조사하기 시작했다. 펜과 그에 관련되는 모든 것들은 헨처드의 손에는 서투른 도구여서 그는 봉인할 때 꽉 누르지 않았다. 이렇게 눌러야 봉인하는 효과가 있다는 생각이 그에게는 전혀 떠오르지 않았던 것이다. 조프도 만만한 초보자가 아니었다. 그는 봉해진 부분 하나를 주머니칼로 들어 올렸고, 그렇게 열려진 봉투의 끝 쪽을 들여다보고는 이 꾸러미가 편지 묶음이란 것을 알았다. 여기까지 스스로를 만족시키고 나자 그는 밀랍을 간단히 촛불로 녹여 끝을 다시 봉했고 요청받은 대로 꾸러미를 갖고 떠났다.

그는 읍 아래쪽에 강변을 따라 난 길을 가고 있었다. 하이스트리트의 끝에 있는 다리의 불빛 속으로 들어가자 곧 쿡섬 어멈과 낸스 모크리지가 서성대는 모습이 보였다.

"우리는 막 믹슨레인으로 가는 길이요. 잠자리에 기어들어 가기 전에 피터즈펭거나 들여다보려고." 쿡섬 어멈이 말했다. "거기서 바이올린과 탬버린 연주가 있을 거야. 이런, 젠장. 같이 가요, 조프. 5분이면 될 거야."

조프는 대개 이들과 잘 어울리지는 않았지만 현재의 상황은 그를 평소보다 좀 더 무모하게 만들었다. 그는 여러 말 없이 그쪽으로 목적지를 바꾸기로 작정했다.

던오버의 위쪽은 주로 헛간과 농장들이 희한하게 뒤섞여 있지만 교구의 덜 아름다운 구석 또한 자리 잡고 있었다. 이것이 믹슨레인이었고 지금은 대부분이 헐려 있었다.

믹슨레인은 주변 모든 마을들의 아둘람[119] 동굴이었다. 이곳은 곤경에 처한 사람들, 빚진 사람들, 그리고 온갖 종류의 곤란을 겪는 사람들의 은신처였다. 농사일을 하면서도 밀렵을 곁들이고, 그 밀렵에 싸움질과 술 퍼마시기를 곁들이는 농장 일꾼들과 소작

---

119 아둘람(Adullam): 가나안 지역에 있는 아둘람에는 동굴이 하나 있었는데 다윗이 사울로부터 피신해 여기 숨어 있었다. 바로 이어지는 문장은 〈사무엘 상〉 22: 2를 본뜬 것이다.

농들은 조만간 믹슨레인에 들어와 있는 자신들을 발견하기에 이르렀다. 너무 게을러서 기계화 작업을 못 하는 시골 기계공들과 너무 반항적이라 주인을 못 섬기는 시골 하인들은 떠돌아다니다가 혹은 등 떠밀려 믹슨레인에 들어오게 되었다.

이 골목길과 그 주변을 빽빽하게 둘러싼 초가지붕 오두막들은 마치 하나의 갑(岬)처럼 습하고 안개 낀 저지대로 뻗어있었다. 슬픈 것과 저열한 것들이 흔하게, 그리고 독을 품은 것들이 간간이 믹슨레인에서 눈에 띄었다. 악이 어떤 집들 문간을 멋대로 들락날락하였다. 무모함은 뒤틀린 굴뚝 지붕 아래에 살고 있었다. 수치(羞恥)는 궁형 창문들 속에 머물렀고, (궁핍한 때에) 도적질은 버드나무 근처의 초가지붕과 진흙 벽으로 된 집들에 거주했다. 심지어는 살육 행위도 이곳에서는 완전히 낯설지 않았다. 골목 위쪽의 오두막집들 구역에는 오래전에 질병들에게 제물 바치는 제단이 세워졌음 직하다. 헨처드와 파프리가 읍장을 지내던 때의 믹슨레인은 이러했다.

그러나 캐스터브리지라는 건장하고 무성한 나무의 이 흰곰팡이 낀 잎사귀는 탁 트인 공지(空地)에 가까이 자리 잡고 있었다. 고상한 느릅나무들로부터 채 백 야드도 떨어져 있지 않았다. 높이 솟은 고지대와 밀밭, 그리고 지체 높은 사람들 저택 너머로 경치가 한눈에 들어오는 곳에 위치하였다. 개천 하나가 황무지와 빈민가를 가르고 있었고 밖에서 보기에는 개천을 건너는 길이 없었다. 집들로 직접 가는 길이 없어서 빙 돌아가야만 했다. 그러나 집집마다 계단 밑에 폭이 9인치 되는 뭔지 모를 널빤지를 하나씩 넣어두고 있었는데 그 널빤지가 바로 비밀 다리였던 것이다.

만약 당신이 여기 이 피난민 가족의 일원으로서 어두워진 뒤—여기서는 이때가 일하는 시간이다—에 일터에서 돌아온다면, 당신은 은밀하게 황무지를 가로질러 앞서 말한 개천의 가장자리에 접근한 다음, 건너편 당신 집을 향해 휘파람을 불 것이다. 그러면 어떤 사람이 반대편에서 하늘을 배경으로 널빤지의 끝을 잡고 나타나는 모습이 보일 것이다. 널빤지가 놓이고 당신은 건넌다. 주위의 장원(莊園)에서 몰래 잡은 꿩과 토끼를 들고 당신은 어떤 내민 손을 잡고 건너편에 발을 딛는다. 당신은 그것들을 다음 날 아침에 은밀히 팔고, 그다음 날이면 치안판사 앞에 서서 당신을 동정하는 모든 이웃들의 눈이 당신의 등에 꽂히는 것을 느낄 것이다. 당신은 한동안 사라지고 그러다가는 믹슨레인에서 조용히 살아가는 모습으로 다시금 발견될 것이다.

해 질 무렵 이 길을 따라 걷다 보면 처음 오는 사람은 그 안의 두 가지 혹은 세 가지 특이한 광경에 깊은 인상을 받는다. 하나는 길을 반쯤 가면 위쪽에 있는 여관에서 나는 소리이다. 이 소리는 뒤쪽 구내에서 간간이 들려오는 우르릉거리는 소리인데 구주희장(九柱戱場)을 의미한다. 다른 하나는 휘파람 소리이다. 이 소리는 여러 집들에서 너나 할 것 없이 널리 울려 퍼지며 거의 모든 열린 문에서 흘러나오는 일종의 피리 소리였다. 또 하나는 문간 주위에 서 있는 여자들이 때 묻은 옷 위에 하얀 앞치마를 두르고 자주 들락날락거린다는 것이다. 하얀 앞치마는 깨끗함을 기대하기 어려운 환경에서는 의심받을 만한 옷차림이다. 게다가 하얀 앞치마가 나타내는 근면함과 청결은 그것을 걸친 여자들의 자세와 걸음걸이에 의해 거짓임이 드러난다—그들의 양 주먹은 대개 엉덩이 위에 얹고(손잡이가 둘 있는 컵을 연상케 하는 자세), 어깨는 문설주에 기대고 서 있다. 한편 골목길을 따라 남자들 발자국 비슷한 어떤 소리가 들려올 때마다, 이 정직한 여자들은 제각각 목에서 머리를 홱 돌리며, 정직한 눈망울은 빙그르르 돌리는 희한한 민첩성을 보인다.

그러나 이런 허다한 악(惡) 속에서 궁핍하지만 존경할 만한 사람 또한 깃들어 산다. 어떤 지붕 아래에는 순수하고 덕 있는 영혼들이 거주하고 있는데 그들이 그곳에 있는 이유는 오로지 가혹한 궁핍 때문이다. 이들은 쇠락한 촌락에서 온 가족들—한때 대다수를 차지했으나 이제는 자취를 감추다시피 한 촌락 지역의 가족들로 이들은 '평생 권리자,' 혹은 종신 토지 임차인으로 불렸다—과 소작농들 같은 사람들로서, 이런저런 이유로 지붕의 들보가 내려앉아[120] 여러 세대 동안 그들의 집이었던 시골 지역을 떠날 수밖에 없었고 노변의 산울타리 아래에 나 앉지 않기 위해 이곳에 올 수밖에 없었다.

피터즈핑거라고 부르는 여관은 말하자면 믹슨레인의 교회였다. 이곳은 그런 장소들이 으레 그렇듯 동네 중앙에 위치해 있었고, 쓰리마리너스가 킹즈암스에 대해 갖는 사회적 관계를 똑같이

---

120 지붕의 들보가 내려앉아: 글자그대로의 의미일 수도 있고, 거처가 없어졌다는 비유적 의미일 수도 있다.

쓰리마리너스에 대해 갖고 있었다. 첫눈에 이 여관은 너무나 품
위가 있어서 어안이 벙벙할 지경이었다. 정문은 닫혀 있고 계단
은 너무나 깨끗해서 이 모래 깔린 표면을 넘어 안으로 들어간 사
람은 거의 없음이 분명했다. 그러나 한쪽 구석에는 좁다란 틈, 골
목이 하나 있었는데, 이 집을 옆 건물과 분리해 놓았다. 골목을 반
쯤 올라가면 좁은 문이 하나 있고 무수한 손과 어깨가 스쳐서 반
들반들하고 페인트가 없었다. 이것이 여관의 실제 출입구였다.
행인이 믹슨레인을 따라 멍하게 지나가는 게 보일 것이다. 그러
다가 이 행인이 순식간에 사라지면, 지켜보던 사람은 마치 레이
븐스우드가 사라지는 순간의 애쉬턴처럼[121] 눈만 껌뻑거릴 것이
다. 그 멍한 행인은 몸을 능숙하게 모로 세워 그 틈새로 비집고
들어간 것이다. 그는 비슷한 솜씨를 실행하여 틈새에서 선술집
안으로 비집고 들어갔다.

　　쓰리마리너스에 출입하는 사람들은 여기에 모이는 사람들과
비교하면 수준이 있는 사람들이었다. 다만 마리너스에 모이는 가
장 밑바닥 사람들이 여러 면에 있어서 피터즈에 모이는 꼭대기
사람들과 겹친다는 것은 인정해야만 할 것이다. 온갖 종류의 부
랑아들과 떠돌이들이 여기에서 얼쩡대고 있었다. 이 여관의 안주
인은 덕 있는 여자였는데 몇 년 전에 어떤 사건이 일어난 후 공범

121　월터 스코트의 역사소설 《래머무어의 신부 The Bride of Lammermoor》에 나오
는 대목이다. 레이븐스우드(Ravenswood)는 애쉬턴 대령(Colonel Ashton)과의 결투
약속을 지키기 위해 해변을 전속력으로 달리다가 모래 늪(quicksand)에 빠져 갑자기
사라진다. 이에 애쉬턴은 "마치 유령이라도 본 듯이 눈을 비볐다"고 한다.

으로 부당하게 투옥된 적이 있었다. 그녀는 12개월을 복역했고 그 이후로 내내 순교자의 표정을 띠었다. 그러나 그녀를 체포했던 경관과 이따금 마주칠 때면 사정이 달랐는데, 이럴 때면 그녀는 윙크를 해 보였다.

이 집에 조프와 그의 일행이 도착했다. 그들이 앉은 긴 의자는 얇고 높아서 등받이 상부가 몇 가닥 꼰 실로 천장에 있는 고리에 죄여 있었다. 왜냐하면 이렇게 고정해두지 않으면 손님들이 소란을 피울 때 요동치다가 뒤집어졌기 때문이다. 뒷마당에서는 공 굴리는 소리가 천둥소리처럼 메아리쳤다. 아마(亞麻)천 두들기는 방망이들이 굴뚝 집풍(集風) 판 뒤에 매달려 있었다. 시골 지주들로부터 까닭 없이 처벌받은 전직 밀렵꾼과 전직 사냥터지기가 팔꿈치를 맞대고 앉아 있었다. 이들은 예전에 달빛 아래서 만나 싸웠던 사람들인데, 한쪽은 형기가 끝나서, 또 한쪽은 상전의 눈 밖에 나고 쫓겨나, 같은 처지가 되어 여기에 앉아 지난날들을 잔잔하게 얘기하고 있었다.

"이보게, 차알, 자네가 딸기 가시 하나로 송어를 낚아채고도 개울에 잔물결 하나 일어나지 않게 했던 거 기억나나?" 쫓겨난 사냥터지기가 말했다. "내가 자네를 한 번 붙잡았던 게 바로 그때야, 기억나?"

"기억나지. 하지만 제일 곤란했던 건 얄베리 우드에서 꿩 잡을 때였지. 자네 마누라가 그때 허위 증언을 했지, 죠, 오 맙소사. 그 여자가 그런 증언을 했다고. 그건 부정할 수 없는 사실이야."

"어쨌는데?" 조프가 물었다.

"거 말이야, 죠가 나를 덮쳤고, 우리는 한데 엉켜 때굴때굴 굴러 그의 집 정원 울타리에 가까이 갔지. 시끄러운 소리를 듣고 그 친구 마누라가 화덕 부지깽이를 들고 뛰어나왔어. 나무 아래라 어두워서 그 여자는 누가 위에 있는지 알 수 없었지. '당신 어디 있어요, 죠, 아래요, 위요?' 그 여편네가 째지는 소리로 말했지. '오, 아래야, 빌어먹을.' 그 친구가 말했지. 그러자 여자가 부지깽이로 내 대갈통, 등짝, 갈비짝을 두들겨 패기 시작했고 결국 우리는 또다시 때굴때굴 굴렀지. '어디 있수, 여보, 죠, 아래요 위요?' 여자가 다시 소리 질렀지. 이런 젠장, 내가 잡힌 건 그 여편네 때문이라고! 그러고 나서 우리가 영주의 홀에 서 있었을 때 여자는 수꿩이 자기가 기르는 거라고 맹세했지. 실은 그건 전혀 자네네 새가 아니잖나, 죠. 그건 브라운 어르신 댁의 새야, 그분네 꿩이라고. 우리가 한 시간 전에 그 양반네 숲을 지나다 잡았던 거지. 이렇게 누명을 쓰니 기분 나쁘더군!…… 에이 그런데, 다 지난 일인데 뭐."

"난 그보다 며칠 전에도 자네를 잡을 수 있었어." 사냥터지기가 말했다. "난 수십 번이나 자네와 몇 야드도 안 되는 거리에 있었네. 자네는 그 불쌍한 새 한 마리 말고도 여러 마리를 들고 있는 모습이었지."

"그랬군. 그런데 이런 것쯤은 세상 사람들이 말하는 소문 축에도 못 끼이지." 죽 장수 노파가 말했다. 노파는 이 빈민가에 최근에 정착해서 다른 사람들 틈에 앉아 있었다. 젊은 시절에 많이 돌아다녀서 그녀는 세계적인 식견을 갖고 말했다. 조프에게 겨드랑이 밑에 그렇게 은밀하게 끼고 있는 꾸러미가 무엇이냐고 바로 물어 본 사람도 그 여자였다.

"아, 이 속에 굉장한 비밀이 숨어 있다오." 조프가 말했다. "사랑의 열정이지요. 한 여자가 한 남자를 그렇게나 사랑하고, 다른 남자를 그렇게나 무자비하게 미워하다니, 생각이나 해 볼 수 있겠소?"

"누구를 염두에 두고 하는 말씀이요, 선생?"

"지위가 높은 사람이요—이 읍내에서. 그 여자에게 창피를 주고 싶단 말이야! 맹세코, 그 여자의 연애편지를 읽어보는 건 연극 보는 것만큼이나 재미있는 일일 거요. 그 당당한 비단 천과 밀랍 봉인으로 된 편지들 말이요. 여기 내가 갖고 있는 게 바로 그 여자의 연애편지란 말이요."

"연애편지라. 어디 한번 들어봅시다, 착한 양반." 쿡섬 어멈이 말했다. "제기랄, 생각나, 리처드? 어렸을 때 우리가 얼마나 바보였는지 말이야. 학교 다니는 사내애한테 우리 연애편지를 대신 써달라고 했지. 그리고는 그 애에게 동전 한 닢 건네면서—기억나지?—봉투 안에 뭐라고 썼는지 다른 사람한테 말하지 말라고 했지, 기억나?"

이때쯤 조프는 손가락을 꾸러미 봉한 곳 밑으로 밀어 넣어 편지들을 끌렀다. 그리고는 편지들을 내동댕이치며 여기저기에서 제멋대로 하나씩 뽑아 들고는 큰 소리로 읽었다. 이런 구절들은 곧 루시타가 그렇게도 묻어버리기를 열망했던 비밀을 드러내기 시작했다. 그러나 편지들은 암시적이기만 해서 내용이 완전히 분명하지는 않았다.

"파프리 부인이 이걸 썼다니!" 낸스 모크리지가 말했다. "같은 여자인데 그렇게 할 수 있다는 건 우리 같은 점잖은 여인네들에게는 수치스러운 일이야. 이제 와서 엉뚱한 남자한테 사랑을 다짐하다니!"

"그게 오히려 그 여자한테는 잘된 일이지 뭐." 나이 든 죽 장수 노파가 말했다. "아, 내가 그 여자를 진짜 나쁜 결혼에서 건져내 줬는데 나한테 감사할 줄도 모르네."

"그런데, 이거 허수아비 조리돌림[122]의 좋은 건수가 되겠어." 낸스가 말했다.

"맞아." 쿡섬 부인이 생각에 잠기며 말했다. "이건 내가 알기론 최고의 허수아비 조리돌림감이야. 그냥 넘어가서는 안 돼. 우리가 이걸 캐스터브리지에서 마지막으로 본 게 하루도 에누리 없이 십 년은 됐을 거야."

이때 날카로운 휘파람 소리가 들렸고 여관 안주인은 차알이라고 불리는 남자에게 말했다. "짐이 나갔다 돌아오는 모양이오. 가서 나 대신 다리 좀 놓아주고 오겠소?"

---

122 허수아비 조리돌림(skimmity-ride): 옛 영국의 시골 지역에 있었던 풍습으로, 부부 중에 부정(不貞)한 행위를 한 사람이 있거나 학대 행위 등이 있을 때 이들을 닮은 허수아비를 수레나 당나귀에 태워 동네를 지나가게 하면서 조롱과 비난을 받는 조리돌림을 당하게 했었다. skimmington 혹은 skimmington-ride라고도 불렸는데, 우유에서 지방분을 걷어낼 때 쓰는 국자(skimming ladle)를 아내가 (아마도 바람피운) 남편에게 휘둘러댄 데서 그 이름이 비롯되었다는 설이 있다.

대답도 하지 않고 차알과 그의 친구 죠가 일어섰고 그녀로부터 호롱불을 받아들고는 뒷문으로 나가 뜨락을 가로지르는 길을 내려갔는데, 이 길은 앞서 말한 개천의 가장자리에서 갑자기 끝났다. 개천 너머에는 탁 트인 황무지가 있었고, 거기로부터 차갑고 끈적끈적한 바람이 그들이 나아갈 때 얼굴을 강타했다. 준비되어 놓여 있던 널빤지를 집어 들어 이들 중 한 명이 물에 가로지르게 내려놓았고, 널빤지의 끝이 땅에 닿자마자 발자국들이 그 위를 밟고 들어섰다. 그러자 어떤 건장한 사내가 무릎에 가죽을 덧대고 총신이 둘 있는 총을 팔에 끼고 새 몇 마리를 등 뒤에 매단 채 어둠 속에서 나타났다. 사람들은 그에게 운이 좋았었냐고 물었다.

"별로." 그가 무덤덤하게 말했다. "안에는 다들 별 탈 없고?"

그렇다는 대답을 듣고 그는 계속 안으로 들어갔고, 다른 사람들은 다리를 거두어서 그의 뒤를 따라 되돌아가기 시작했다. 그런데, 이들이 집에 들어가기 전에 황무지로부터 '어이' 하며 외치는 소리가 들려와 이들의 발걸음을 멈추게 했다.

외치는 소리가 되풀이됐다. 그들은 호롱을 별채에 들이밀고는 개울 가장자리로 되돌아갔다.

"어이, 이게 캐스터브리지로 가는 길이요?" 어떤 사람이 반대편에서 말했다.

"꼭 그렇다고 할 수는 없죠." 차알이 말했다. "아저씨 앞에는 개천이 있어요."

"난 상관없어요. 여기까지 왔으니 건너야지." 황무지 쪽에서 남자가 말했다. "오늘 걸을 만큼 걸었소."

"그럼 잠깐 기다려보시오." 차알이 그 남자가 해를 끼칠 사람은 아니라고 생각하고는 말했다. "죠, 널빤지와 호롱을 가져오게. 여기 길 잃은 사람이 있네. 당신은 한길을 따라 계속 가야만 했소, 친구. 여기로 불쑥 가로질러 와서는 안 되는 거요."

"그래야 했군요, 이제 보니. 하지만 여기 불빛이 보여서 난 나 자신에게 그게 틀림없이 외딴집이라고 말했소."

이제 널빤지가 내려졌다. 그리고 낯선 사람의 형체가 어둠 속에서 드러났다. 그는 중년의 남자였는데 나이에 비해 일찍 희끗 거리는 머리카락과 구레나룻에 넓적하고 온화한 얼굴을 하고 있었다. 그는 주저 없이 널빤지를 건넜고 이렇게 건너가는 것을 이상하게 여기지 않는 듯했다. 그는 이들에게 고맙다고 했고 이들 사이를 걸어 뜨락에 이르렀다. "여기가 뭐 하는 곳인가요?" 문 앞에 당도하자 그가 물었다.

"여관이요."

"아, 내가 하룻밤 묵기에 적당할 듯하네. 자, 그러면 들어가서, 나를 건너게 해 줬으니 목구멍이라도 축이게 내가 한잔 사겠소."

그들은 그를 따라 여관으로 들어갔다. 안에서 빛이 밝아지자 그는 목소리로 들을 때보다 직접 볼 때 더 높게 평가될 만한 사람의 모습이었다. 그는 좀 안 어울리기는 하지만 부티 나게 옷을 입고 있었다. 코트에는 모피를 덧대고, 아직 밤이 쌀쌀하기는 하지만 봄이 제법 깊어져서 낮에 쓰면 더울 것 같은 물개 가죽 모자를 쓰고 있었다. 손에는 작은 마호가니 상자를 들었는데 띠가 둘러져 있고 놋쇠로 죄어져 있었다.

부엌문을 통해 그와 눈이 마주친 사람들을 보고 몹시 놀라서 그는 이 집에 머물러야겠다는 생각을 즉시 버렸다. 그러나 이 상황을 예사롭게 받아들이면서 그는 최고급 술을 달라고 했다. 그는 선 채로 통로에서 돈을 치르고는 몸을 돌려 앞문을 통해 나가려 했다. 그러나 문은 빗장이 걸려 있었고 안주인이 빗장을 푸는 동안 허수아비 조리돌림에 관한 대화가 거실에서 계속되고 있었고 그의 귀에도 들려왔다.

"허수아비 조리돌림이라는 게 뭐요?" 그가 물었다.

"오, 나리!" 안주인이 긴 귀고리를 흔들어대며 얌전하게 봐달라는 듯 말했다. "그건 어떤 사람의 아내(글쎄, 꼭 그 남자만의 아내는 아니겠지만)가 …를 하다 걸렸을 때 이 지역에서 사람들이 벌이는 오래된 우스꽝스러운 짓이지요. 하지만 점잖은 집주인으로서 저는 그런 짓을 권하지 않습니다."

"그런데 저 사람들이 그 일을 곧 할 건가요? 좋은 구경거리일 거 같은데요."

"예, 나리." 그녀가 선웃음 쳤다. 그리고는 거칠 것 없는 자연스러운 표정을 짓고 곁눈질하면서 "이건 태양 아래에서 가장 재미있는 일이에요. 그리고 준비하는데 돈도 많이 들어요."

"아, 그런 일들을 들은 기억이 나요. 나는 앞으로 2, 3주 동안은 캐스터브리지에 머물 거고 그 행사를 구경하고 싶네요. 잠시만요." 그가 몸을 돌려 거실로 되돌아가더니 이렇게 말했다. "자, 여러분, 나도 여러분이 말하는 그 오랜 풍습을 보고 싶고, 그 일을 위해 약간 도움이 됐으면 해요. 이거 받아요." 그가 탁자 위로 1파

운드짜리 금화 한 닢을 던졌고 문가에 있는 여주인에게로 돌아가
읍내로 들어가는 길을 물어본 뒤 길을 떠났다.

"저 금화 내놓은 사람에겐 돈이 더 있을 거야." 금화를 집어
안전하게 보관하도록 안주인에게 전하는 동안 차알이 이렇게 말
했다. "정말이지 우리는 그자가 여기 머무는 동안 돈을 좀 더 뽑
아내야 해."

"아냐, 안 돼." 안주인이 대답했다. "여긴 점잖은 집이야, 제기
랄. 난 명예로운 일만 할 거야."

"그러시든가." 조프가 말했다. "이제 우리는 이미 시작된 그
일에 대해 궁리해 보고 곧 순서대로 일을 진행하자고."

"그러자고." 낸스가 말했다. "한바탕 웃는 게 강심제보다 내
심장을 더 따뜻하게 하지. 거기에 진리가 있어."

조프가 편지들을 주섬주섬 모았고 좀 늦은 시간이라 그날 밤
편지를 갖고 파프리의 집을 방문하려는 시도는 하지 않았다. 그
는 집에 왔고 편지들을 종전처럼 봉해서 다음 날 아침 그 꾸러미
를 그 주소로 배달했다. 한 시간도 안 돼 꾸러미의 내용물들은 루
시타에 의해 불태워져 재가 되었다. 그 가엾은 영혼 루시타는 과
거 헨처드와의 그 불행했던 사건의 증거가 드디어 하나도 남지
않게 되었다는 데에 무릎 꿇고 감사하고픈 마음이었다. 왜냐하면
이 과거의 일이 의도적이 아닌 부주의한 태만으로 빚어진 것이기
는 하지만 만약 알려지게 되면 그녀와 그녀 남편 사이에 치명적
으로 작용할 가능성이 조금도 덜하지 않았기 때문이다.

제37장

상황이 그러할 때 최하층 사회 계급에까지 영향이 파급될 정도로 매우 중요한 어떤 사건에 의해 캐스터브리지의 현행 업무가 중단되는 일이 일어났다. 그리고 허수아비 조리돌림의 준비 작업과 동시에 일어나서 읍내 사회를 뿌리부터 뒤흔들었다. 시골 읍내를 들썩거리게 한 이 사건은, 마치 더운 여름날이 나무줄기의 나이테에 그 시기를 영원히 남겨놓듯이, 읍의 연대기에 자국을 영원히 남긴 흥미진진한 사건 중의 하나였다.

왕족 한 사람[123]이 어떤 거대한 시설물의 준공식에 참석하고자 멀리 서쪽으로 행차하는 도중에 이 자치 읍을 통과하기로 하였다. 그는 이 읍에 반 시간 남짓 머물며 캐스터브리지의 자치 운영 위원단의 환영사를 듣기로 했었다. 대표적 농업 중심지로서 캐스터브리지는 그가 농경 기술을 보다 과학적인 기반 위에 올려놓는 고안을 열정적으로 촉진함으로써 농업 과학과 경제에 지대한 공헌을 했음을 잘 알고 있다는 것을 그런 식으로 표현하고자

---

123 아마도 당시 빅토리아 여왕의 부군으로서 1849년에 이 지역을 통과한 앨버트 공(Prince Albert)을 지칭하는 듯하다.

했던 것이다.

왕족을 캐스터브리지에서는 조지 3세[124] 이후로 구경한 적이 없었다. 그리고 그때도 왕이 밤 여행길에 킹즈암스에서 말을 바꾸기 위해 머문 몇 분 동안만, 그것도 촛불 아래에서만 봤을 뿐이었다. 따라서 읍민들은 드물게 오는 이런 행사를 철저하게 대축일(大祝日)로 만들기로 작정했다. 사실 반시간의 체재는 긴 건 아니지만 무엇보다도 날씨가 좋아 행사들을 사려 깊게 배치한다면 많은 일을 할 수도 있는 시간이었다.

환영사는 장식 글쓰기에 재주가 있는 어느 예술가가 양피지 위에 작성하였고, 간판장이의 가게에 있는 최상급의 금박과 물감이 그 위에 입혀졌다. 읍 의회는 세부 절차를 조정하기 위해 왕족이 오기로 정해진 날 이전인 화요일에 모였다.

의원들이 읍 의회의 문을 열어 둔 채 앉아 있을 때 계단을 올라오는 무거운 발걸음 소리가 들렸다. 그 소리가 복도를 따라 들려오는가 싶더니 헨처드가 방에 들어왔다. 끝이 닳고 다 해진 초라한 옷을 입고 있었는데, 그가 이 의원들 틈에 앉아 전성기에 입곤 했던 바로 그 옷이었다.

탁자로 다가와 손을 녹색 테이블보 위에 얹고 그는 "이 지체 높은 방문객을 영접할 때 내가 당신들과 함께 참여해야겠다는 생각이 들었소. 당신들과 함께 출영 나갈까 하는데"라고 말했다.

당황하는 시선이 의원들 사이에 오갔다. 그로우어는 이 침묵

124　조지 3세(George III) :1760~1820년에 재위한 영국 왕.

의 시간 동안 깃털 펜을 너무 씹어 대서 펜 끝을 거의 먹어 치울 정도였다. 직책에 맞게 큰 의자에 앉은 젊은 읍장 파프리는 돌아가는 회의 분위기를 직감적으로 파악하고 의장으로서 발언을 해야만 했지만, 뭔가를 말해야 하는 의무가 다른 사람에게 돌아가면 좋겠다고 생각했다.

"헨처드 씨, 제 생각에는 그렇게 하는 게 적절하지 않을 것 같습니다." 파프리가 말했다. "의회는 의회입니다. 선생은 이제 의회의 일원이 아니기 때문에 절차상 변칙이 생기게 됩니다. 선생이 포함된다면 다른 사람들도 포함되지 말란 법이 없잖습니까?"

"나는 그 의식을 거들고 싶은 특별한 이유가 있소."

파프리가 좌중을 둘러봤다. "제 생각엔 제가 의회의 분위기를 표현한 것 같은데요?" 그가 말했다.

"그럼요, 그러고 말고요"라는 동의의 말이 의사 배스와 변호사 롱, 읍의원 터버 및 몇몇 다른 사람의 입에서 이구동성으로 터져 나왔다.

"그렇다면 내가 그 일과 공식적으로 어떠한 관계도 가질 수 없다는 뜻이오?"

"그렇지요. 정말이지 논의할 필요도 없는 얘기입니다. 하지만 선생께서는 물론 행사를 아주 제대로 볼 수 있습니다, 다른 구경꾼들처럼 말이죠."

헨처드는 아주 분명한 그 제안에 답하지 않고 발길을 돌려 나가버렸다.

이는 그의 일시적인 변덕에 지나지 않았지만 사람들이 반대하자 오히려 하나의 결심으로 결정화(結晶化)되었다. 그는 "내가 왕족 마마를 환영할 거야. 아님 다른 누구도 못 하게 만들고 말겠어!"라고 중얼거리며 돌아다녔다. "난 파프리이건, 나머지 그 지질한 무리 중의 누구이건 날 가만히 앉혀놓게 내버려 두지 않을 거야. 두고 봐!"

많은 일이 일어날 아침이 밝았다. 둥근 얼굴의 태양이 동쪽을 향해 일찍 창밖을 내다보는 얼굴들을 환하게 비췄고 사람들은(왜냐하면 이들은 날씨에 관한 지식에 밝았기 때문에) 다들 이 벌건 햇빛이 오래갈 거라고 알고 있었다. 곧 방문객들이 시골의 농가로부터, 마을로부터, 그리고 먼 관목 숲 지대와 외딴 고지대로부터 몰려들어 왔다. 특히 고지대 사람들은 기름먹인 장화를 신고, 마차 차양 모양의 모자를 쓴 채 그 환영식을 구경하기 위해, 아니면 구경을 못 하게 되면 그 근처에라도 있어 볼 요량으로 왔다. 읍내의 직공들도 모두 깨끗한 셔츠를 입고 있었다. 솔로몬 롱웨이즈, 크리스토퍼 코니, 버즈포드 및 그 패거리는 늘 아침 11시에 마시던 한 파인트 맥주를 10시 반으로 당기는 것으로 이 행사에 대한 마음가짐을 보여주었다. 그런데 이때부터 며칠 동안은 원래의 시간으로 되돌아가는 게 어렵다는 것을 이들은 알았다.

헨처드는 그날 하루 동안 일하지 않기로 작정했었다. 그는 아침부터 럼주 한 잔을 맘껏 마시고 길을 걷다가 엘리자베스-제인을 만났다. 그는 일주일 동안이나 그녀를 못 봤었다. "다행이야." 그가 그녀에게 말했다. "내 21년간의 금주가 오늘이 되기 전에 끝났거든. 안 그랬으면 난 그걸 실행에 옮기기 어려웠을 거야."

"뭘 실행한다고요?" 그녀가 놀라며 물었다.

"내가 우리 왕족 방문객께 바치려는 이 환영 의식 말이야."

그녀는 어리둥절했다. "우리 가서 같이 구경할까요?" 그녀가 말했다.

"구경하렴! 나한텐 다른 중요한 일이 있어. 너도 보게 될 거야. 볼만 할 걸."

그녀는 이 말의 의미를 밝혀내기 위해 할 수 있는 일이 아무 것도 없어서, 그저 무거운 마음으로 스스로를 치장할 뿐이었다. 정해진 시간이 다가왔을 때 의붓아버지가 다시 한번 눈에 띄었다. 그녀는 그가 쓰리마리너스로 갈 거로 생각했다. 그러나 아니었다. 그는 들떠 있는 군중을 헤집고 나아가 포목상 울프리의 가게로 갔다. 그녀는 바깥 군중 틈에서 기다렸다.

몇 분이 지나지 않아 그녀가 놀라게도 그가 화려한 장미꽃 장식을 걸치고 나타났다. 그리고 더더욱 놀랍게도 손에는 오늘 읍내 어디에서나 볼 수 있는 조그마한 대영제국 국기를 소나무 작대기 끝에 덧대어 붙인 약간 수수하게 만들어진 깃발을 하나 들고 있었다. 무명천 조각으로 만들어진 것 같은데 두루마리 모양이었다. 헨처드는 들고 있는 깃발을 문지방 위에서 둘둘 말아 겨드랑이에 끼고 거리를 걸어 내려갔다.

갑자기 군중 틈에서 키 큰 사람들은 목을 돌렸고 키 작은 사람들은 발돋움했다. 왕족의 수행원들이 다가온다는 말이 들렸다. 그 당시에 철로는 캐스터브리지 쪽으로 한 줄기가 뻗었지만, 읍까지는 아직 공사가 끝나지 않아 몇 마일은 깔리지 않았다. 그래서 이 사이에 있는 거리는 나머지 여정과 함께 옛날 방식으로 통과해야만 했다. 사람들은 이렇게—시골에서 온 가족들은 마차에 탄 채로, 대부분의 사람들은 두 발로 선 채로—기다렸다. 그리고 마차의 요령 소리와 수군대는 소리가 들려오는지 보기 위해 저 멀리 뻗은 런던으로 가는 신작로를 주시했다.

뒤편에 서서 엘리자베스-제인은 이 광경을 지켜보고 있었다. 숙녀들이 행사를 관람할 수 있도록 좌석 몇 개가 배정되었다. 그 중 제일 앞자리에는 루시타가 읍장 부인으로서 지금 막 좌정하고 있었다. 그녀의 눈길이 닿는 곳 그 길 위에 헨처드가 서 있었다. 루시타의 모습이 너무나 빛나고 예뻐서 그는 그녀가 자신을 주목해 줬으면 하는 희망이 일시적으로 약해지는 것을 경험하는 듯했다. 그러나 그는 여자들이 보기에 전혀 매력적이지 않았는데 그건 여자들의 눈이 주로 사물의 겉모습에 지배당하기 때문이었다. 그는 예전의 모습으로 보일 수 없는 날품팔이 일꾼일 뿐만 아니라 남들에게 가능한 좋은 모습으로 보이려는 것도 경멸했다. 다른 모든 사람들은 읍장에서부터 세탁부에 이르기까지 각자 형편에 맞게 갖춰 입은 새 옷으로 빛났다. 그러나 헨처드는 고집스럽게 지난 시절의 좀먹고 색 바랜 옷을 그대로 걸치고 있었다.

아, 슬프게도 그래서 이런 일이 일어나게 되었다. 즉, 루시타의 시선은 특별히 헨처드의 모습에 머물지 않고 그를 건너 이리저리로 미끄러졌다—화려하게 차려입은 여인들의 시선이 그런 경우에 아주 종종 그러하듯. 그녀의 태도는 이제 공공장소에서 그를 더 이상 아는 체하지 않겠다는 것을 아주 분명히 보여주었다.

그러나 그녀는 도널드를 바라보는 데에는 전혀 지치지 않았다. 그는 몇 야드 떨어져서 친구들과 열띤 대화를 나누는 중이었고, 자신의 젊은 목에는 왕가의 문장(紋章) 속 일각수(一角獸)에 휘감겨 있는 것 같은 커다란 사각 고리가 달린 읍장의 금목걸이를 두르고 있었다. 그녀의 남편이 대화 중에 드러내는 모든 사소한 감정도 그녀의 얼굴과 입술에 그대로 반영되어 남편의 얼굴, 입술의 움직임보다 약간 작지만 똑같이 움직였다. 그녀는 자기 자신의 배역보다는 남편의 배역으로 살고 있었으며 그날은 파프리의 상황 이외의 다른 누구의 상황도 신경 쓰지 않았다.

드디어 대로의 가장 끝 모퉁이, 즉 앞서 언급한 적이 있는 두 번째 다리 위에 배치되어 있던 한 남자가 신호를 보냈다. 그러자 읍 자치기구 임원들이 관복을 입고 읍 청사의 정문으로부터 읍 입구에 설치된 아치를 향해 움직였다. 왕족 방문객과 그 수행원들을 태운 마차가 구름 같은 먼지를 일으키며 그 지점에 도착했다. 행렬이 이루어졌고 모두가 보통 걸음걸이로 읍 청사에 당도했다.

이 지점이 관심의 초점이었다. 왕족의 마차 앞에는 몇 야드에 걸쳐 아무것도 없고 모래가 깔린 공간이 마련되었다. 이 안으로 어떤 남자가 누가 제지하기도 전에 걸어 들어왔다. 헨처드였다. 그는 자기가 만든 깃발을 펼쳤고 모자를 벗더니만 서서히 움직이고 있는 마차 옆으로 비틀거리며 나아갔다. 왼손으로는 대영제국 국기를 좌우로 흔들면서 오른손을 그 지체 높은 인물에게 붙임성 있게 내밀었다.

귀부인들은 죄다 숨을 죽이고 "오, 저걸 봐요!"라고 말했고 루시타는 까무러칠 지경이 되었다. 엘리자베스-제인은 앞줄에 선 사람들 어깨 사이로 기웃거렸고, 무슨 일인가 알게 되자 겁에 질렸다. 그런 뒤 이 광경을 희한한 현상이라고 생각한 그녀의 관심은 그녀의 두려움을 압도했다.

파프리는 읍장의 권위로 즉각 일어나 이 상황에 대처했다. 그는 헨처드의 어깨를 잡아서 뒤로 질질 끌어당겼고, 이곳에서 나가라고 헨처드에게 거칠게 말했다. 헨처드의 눈이 그의 눈과 마주쳤다. 파프리는 흥분하고 화가 나 있었지만 헨처드의 두 눈에 무서운 빛이 서려 있음을 알았다. 잠시 동안 헨처드는 땅을 딛고 굳건히 버텼다. 그러다가 설명할 수 없는 어떤 충동에 의해 수그러져 물러났다. 파프리는 귀부인들의 좌석으로 시선을 돌렸고 그의 칼푸르니아[125]의 뺨이 창백하다는 것을 알았다.

"아니, 저 사람은 당신 남편의 옛 후원자군요!" 루시타 옆에 앉은 이웃집 숙녀 블로우보디 부인이 말했다.

"후원자라니요!" 도널드의 부인이 발끈 화내며 말했다.

"저 남자가 파프리 씨와 아는 사이란 말씀이에요?"하며 의사의 아내 배스 부인이 말했다. 그녀는 최근에 그 의사와 결혼하여 읍내에 새로 들어와 살게 된 사람이었다.

"그 사람은 제 남편 밑에서 일해요." 루시타가 말했다.

---

125 칼푸르니아(Calphurnia): 율리우스 카이사르(Julius Caesar)의 세 번째 부인으로 여기서는 파프리의 아내인 루시타를 가리킨다.

"아, 그게 전부인가요? 사람들은 댁의 남편이 캐스터브리지에 처음 발판을 마련한 게 저 남자를 통해서였다고 저한테 그러던데. 사람들이란 참 별별 얘기를 다 하고 다니는군요!"

"그러게 말이에요. 사실은 전혀 그렇지 않은데 말이죠. 도널드는 그의 천재적인 두뇌로 누구의 도움이 없이도 어디에서건 발판을 마련했을 거예요! 세상에 헨처드라는 사람이 없었어도 마찬가지였을 거예요."

루시타로 하여금 이렇게 말하게 만든 것은 도널드가 여기 도착하던 상황을 그녀가 모르기 때문이기도 했지만, 한편으로는 사람들이 다 의기양양하여 그녀를 얕보기로 작정한 것 같다는 인식 때문이기도 했다. 그 사고는 그저 몇 분 만에 끝났지만 왕족이 목격했음이 틀림없었다. 그러나 왕족은 숙달된 재치로써 이상한 일이라고는 아무것도 보지 못한 체했다. 그가 마차에서 내리자 읍장이 앞으로 나아가 환영사를 낭독했다. 그 지체 높은 인사(人士)는 답사하고 파프리에게 몇 마디 말을 건네고 나서 읍장 부인 루시타와 악수를 했다. 행사는 몇 분밖에 걸리지 않았고 마차들은 마치 파라오의 전차들처럼 콘스트리트를 따라 육중하게 덜그럭거리며 내려갔고 해변으로의 여행을 계속하기 위해 버드머스로드에 접어들었다.

군중 속에 코니, 버즈포드, 롱웨이즈가 서 있었다. "지금의 그와 쓰리마리너스에서 노래를 불렀을 때의 그와는 좀 차이가 있어." 코니가 말했다. "그가 어떻게 그 짧은 시간에 자기와 결혼할 그런 훌륭한 숙녀를 얻었는지 정말 놀랄 일이야."

"맞아. 그런데 사람들이란 좋은 옷에는 깜빡 죽는 법이야. 그런데 저 여자보다 더 잘 생겼는데도 저 시건방진 헨처드의 혈족이라 아무도 거들떠보지 않는 여자가 하나 있지."

"버즈, 그런 말을 다 하다니, 우러러봐야겠어." 낸스 모크리지가 말했다. "난 크리스마스 촛불에서 장식이 벗겨지는 그런 꼴을 보고 싶어. 난 악당 같은 짓은 진짜 못하지만 내 몇 푼 안 되는 돈을 다 써서라도 저 잘난 여자가 쓰러지는 걸 볼 거야…… 그리고 아마 곧 보게 될 거야." 그녀는 의미심장하게 덧붙였다.

"그건 여자가 지니는 고상한 정열이 아닌데." 롱웨이즈가 말했다.

낸스는 대답하지 않았지만 그녀가 무슨 뜻으로 말했는지 모두들 알아차렸다. 루시타의 편지를 읽음으로써 피터즈핑거 술집에서 퍼진 생각들이 돌돌 뭉쳐 추문이 되더니 독기 서린 안개처럼 믹슨레인을 통과하였고, 거기서 캐스터브리지의 뒷골목으로 번져 나갔다.

서로를 잘 아는 이 뒤섞인 건달패는 자연스러운 선별 과정을 거쳐, 곧 두 패로 갈렸다. 먼저 피터즈핑거를 자주 드나드는 패거리는 그들 대부분이 사는 믹슨레인 쪽으로 떠났고, 코니, 버즈포드, 롱웨이즈와 그 일당은 노상에 남았다.

"자네들, 저기서 무슨 일이 빚어지고 있는지 알겠지?" 버즈포드가 다른 사람들에게 알 듯 모를 듯 말했다.

코니가 그를 쳐다봤다. "허수아비 조리돌림 아니야?"

버즈포드가 고개를 끄덕였다.

"그 일이 실행될지 아닐지는 의심스러워." 롱웨이즈가 말했다. "만약 그들이 그 일을 거행하려면 확실하게 비밀에 부쳐야 할 거야."

"그자들은 원래 2주일 전에 할 생각이었다는군, 어떤 일이 있더라도 말이야."

"나는 확인만 되면 고발할 거네." 롱웨이즈가 힘주어 말했다. "이건 너무 심한 장난이고 읍내에 난동을 일으키기 쉬워. 우리는 그 스코틀랜드인이 충분히 올바른 사람이고, 그의 부인도 여기 온 이후로 충분히 올바른 여자라는 걸 알아. 그러니 만약 그 여자에게 과거에 뭔가 잘못한 일이 있더라도 그건 그들 부부 일이지 우리가 참견할 일이 아니야."

코니가 생각에 잠겼다. 파프리는 여전히 읍내 사회에서 인기가 있었다. 하지만 그는 업무에 열중하고 야심만만한 읍장이자 자본가가 되었고, 숲속의 새들처럼 짧은 곡들을 그렇게 기꺼이 노래했던 유쾌한 무일푼 청년으로서 가난한 주민들에게 주었던 그 놀라운 매력 같은 것을 이들의 눈에서 상실했다고 봐야 할 것이다. 따라서 그를 괴롭힘에서 구해 주려는 염려의 마음은 그 전 같았으면 활발했을 열성을 보여주지 않았다.

"크리스토퍼, 우리가 한번 조사해 보고," 롱웨이즈가 말을 이었다. "만약 뭔가가 정말 있다는 걸 알면, 제일 많이 관련된 사람들한테 편지를 보내서 피해 있으라고 충고해 주세."

이런 방침이 정해졌고 패거리는 흩어졌다. 버즈포드는 코니에게 "자, 내 오랜 친구야, 이제, 그만 가세. 여기선 이제 더 구경할 게 없네."

　이 선의의 사람들은 만약 이들이 이 거대한 장난 음모가 실제로 얼마나 무르익었는지 알았다면 놀랐을 것이다. "그래, 오늘 밤에"라고 조프가 믹슨레인의 모퉁이에서 피터즈핑거 패거리에게 말했다. "왕족 행차의 마무리로서 이 일격은 오늘 사람들이 들떠 있으니까 그만큼 더 안성맞춤이 될 거야."

　적어도 그에게 이 일은 장난이 아니라 보복 행위였다.

제38장

왕족의 영접 절차는 짧았다―도취시키는 세속적 즐거움에 상당히 빠져든 루시타에게는 너무나 짧았다. 그럼에도 불구하고 이 행사는 그녀에게 커다란 승리감을 안겨줬다. 왕족과 악수를 한 느낌이 아직 그녀 손가락에 머물러 있었다. 어느 정도 뜬금없지만 남편이 기사 작위를 받는 영예를 누릴지도 모른다는, 그녀가 엿들은 잡담이 완전히 허황된 상상만은 아닌 것으로 보였다. 이보다 더 희한한 일들이 그녀의 스코틀랜드 남편만큼 착하고 매력적인 남자들에게 일어났던 예도 있었다.

읍장과의 충돌 후에 헨처드는 숙녀석(席) 뒤로 물러났다. 그리고 거기 서서 파프리가 움켜잡았던 윗도리의 접은 깃 부분을 얼빠진 사람처럼 쳐다보고 있었다. 그는 자신이 한때 그렇게도 열성을 다해 후의를 베풀던 사람한테 그런 무도한 짓을 당한 것을 거의 실감할 수 없다는 듯 자기 손을 그곳에 대보았다. 이렇게 반쯤 멍한 상태로 가만히 서 있을 때 루시타가 다른 부인네들과 나누는 대화가 그의 귀에 들려왔다. 그는 그녀가 자신을 부인하는 말을, 즉 그가 도널드를 후원해 줬다는 것을 부인하는 것을, 그리고 이제는 그가 평범한 날품팔이 일꾼에 지나지 않는다고 말하는 것을 또렷이 들었다.

　그는 집으로 계속 걸었고 불스테이크로 가는 길의 아치 아래에서 조프와 마주쳤다. "퇴짜 맞으셨군요?"하고 조프가 말했다.

　"그랬다면 어쩔래?" 헨처드가 험악하게 대답했다.

　"아니, 저도 퇴짜 맞은 적이 있습죠. 그러니 우린 둘 다 똑같이 찬밥 신세네요." 그는 일자리 얻는 데 루시타에게 알선을 부탁했던 일을 짤막하게 이야기했다.

　헨처드는 그가 하는 말을 신경 쓰지 않고 건성으로 들었다. 파프리와 루시타와의 관계 때문에 다른 비슷한 이야기들은 그의 귀에 전혀 들어오지 않았다. 그는 띄엄띄엄 혼잣말을 계속했다. "그 계집이 옛날에는 나한테 애원도 하더니 이젠 그 혓바닥이 나를 인정하려 들지도, 그 눈깔이 날 보려고도 않는구면!…… 그리고 그놈은—어찌나 성난 표정이던지. 그놈은 내가 마치 울타리를 부수는 황소라도 되는 것처럼 몰아냈어…… 난 그걸 순한 양처럼 다 받아들였지. 왜냐하면 거기서 해결될 일이 아니었기 때문이야. 그 녀석은 갓 생긴 상처에 소금물을 비벼대는 놈이야!…… 하지만 그놈이 대가를 치르게 할 거고 그 계집도 후회하게 할 거야. 격투를 벌여야겠어—얼굴을 맞대고 말이야. 그러면 도대체 기생오라비 같은 놈이 어떻게 진짜 사나이와 대적하는지 보게 될 거야!"

　더 이상 생각에 잠기지 않고 이 몰락한 상인은 어떤 광포한 목적에 사로잡힌 채 서둘러 저녁을 먹고 파프리를 찾으러 나갔다. 경쟁자로서 그에 의해 마음 상하고, 날품팔이 일꾼으로서 그에게 냉대받은 뒤, 품위 하락의 절정이 오늘을 위해 준비되어 왔던 것이다. 즉, 읍내 사람 모두가 보는 앞에서 그에 의해 부랑자(浮浪者)라고 멱살잡이 당한 일이 그것이다.

군중은 흩어지고 없었다. 읍에서 설치한 녹색 아치가 아직도 서 있는 것을 제외하고 캐스터브리지의 삶은 일상의 모습을 되찾았다. 헨처드는 콘스트리트를 따라 걸어 내려가 마침내 파프리의 집에 이르렀다. 그는 노크했고 주인에게 돌아오는 대로 편할 때 곡물 창고로 와주십사, 라는 전갈을 남겼다. 이렇게 하고 난 후 그는 계속 걸어가 집 뒤쪽을 돌아서 마당에 들어섰다.

마당 안에는 아무도 없었는데 그가 알고 있었듯이, 일꾼들과 마차꾼들은 아침 행사로 인하여 반일(半日) 휴가를 즐기고 있었기 때문이다. 그러나 마차꾼들은 말에 먹이를 주고 잠자리에 짚을 깔아줘야 해서 나중에 잠시 들러야만 했다. 그는 곳간의 사다리에 이르러 막 올라가려다 "난 그 녀석보다 힘이 더 세"라고 큰소리로 혼잣말했다.

헨처드는 헛간으로 되돌아왔다. 거기서 그는 여기저기 흩어져 있는 밧줄 토막들 중에서 짧은 것 하나를 골랐다. 밧줄의 한쪽 끝은 못에 매고 다른 끝은 자기 오른손에 잡은 채 왼팔을 옆구리에 꽉 붙이고 몸을 빙빙 돌렸다. 이런 방법으로 그는 한 팔을 효과적으로 붙들어 맸다. 그는 이제 사다리를 타고 곡물 창고의 꼭대기 층으로 올라갔다.

곡식 자루 몇 개 말고는 꼭대기 층은 비어 있었다. 그리고 더 먼 끝에는 앞서 여러 차례 언급한 문이 있었다. 문은 부대 자루를 들어 올리는 쇠사슬 달린 닻걸이 아래에 열려있었다. 그는 문을 열어 고정시켜 놓고 문턱 너머를 바라봤다. 바닥까지 30~40피트는 되어 보였다. 그가 파프리와 같이 서 있을 때, 한 팔을 드는 것을 엘리자베스-제인이 목격하고 그게 어떤 일의 전조가 될지 여러 가지로 염려했던 그 지점이 바로 여기였다.

그는 몇 발자국 물러나 고미다락 안으로 들어가 기다렸다. 이 높다란 자리에서 그의 눈은 주위의 지붕들과 이제 1주일 정도밖에 안 돼 잎이 여린 무성한 밤나무의 윗부분과 아래로 처진 라임나무의 가지들을, 그리고 파프리의 정원과 그곳에서 밖으로 나 있는 녹색 문을 한눈에 훑어볼 수 있었다. 시간이 경과하고─얼마나 긴 시간이었는지 그가 알 수 없었지만─그 녹색 문이 열리고 파프리가 안으로 들어왔다. 그는 마치 여행이라도 떠날 것 같은 옷차림이었다. 그가 담장의 그늘에서 나오자 다가온 저녁의 낮은 햇살이 그의 머리와 얼굴을 비치며 덧혀놓아 불꽃같은 빛깔의 안색을 만들었다. 헨처드는 입을 굳게 다물고, 턱의 각진 부분과 옆얼굴의 밋밋함이 과도하게 두드러진 자세로 그를 지켜보고 있었다.

파프리는 한 손을 주머니에 찌른 채, 노래의 가사가 그의 심경을 가장 잘 대변하기라도 하듯이 콧노래를 부르며 들어왔다. 그건 여러 해 전 인생과 운을 놓고 모험하던, 그리고 어디로 가야 할지 모르던 빈털터리 젊은이가 쓰리마리너스에 당도했을 때 불렀던 노래의 가사였다.

"여기 내 손 있네, 든든한 내 친구여,

자네 손을 내밀게나."[126]

옛날 노래 가락처럼 헨처드의 마음을 움직이는 것도 없었다. 그는 뒤로 주저앉았다. "안 돼, 난 그렇게 할 수 없어!" 그가 숨을 헐떡였다. "왜 저 악마 같은 멍텅구리가 저 노래를 하필 지금 시작하는 거야?"

마침내 파프리가 조용해졌고 헨처드는 고미다락 문에서 밖을 내다봤다. "여기로 좀 올라오겠소?" 그가 말했다.

"예, 그럽시다." 파프리가 말했다. "당신을 미처 못 봤소. 무슨 잘못된 일이라도?"

1분 뒤에 헨처드는 그가 사다리 맨 아랫단에 발을 올려놓는 소리를 들었다. 그는 파프리가 2층에서 내리고, 이어서 3층으로 올라와 내린 다음 4층으로 오르기 시작하는 소리를 들었다. 그러고 나서 그의 머리가 뒤쪽의 널판 구멍을 통해 불쑥 올라왔다.

"이 시간에 이 위에서 뭐하는 겁니까?" 그가 앞으로 다가오며 물었다. "왜 다른 일꾼들처럼 휴일을 즐기지 않았나요?" 그는 오전에 있었던 그 부적절한 사건을 자신이 기억하고 있다는 것과 헨처드가 술에 취해 있었음을 그가 확신하고 있다는 것을 보여주기에 충분한 근엄한 말투로 말했다.

헨처드는 아무 말도 하지 않았다. 그러나 되돌아가서 계단의

---

126 〈올드 랭 사인〉에 나오는 구절.

덮개를 닫아버렸고 그 위에서 발을 쿵쿵 굴러 덮개가 널판에 꽉 물리게 만들었다. 이어서 그는 의아해하는 젊은이에게 몸을 돌렸는데, 파프리는 이때쯤엔 헨처드의 한 팔이 옆구리에 묶여져 있음을 알아차렸다.

"자," 헨처드가 조용히 입을 열었다. "우린 얼굴을 마주하고 서 있는 거지—남자 대 남자로서. 자네의 돈과 자네의 그 잘난 아내가 바로 조금 전 그랬듯이 자네를 내 위로 들어 올리지 못하네. 그리고 이제 가난도 나를 더 이상 억누르지 못하네."

"이게 다 무슨 얘긴가요?" 파프리가 잘 모르겠다는 듯 물었다.

"좀만 기다려 보게, 젊은 친구야. 자네는 아무것도 잃을 게 없는 사람에게 극도로 모욕을 주기 전에는 한 번쯤 더 생각해 봐야 했어. 난 나를 망하게 한 자네와의 경쟁도, 나를 비굴하게 만든 자네의 냉대도 참아왔네. 하지만 난폭하게 밀쳐서 날 모욕한 그 행동만은 참을 수 없어."

파프리는 이 말에 약간 흥분했다. "당신은 거기에 올 일이 없었잖소." 그가 말했다.

"자네들 그 누구만큼이나 난 올 일이 있다고. 이 시건방진 애송이가 나이 먹은 어른한테 거기 올 일 없었다고 감히 말하다니." 이 말을 할 때 그의 이마에는 핏대가 솟았다.

"당신은 왕족을 모욕했소, 헨처드. 그리고 당신을 제지하는 것이 선임 치안판사로서의 내 의무였소."

"왕족 좋아하고 있네!" 헨처드가 말했다. "그 점에 관해선 나도 자네 못지않은 충성심이 있다고."

"난 여기서 당신과 말싸움 하자는 게 아니요. 진정될 때까지 기다리시오, 진정될 때까지 기다리라고요. 그렇게 되면 당신도 나와 같은 생각이 될 거요."

"먼저 진정해야 할 건 자네야." 헨처드가 험악하게 말했다. "자, 이렇게 하도록 하자고. 여기 우리가 이 사각의 고미다락 안에서 자네가 오늘 아침에 시작한 그 애들 장난 같은 몸싸움을 마저 끝내도록 하지. 저기 문이 있어, 지상 40피트지. 우리 둘 중 하나가 다른 하나를 저 문밖으로 밀어내는 거야—승자는 안에 남아 있는 거지. 만약 그러고 싶다면 승자는 나중에 내려가서 상대방이 실수로 떨어졌다고 사람들을 놀라게 하든지, 아니면 사실대로 말하든지, 좋을 대로 하면 돼. 내가 더 힘이 세니까 난 그 점에서 자네보다 유리해지지 않도록 한 팔을 묶겠네. 알겠어? 그럼 공격 시작하네!"

파프리에게는 한 가지밖에, 즉 헨처드와 맞붙어 싸우는 것 외에는 달리 뭘 해볼 시간이 없었는데 그건 헨처드가 즉시 공격해 왔기 때문이었다. 이건 레슬링 시합이었고 각자의 목적은 적수를 뒤로 밀어 떨어뜨리는 것이었다. 그리고 헨처드 편에서 그것은 물론 문을 통해 떨어뜨리는 것이어야 했다.

처음에는 헨처드의 자유로운 손인 오른손이 붙잡은 곳은 파프리의 왼쪽 옷깃이었는데 그는 여기를 꽉 움켜잡았고, 파프리는 마주 보는 자기 왼손으로 헨처드의 옷깃을 잡았다. 파프리는 자기 오른손으로 적수의 왼팔을 잡으려고 애썼지만 할 수 없었다.

헨처드가 잘나고 호리호리한 적수의 내리깐 눈을 응시하면서 자기 왼팔을 등 뒤로 교묘하게 가져다 놓았기 때문이었다.

헨처드는 첫발을 앞으로 내디뎠고 파프리는 헨처드를 가로질러 발을 내디뎠다. 그래서 아직까지는 이들의 대결이 그 지역에서 하는 보통 레슬링의 모습과 매우 흡사했다. 이런 자세로 몇 분이 흘렀고, 이 한 쌍은 둘 다 완전히 침묵을 지키는 가운데 마치 강풍 속에 서 있는 나무처럼 이리저리 흔들리고 몸부림쳤다. 이때쯤 그들의 숨소리만 들릴 뿐이었다. 그러다가 파프리는 헨처드의 다른 쪽 옷깃을 잡으려고 했는데, 몸집 더 큰 헨처드가 온 힘을 쏟아 팔을 비틀어 이를 막았다. 싸움의 이 부분은 헨처드가 자신의 억센 한 팔로 파프리를 그저 짓누르기만 함으로써 무릎 꿇게 만드는 것으로 끝났다. 그러나 이런 자세가 방해되어 그는 상대방을 그 상태로 계속 누르고 있을 수가 없었고 파프리가 다시 제 발로 일어서면서 싸움은 앞에서처럼 계속되었다.

헨처드는 도널드를 한 바퀴 빙 돌려서 위험할 정도로 다락 끝자락에 가깝게 몰아붙였다. 자신의 위태로운 위치를 깨닫자 이 스코틀랜드인은 처음으로 적수에게 꼭 들러붙었다. 그 분노에 찬 어둠의 왕[127]—지금 그의 모습을 보면 그렇게 불려질 만도 했다—의 모든 노력에도 파프리를 잠시 들어 올리거나 떼어놓기에 힘이 부족했다. 비상한 노력으로 그는 드디어 성공했는데 그들이 그 운명의 문에서 다시 한번 멀찌감치 뒤로 물러난 뒤에야 그럴

---

127 어둠의 왕(the Prince of Darkness): 사탄(Satan)을 가리킨다.

수 있었다. 그렇게 하면서 헨처드는 파프리를 완전히 한 바퀴 공중제비 돌게 할 요량이었다. 헨처드의 다른 쪽 팔이 자유롭다면 파프리는 그때 끝장나 버렸을 것이다. 그러나 파프리는 헨처드의 팔을 세게 비틀며 다시 일어났는데 헨처드의 얼굴이 경련을 일으키는 것으로 보아 대단히 고통을 준 모양이었다. 헨처드는 즉각 왼쪽 엉덩이 끝부분에 힘을 줘서 이럴 때 표현되듯 그 젊은이를 끝장내게 돌려버렸다. 그리고는 이 이점을 계속 이용하며 파프리를 문 쪽으로 밀어붙였고 파프리의 금발 머리가 창틀 너머로 늘어지고 팔이 벽의 바깥으로 대롱거릴 때까지 꽉 잡은 손을 늦추지 않았다.

"자," 헨처드가 숨을 헐떡이며 말했다. "이게 자네가 오늘 아침 시작한 일의 끝이네. 자네의 목숨이 내 손안에 있다고."

"그럼, 내 목숨 거둬가시오, 거둬가라고요!" 파프리가 말했다. "그렇게나 오랫동안 바라왔던 거잖소!"

헨처드는 말없이 그를 내려다봤고 그들의 눈이 마주쳤다. "오, 파프리, 이건 내 진의가 아니야!" 그가 침통하게 말했다. "내가 한때 자네를 사랑했던 만큼 어느 한 사람이 다른 사람을 그토록 사랑한 적이 없다는 건 하느님이 증언할 걸세…… 그리고 이제—내가 자네를 죽이려고 여기 오기는 했지만 자넬 해칠 수가 없네! 가서 나를 고발하게. 뭐든 자네가 하고 싶은 대로 하게. 난 내가 어찌 되든지 상관없네!"

그는 고미다락의 뒤쪽으로 물러나 묶었던 팔을 풀었다. 그리고는 후회하는 자포자기의 심정으로 구석의 부대 자루에 몸을 던졌다. 파프리는 말없이 그를 바라봤다. 그러다가 계단 덮개로 가서 그곳을 통해 내려갔다. 헨처드는 그를 다시 부르고 싶었다. 그러나 혀가 제대로 움직여 주지 못했고 젊은이의 발걸음 소리는 그의 귓전에서 사라졌다.

헨처드는 수치심과 자책감에 완전히 몸을 내맡겼다. 파프리를 처음 알았을 때의 장면들이 그에게 물밀듯이 떠올랐다. 그때에는 낭만과 검소함이 묘하게 뒤섞인 그 젊은이의 성향이 그의 마음을 너무도 사로잡아서 파프리는 마치 악기를 연주하듯 그를 다룰 수 있었다. 그는 완전히 기가 죽었기 때문에 남자에게는, 특히나 헨처드 같은 남자에게는 어울리지 않는 쭈그린 자세로 부대자루 위에 계속 앉아 있었다. 그렇게도 엄정한 남성성의 상징인 인물이 이런 여성스러운 자세를 취하는 것은 비극적이었다. 그는 아래로부터의 대화 소리와 마차 차고의 문 열리는 소리, 말을 마차에 채우는 소리를 들었지만 신경 쓰지 않았다.

헨처드는 옅은 그늘이 불투명한 어둠으로 짙어질 때까지, 그리고 고미다락 문이 회색빛의 장방형이 될 때까지 거기 머물렀다. 이 문이 주위에서 유일하게 눈에 보이는 형체였다. 마침내 그는 일어나서 지친 기색으로 먼지를 털고, 더듬거리며 계단 덮개 쪽으로 나아갔다. 그리고 계단을 기어 내려가 마당에 내려섰다.

"그는 한때 나를 우러러봤었는데." 그가 중얼거렸다. "이제 그는 나를 증오할 테고 영원히 나를 경멸할 거야!"

그는 그날 밤 파프리를 다시 만나고 싶은, 그리고 간절히 애원하여서 조금 전 그의 미친 듯한 공격에 대해 용서를 구하는 거의 불가능한 일을 시도하려는, 참기 힘든 소망에 사로잡혔다. 그러나 파프리의 집 문간을 향해 걸어가면서 그는 고미다락에서 일종의 멍한 상태로 누워 있을 때 아래쪽 마당에서 일어난 일에 신경 쓰지 않았던 것을 떠올렸다. 그가 기억하기로 파프리가 마구간으로 가서 말을 마차에 채웠는데 그렇게 하는 동안 위틀이 파프리에게 편지를 한 통 가져왔던 것이다. 그러자 파프리는 자신이 원래 가려고 의도했던 버드머스에는 가지 않을 것이라고 말했다. 대신 웨더베리로 예기치 않게 호출되었으며 거기로 가다가 길에서 불과 1, 2마일 정도 벗어난 곳에 있는 멜스토크에 들를 의향이라고 말했다.

도널드가 처음 마당에 도착했을 때는 어떤 적의가 있으리라 의심하지 않은 채 여행 준비를 하고 왔음이 분명했다. 그래서 둘 사이에 있었던 일에 대해 어느 누구에게도 한마디 말하지 않고 (비록 바뀐 방향이긴 했지만) 마차를 몰고 떠났음이 틀림없었다.

따라서 매우 늦기 전까지는 파프리의 집을 찾아가 봐야 소용없는 일일 것이다.

기다리는 일이 그의 불안하고 자책하는 영혼에는 거의 고문이었지만 파프리가 돌아올 때까지 기다리는 것 외에는 달리 방법이 없었다. 그는 여기저기서 잠시 서성거리며 읍의 거리와 변두리를 돌아다니다가 앞서 언급한 바 있는 그 돌다리에 이르렀다. 이 다리는 이제 그가 익숙하게 발걸음을 멈추는 곳이 되었다. 여기에서 그는 오랜 시간을 보냈다. 수문을 통해 흘러가는 졸졸거리는 물소리가 그의 귀에 들려왔고 캐스터브리지의 불빛들이 과히 멀리 떨어지지 않은 곳에서 깜빡대고 있었다.

이렇게 다리 난간에 기대어 있을 때 시내 쪽에서 들려오는 귀에 익지 않은 어떤 소리가 그의 무관심한 주의력을 일깨웠다. 그건 장단이 맞는 여러 소음의 혼란이었는데 길거리에서 그 소음이 메아리치며 흩어져 더 많은 혼란이 추가되었다. 그에게 처음 떠오른 무관심한 생각은 이 소음이 기억에 남을 이날을 한바탕 저녁 연주로 마무리하려고 읍의 취주 악대가 일으키는 소리라는 것이었다. 그러나 이 생각은 울려 퍼지는 연주 소리의 어떤 특이점에 의해 잘못된 것으로 밝혀졌다. 그러나 그 불가해함은 그를 그냥 대충 한번 주의해 보는 정도 이상으로 일깨우지는 못했다. 자신의 처지가 낮아졌다는 인식이 너무나 강했기 때문에 낯선 생각을 받아들일 여지가 없었다. 그는 조금 전처럼 난간에 몸을 기댔다.

제39장

파프리는 헨처드와 한바탕 대결을 치른 후라 숨을 헐떡이며 고미다락에서 내려오자마자 땅바닥에서 잠시 쉬며 숨을 고르고 있었다. 그는 자신이 직접 (일꾼들은 다들 쉬는 날이었다) 마차에 말을 채우고 버드머스로드에 있는 어느 마을로 마차를 몰고 갈 의도로 마당에 도착했었다. 끔찍했던 싸움에도 불구하고 그는 집에 들어가 루시타와 눈을 마주치기 전에 자신을 진정시키기 위해서 여전히 여행을 강행하기로 했다. 이렇게 심각한 일에 처하여 자신이 취해야 할 방침을 곰곰이 생각하고자 했다.

그가 막 마차를 몰고 떠나려 할 때 위틀이 날림으로 주소를 쓴 쪽지를 하나 가져왔는데 겉봉에는 '즉시'라는 말이 쓰여 있었다. 개봉하는 순간 그는 쪽지에 서명이 되어 있지 않은 것을 알고 놀랐다. 쪽지는 그가 현재 맡아 하고 있는 어떤 사업 문제로 웨더베리로 그날 밤 가달라는 짤막한 요청을 담고 있었다. 파프리가 알기로 이 일은 전혀 급박한 것이 아니었다. 그러나 그는 마침 여행을 떠나려던 참이라서 이 익명의 요청에 응했는데, 그건 특히 그가 이 여정에 포함될 수 있는 멜스토크에서 볼일이 있었기 때문이다. 따라서 그는 행선지가 바뀌었다고 위틀에게 일러놓고 길을 떠났는데 사실 이 말을 헨처드가 엿들었던 것이다. 파프리는 이런 내용을 집에 알리라고 아랫사람에게 지시하지는 않았고, 위틀은 책임지고 그렇게 알릴 인물도 못 되었다.

그런데 이 익명의 편지는 롱웨이즈와 파프리 일꾼 중의 한 사람이 서투르지만 선의로 머리를 짜낸 것이었다. 파프리를 그날 밤 떠나있게 함으로써 그 가시 돋친 익살극이 만약 시도되더라도 김빠지게 하려는 의도였다. 이 정보를 공개적으로 알리면 이들은 이 소란스럽고 오래된 장난을 즐기는 그들의 동료들로부터 앙갚음 당할 수도 있었다. 그런 연유로 간접적으로 편지를 보내는 계획이 추천되었던 것이다.

이들은 가엾은 루시타를 위해서는 보호 조치를 취하지 않았는데, 그건 대다수 사람들처럼 그 추문이 어느 정도 사실이라고 믿었기 때문이고, 그녀는 할 수 있는 한 최선을 다해 이 추문을 견뎌내야만 한다고 본 것이다.

밤 여덟 시 경이었다. 루시타는 거실에 혼자 앉아 있었다. 어둠이 내린 지 반 시간이 넘었지만 그녀는 촛불을 밝히지 않고 있었다. 파프리가 출타 중일 때 그녀는 벽난로 앞에 앉아 그를 기다리는 것을 더 좋아했기 때문이다. 그리고 날이 과히 춥지 않을 때면 남편의 마차 바퀴 소리가 귀에 더 빨리 들리도록 창문 하나를 약간 열어 놓았다. 그녀는 결혼 이후 이때까지 누려오고 있는 것보다 좀 더 희망에 부풀어 의자에 등을 기대고 앉아 있었다. 오늘은 아주 성공적인 날이었다. 헨처드가 보인 모욕적 행동이 그녀에게 불러일으킨 일시적인 불안감은 그가 남편의 꾸중을 듣고 조용히 물러남으로써 사라졌다. 헨처드에 대한 그녀의 어이없는 애정에 관해 떠도는 증거들과 그 애정의 결과물들은 파괴되었고 이제 그녀는 두려워할 이유가 정말로 없어 보였다.

이런저런 내용이 뒤섞인 몽상은 멀리서 들려오는 함성에 깨졌는데 이 함성은 시시각각 더 커졌다. 그녀는 함성을 듣고도 몹시 놀라지 않았다. 이날 오후 시간은 왕족의 마차 행렬이 통과한 이후 대다수의 주민들에게 오락 시간으로 주어졌기 때문이다. 그러나 그녀의 관심은 옆방 하녀의 목소리에 의해 즉시 그 함성에 꽂혔다. 하녀는 이층 창문에서 길 건너 좀 더 높은 집 창문에 있는 다른 하녀에게 말하고 있었다.

"저 사람들 어디로 가고 있는 거야?" 이쪽 하녀가 관심을 보이며 물었다.

"지금은 확실히 알 수 없어." 두 번째 하녀가 말했다. "양조장 굴뚝 때문에 말이야. 아, 그래, 이제 보인다. 자, 확실히 보여, 확실히 보인다고."

"뭐가, 뭐가?" 첫째 하녀가 더 들떠서 말했다.

"그들이 결국은 콘스트리트로 올라오고 있네! 그들은 등에 등을 맞대고 앉아 있다고!"

"뭐라고? 둘이라고. 두 사람 모습이라고?"

"그렇다니까. 당나귀 위에 두 사람의 허수아비가 서로 등을 맞대고 팔꿈치는 서로 얽힌 채로 앉아 있다고. 여자는 당나귀 머리 쪽으로, 남자는 꼬리 쪽으로 향해 앉아 있네."

"특별히 어떤 사람 모습을 하고 있어?"

"글쎄, 그런 거 같아. 남자는 파란 윗도리에 캐시미어 각반을 하고 있어. 검은 턱수염에 불그레한 얼굴이지. 이건 속을 채워 넣고 가짜 얼굴을 씌운 허수아비야."

소음이 이제 점점 커지고 있었다. 그러다가 조금 줄어들었다.

"그런데, 아직도 내 눈엔 안 보여!" 실망한 이쪽 하녀가 소리쳤다.

"사람들이 뒷골목으로 들어갔나 봐. 그러니 안 보일 수밖에." 다락에서 부러워할 만한 자리를 차지하고 앉은 하녀가 말했다. "그런데 난 그들을 처음부터 끝까지 잘 봤다고."

"그 여자 어떻게 생겼어? 말만 해, 내 마음속에 짚이는 사람과 같은지 금방 알 수 있어."

"아, 저런, 악극단이 읍 청사에 왔을 때 앞 좌석에 앉은 그 **여자**가 입고 있던 그 옷차림이야."

루시타는 벌떡 일어났다. 그리고 거의 그 순간 문이 소리 없이 빨리 열렸다. 엘리자베스-제인이 난로 불빛 속으로 걸어 들어왔다.

"아씨를 뵈러 왔어요." 그녀가 숨을 헐떡거리며 말했다. "노크를 못 했어요. 용서하세요. 덧문을 안 닫았고 창문도 열려 있네요."

루시타의 대답을 기다리지 않고 그녀는 재빠르게 창가로 가로질러 가서 덧문 중 하나를 끌어당겨 닫았다. 루시타가 미끄러지듯 그녀에게 다가왔다. "그대로 둬요, 쉿!" 루시타가 메마른 목소리로 명령조로 말했고 엘리자베스-제인의 손을 잡고는 자기 손가락을 들어 입에 갖다 댔다. 이들이 나누는 말은 너무나 나지막하고 빨라서 밖에서 들려오는 대화는 단 한마디도 놓치지 않았다. 그 대화는 이런 내용이었다.

"그녀의 목은 드러나 있고, 머리카락은 끈으로 묶여 있고, 뒷머리빗이 꽂혀있어. 검붉은 비단옷에 흰 스타킹, 색 구두 차림이야."

다시 엘리자베스-제인은 창문을 닫으려 했다. 그러나 루시타가 그녀를 힘으로 제지했다.

"그건 나야." 그녀가 죽음처럼 창백한 얼굴로 말했다. "행렬―추문―나와 그 사람의 허수아비야!"

엘리자베스의 얼굴에 루시타가 이미 알고 있었구나, 하는 표정이 스쳤다.

"우리 창문 닫도록 해요." 엘리자베스-제인이 루시타의 얼굴의 굳고 거친 표정이 소음과 웃음소리가 가까워짐에 따라 점점 더 굳고 거칠어지는 것을 보며 달래듯 말했다. "우리 저거 닫아요!"

"소용없어!" 루시타가 날카롭게 소리 질렀다. "그이가 저걸 보게 되겠지, 그렇지? 도널드가 볼 거야. 그이가 지금 막 집으로 오고 있을 텐데―그럼 이 일이 그이의 가슴을 찢어놓을 거야―그이는 다시는 나를 사랑하지 않겠지―그러면, 아, 저것이 나를 죽이고 말 거야―나를 죽일 거라고!"

엘리자베스-제인은 이제 미칠 지경이었다. "아, 어떻게 저걸 좀 멈추게 할 수 없나?" 그녀가 소리쳤다. "그렇게 할 사람이 아무도 없나—단 한 사람도?"

그녀는 루시타의 손을 놓고 문가로 뛰어갔다. 루시타도 앞뒤 가리지 않고 "내가 직접 볼 거야!"라고 말하며 창가로 몸을 돌리고 창틀을 확 들어 올리더니 발코니로 나갔다. 엘리자베스는 즉각 그녀를 따라갔고 방 안으로 끌어들이려고 팔로 허리를 안았다. 루시타의 시선은 이제 빠른 속도로 다가오고 있는 그 기괴한 놀이의 광경에 곧장 꽂혔다. 두 허수아비를 둘러싼 수많은 횃불들은 그것들을 무시무시하도록 또렷이 보이게 만들었다. 이 한 쌍의 허수아비를 원래 의도된 희생자들이 아닌 다른 사람들로 오인하는 것은 불가능했다.

"들어와요, 들어와요." 엘리자베스가 애원했다. "내가 창문 닫을게요!"

"저 여잔 나야—저 여자가 나라고—양산까지 같아—내 초록 양산!" 루시타가 방 안으로 걸음을 옮길 때 정신 나간 사람처럼 웃으며 소리 질렀다. 그녀는 아주 잠시 꼼짝 않고 서 있었고, 그러다가 나무토막처럼 방바닥에 쓰러졌다.

그녀가 쓰러진 거의 그 순간 허수아비 조리돌림의 광포한 음악 소리가 그쳤다. 빈정대는 웃음의 으르렁 소리가 물결이 번져 가듯 사그라졌고 쿵쾅대는 발걸음 소리도 스쳐 지나가는 바람의 바스락거림처럼 사라졌다. 엘리자베스에겐 이런 소리들이 피부로 와 닿지 않았는데 그건 그녀가 초인종을 울려 사람을 부르고 루시타 위로 몸을 굽히고 있었기 때문이다. 루시타는 간질 증세의 발작으로 카펫 위에 경련을 일으키며 누워 있었다. 엘리자베스는 초인종을 누르고 또 눌렀지만 허사였다. 아마도 하인들이 그 악마의 안식일을 집 안에서보다 좀 더 자세히 보기 위해 모두들 집밖으로 나가고 없는 모양이었다.

마침내 문지방에서 입을 떡 벌린 채 서 있던 파프리의 일꾼이, 이어서 요리사가 올라왔다. 엘리자베스가 급히 내렸던 덧문은 완전히 닫혔다. 누가 등불을 가져왔고, 루시타는 그녀의 방으로 옮겨졌고 의사를 데리러 일꾼이 보내졌다. 엘리자베스가 그녀의 옷을 벗기는 동안 그녀는 의식을 회복했다. 그러나 일어난 일을 다시 기억하자마자 발작 증상이 다시 돌아왔다.

의사는 기대하지도 않았는데 신속하게 도착했다. 왜냐하면 그는 다른 사람들처럼 이 소란이 무엇을 의미하는지 궁금해하며 자기 집 문간에 서 있었기 때문이었다. 그는 이 불행한 환자를 살피자마자 엘리자베스의 말 없는 호소에 "이거 심각하네요"라고 답했다.

"발작이에요." 엘리자베스가 말했다.

"그래요. 하지만 지금 그녀의 건강 상태에서 발작은 해로운 겁니다. 즉시 사람을 보내 파프리 씨를 데려와야겠어요. 그분은 지금 어디 있나요?"

"주인님은 마차 타고 시골로 가셨습니다, 의사 선생님." 내실(內室) 하녀가 말했다. "버드머스로드에 있는 어떤 곳으로요. 곧 돌아오실 거예요."

"신경 쓰지 말아요. 그가 서두르지 않으면, 사람을 보내면 되니까." 의사는 다시 침대가로 되돌아갔다. 일꾼이 급히 보내졌고 곧 뒷마당에서 그가 덜거덕거리는 소리가 들렸다.

그러는 동안 이미 언급된 바 있는 저명한 읍 의원인 벤저민 그로우워 씨가 하이스트리트에 있는 집 안에 앉아 있는데, 식칼, 부젓가락, 탬버린, 작은 바이올린, 육현금(六絃琴), 손돌림 풍금, 뱀 모양 취주악기, 숫양 뿔 나팔, 그리고 다른 종류의 옛날 악기들 소리가 들려 무슨 영문인지 알아보기 위해 모자를 쓰고 집 밖으로 나섰다. 그는 파프리 집의 위쪽 모퉁이로 가서 곧 그 행렬의 성격을 짐작했다. 왜냐하면 읍의 토박이로서 그는 그런 거친 장난을 그전에도 목격한 적이 있었기 때문이다. 그가 먼저 한 일은 여기저기 다니며 경찰관들을 찾는 것이었다. 읍에는 경찰관이 두 명 있었는데 늙어 쭈글쭈글해진 사람들이었다. 그는 이들이 평소보다 더 쪼그라든 채 골목에 숨어 있는 것을 결국에는 찾아냈다. 그들은 눈에 띄면 험한 꼴을 당할지도 모른다는 두려움에 사로잡혀 있었는데 그게 근거가 없지는 않았다.

"우리같이 불쌍한 두 절름발이가 저렇게 많은 사람들을 상대로 무슨 일을 할 수 있단 말이요!" 스터버드가 그로우어 씨의 꾸지람에 대한 답으로 타이르듯 말했다. "그건 이들을 부추겨 자살[128]에 이르게 할 테고, 그러면 그 범법자는 결국 죽임을 당하게 되는 거요. 그리고 우리는 동료 인간이 죽게 만드는 원인이 될 생각은 추호도 없소, 절대로."

---

128 자살(*felo de se*): 스터버드는 유식한 척 하기 위해 이 라틴어 법률 용어를 사용했지만 사실 그가 의도한 뜻은 '살인'이다.

"그럼 가서 사람들을 불러와. 자, 내가 자네들하고 같이 가지. 당국자의 말 몇 마디가 어떤 일을 해내는지 한번 보자고. 서두르게나. 곤봉은 차고 있나?"

"나리, 저희는 너무 수가 모자라니 사람들이 우리를 경찰관으로 알아보지 않으면 좋겠습죠. 그래서 저희는 경찰봉을 이 송수관 안으로 밀어 넣어 버렸습니다요."

"그것들을 꺼내서 가세나, 빨리 좀! 아, 여기 블로우보디 씨가 있네. 다행이야."(블로우보디는 이 자치 읍에 있는 세 명의 치안 판사 중 세 번째 서열이었다.)

"아니, 이게 무슨 소란이요?" 블로우보디가 말했다. "그자들 이름은 알아냈나, 응?"

"아직은 아니네, 자," 그로우어가 경관 중 한 명에게 말했다. "자네는 블로우보디 씨와 함께 올드워크를 돌아서 길을 올라가게. 그리고 난 스터버드와 곧장 똑바로 가겠네. 이 계획을 쓰면 그자들을 우리 가운데로 몰 수 있어. 그자들 이름만 알아 오게. 공격하거나 중지시키지 말고."

이렇게 이들은 출발했다. 그러나 스터버드가 그로우어 씨와 함께 소음이 들려왔던 콘스트리트로 들어갔을 때 그들은 행렬이 보이지 않아서 놀랐다. 그들은 파프리의 집을 지나갔고 거리의 끝까지 살펴봤다. 가로등의 불꽃이 넘실댔고, 워크 거리의 나무들은 바람에 신음 소리를 냈고, 어슬렁거리는 사람 몇몇이 주머니에 손을 찌른 채 주위에 서 있었다. 모든 것이 평상시와 같았다.

"소란 피우던 어중이떠중이 무리 못 봤소?" 그로우어가 이들 중에 퍼스티안 천 윗도리를 걸치고 짤막한 담뱃대로 담배를 피우며 무릎에는 가죽을 덧댄 어떤 사람에게 치안판사답게 물었다.

"뭐라고 하셨나요, 나리?" 질문을 받은 사람이 온화한 말씨로 말했는데 이 사람은 다름 아닌 피터즈핑거의 차알이었다. 그로우어 씨가 질문을 되풀이했다.

차알은 아무것도 모르겠다는 듯 어린애처럼 머리를 위아래로, 좌우로 크게 저었다. "못 봤습니다요. 저흰 아무것도 못 봤습죠. 그렇지 않은가, 죠? 그리고 자네는 여기 나보다 먼저 와 있었잖아?"

조셉도 마찬가지로 아무것도 모른다는 대답이었다.

"흠, 그것참 희한하네." 그로우어 씨가 말했다. "아, 여기 척 보기만 해도 믿을 만한 사람이 하나 오는군. 당신 혹시," 그가 다가오는 조프에게 물었다. "당신 혹시 허수아비 조리돌림인가 나발인가 하며 동네 떠나가게 소란 피우고 다니는 패거리들 봤나?"

"오, 아니요, 아무것도요, 나리." 조프가 별 이상한 소리를 다 듣는다는 듯이 대답했다. "저는 오늘 밤 멀리 있지 않았어요. 아마도 그건……"

"오, 여기였어, 바로 여기였다고." 치안판사가 말했다.

"이제 알겠네요, 생각해 보니. 워크 가의 가로수들에서 오늘 밤 바람이 유난히도 시적으로 웅얼거리더구면요, 나리. 딴 때보다 더 심하게요. 혹시 그게 그 소리 아닌갑쇼?" 조프가 외투 주머니 (그 속에서 그의 손은 조끼 밑으로 쑤셔 넣은 한 쌍의 부엌 부젓가락과 소뿔을 교묘하게 떠받치고 있었다) 속에서 자기의 손을 바로잡으며 넌지시 비췄다.

"아냐, 아니, 아니야. 내가 바보라고 생각하나? 경관, 이리로 오시오. 저들이 골목으로 들어갔음이 틀림없소."

그러나 골목에서건, 큰길에서건 난동꾼들은 보이지 않았다. 그리고 블로우보디와 이때 당도한 또 다른 경관도 비슷한 정보를 가져왔다. 허수아비들, 당나귀, 등불, 악대, 이 모두가 마치 코머스[129]의 무리처럼 사라졌다. "자," 그로우어 씨가 말했다. "우리가 할 수 있는 일은 이제 하나뿐이야. 자네들은 대여섯 사람 더 모아 떼를 지어 믹슨레인으로 가서 피터즈핑거 술집에 들어가 보게. 자네들이 범법자들에 대한 단서를 거기에서도 찾지 못한다면 내가 크게 잘못 생각한 게 되겠지."

이 엉성한 법 집행자들은 될 수 있는 대로 빨리 지원 인력을 소집하였고 전 대원이 그 악명 높은 골목으로 보무당당하게 행진해 갔다. 밤에 거기까지 신속히 당도하는 것은 어려운 문제였다. 왜냐하면 어떤 창문 커튼을 통해, 혹은 연기를 내뿜는 실내 굴뚝 때문에 닫지 못하는 어떤 문의 틈을 통해 간간이 흘러나오는 희미한 빛줄기 외에는 가로등이건 다른 어떤 종류의 빛이건 길을 밝혀주는 불빛이 없었기 때문이다. 그들은 드디어 그때까지 빗장이 잠겨있던 앞문을 통해 그 여관 안으로 당당하게 들어갔다. 앞

---

129 코머스(Comus): 그리스 신화에서 흥청망청하고 시끄러운 축제를 주관하는 신으로 술의 신 디오니소스의 아들이다. 영국 시인 밀턴(John Milton)이 쓴 가면극 각본인 *Comus*(1634)에는 동물과 사람의 형상을 한 온갖 괴물들이 일제히 달아나는 대목이 나온다.

문은 이들 임무의 중요성만큼이나 커다란 소리로 이들이 오랫동안 두드린 후에야 비로소 열렸다.

커다란 방에 들어가니 흔히 고정시킬 때 그러듯 천장의 버팀줄로 고정시킨 긴 나무 의자들 위에 늘 드나드는 패거리가 앉아마치 조각상처럼 얌전한 태도로 술을 마시며 담배를 피우고 있었다. 안주인이 침입자 경찰관들을 부드럽게 바라보면서 정직한 말투로 말했다. "어서들 오세요, 나리들. 방은 많이 있습니다. 뭐 잘못된 게 있는 건 아니죠?"

그들은 방을 둘러봤다. "틀림없어," 스터버드가 좌중의 한 명에게 말했다. "난 당신을 조금 전에 콘스트리트에서 봤어. 그로우어 씨가 당신한테 말을 걸었지?"

이 사람은 차알이었다. 그는 멍하게 머리를 가로저었다. "저는 한 시간 전부터 여기에 있었는데요, 그렇죠, 낸스?" 그는 옆에서 생각에 잠겨 에일 맥주를 홀짝대는 여자에게 말했다.

"정말로, 당신은 여기 계속 있었어. 내가 저녁 반주로 맥주 반파인트나 조용히 마시러 들어왔을 때 당신은 여기 있었지, 다른모든 사람들처럼."

다른 경관은 괘종시계를 마주 보고 있었는데, 그 시계 유리에 여관 안주인의 재빠른 동작이 비쳐 보였다. 경관은 번개같이 몸을 돌려 그녀가 화덕 문을 닫는 현장을 잡았다.

"그 화덕에 뭔가 희한한 게 있는 모양이오, 부인?" 그가 앞으로 나아가며 말했고, 화덕을 열어젖히고는 탬버린 하나를 꺼냈다.

"아," 그녀가 사과하듯 말했다. "그건 얌전히 춤출 때 쓰려고 여기에 보관하고 있는 거랍니다. 눅눅하면 못 쓰게 되니까 뽀송 뽀송하게 보관하려고 제가 거기 넣어뒀어요."

경관은 알았다는 듯이 고개를 끄덕거렸다. 그러나 그가 알아 낸 것은 아무것도 없었다. 입을 다물고 있고 말썽 피우지 않는 이 사람들로부터 뭔가를 끌어낸다는 것은 아무리 해도 어려워 보였다. 몇 분이 지나자 조사관들이 밖으로 나와 문간에 남아 있던 보조 대원들과 합류했고, 이들은 다른 곳으로 발걸음을 돌렸다.

제40장

이때보다 훨씬 전에 헨처드는 다리 위에서 하는 반추에 진력이 나서 읍내 쪽으로 발길을 돌렸었다. 그가 길의 막다른 곳에 서 있을 때 어떤 행렬이 바로 그의 위편에서 골목을 빠져나와 갑자기 그의 시야에 들어왔다. 등불, 짐승의 뿔, 그리고 수많은 사람의 무리를 보고 그는 깜짝 놀랐다. 그는 나귀 등에 얹힌 허수아비들을 봤고 그것이 모두 무엇을 의미하는지 알아차렸다.

행렬은 길을 건너서 또 다른 길로 접어들어 사라졌다. 그는 몇 발자국 되돌아가 심각한 생각에 잠기다가 결국 어둑어둑한 강가의 길을 따라 집으로 향했다. 그곳에서도 맘 편히 있을 수 없자 그는 의붓딸의 하숙집으로 갔고, 거기에서 엘리자베스-제인이 파프리 부인의 집으로 갔다는 말을 들었다. 어떤 마력에 복종하는 사람처럼, 그리고 뭐라 말하기 힘든 불안을 느끼는 사람처럼, 그는 이제 떠들썩대는 사람들도 사라졌기 때문에 그녀를 만난다는 희망을 품고 같은 방향으로 따라갔다. 길에서 딸을 못 만나 실망한 채로 그는 초인종 줄을 아주 천천히 잡아당겼다. 그는 그 집에서 일어난 일의 세부 사항뿐만 아니라, 곧장 파프리를 집으로 데려와야 한다는 의사의 급한 명령과 버드머스로드로 그를 마중

하기 위해 사람들이 어떻게 출발했는지도 알게 되었다.

"그런데 그 양반은 멜스토크와 웨더베리로 갔는데!" 헨처드가 이제 말할 수 없이 비통해하며 소리쳤다. "버드머스로는 아예 안 갔다니까!"

그러나, 아 슬프게 되었구나, 헨처드는! 왜냐하면 그는 이미 신망을 잃은 터였기 때문이다. 사람들은 그를 믿으려 하지 않았고 그의 말을 단지 분별없이 내뱉는 공허한 소리로 받아들일 뿐이었다. 그때 루시타의 생명은 남편의 귀가에 달려 있는 것으로 보였지만(그녀는 남편이 자신과 헨처드 사이에 있었던 과거 관계의 진실을 있는 그대로 알아야 하는데 혹시 전혀 모른 채 지나가면 어쩌나 하는 커다란 정신적 고뇌에 사로잡혀 있었기 때문이다), 웨더베리로는 어떤 사자(使者)도 보내지지 않았다. 헨처드는 비통한 걱정과 회한의 상태에서 자신이 직접 파프리를 찾아보기로 했다.

이러한 목적으로 그는 읍의 아래쪽으로 급히 내려가 던오버 황무지 너머 동쪽 길을 따라 달렸고 그 너머의 언덕도 넘었다. 그는 적당히 어두운 봄날 밤에 그렇게 계속 나아가 두 번째 언덕을 넘었고, 약 3마일 떨어진 세 번째 언덕에 거의 이르렀다. 언덕 기슭에 있는 얄베리보텀, 혹은 평원이라 불리는 곳에서 그는 귀를 기울였다. 처음에는 그 자신의 심장 박동보다 큰 소리는 들리지 않았다. 다만 양쪽 고지대를 옷처럼 두르고 있는 얄베리 숲의 수많은 가문비나무와 낙엽송 사이로 나지막이 신음 소리를 내며 느리게 지나는 바람 소리만 들릴 뿐이었다. 그러나 곧 가벼운 마차

바퀴의 테두리가 새로 돌을 깐 구간의 도로에 갈리는 소리가 멀리서 가물대는 불빛과 함께 들려왔다.

그는 그 소리의 뭐라 표현하기 힘든 특성으로부터 그것이 언덕을 내려오는 파프리의 마차라는 것을 알았다. 그 마차는 자기 가재도구의 경매장에서 그 스코틀랜드인이 구입할 때까지는 헨처드 자신의 것이었기 때문이다. 그 소리를 듣자 곧 헨처드는 얄베리 평원 쪽으로 되돌아 걸어갔다. 마부가 두 농장 사이에서 마차의 속도를 줄이면서 그에게 다가왔다.

여기는 대로 상의 한 지점이었는데 이 근처에서 멜스토크로 가는 길이 집으로 가는 길과 갈라졌다. 원래의 의도대로 그 마을 쪽으로 방향을 바꾸면 파프리는 아마도 귀가하는데 몇 시간은 더 지체될 것이다. 마차의 불빛이 앞서 말한 샛길인 쿠쿠레인 쪽을 향해 벗어나는 것으로 보아 곧 그가 원래의 의도대로 할 작정인 것처럼 보였다. 파프리가 탄 마차의 오른쪽 등불이 헨처드의 얼굴을 번쩍 비쳤다. 그와 동시에 파프리는 좀 전의 자기 적수를 알아봤다.

"파프리―파프리 씨!" 숨찬 헨처드가 손을 들어 올리며 소리쳤다.

파프리는 말이 샛길로 몇 발자국 들어가도록 허용한 뒤에야 마차를 세울 수 있었다. 그리고는 고삐를 당기면서 어깨 너머로 마치 공공연한 적수에게 하듯 "그래서요?" 하고 말했다.

"즉시 캐스터브리지로 돌아가시오!" 헨처드가 말했다. "당신 집에 뭔가가 잘못 되었소―당신이 돌아가야 하는 일이오. 난 그 말을 당신에게 일러주기 위해 일부러 여기까지 줄곧 달려왔소!"

파프리가 말이 없자, 이 침묵에 헨처드의 영혼은 안에서 가라 앉았다. 너무도 뻔한 것을 헨처드는 왜 이번 일이 있기 전에는 생각하지 못했던 것일까? 4시간 전만 해도 파프리를 꼬여 죽음에 이르게 할 만한 레슬링을 벌였던 사람이 이제는 늦은 밤 어느 호젓한 길에 서서 그를 어떤 특정한 길로 가라고 인도하고 있지 않은가? 원래 계획된 길 대신에 이 길로 간다면 그를 공격할 사람이 일당과 함께 있을지도 모른다. 그렇다면 원래 가려던 길로 가는 게 공격에서 스스로를 방어하기에 더 좋은 기회를 줄지 모른다. 헨처드는 파프리가 마음속에서 이렇게 일련의 사태를 파악하고 있다는 것을 거의 느낄 수 있었다.

"나는 멜스토크로 가야 하오." 파프리가 고삐를 늦춰 가던 길을 계속 가면서 쌀쌀맞게 말했다.

"그렇지만," 헨처드가 애원했다. "사태는 멜스토크에서의 당신 사업보다 더 심각하오. 이건—당신 부인 일이요. 그녀가 아프단 말이요. 가면서 내가 상세히 얘기해 드리리다."

헨처드의 바로 그 동요와 서두름이 그를 옆에 있는 숲으로 유인하려는 계략이라는 파프리의 의심을 더 하게 했다. 헨처드는 자신이 아침나절에 작전상, 혹은 용기의 부족으로 실행하지 못한 것을 그 숲에서는 효과적으로 수행할 수 있을 것이다. 그는 말을 출발시켰다.

"난 당신이 무슨 생각하는지 알고 있소." 헨처드가 뛰어서 쫓아가며 힐난하듯 말했다. 자기가 그전 친구의 눈에 파렴치한 악한의 모습으로 비치고 있다고 생각하자 그는 절망감에 거의 허리를 굽히다시피 했다. "하지만 난 당신이 생각하는 그런 사람이 아니란 말이요!" 그가 쉰 목소리로 소리쳤다. "나를 믿어 주시오, 파프리. 난 순전히 당신과 당신의 아내 때문에 온 거요. 그녀가 위험에 처해 있소. 난 그 이상은 모르오. 사람들은 당신이 오기를 원하고 있소. 당신 하인 하나가 실수로 다른 쪽 길로 갔소. 오, 파프리, 날 의심하지 마시오—난 몹쓸 인간이지만 당신에 대한 내 마음은 여전히 진실하단 말이오!"

그러나 파프리는 그를 완전히 의심했다. 그는 자기 아내가 아이를 가졌다는 것을 알고 있었으나 조금 전 그녀를 남겨두고 떠나올 때 그녀는 완벽하게 건강한 상태였다. 차라리 헨처드가 배신했다는 것이 그가 지금 하는 말보다 더 믿을 만했다. 파프리는 그의 밑에서 일할 때도 헨처드의 입에서 나오는 지독하게 비꼬는 말을 들었었는데 지금도 비꼬는 말을 하고 있는지 몰랐다. 그는 말에 채찍질하여 곧 그곳과 멜스토크 사이의 고지대가 펼쳐지는 곳에 이르렀고 헨처드가 발작적으로 뛰어 따라오는 것이 사악한 의도가 있다는 그의 생각에 더 심증이 가게 했다.

헨처드의 눈에 마차와 마부는 하늘을 배경으로 점점 가물가물 작아졌다. 파프리를 위한 그의 노력은 수포로 돌아갔다. 이 회개하는 죄인 위에는 적어도 천국의 즐거움은 없을 운명이었다[130]. 그는 욥과 비슷한 처지이지만 욥보다는 덜 따지며 스스로를 저주

---

130 〈누가복음〉 15: 7 참조.

했다.[131] 그건 마치 격한 성격의 소유자가 가난 속의 마지막 정신적 지주라고 할 수 있는 자존심을 상했을 때 스스로를 저주하는 것과 같았다. 그는 감정의 암흑기를 겪은 후 이런 심경에 도달했는데 인접한 숲은 이런 감정의 암흑을 설명할 만큼 충분히 어둡지 않았다. 그는 곧 자신이 왔던 길을 다시 되돌아 걸어가기 시작했다. 아무튼 파프리가 나중에 집으로 돌아가다가 노상에서 자기를 마주쳐서 길을 지체하게 될 일은 전혀 없게 되었다.

캐스터브리지에 도착하자 헨처드는 환자의 상태를 물어보기 위해 다시금 파프리의 집을 찾았다. 문이 열리자마자 근심에 찬 얼굴들이 계단에서, 복도에서, 계단참에서 그와 마주쳤다. 그들은 모두 슬픔이 가득한 실망감으로 말했다. "오, 그분이 아니네." 자신의 실수를 알게 된 남자 하인은 오래전부터 집에 돌아와 있었고 모든 희망은 헨처드에게 집중되어 있었다.

"그런데 그분을 찾지 못 했습니까?" 의사가 물었다.

"찾았습니다…… 그런데 말씀드릴 수가 없습니다!" 헨처드가 입구 안쪽의 의자에 털썩 주저앉으며 대답했다. "그 사람은 앞으로 두 시간 내에는 집에 도착하지 못합니다."

"흐음." 이층으로 다시 올라가며 외과의가 말했다.

---

131 구약성경의 욥(Job)은 자신에게 닥친 온갖 재앙을 이해하거나 받아들일 수 없었다. 주위의 몇 사람이 욥에게 그 자신이 죄가 없는지 스스로 살펴보라고 충고했지만, 그는 '자기 눈에는 의롭다'며 잘못을 찾기를 거부한다. 오히려 이렇게 된 상황에 대해 저주하고 신의 이해할 수 없는 행위에 따지듯이 의문을 제기한다. 그러나 결국은 스스로를 증오하며 '먼지와 재 속에서 회개한다'고 말한다.

"부인은 좀 어떠신가?" 헨처드가 모인 사람 중에 있는 엘리자베스에게 물었다.

"아주 위중해요, 아버지. 남편을 간절히 보고 싶어 하는 마음이 그분을 몹시 불안하게 해요. 가련한 여인—그들이 이 여인을 죽인 것 같아요!"

헨처드는 이 동정심 많은 화자(話者)를 마치 그녀의 새로운 모습을 보기라도 한 것처럼 잠시 쳐다봤다. 그리고는 더 이상 말하지 않고 문밖으로 나가 자신의 쓸쓸한 오두막으로 향했다. 남자끼리의 경쟁치고는 너무한 게 아닌가 하고 그는 생각했다. 죽음이 굴 알맹이를 차지하고, 파프리와 자신은 굴 껍질만 차지하게 되는가? 그런데 엘리자베스-제인에 관해 말하자면, 그녀는 이 음울함의 한가운데에서 그에게 내리비치는 한 가닥의 작은 빛줄기였다. 그는 계단에서 자기 말에 대답하던 그녀의 표정이 좋았다. 그 표정에는 애정이 담겨 있었다. 지금 그가 가장 바라는 것은 무엇이나 선하고 순수한 것에서 나오는 애정이었다. 그녀는 자기 핏줄이 아니다. 그러나 만약 그녀가 지금처럼 그를 계속 사랑해주기만 한다면 자기 친딸처럼 좋아하게 될지도 모른다는 희미한 꿈을 처음으로 가져봤다.

헨처드가 집에 당도했을 때 조프는 막 잠자리에 들려는 참이었다. 헨처드가 문에 들어설 때 조프는 "파프리 부인이 아프다니 좀 안됐네요"라고 말했다.

"그렇지." 헨처드가 짤막하게 답했다. 그러나 그는 오늘밤의 익살극에 조프가 연루되었으리라고는 꿈에도 생각하지 못하고 조프의 얼굴이 근심스러운 표정을 띠는 것을 보기에 충분할 만큼 만 눈을 치켜들었다.

"누군가가 주인님을 뵈러 왔었는데요." 조프가 말을 이었다. 그때 헨처드는 자기 방으로 들어가 막 방문을 닫으려는 참이었 다. "나그네 같기도 하고, 거 무슨 선장 같기도 한 사람이에요."

"오, 대체 누구일까?"

"돈 좀 있는 사람 같았어요—머리는 희끗희끗하고 얼굴은 넓 적한 편이구요. 하지만 이름을 밝히지 않았고 전할 말도 남기지 않았어요."

"난 지금 그런 사람한테 신경 쓸 겨를 없네." 이렇게 말하며 헨처드는 방문을 닫았다.

멜스토크로 갈라져 들어감으로써 파프리의 귀가는 헨처드가 예상했던 그대로 두 시간 가까이 지체되었다. 그가 있어야 하는 또 다른 급박한 이유는 버드머스로 두 번째 의사를 부르러 사람 을 보내는 데 그의 승인이 필요했기 때문이었다. 그리고 마침내 집에 돌아오자 파프리는 자기가 헨처드의 동기를 오해한 것에 대 해 거의 미칠 지경이 되었다.

밤이 꽤 이슥했지만 버드머스로 사람이 하나 급파되었다. 밤 은 깊어만 갔고 또 다른 의사는 이른 새벽에야 도착했다. 루시타 는 도날드의 도착으로 많이 진정되었고 그는 거의 그녀 곁을 떠 나지 않았다. 그가 들어온 직후 그녀가 자신을 그렇게 억눌렀던 비밀을 잘 돌지 않는 혀로 그에게 말하려 하자 자칫 위험한 상태에 빠질까 봐 그는 그녀의 힘없는 말을 제지했다. 그리고는 모든 것을 말할 시간이 충분하다고 그녀를 안심시켰다.

지금 이때가 될 때까지 그는 허수아비 조리돌림에 대해 아무것도 모르고 있었다. 파프리 부인이 중태이며 아이를 유산했다는 소문이 온 읍내에 곧 퍼졌다. 이 익살극을 주도했던 사람들은 그 원인을 걱정스러운 마음으로 추측하고 있었고 양심의 가책과 두려움을 느끼자 자신들이 저지른 광란극의 모든 세부 사항에 대해 완전히 함구했다. 한편 루시타 바로 곁에 있는 사람들도 굳이 그 이야기를 언급함으로써 그녀 남편의 고통을 더하게 만들려고 하지 않았다.

그 슬픈 밤에 부부 단둘이 쓸쓸하게 있을 때 파프리의 아내가 과거 헨처드와의 관계에 대해 무엇을, 어느 정도까지 그에게 결국 설명했는지는 알 길이 없다. 그녀가 그 곡물 도매상과 특별히 친숙했던 관계를 사실대로 숨김없이 그에게 말했다는 것은 파프리 본인의 말에서 분명해졌다. 그러나 그녀의 후속되는 행동에 관해서는, 즉 그녀가 헨처드와 결합하기 위해 캐스터브리지에 온 동기, 그리고 그를 두려워할 이유를 발견했을 때 그를 버린 일에 대한 그녀 나름의 정당성(실은 한눈에 또 다른 남자에 빠진 그녀의 가늠하기 어려운 열정이 이 버린 일과 주로 관계가 있기는 하지만), 아울러 첫 남자에게 결혼하기로 어느 정도 언약한 상태이면서도 양심을 달래 두 번째 남자와 결혼하게 된 방식 등, 이 모든 일에 관해서 그녀가 어느 정도나 이야기했는지는 파프리만 아는 비밀로 남게 되었다.

캐스터브리지에서 시간과 날씨를 알려주는 야경꾼 외에 그 날 밤 콘스트리트를 그 못지않게 자주 오르락내리락하는 사람의 모습이 하나 또 있었다. 그건 헨처드의 모습이었다. 물러나 잠을 청한 것은 시도하자마자 부질없는 일로 판명되었다. 그는 잠들기를 포기하고 이리저리 걸어 다니면서 이따금 환자의 경과에 관해 물었다. 그는 루시타에 대한 염려 못지않게 파프리에 대해서도 걱정이 되어 찾아갔고, 이 둘보다 엘리자베스-제인이 더 걱정되어 찾아갔던 것이다. 다른 모든 관심사가 그에게서 하나씩 하나씩 잘려나가자 그의 삶은 최근까지 옆에 있는 것도 참지 못했던 의붓딸이라는 인물에 집중되는 것 같았다. 루시타의 집을 찾아 경과를 물을 때마다 의붓딸을 보는 것은 그에게 하나의 위안이었다.

　　그가 마지막으로 찾은 것은 새벽 4시경으로 차가운 회색빛의 먼동이 틀 때였다. 샛별이 던오버 황무지를 가로질러 아침으로 기울고 있었다. 참새들은 막 길 위로 내려앉았고 암탉들은 헛간에서 꼬꼬댁대기 시작했다. 파프리의 집에서 불과 몇 야드 떨어지지 않은 곳에 이르자 그는 문이 살며시 열리고 하녀 하나가 대문 노커에 손을 들어 올려서는 소리를 줄이기 위해 감았던 천 조각을 푸는 것을 보았다. 그는 길을 건넜고 그가 가는 길에 있던 참새들은 길 위의 음식 찌꺼기로부터 채 날아오르지도 못했는데 그건 이렇게 이른 시간에 사람이 나타나리라고는 생각도 못 했기 때문이다.

　　"왜 그걸 떼 내는 거요?" 헨처드가 물었다.

그녀는 그의 출현에 놀라 고개를 돌렸고 바로 답을 하지는 않았다. 그를 알아보자 하녀는 "방문객들이 이제는 원대로 문을 크게 두드려도 돼요. 마님은 더 이상 그 소리를 들을 수 없게 되었거든요"하고 답했다.

제41장

헨처드는 집으로 돌아갔다. 이제 날이 완전히 밝았기 때문에 그는 난로에 불을 지피고 그 옆에 멍하니 앉아 있었다. 얼마 있지 않아 어떤 사뿐사뿐한 발걸음이 집으로 다가오고 통로로 들어오더니, 손가락으로 문을 가볍게 두드렸다. 헨처드의 얼굴이 밝아졌는데 그건 이 동작이 엘리자베스의 것이라는 것을 알았기 때문이다. 그녀는 방으로 들어왔다. 창백하고 슬픈 표정이었다.

"소식 들었어요?" 그녀가 물었다. "파프리 부인에 관해서요? 그분은―돌아가셨어요! 그래요, 정말로요―30분쯤 전이에요."

"알고 있다." 헨처드가 말했다. "거기서 지금 막 돌아온 길이다. 엘리자베스야, 네가 이렇게 나한테 와서 말해 주니 정말 고맙구나. 밤새 앉아 지켜보느라 너도 무척 지쳤겠구나. 오늘 아침은 나랑 여기 같이 있자꾸나. 저 옆방에 가서 좀 쉬려무나. 아침 식사가 준비되면 널 부르마."

그를 기쁘게 하기 위해, 그리고 스스로도 기쁘기 위해―그가 최근에 보이는 친절함은 이 외로운 소녀에게 놀라고 감사하는 마음을 이끌어 내고 있었기 때문에―그녀는 그가 하라는 대로 했다. 그리고 그녀는 헨처드가 옆방의 등 높은 의자로 임시변통으로 만든 일종의 침상에 누웠다. 그녀는 그가 이런 준비를 하느라 왔다 갔다 하는 소리를 들을 수 있었으나 그녀의 마음은 루시타에게 가장 강하게 가 있었다. 그렇게 인생이 한창때에, 엄마가 된다는 즐거운 희망에 부푼 때에 죽는 것은 예상치 못한 섬뜩한 일이었다. 곧 그녀는 잠이 들었다.

그러는 동안 그녀의 의붓아버지는 바깥방에 아침 식사를 차려놓았다. 그러나 딸이 아직도 선잠이 들어 있는 것을 보고 식사하라고 부르고 싶지 않았다. 그는 마치 그녀가 자기 집에 머무는 것이 영광스러운 일이라도 되는 듯이, 살림하는 여자처럼 불을 들여다보며 주전자 물이 계속 끓도록 신경을 쓰면서 기다리고 있었다. 사실 그녀와 관련하여 그에게는 커다란 변화가 찾아온 것이다. 그녀가 자식으로 자기 옆에 있음으로써 밝아진 미래의 꿈을 그는 펼치고 있었다. 마치 그런 식으로만 행복이 가능하다고 믿는 듯했다.

그는 또 다른 노크 소리에 이 꿈에서 깼다. 하필 그때 찾아온 사람이라 누가 됐건 약간 못 마땅히 생각하며 일어나 문을 열었다. 건장한 체격의 어떤 남자가 문간에 서 있었다. 그의 모습과 행동에는 뭔가 이국적이고 눈에 익지 않은 기색이 있었는데 그건 세계 여행깨나 해본 사람들이 식민지풍(風)이라고 부르는 그런 인상이었다. 그는 피터즈펑거에서 길을 물어봤던 바로 그 사람이었다. 헨처드는 고개를 끄덕였고 무슨 용건인지 궁금해하는 표정을 지었다.

"안녕하세요, 안녕하세요." 이 낯선 사람은 한껏 인사치레를 갖추며 말했다. "지금 앞에 계신 분이 헨처드 씨인가요?"

"제 이름이 헨처드이긴 합니다만."

"용케 집에 계실 때 뵙게 되었네요. 잘됐습니다. 아침은 원래 사람들이 일하러 나가는 시간이니까요, 제 말씀은요. 선생님과 잠시 얘기 좀 나눠도 되겠습니까?"

"물론이지요." 헨처드가 안으로 안내하며 말했다.

"저 기억하시겠습니까?" 방문객이 앉으면서 말했다.

헨처드는 무관심하게 그를 살펴보더니 고개를 가로저었다.

"그래요, 아마 기억 못 하실 겁니다. 제 이름은 뉴선입니다."

헨처드의 얼굴과 눈에 사색이 완연해졌다. 그러나 상대는 그걸 눈치채지 못했다. "저는 그 이름 잘 압니다." 헨처드가 방바닥을 내려다보며 마침내 말했다.

"당연히 기억하실 거로 생각했습니다. 실은 제가 지난 이 주일 동안 선생님을 찾아다니고 있었습니다. 저는 헤이븐풀에서 하선하여 팰머스로 향하던 길에 캐스터브리지를 통과했습니다. 팰머스에 도착하니까 선생님이 몇 년 전부터 캐스터브리지에서 살고 계신다고 사람들이 말하더군요. 저는 다시 되돌아왔죠. 그리고 오래 걸려 느지막이 여기에 역마차로 도착했습니다, 십 분 전이에요. '그 사람은 저 아래 방앗간 옆에 살아요'라고 사람들이 알려주더군요. 그래서 제가 여기 이렇게 서 있게 된 거죠…… 자—20년쯤 전에 우리 둘 사이에 있었던 거래 말이죠—그 일 때문에 제가 찾아온 겁니다. 희한한 거래였어요. 저는 그때는 지금보다 젊었었죠. 아마도 어떤 면에서는 그 일을 덜 들먹일수록 더 좋은 거겠죠."

"희한한 거래라—희한한 것보다 더 나쁜 일이었죠. 선생이 그 때 만난 사람이 나라는 사실 자체를 나는 인정하고 싶지도 않아요. 난 그때 제정신이 아니었소. 정신이 온전해야 사람 구실을 하는 거 아니겠소?"

"우린 어리고 생각이 없었죠." 뉴선이 말했다. "하지만 나는 시비를 벌이기보다 일을 바로잡기 위해 온 겁니다. 가엾은 수전—그 여자가 겪은 일은 참 이상한 것이죠."

"그렇소."

"그녀는 마음이 따뜻하고 소박한 여자였죠. 흔히들 말하는 빈틈없고 영악스러운 사람이 전혀 아니었죠—그보다 더 나은 사람이었어요."

"그렇죠."

"선생님도 당연히 아시겠지만, 그 여자는 그 매매가 어느 면에서 구속력이 있다고 생각할 정도로 단순했어요. 그 매매 사건에 있어서 그녀는 천상의 성자들만큼이나 잘못이 없습니다."

"압니다, 나도 알아요. 난 그 점을 즉각 알아냈지요." 헨처드가 여전히 시선을 피하면서 말했다. "거기에 내 마음을 찌르는 가시가 있지요. 그녀가 그 일을 있는 그대로 봤었다면 나를 전혀 떠나지 않았을 거요—결코. 하지만 그녀가 어떻게 알 수가 있었겠소? 그 여자가 내세울 만한 게 뭐가 있었겠소? 아무것도 없소. 그녀는 자기 이름을 겨우 쓸 수 있는 정도였고, 그게 전부요."

"그런데요, 그 일이 벌어졌을 때 나는 그녀에게 사실을 깨우쳐 줄 마음은 아니었어요." 예전 선원이었던 사람이 말했다. "나는 그 여자가 나와 함께 있는 게 더 행복하리라는 생각을 했고, 그 생각에 크게 허영심 있는 것은 아니었소. 그녀는 무척 행복했고 나는 그녀가 죽는 날까지 결코 사실을 깨우쳐 주지 않으려 했었소. 선생님의 아이는 죽었소. 그녀는 아이를 또 하나 낳았죠. 그리곤 모든 게 잘 되어갔어요. 그런데 때가 왔어요—내 말 잘 들어봐요, 때라는 건 늘 오기 마련이죠. 때가 왔어요—그녀와 나와 아이가 미국에서 돌아온 후 얼마 지났을 때였죠. 그녀가 자기의 과거지사를 누군가에게 털어놨는데 그 사람이 말하길 그녀에 대한 내 권리는 가짜라고 했다는 거예요. 그리고는 내 권리에 대한 그녀의 굳은 믿음을 조롱했지요. 그 이후로 그녀는 나와 결코 행복하지 못했어요. 그녀는 한탄하고 또 한탄했고, 애처롭게 울다 한숨 쉬다 그랬지요. 그녀는 날 떠나겠다고 말했는데 우리 아이의 문제가 나왔어요. 그때 어떤 남자가 내가 취할 행동을 일러줬고, 난 그대로 했죠. 왜냐하면 그게 최선의 방책이라고 생각했기 때문이죠. 난 그녀를 팰머스에 남겨두고 바다로 나갔어요. 내가 대서양의 반대쪽에 이르렀을 때 폭풍이 일어났어요. 나를 포함해서 많은 선원들이 물결에 휩쓸려 배 밖으로 떨어졌다고 추정되었죠. 나는 뉴펀들랜드 해안에 닿았고 어떻게 해야 할지 나 자신에게 물었죠. 기왕 여기 다다랐으니 여기서 살아야겠다고 생각했죠. 이제 그녀가 나를 싫어하게 된 마당에 내가 죽었다고 믿도록 하는 게 그녀에게 아주 좋은 일을 해 주는 거로 생각했어요. 우리가 둘 다 살아있다고 믿으면 그녀가 비참해지겠지만, 만약 내가 죽었다고 생각한다면 그녀는 그 남자에게로 돌아가고 아이는 가정을 갖게 될 거라고 본 거죠. 나는 한 달 전이 될 때까지는 이 나라에 결코 돌아오지 않았소. 그리고, 내가 생각했던 대로 그녀는 당신에게로 갔고 내 딸도 그녀와 같이 갔다는 것을 알게 되었죠. 펠머스에서는 사람들이 수전이 죽었다고 내게 말했어요. 그런데 내 엘리자베스-제인, 그 아이는 어디 있나요?"

"그 애도 죽었소." 헨처드가 고집스레 말했다. "물론 그 소식도 들었겠죠?"

선원은 놀라서 벌떡 일어났고 힘이 빠져 방 안을 한두 발짝 왔다 갔다 했다. "죽다니!" 그가 나지막하게 말했다 "그렇다면 내 돈이 나한테 무슨 소용이람?"

헨처드는 대답하지 않은 채, 그것이 뉴선 자신의 문제이지 자기가 알 바 아니라는 듯한 태도로 머리를 가로저었다.

"그 애가 어디에 묻혔나요?" 여행자가 물었다.

"그 아이 어미 곁에요." 헨처드가 여전히 무덤덤한 투로 말했다.

"언제 죽었나요?"

"일 년 전, 아님 그보다 더 전이요." 헨처드가 망설이지 않고 대답했다.

선원은 계속 서 있었다. 헨처드는 방바닥만 내려 보며 결코 눈을 위로 쳐들지 않았다. 마침내 뉴선이 입을 뗐다. "여기까지 온 여행이 허사가 되었군요. 왔던 길로 다시 가야겠군요!…… 이래도 싸지. 더 이상 선생을 성가시게 하지 않겠습니다."

헨처드는 모래가 깔린 바닥 위로 뉴선이 물러가는 발걸음 소리와 기계적으로 빗장을 들어 올리는 소리를 들었다. 그리고 좌절되고 기가 꺾인 사람에게는 당연한 느릿느릿 문 여닫는 소리를 들었다. 그러나 헨처드는 고개도 돌리지 않았다. 뉴선의 그림자가 창문을 지나갔다. 그는 떠나갔다.

그러고 나자 헨처드는 자기의 감각이 온전하다고 거의 믿지 못하며 자리에서 일어났고, 자신이 저지른 일에 놀랐다. 그건 한순간의 충동이었다. 그가 최근에 엘리자베스에 관하여 갖게 된 따뜻한 관심과, 아직도 자신을 진짜 딸로 알고 있는 그녀가 진짜 딸 못지않게 그가 자랑스러워 할 그런 딸이 되어 주리라는 이 외로움 속에 새로 돋아난 희망이, 뉴선의 예기치 않은 출현으로 자극받아 그녀를 독점하고 싶은 욕심이 되어버렸다. 그래서 그녀를 잃게 된다는 갑작스러운 예상이 그로 하여금 결과야 어찌 되건 전혀 상관치 않고 어린애 같은 거짓말을 하게 만든 것이다. 그는 온갖 질문들이 자신을 조여 들어와 자기가 저지른 날조 행위의 가면을 5분 안에 벗겨 버릴 것으로 예상했으나 막상 그런 질문이 나오지는 않았다. 그러나 앞으로는 질문을 반드시 받게 될 것이다. 뉴선이 떠난 것은 그저 일시적인 일이다. 그는 읍내를 수소문하여 모든 사실을 알게 될 것이다. 그리고는 돌아와 그를 저주하고 그에게 남은 마지막 보물을 앗아가 버릴 것 아닌가?

그는 서둘러 모자를 썼고 뉴선이 간 방향으로 나갔다. 곧 불스테이크를 가로지르는 길 위에 뉴선의 등이 보였다. 헨처드는 뒤따라갔고 그의 방문객이 킹즈암스에 멈추는 것을 보았다. 그를 태우고 왔던 아침 역마차가 여기를 교차하는 또 다른 역마차를 반시간 동안 기다리고 있었다. 뉴선을 태우고 왔던 마차는 이제 막 다시 출발하려는 참이었다. 뉴선은 마차에 올랐다. 그의 짐이 안에 들여 넣어졌고 몇 분이 지나자 마차는 그와 함께 사라졌다.

그는 고개조차 돌리지 않았다. 그건 헨처드의 말에 대한 단순한 믿음, 너무나 단순하여 거의 숭고하기까지 한 믿음의 행위였다. 20년도 넘은 과거에 얼떨결에, 그리고 그녀의 얼굴을 한번 힐끗 본 것만을 믿고 수전 헨처드를 데려갔던 그 젊은 선원은, 헨처드의 말을 너무도 철저하게 믿은 나머지 현재의 헨처드를 부끄럽게 만든 그 머리가 희끗희끗한 여행자의 형체 밑에서 여전히 살아 행동하고 있었다.

엘리자베스-제인이 순간적인 이 대담한 날조로 인해 그의 것으로 남게 될까? "아마 오래 가진 못할 거야." 그가 혼잣말했다. 뉴선은 동료 여행자들과 이야기를 나눌 텐데 그들 중에는 캐스터브리지 사람이 있을지 모른다. 그러면 속임수가 드러날 것이다.

이러한 가능성은 헨처드를 방어태세로 몰고 갔고, 그릇된 일을 어떻게 가장 잘 바로잡아 엘리자베스의 아버지에게 즉각 진실을 알려줄까 생각하는 대신에 자신이 우연히 얻게 된 위치를 고수할 방법들을 생각해 내게 되었다. 이 젊은 여인에 대한 그의 애정은 그녀에 대한 그의 권리가 폭로되는 새로운 위험에 처할 때마다 질투심에 의해 점점 더 강해졌다.

그는 뉴선이 진상을 깨우치고 분개하여 자기 자식에 대한 권리를 주장하려고 걸어 되돌아오는 것을 보게 되리라 예상하면서 먼 대로를 주시했다. 그러나 누구도 나타나지 않았다. 아마 그는 마차에서 누구에게도 말하지 않았고 슬픔을 자신의 가슴에 묻어 버렸을 것이다.

뉴선의 슬픔―그게 결국엔 뭐란 말인가? 헨처드 그가 딸을 잃음으로써 느낄 슬픔에 비하면 뭐 그리 대수로운 일인가? 뉴선의 애정은 수년에 걸쳐 식었기 때문에 항상 그녀의 모습을 대해 온 그의 애정에 비견될 수 없었다. 따라서 이렇게 질투하는 그의 영혼은 아비와 자식을 떼어놓는 일에 구실을 대기 위해 그럴싸한 주장을 펼쳤다.

그는 엘리자베스가 사라졌을 거라고 반은 예상하며 집으로 돌아갔다. 아니었다. 그녀는 집에 있었다. 안쪽 방에서 막 나오고 있었는데 눈꺼풀 위에는 잠을 잔 흔적이 남아 있었으나 전체적으로 보아 원기가 회복된 기색을 보였다.

"오, 아버지." 그녀가 웃으며 말했다. "자리에 눕자마자 깜빡 잠이 들었어요. 잠 잘 마음은 없었는데! 파프리 부인이 가엾다고 생각한 뒤인데도 가엾은 그녀의 꿈을 꾸지 않은 게 이상해요. 꿈을 안 꿨어요. 최근에 일어난 일에 대해 그렇게 골똘해 있으면서도 자주 꿈이 꾸어지지 않는 건 참 이상해요."

"네가 잠들 수 있어서 기쁘구나." 그녀가 자기 소유임을 근심스레 확인이라도 하듯 그녀의 손을 붙잡으며 그가 말했다. 그의 이 행동은 그녀에게 즐거운 놀라움을 줬다.

그들은 아침 식탁에 앉았고 엘리자베스-제인의 생각은 루시타에게로 되돌아갔다. 이 슬픈 생각들은 명상하는 차분함 속에 아름다움이 늘 깃들어 있는 그녀의 얼굴에 매력을 더하여 줬다.

"아버지," 그녀는 상에 차려진 아침 식사로 생각이 돌아오자마자 말했다. "아버지가 손수 이렇게 훌륭한 아침 식사를 차려주시니 정말 고마워요. 그러시는 동안 저는 게으르게 잠만 자고 있었네요."

"내가 매일 하는 일이란다." 그가 대답했다. "너도 나를 떠났고, 모두들 내게서 떠났지. 그러니 내 손으로 직접 하지 않고 어떻게 살 수 있겠니?"

"아버지는 무척 외로우시죠, 그렇죠?"

"그렇단다, 애야. 네가 도저히 알 수 없을 정도로. 다 내 탓이란다. 지난 몇 주 동안 너만이 내 곁을 지키고 있구나. 그런데 너도 이젠 더 이상 내게 오지 않을 거야."

"왜 그런 말씀을 하세요? 아버지가 저를 보고 싶어 하시면 저는 꼭 올 거예요."

헨처드는 의심스럽다는 내색을 했다. 최근에 그가 엘리자베스-제인이 다시 자기 집에 와서 딸로서 살게 되기를 몹시 바라고 있었지만 지금은 그렇게 해 달라고 딸에게 청하고 싶지 않았다. 뉴선이 언제 다시 돌아올지 모를 일이고 그가 속였던 일에 대해 엘리자베스가 그를 어떻게 생각할지 모르므로 그녀와 떨어져 지내는 편이 차라리 낫다고 생각했다.

아침 식사를 마친 후에도 의붓딸은 가지 않고 서성거렸다. 그러다가 헨처드가 늘 그러듯 하루 일을 나가는 때가 되었다. 그 시간이 오자 그녀는 일어났고 곧 다시 오겠다고 다짐하면서 아침 햇살을 받으며 언덕길을 올라갔다.

"지금 이 순간 나에 대한 그 애의 마음은 그 애에 대한 내 마음만큼이나 따뜻하구나. 내가 청하기만 하면 그 애는 여기 이 초라한 오두막에서 나와 함께 살려고 할 거야! 하지만 저녁이 되기 전에 그가 올지 몰라. 그렇게 되면 그 애는 나를 경멸하겠지."

헨처드의 머릿속에서 끊임없이 되풀이되는 이 생각은 어디를 가건 그날 내내 그를 따라다녔다. 그의 기분은 이제 더 이상 반항적이고 비아냥거리고 무분별한 운 나쁜 사람의 그것이 아니었다. 삶을 재미있거나 아니면 견딜 만하게라도 만들어 주는 모든 것을 상실한 사람의, 납처럼 무거운 우울이었다. 그를 자랑스럽게 여기거나 그를 굳세게 해 줄 사람은 아무도 남아 있지 않게 될 것이다. 왜냐하면 엘리자베스-제인은 곧 낯선 사람에 불과하거나 아니면 그보다도 못한 사람이 될 것이기 때문이다. 수전, 파프리, 루시타, 엘리자베스—이들 모두는 그의 잘못에 의해서건, 그의 불운에 의해서건 하나씩 하나씩 그를 떠났다. 이들이 떠난 자리에 들어설 흥밋거리나 취미나 욕망도 그에게는 없었다. 만약 그가 음악의 도움을 받았더라면 그의 존재는 지금 이 순간에도 견딜 만했을 것이다. 왜냐하면 헨처드에게 음악은 왕과도 같은 힘을 갖고 있었기 때문이다. 트럼펫이나 오르간의 아주 단순한 곡조도 그의 마음을 움직이기에 충분했고, 고양된 선율은 그를 더 높은 영적 존재로 변화시켰다. 그러나 가혹한 운명은 그가 필요로 하는 때에 이 신성한 정령(精靈)을 불러올 수 없도록 명하였다. 그의 앞에 놓인 땅덩어리는 전부 어둠 그 자체였다. 그에게 올 것도, 그가 기다릴 것도 아무것도 없었다. 그러나 날 때부터의 수명으로 인해 그는 아마도 이 땅덩어리 위에서 앞으로도 30년 혹은 40년을 더 머물러야 할지 모른다—경멸받으며, 혹은 기껏해야 동정받으면서.

이러한 생각은 견딜 수 없는 것이었다.

캐스터브리지의 동쪽으로는 많은 물이 흘러내리는 황무지와 초지가 있었다. 이쪽 방향으로 거니는 사람은 고요한 밤에 가만히 몇 분 동안 서 있으면 아마도 이 물줄기들로부터 마치 불 꺼진 극장의 오케스트라에서처럼 독특한 교향곡을 들을 수 있었을 텐데 이 소리는 황야의 가깝고 먼 곳에서 들려오며 저마다 여러 가지 음조로 연주되었다. 썩어 문드러진 물레방아 둑의 구멍을 통해서 서창(敍唱)이 들려오고, 돌 흉벽 너머로 떨어지는 지류 냇물은 전동음(顫動音)을 내고 있었다. 아치 아래로는 금속성의 심벌즈 소리가 연주되고 있었고, 던오버홀에서는 쉿 하는 치찰음을 냈다. 이들 악기 소리가 가장 커지는 지점은 텐해치스[132]라고 불리는 곳인데 여기에서는 봄이 한창일 때면 완전히 대위법적인 음악이 흘러나왔다.

이곳의 강은 깊고 항상 물살이 셌다. 이런 연유로 여기 수문들은 톱니바퀴와 윈치에 의해 들어 올려지기도 하고 내려지기도 했다. (꽤 자주 언급했듯이) 대로 너머 두 번째 다리로부터 나온 샛길이 좁은 널빤지 다리에 연결되어 강의 상류를 가로질러 이

---

132   텐해치스: Ten Hatches. 열 개의 수문.

수문들로 이어지고 있었다. 그러나 밤이 되면 이곳으로 가는 사람은 거의 눈에 띄지 않았다. 왜냐하면 샛길은 이 강의 블랙워터라고 불리는 깊은 지점으로만 이어질 뿐이었고 가는 길이 위험했기 때문이다.

그러나 헨처드는 동쪽 길로 읍내를 벗어나서 두 번째의 다리인 돌다리로 향했다. 거기로부터 그는 갑자기 이 호젓한 길로 접어들었고, 아직도 서쪽에서 머뭇대고 있는 옅은 광채가 강 위에 던져 놓은 빛을 열 개의 수문의 검은 형체가 가릴 때까지 강가의 그 길을 따라 걸었다. 순식간에 그는 수심이 가장 깊은 물레방아둑 구멍 옆에 섰다. 그는 앞뒤를 둘러보았지만 시야에 들어오는 사람은 아무도 없었다. 그러고 나서 그는 윗도리와 모자를 벗고 손을 앞으로 깍지 긴 채 물가에 섰다.

그의 시선이 아래쪽 강물에 고정되어 있는 동안 수 세기 동안 강물에 씻겨서 형성된 둥그런 웅덩이 안에 뭔가가 떠 있는 것이 서서히 보이기 시작했다. 그는 이 웅덩이를 죽을 장소로 삼을 작정이었다. 그 물체는 처음에는 강둑의 그늘로 인해 잘 보이지 않았다. 그러나 그늘에서 벗어나더니 형체가 보였는데 그건 수면 위에 뻣뻣하게 굳어 누워 있는 사람 몸의 형상이었다.

가운데 물살에 의해 만들어진 소용돌이 속에서 그 형체는 앞쪽으로 떠밀려와 그의 눈 밑을 지나갔다. 그러자 그는 이것이 **자기 자신**이라는 것을 알고는 경악했다. 그를 약간 닮은 그런 남자가 아니라 모든 면에서 그의 상대이자 그의 실제의 분신이 텐해치스 수문에서 마치 죽은 듯 떠내려가고 있었다.

이 불행한 남자에게는 초자연적 불가사의에 대한 인식이 무척 강했고 그는 마치 사람들이 어떤 무서운 기적이 실제로 출현할 때 그러듯 고개를 돌렸다. 그는 손으로 눈을 가리고 고개를 숙였다. 강물을 다시 쳐다보지 않고 그는 윗도리와 모자를 집어 들고는 천천히 길을 갔다.

곧 그는 자기 거처의 문간에 와 있는 자신을 발견했다. 놀랍게도 엘리자베스-제인이 거기 서 있었다. 그녀가 다가와 말을 걸었고 그전처럼 그를 아버지라고 불렀다. 그렇다면 뉴선은 아직 돌아오지도 않은 것이다.

"아버지가 오늘 아침에는 무척 슬퍼 보이시는 것 같았어요." 그녀가 말했다. "그래서 다시 뵈러 온 거예요. 저도 슬프지 않다는 건 아니고요. 하지만 모든 사람들이, 모든 것들이 아버지에게 몹시도 적대적인 것 같아요. 그리고 저는 아버지가 분명히 고통받고 있다는 걸 알아요."

이 여자가 어찌 그리 상황을 잘 꿰뚫어 본단 말인가! 그러나 그녀는 일의 전모를 낱낱이 꿰뚫어 보지는 못했다.

그는 그녀에게 말했다. "기적이 아직도 일어난다고 생각하니, 엘리자베스야? 난 많이 배운 사람은 아니란다. 난 내가 바라는 만큼 알지는 못해. 난 열심히 읽고 배우려고 평생 애썼단다. 하지만 알려고 하면 할수록 난 더 무식해 보인단다."

"저는 오늘날 기적 같은 게 일어난다고는 전혀 생각하지 않아요." 그녀가 말했다.

"예를 들어 의도가 절박할 경우에도 뭔가 간섭하는 게 없을 거란 말이지? 그래, 아마 직접적으로는 간섭하는 게 없을 거야. 아마 없겠지. 하지만—와서 나하고 좀 걸을래? 내 말이 무슨 뜻인지 알게 해 주마."

그녀는 기꺼이 동의했다. 그는 그녀를 대로로 데리고 나간 뒤 쓸쓸한 샛길을 통해서 텐해치스에 이르렀다. 그는 안절부절못하며 걸었다. 마치 그녀에게는 안 보이는 어떤 유령의 그림자가 그의 주위를 맴돌며 그의 시선을 어지럽히기라도 하듯이. 그녀는 루시타에 관해 기꺼이 얘기할 의향이 있었지만 아버지의 마음을 어지럽히고 싶지 않았다. 수문에 이르자 그는 멈춰 섰다. 그리고는 그녀에게 앞으로 나아가서 웅덩이 안을 들여다보고 거기에서 뭘 보았는지 자기에게 말해달라고 했다.

그녀는 갔다가 곧 돌아왔다. "아무것도 없는데요." 그녀가 말했다.

"다시 가 보거라." 헨처드가 말했다. "그리고 자세히 살펴봐라."

그녀는 강 가장자리로 다시 한번 나아갔다. 잠시 지체하다가 돌아와서 그녀는 뭔가가 거기서 빙빙 떠다니는 것을 봤다고 그에게 말했다. 그러나 그것이 무엇인지 분간해 낼 수는 없었다고 했다. 낡은 옷 뭉치처럼 보였다는 것이다.

"그게 내 옷 같으니?" 헨처드가 물었다.

"글쎄요—그러네요. 저런, 제 생각엔 혹시—아버지, 우리 이제 가요."

"가서 한 번 더 보고 와라. 그런 뒤에 집에 가자."

그녀가 다시 갔고 그는 그녀가 웅덩이 가장자리에 머리가 거의 닿을 정도가 될 때까지 몸을 숙이는 것을 볼 수 있었다. 그녀는 깜짝 놀라더니 그의 곁으로 급히 되돌아왔다.

"그래," 헨처드가 말했다. "이젠 어떠니?"

"집에 가요."

"하지만 내게 말해봐라, 말해. 거기 물 위에 떠 있는 게 무엇이더냐?"

"허수아비요." 그녀가 급히 대답했다. "사람들이 강 상류에 있는 블랙워터의 버드나무들 가운데로 그걸 던져버린 게 틀림없어요. 치안판사에게 발각될까 겁나서 없애버리려 한 거죠. 그게 여기까지 떠내려온 게 분명해요."

"오, 분명, 내 허수아비구나! 그런데 다른 하나는 어디 있지? 왜 하나만 있는 거지?…… 그놈들의 짓거리가 그 여자를 죽였어, 나는 살려 두고!"

엘리자베스-제인은 그들이 천천히 읍내로 되돌아가고 있을 때 '나는 살려 두고'라는 말을 생각하고 또 생각해 보았다. 그러다가 마침내 그 뜻을 짐작했다. "아버지―저는 아버지를 이렇게 홀로 사시게 내버려 두지 않을 거예요." 그녀가 외쳤다. "제가 아버지와 같이 살면서 그전에 그랬던 것처럼 돌봐드리면 안 될까요? 아버지가 가난한 건 상관없어요. 전 오늘 아침에라도 오려면 올 수 있었는데 아버지가 물어보지 않으셔서요."

"네가 나한테 오겠다고?" 그가 비통하게 소리쳤다. "엘리자베스야, 나를 놀리지 마라! 만약 네가 오기만 한다면!"

"가겠어요." 그녀가 말했다.

"예전에 너에게 못되게 굴었었는데 네가 그걸 어떻게 용서하겠니? 넌 용서 못할 거야!"

"전 그거 다 잊었어요. 그 얘기는 더 이상 하지 마세요."

이렇게 그녀는 그를 확신시켰다. 그리고는 재결합의 계획을 짰다. 마침내 이들은 각자의 집으로 향했다. 그 후 헨처드는 여러 날 만에 처음으로 면도를 했고 깨끗한 리넨 옷을 입고 머리를 빗었다. 그때부터 다시 살아난 사람 같았다.

다음 날 아침 그 사실은 엘리자베스-제인이 말했던 대로 판명되었다. 즉, 그 허수아비가 어느 목동에 의해 발견되었고 루시타의 허수아비는 같은 강줄기의 좀 더 상류 쪽에서 발견되었다. 그러나 이 문제에 대해 사람들은 가급적 언급을 피했고 이 허수아비들을 은밀히 태워 없앴다.

이 수수께끼 같은 일이 이렇게 자연스럽게 풀렸음에도 불구하고 헨처드는 자기 모습을 한 허수아비가 거기에 떠 있었던 것을 무엇인가가 개입한 것으로 여전히 생각했다. 엘리자베스-제인은 그가 "나처럼 구원받지 못할 자가 또 누구란 말인가! 하지만 이런 나조차도 어떤 신적인 존재의 손안에 있는 것 같아!"라고 말하는 것을 들었다.

제42장

　그러나 자신이 어떤 신적 존재의 손 안에 있다는 감정상의 확신은 그런 감정이 태어나게 했던 사건을 시간이 서서히 멀어지게 하자 헨처드의 가슴으로부터 사라지기 시작했다. 뉴선의 환영이 그의 눈앞에 어른거렸다. 그는 분명히 돌아올 것이다.

　그러나 뉴선은 오지 않았다. 루시타는 교회 묘지 길을 따라 운구되었다. 캐스터브리지는 마치 그녀가 여기 살았던 적이 전혀 없었던 것처럼 일상의 업무로 돌아가기 전에 마지막으로 그녀에게 시선을 돌렸다. 그러나 엘리자베스는 헨처드와의 관계에 대한 믿음이 흔들리지 않은 채 있었고 이제는 그와 같은 집에 기거하고 있었다. 아마 뉴선은 결국 영원히 가버렸는지도 몰랐다.

　상처(喪妻)한 파프리는 결국 때가 되자 루시타의 병과 죽음에 대한 적어도 근사(近似)한 원인은 알았다. 그리고 해코지한 범법자들에게 법의 이름으로 복수하겠다는 그의 첫 충동은 너무도 당연한 것이었다. 그는 이 문제에 손대기 전 장례가 끝나기를 기다리기로 작정했다. 그때가 오자 그는 생각에 잠겼다. 결과는 불행했지만, 그 얼룩덜룩한 복장의 행렬을 준비했던 경솔한 패거리들이 이런 결과를 결코 예견하거나 의도하지는 않았음이 명백했다.

그가 아는 한, 높은 양반들을 낯붉히게 만든다는 유혹적인 기대감, 즉 그 높은 양반들의 발에 밟혀 꿈틀대는 사람들이 갖는 더할 나위 없는 통쾌한 즐거움만이 그들을 충동질했던 것이다. 왜냐하면 그는 조프의 선동에 대해서는 전혀 모르고 있었기 때문이다. 다른 고려 사항들도 또한 포함되었다. 루시타는 죽기 전에 그에게 모든 것을 고백했었다. 그래서 그녀의 내력에 대해 크게 소동을 벌이는 것은 그녀 자신을 위해서뿐만 아니라, 헨처드를 위해서, 그리고 그 자신을 위해서도 전혀 바람직하지 않았다. 이 사건을 하나의 운 나쁜 사고로 보는 것은 파프리에게는 최상의 철학이었을 뿐만 아니라 죽은 이에 관한 기억에 있어서도 가장 진실한 고려 사항으로 보였다.

헨처드와 그 자신은 만나기를 피차 삼갔다. 헨처드는 파프리가 주동이 되어 읍 의회 몇몇 사람들이 그에게 새 출발의 기회를 주려고 사들인 조그만 씨앗과 뿌리 가게를 엘리자베스를 생각하여 자존심을 억누르고 받아들였다. 자기만 관련되었다면 헨처드는 자기가 그렇게 사납게 공격했던 사람이 제공하는 도움은 그것이 아무리 간접적이라 하더라도 물론 거절했을 것이다. 그러나 소녀의 동정심이 자신의 생존 자체에 꼭 필요할 것 같았다. 그녀를 위해서 자존심 그 자체도 비굴이라는 옷을 입은 셈이었다.

그들은 여기로 옮겨와 정착했다. 그들이 살아가는 하루하루 헨처드는 그녀가 소망하는 모든 것을 미리 알아맞힐 수 있었다. 아비의 관심은 경쟁자에 대한 불타는, 질투하는 두려움으로 더 강해지는 법이어서 딸자식을 정신 바짝 차리고 지켜보기 때문이다. 그러나 뉴선이 캐스터브리지로 돌아와 그녀를 자기 딸이라고 주장하리라고 생각할 이유는 거의 없었다. 뉴선은 방랑자에 이방인이고 외국인이나 다름없었다. 그는 자기 딸을 여러 해 동안이나 보지 못했던 것이다. 딸에 대한 그의 애정은 그 성질상 강렬할 수 없었다. 아마 다른 관심사들이 그녀에 관한 기억을 곧 희미하게 만들 것이고 자기 딸이 여전히 현재의 이 소녀라는 것을 알게 할, 과거에 대한 새로운 조사를 막을 것이다. 자기 양심을 다소라도 만족시키기 위해 헨처드는 그 탐나는 보물을 자신이 갖게 해준 거짓말이 그런 목적으로 의도적으로 말해진 것이 아니라 결과를 전혀 고려하지 않는 어떤 절망감에 빠진 상태에서 마지막 발악으로 한 말이라고 혼자 되풀이했다. 더욱이 뉴선은 결코 자신처럼 그녀를 사랑할 수 없고, 헨처드 그가 즐거운 마음으로 그렇게 할 준비가 되어 있듯이 그녀를 자기 목숨이 다할 때까지 보살피지는 못하리라고 마음속으로 변명했다.

그들은 교회 묘지가 내려다보이는 가게에서 이렇게 계속 살았고 그해의 남은 기간에 그들의 삶에 기록될 만한 특별한 일은 일어나지 않았다. 아주 드물게 외출하고 장날에는 전혀 나가지 않았기 때문에 이들은 도널드 파프리를 아주 띄엄띄엄 볼 뿐이었고 그럴 때에도 노상에서 멀찌감치 스쳐 가는 대상으로서만 볼 따름이었다. 그러나 파프리는 상처한 사람이 어느 정도 시간이 지난 뒤에 그렇게 하듯 평소의 본업으로 돌아갔고, 동료 상인들에게 무덤덤한 미소를 지어 보이고 거래인들과는 언성을 높여 말하기도 했다.

'시간은 그 고유의 쓸쓸한 방식으로'[133] 루시타와의 경험을 어떻게 평가해야 할지 파프리에게 가르쳤다—그 경험에 관한 모든 것과 그 경험에 속하지 않는 모든 것들을. 세상에는 우연히 간직하게 된 어떤 인상이나 대의명분에 대해, 그것이 드문 게 아니라 오히려 완전히 그 정반대라고 그들의 판단력이 선언한 오랜 후에도 끈질기게 연연해하는 마음을 가진 사람들이 있다. 이런 마음이 없다면 덕 있는 사람들 사이의 유대는 완성되지 않는다. 그러나 파프리는 이런 부류의 사람이 아니었다. 그의 천성적인 통찰력, 활발함, 신속함이 그 상실이 자신의 주위에 던져놓은 죽음 같은 공허로부터 그를 이끌어 내게 되었다는 것은 불가피한 일이었다. 그는 루시타의 죽음에 의해, 어렴풋이 보이던 비참한 미래를 자신이 단순한 슬픔과 맞바꿨다고 인식할 수밖에 없었다. 어떤 상황이건 조만간 드러날 것이 틀림없었던 그녀의 과거가 폭로된 후, 그녀와 함께 하는 삶이 더 많은 행복을 가져올 거라고 믿기는 어려웠다.

그러나 그런 사정에도 불구하고 하나의 기억으로서 루시타의 모습은 여전히 그에게 살아 있어서, 그녀의 심약함은 단지 아주 부드러운 비판만을 자극할 뿐이었고, 그녀가 겪은 고통은 그녀가 사실을 숨긴 데 대한 분노를 약화시켜 그저 가끔씩 순간적인 불

---

133 영국의 낭만주의 시인 셸리(Percy Bysshe Shelley)의 시집 *Epipsychidion*에 나오는 구절을 변형한 것이다. 원래는 "젊은 사랑은 그 고유의 쓸쓸한 방식으로……시간에게 가르쳐야 한다"로 되어 있다.

꽃으로 분출시킬 뿐이었다.

한 해가 저물어 갈 무렵에는 씨앗과 곡물을 파는 헨처드의 작은 소매 가게는 찬장 하나 크기도 안 됐지만 상당히 장사가 잘됐다. 의붓아버지와 딸은 가게가 자리한 쾌적하고 양지바른 구석에서 평온함을 한껏 누리고 있었다. 내면의 활동이 가득 넘쳐나는 사람이 보여주는 차분한 태도가 이즈음의 엘리자베스-제인을 특징지어 주었다. 그녀는 한 주에 두세 번씩 시골길을 길게 산책했는데 주로 버드머스 쪽이었다. 이런 원기를 북돋은 산책을 하고 난 뒤에 그와 함께 저녁에 앉아 있으면 가끔 그녀가 애정이 넘치기보다는 차라리 예의를 차린다는 생각이 그에게 떠올랐다. 그러면 그는 괴로웠다. 그녀가 처음 보였던 소중한 애정을 그가 가혹하게 검열하여 얼어붙게 만들 때 이미 경험했던 그런 회한들에 또 하나의 쓰라린 회한이 더하여 졌기 때문이다.

그녀는 이제 모든 일에서 자기 뜻대로 했다. 집을 들고 나는 데에 있어서, 그리고 물건을 사고파는 데 있어서 그녀의 말이 곧 법이었다.

"새 머플러 했구나, 엘리자베스야." 그는 어느 날 자신을 많이 낮추며 말했다.

"예, 샀어요." 그녀가 말했다.

그는 옆의 탁자 위에 놓여 있는 머플러를 다시 한번 쳐다봤다. 털은 반들거리는 갈색이었고, 그가 이런 물품들에 대해 평가할 만한 사람은 되지 못했지만, 그 머플러가 그녀가 갖고 있기에는 흔치 않게 좋은 것 같다고 그는 생각했다.

"내 생각엔 좀 비싸 보이는데, 애야, 그렇지 않니?" 그가 용기를 내어 말했다.

"제 모습에 비해 좀 고급이에요." 그녀가 조용히 말했다. "하지만 야하지는 않아요."

"오, 아니고말고." 우리에 갇힌 사자는 그녀의 비위를 조금이라도 건드리지 않으려고 애쓰면서 말했다.

시간이 좀 지나 계절이 새 봄에 접어든 어느 때 그는 지나가다가 그녀의 빈 침실 앞에서 걸음을 멈췄다. 그는 자신의 혐오와 가혹함의 결과로 그녀가 당시 콘스트리트에 있던 그의 크고 멋진 집을 짐 싸서 떠나던 때를, 지금과 똑같은 식으로 그녀의 방 안을 둘러보았었던 때를 떠올렸다. 현재의 그녀 방은 그전의 방보다 훨씬 더 소박했지만 거기서 그가 놀란 것은 방 안 어디에나 책이 많이 놓여 있다는 것이었다. 책의 수와 질은 이 책들을 받치고 있는 변변치 못한 가구를 터무니없을 정도로 안 어울려 보이게 했다. 어떤 책들, 아니 많은 책들이 최근에 구입한 것임이 틀림없어 보였다. 그녀에게 규모에 맞게 책을 사라고 권유하기는 했지만 그는 그녀가 자신의 타고난 학구열을 그들의 얼마 안 되는 수입에 맞게끔 발휘하고 있다는 생각이 들지는 않았다. 처음으로 그는 이것이 낭비라고 생각되어 기분이 좀 상했고 여기에 대해 그녀에게 한마디 해야겠다고 마음먹었다. 그러나 그가 말할 용기를 채 갖기 전에 어떤 사건이 일어나 그의 생각을 완전히 다른 방향으로 날아가게 했다.

씨앗 장사의 바쁜 시기가 지났다. 그리고 건초 철에 앞서 조용한 몇 주가 찾아와 시장을 나무 갈퀴와 노랑, 초록, 빨강의 새 짐마차들, 무시무시한 낫들, 자그만 가족 정도는 한데 꿰기에 충분한 쇠스랑 갈래들로 북적대게 하여 캐스터브리지에 독특한 특징을 새겼다. 헨처드는 평상시의 버릇과는 반대로 어느 토요일 오후에 장터 쪽으로 외출했다. 그건 자신이 예전에 승승장구했던 곳에서 몇 분 동안이나마 보내고 싶다는 이상한 감정을 느꼈기 때문이다. 아직도 자기와는 서먹서먹한 편인 파프리가 곡물 거래소 문에서 몇 발짝 아래—여기는 이 시간대면 그가 늘 와 있는 위치이다—에 서 있었는데 좀 떨어져서 자신이 쳐다보고 있는 뭔가에 대해 골똘히 생각하는 것처럼 보였다.

　헨처드의 눈이 파프리의 시선을 좇았고 그는 파프리의 응시 대상이 견본을 보여주는 농부가 아니라 바로 자신의 의붓딸임을 알아차렸다. 그녀는 막 길 건너 어느 가게에서 나오는 길이었다. 그녀 편에서는 파프리가 주목하고 있다는 것을 전혀 의식하지 못했는데, 이런 점에서 그녀는 있을 법한 찬미자들이 시야에 들어올 때마다 마치 유노의 새처럼 바로 자기들 깃털에 아르고스의 눈이 새겨지는 그런 젊은 여인들보다는 운이 안 좋은 셈이었다.[134]

---

134 '유노(Juno)의 새'는 공작(孔雀)을 가리킨다. 그리스 신화에서 제우스는 이오(Io)에게 사랑에 빠지는데 아내 헤라(로마신화의 유노)에게 발각되지 않기 위해 이오를 암소로 변신시킨다. 그러자 헤라는 이오가 다시 사람의 몸으로 돌아오지 못하도록 100개의 눈을 가진 아르고스(Argus)에게 감시를 명한다. 제우스의 명을 받은 헤르메스(Hermes)는 노래를 불러 그 100개의 눈이 모두 잠들게 한 뒤 아르고스를 죽인다. 그러자 헤라는 아르고스의 눈을 자신이 성스럽게 여기는 공작새의 꼬리 깃

헨처드는 이 중요한 순간에 엘리자베스-제인을 바라보는 파프리의 눈길에 의미심장한 뭔가는 결국 없을 것으로 생각하고는 발길을 돌렸다. 하지만 그는 그 스코틀랜드인이 일시적이기는 하지만 그녀에게 한번 다정한 관심을 보였었던 일을 잊을 수 없었다. 그러자 곧 처음부터 그의 생활을 지배해 왔던, 그리고 그를 현재의 그로 만드는데 주 역할을 한 헨처드의 특이한 성벽(性癖)이 즉각적으로 표면으로 떠올랐다. 자신의 애지중지하는 의붓딸과 정열적이며 번영을 구가 중인 도널드 사이의 결합이 그녀에게도 좋고 자신에게도 좋은 바람직한 일로 생각하는 대신 그는 그런 가능성 자체를 증오했다.

과거였다면 이런 본능적 반대가 행동으로 구체화되어 나타났을 것이다. 그러나 이제 그는 전날의 헨처드가 아니었다. 그는 다른 일에서 그렇듯 이 일에 있어서도 그녀의 뜻을 절대적이고 의심할 여지가 없는 것으로 받아들이도록 스스로를 교육시켰다. 그는 자신이 정성을 바쳐 그녀에게서 다시 얻게 된 관심을 적대적인 말 한마디로 인해 잃지나 않을까 두려웠다. 그리고 떨어져 지냄으로써 이렇게 관심을 지탱하는 것이 그녀를 가까이에 둠으로써 그녀의 혐오를 불러일으키는 것보다는 낫다고 느꼈다.

그러나 떨어져 지낸다는 생각만으로도 그의 정신은 열에 들떠 안절부절못했다. 그날 밤 그는 긴장감을 숨긴 채 이렇게 물었다. "엘리자베스, 오늘 파프리 씨 봤니?"

털에 붙여 놓았다.

엘리자베스-제인은 이 질문에 흠칫 놀랐다. 그리고 좀 혼란스러워하며 "아니요"라고 답했다.

"오—그럴 테지—그럴 테지…… 우리가 둘이 같이 있을 때 내가 그 사람을 길에서 봤을 뿐이야." 그는 그녀의 당황함이 그에게 새로운 의심, 즉 그녀가 최근에 해 오고 있는 긴 산책과 그를 그렇게나 놀라게 한 그 새 책들이 이 젊은 남자와 뭔가 관련이 있다는 의심을 정당화시켜주는 게 아닐까 생각하고 있었다. 그녀는 그에게 납득이 갈만한 설명을 해 주지 않았다, 그는 혹시나 침묵하고 있으면 현재 그들 부녀간의 다정한 관계에 이롭지 않은 생각들을 그녀가 하게 되지나 않을까 두려워 화제를 다른 쪽으로 돌렸다.

헨처드는 원래 타고나기를 좋은 일을 위해서건 나쁜 일을 위해서건 은밀하게 행동할 사람이 결코 아니었다. 그러나 자신의 사랑에 대한 걱정스러운 두려움이, 즉 그가 엘리자베스의 관심에 의존하는 쪽으로 기울어진(혹은, 달리 보자면, 그쪽으로 나아가게 된) 것이 그를 천성에서 벗어나게 했다. 그는 종종 그렇고 저런 그녀의 행동이나 말의 의미에 대해 예전 같으면 무뚝뚝하고 단정적인 질문이 그의 첫 번째 본능이었겠지만 이제는 몇 시간씩 저울질하고 숙고해 보곤 했다. 그래서 이제 자식으로서의 온유한 동정심을 송두리째 빼앗을 파프리를 향한 그녀의 열정을 생각하자 불안해져서, 그는 그녀가 들고나는 것을 좀 더 세밀하게 관찰했다.

엘리자베스-제인의 거동에는 습관적인 과묵함이 불러일으키는 것 이상의 비밀은 없었다. 도널드와 우연히 마주치기라도 하면 그와 우연찮게 대화를 나눈 일에 대해 죄의식을 느낀다고 그녀 편에서 즉시 인정해 버렸을지도 모른다. 그녀가 버드머스 로드로 산책하러 가는 계기가 무엇이든, 그녀가 이 산책에서 돌아오는 시간은 파프리가 약간 바람 센 큰길에서 20분 동안 바람을 쐬려고—혹은 그저 몸에 달라붙은 씨앗과 겨를 차 마시기 전에 바람에 날려버리기 위해서라고, 그가 말하듯—콘스트리트에서 빠져나오는 때와 종종 일치했다. 헨처드는 원형경기장으로 가서 경기장 벽에 몸을 가리고 계속 길 위를 주시하다가, 이들이 만나는 것을 보게 됨으로써 이 사실을 알게 되었다. 그의 얼굴은 극도로 괴로운 표정을 띠었다.

"그자가 내게서 저 애까지 뺏어갈 작정이군!" 그가 중얼거렸다. "하지만 그자는 그럴 권리가 있기는 해. 난 간섭하고 싶지 않아."

그들의 만남은 사실은 무척 순수한 종류의 것이었고 이 두 젊은이들 사이의 관계는 헨처드의 질투 섞인 비탄이 추정하듯이 그렇게 크게 진전된 것은 결코 아니었다. 그가 만약 그들 사이에 오고 간 대화를 들을 수 있었다면 내용이 다음과 같음을 확실히 알았을 것이다.

그.—"아가씨는 이쪽으로 산책하는 걸 좋아하는군요, 헨처드 양—그렇지 않아요?" (기복이 있는 억양으로, 그리고 뜯어보는, 골똘히 생각하는 시선을 그녀에게 보내며 말했다)

그녀.—"아, 네. 저는 최근에 이 길을 택했어요. 거기에 무슨 중요한 이유가 있는 건 아니에요."

그.—"하지만 다른 사람들이라면 그게 이유가 되는 거죠."

그녀. (얼굴이 붉어지며)—"전 그런 건 몰라요. 하지만 제게 이유 같은 게 혹시 있다면 그건 매일 바다를 한 번씩 보고 싶어서예요."

그.—"왜 그런지는 비밀인가요?"

그녀. (마지못한 투로)—"네."

그. (자기 고향 민요의 애수를 띠면서)—"아, 나는 비밀을 지키는 게 잘하는 일이라고 생각하지 않아요! 어떤 비밀이 내 인생에 짙은 그림자를 드리워 놓았어요. 그리고 그게 뭔지 아가씨는 잘 알고 있어요."

엘리자베스는 안다고 인정했으나 왜 바다가 자신을 끌어당기는지 고백하는 것은 삼갔다. 그녀 자신도 그것을 충분히 설명할 수 없었다. 어린 시절 바다와의 단순한 관련 이상으로 자신의 피가 어느 뱃사람의 것이라는 비밀을 그녀는 전혀 모르고 있었기 때문이다.

"그 새 책들 고마워요, 파프리 씨." 그녀가 수줍게 말을 덧붙였다. "그렇게 많은 책을 받아도 되나 모르겠어요!"

"물론 되죠! 왜 안 돼요? 아가씨가 직접 구하는 것보다 내가 아가씨를 위해 구해 주는 게 난 더 즐거워요!"

"그럴 리가요!"

그들은 읍내에 다다를 때까지 길을 따라 같이 걸었고, 그러다가 가는 길의 방향이 갈라졌다.

헨처드는 그들이 어떤 의도를 갖든 간에 그들이 원하는 대로 내버려 두고 조금도 방해하지 않기로 맹세했다. 그녀를 잃을 운명이라면 그대로 따를 수밖에 없는 것이다. 그들이 결혼하여 만들어낼 상황에서는 그는 자신의 입지를 전혀 찾을 수 없을 것이다. 파프리는 그를 거만하게 대하는 이상으로는 그를 인정하지 않을 것이다. 그의 가난이 그의 지난날 행동 못지않게 그것을 확실하게 했다. 그렇게 되면 엘리자베스도 그에게 점점 더 낯선 사람이 될 것이고 그의 인생의 끝은 친구 하나 없는 고독이 될 것이다.

그런 가능성이 임박한 가운데 그는 그들을 감시하지 않을 수 없었다. 사실 어떤 일정한 선 안에서 그는 그녀를 자신의 보호 대상으로 감시할 권리가 있었다. 매주 정해진 날에 만나는 것이 그들에게는 일상사가 된 듯했다.

드디어 완전한 증거를 그는 포착했다. 그는 파프리가 그녀를 만나고 있는 장소에 가까운 어느 벽 뒤에 서 있었다. 그는 그 젊은 남자가 "내 가장 사랑하는 엘리자베스-제인"이라고 부르며 그녀에게 키스하는 소리를 들었고 소녀는 아무도 인근에 없는 것을 확인하기 위해 재빨리 주위를 살폈다.

그들이 그곳을 떠나자 헨처드는 벽 뒤에서 나와 슬픔에 잠긴 채 그들을 캐스터브리지까지 따라갔다. 이 정혼(定婚) 상태에 드리운 주된 골칫거리는 줄어들지 않았다. 다른 사람들과 달리 파프리와 엘리자베스-제인은 둘 다, 헨처드 본인도 그렇게 믿고 주장했었기 때문에 엘리자베스가 그의 진짜 딸이라고 생각하고 있음이 틀림없었다. 그리고 파프리가 그를 장인(丈人)으로 인정하

는 데에 반대하지 않을 정도로 그를 용서했음이 틀림없지만, 그
들 두 사람은 결코 친밀해질 수 없었다. 마찬가지로 그의 유일한
친구인 그 처녀도 자기 남편의 영향에 의해 점차 그로부터 멀어
지고 그를 경멸하게 될 것이다.

그가 기가 꺾이기 전이었던 시절에 경쟁 관계였고 저주했고
목숨 걸고 몸싸움했던 사람이 아닌 이 세상 다른 어느 남자에게
라도 그녀가 마음을 줬다면 헨처드는 "난 만족해"라고 말했을 것
이다. 그러나 지금 그려지는 전망 속에서 만족을 얻기는 어려운
일이었다.

사람의 뇌 속에는 인정되지 않고 청하지도 않은 해로운 생각
들이 원래 있던 곳으로 보내지기 전에 잠시 동안 방황하도록 가
끔씩 허용되는 바깥쪽 방이 하나 있다. 이런 생각들 중의 하나가
지금 헨처드의 뇌리를 스쳤다.

만약 그가 파프리에게 그의 정혼녀가 마이클 헨처드의 자식
이 전혀 아니라는—법적으로는 누구의 자식도 아닌—사실을 알
린다면 그 올곧은 선임 읍 의원은 이 정보를 어떻게 받아들일까?
그는 아마 엘리자베스-제인을 버릴지도 모르고, 그렇게 되면 그
녀는 다시 그녀 의붓아버지의 것이 될 것이다.

헨처드는 몸을 부르르 떨었고 이렇게 외쳤다. "신이여, 그런
일을 금(禁)해 주소서! "제가 왜 악마의 이런 방문에 여전히 굴복
해야만 하나이까? 제가 그 악마를 멀리하려고 이렇게 애쓰고 있
는데도 말입니다."

제43장

헨처드가 이렇게 이른 시간에 목격한 일을 그날 조금 늦게 다른 사람들도 봤다는 것은 너무도 당연했다. 파프리 씨가 "허다한 여자들 중에 하필이면 그 파산한 헨처드의 의붓딸과 함께 산책했다"는 것은 읍내에서 공통의 화제가 되었다. 이 주변에서 사용되는 단순히 산책한다는 그 용어는 구혼을 의미했기 때문이다. 그리고 오직 자신만이 그 상인 겸 읍의원을 행복하게 해 줄 수 있다고 생각하는 캐스터브리지의 열아홉 명의 양가집 규수들은 화가 나서 파프리가 다니는 교회에 발길을 끊었고, 의식적으로 예의를 갖추는 것도 그만뒀으며, 잠들기 전 기도에서 그를 그들의 혈연 속에 포함시키던 일도 그만 뒀다. 간단히 말해 원래 그들이 가야할 길로 되돌아간 셈이다.

이 스코틀랜드인이 누구를 신붓감으로 택했는지 어렴풋이 알려지자 완전하게 만족한 읍 주민들로는 롱웨이즈, 크리스토퍼 코니, 빌리 윌스, 버즈포드 씨 등등 현자(賢者)인 양하는 패거리가 유일했다. 쓰리마리너스 술집은 여러 해 전에 이들이 이 젊은 남녀가 캐스터브리지 무대에 처음으로 초라하게 등장한 것을 목격했었던 집이기에 이들은 이 젊은이들이 어떻게 생활하는지 친절한 관심을 가졌다. 이 관심은 아마도 자기들 손으로 이 젊은이들에게 차후에 잔치를 베풀어줬었다는 착각과 무관하지 않았다. 스테니지 부인은 어느 날 밤 그 큰 홀 안으로 뒤뚱거리며 들어와서는 '마을의 기둥'인 파프리 같은 사람이 전문직 종사자나 양갓집의 딸들 중 하나를 고를 수도 있었을 텐데 그렇게 스스로 몸을 많이 낮춘 것이 의아하다고 말했는데 코니는 감히 그녀와 의견을 달리했다.

"그렇지 않아요, 부인. 이상할 것 하나도 없어요. 몸을 낮추는 건 그 여자예요. 그게 내 의견이에요. 이제 홀아비가 된 그 사람—첫 번째 아내는 그에게 명예롭지 않았어요—이, 독서를 많이 하는 젊은 여자인데다가 자유의 몸이면서 여러 사람들에게 호감을 사는 그런 아가씨에게 어울리겠소? 그러나 과거를 깔끔하게 정리한다는 점에서는 그 아가씨와 사귀는 게 썩 괜찮은 일이오. 남자란 그 사람처럼 최상급 대리석 무덤을 죽은 아내에게 세워주고 실컷 울고 난 뒤엔 이제 다 끝났다고 생각하고 이렇게 혼잣말을 하는 법이지. '그 여자는 날 속였어. 그런데 난 이 여자를 먼저 알았지. 배우자감으로 현명한 여자이고 요즘 상류층에는 이런 진실한 여인은 없어'라고 말이오. 그녀가 사랑하는 마음이 있는데도 그가 그녀를 받아들이지 않는다면 큰 실수하는 거지."

사람들은 마리너스 술집에서 이렇게들 쑥덕거렸다. 그러나 우리는 장차 일어날 사건에 의해 커다란 물의가 빚어졌다는, 뒷공론하는 모든 사람의 혀가 그 일에 관해 나불대고 있다는 등등의 틀에 박힌 선언이 지나치게 많이 사용되는 것을 경계해야 한다. 비록 그런 선언이 우리의 가련하고 유일한 여주인공의 이력에 뭔가 광채를 던져준다고 하더라도 말이다. 분주하게 소문을 퍼뜨리고 다니는 사람들에 관해 모든 것이 이야기되고 나면 이 사람들과 직접 관련되지 않는 일들에서는, 표면적이고 일시적인 것들이 세간의 관심사가 된다. 캐스터브리지 (그 열아홉 명의 아가씨들은 항상 제외하고) 사람들은 그 소식에 잠시 고개를 들었다가는 관심을 접고 계속 일하며 음식을 조달하고, 아이들을 양육하고 죽은 자를 매장하면서, 파프리의 가정 꾸리는 계획에는 조금도 신경 쓰지 않았다고 말하는 것이 더 맞는 표현일 것이다.

그 일에 관해서 엘리자베스 자신이건 혹은 파프리이건 그녀의 의붓아버지에게 어떠한 암시도 주지 않았다. 그는 이들이 침묵을 지키는 이유를 추론해 본 후, 이 가슴 두근대는 남녀가 그를 그의 과거에 의해 평가하여 그 이야기를 꺼내기 두려워하며, 그를 기꺼이 치워버리고 싶은 성가신 장애물로 간주하고 있다고 결론 내렸다. 사회에 대해 적대감을 품었기 때문에 자신에 대한 이 침울한 생각이 점점 더 헨처드를 깊이 사로잡아서 사람들, 그중에서도 특히 엘리자베스-제인을 접해야 하는 일상의 필요는 거의 견딜 수 없을 정도였다. 그의 건강은 쇠퇴했고 그는 병적으로 신경과민이 되었다. 그는 자신을 필요로 하지 않는 사람들에게서 도피하고, 자신의 머리를 영원히 숨기고 싶었다.

그러나 만약 그의 생각이 착각이었다면, 그리고 그녀로부터의 절대적인 이별이 그녀의 결혼이라는 사건과 꼭 관련될 필요가 없다면 어떻게 할 것인가?

그는 이 대안(代案)이 어떤 모습이 될지 그려 보기 시작했다. 즉, 의붓딸이 안주인인 집의 뒷방에서 자신이 마치 송곳니 빠진 사자처럼 살아가는 모습을, 엘리자베스에게서 다정한 웃음을 받고 그녀의 사람 좋은 남편으로부터는 너그럽게 대우받는, 비위에 거슬리지 않는 한 늙은이의 모습을 그려봤다. 그렇게까지 자신이 낮아진다고 생각하는 것은 그의 자존심에는 끔찍한 일이었다. 그러나 그 소녀를 위해서 그는 무엇이든 참아낼 수 있었다. 심지어는 파프리로부터 어떠한 대우를 받건, 심지어 타박과 상전다운 꾸중도 참아낼 수 있었다. 그녀가 차지하고 있는 집에 거처한다는 특권은 개인적인 수모를 거의 능가할 것이다.

이런 일의 가능성이 희박하건, 아니면 그 반대이건, 그 구혼은 이제 표면에 드러났고 그의 마음을 열중하게 만드는 관심사가 되었다.

앞서 말했듯이 엘리자베스는 종종 버드머스로드로 산책하러 나갔고, 파프리는 그곳에서 그녀와 우연히 만나는 상황을 종종 안성맞춤으로 활용했다. 2마일 밖에, 대로로부터는 4분의 1마일 떨어진 곳에 마이던[135]이라고 불리는 선사시대의 요새가 있었다. 상당히 규모가 크고 많은 성벽으로 이루어졌는데 그 안이나 위에 있는 사람은 길에서 보면 그저 조그마한 하나의 점으로만 보였다. 헨처드는 망원경을 손에 들고 종종 이곳에 와서 그 울타리 없는 도로—로마 제국의 군대가 닦아놓은 원래의 길—를 2, 3마일

135　마이던(Mai Dun): 켈트(Celt)어로 '큰 언덕'이란 뜻이다.

밖까지 살폈다. 그의 목적은 파프리와 그의 매력적인 연인 사이의 일이 어떻게 진전되는지 살피는 것이었다.

어느 날 헨처드가 이 지점에 당도해 있을 때 어떤 남자의 모습이 버드머스 쪽으로부터 길을 따라와서는 머뭇거렸다. 망원경을 눈에 갖다 대면서 헨처드는 파프리의 모습이 평소처럼 보이게 될 거라고 기대했다. 그러나 오늘 망원경에 잡힌 그 남자는 엘리자베스-제인의 연인이 아니었다.

상선의 선장 복장을 한 사람이었다. 그 사람이 길을 살피려고 몸을 돌릴 때 얼굴이 드러났다. 헨처드는 그 얼굴을 본 순간 한평생을 다 살아버린 것 같았다. 뉴선의 얼굴이었다.

헨처드는 망원경을 떨어뜨리고 잠시 동안 옴짝달싹할 수 없었다. 뉴선은 기다렸고, 헨처드도 기다렸다─거기에 못 박혀 서 있는 것을 기다림이라고 부를 수 있다면. 그러나 엘리자베스-제인은 오지 않았다. 뭔가가 그녀로 하여금 오늘 그녀의 습관적인 산책을 건너뛰게 하였다. 아마도 파프리와 그녀가 변화를 주기 위해 다른 길을 선택했는지 모른다. 그러나 그게 뭐 어쨌다는 건가? 그녀는 내일 여기 올지도 모른다. 뉴선이 그녀와 은밀히 만나 진실을 밝히려고 작정하고 있다면 여하튼 곧 기회를 잡을 수 있을 것이다.

그러면 뉴선은 자기가 그녀의 아버지라는 것뿐만 아니라 한때 자신을 발길 돌리게 만든 술책에 대해서도 그녀에게 말하게 될 것이다. 엘리자베스의 엄격한 천성은 의붓아버지를 처음으로 경멸할 것이고, 대(大)사기꾼으로서의 그의 모습을 머리에서 지워버릴 것이며, 뉴선이 그를 대신하여 그녀의 마음을 지배하게 될 것이다.

그러나 뉴선은 그날 아침 그녀의 그림자도 보지 못했다. 한동안 가만히 서 있다가 그는 마침내 발길을 돌렸고 헨처드는 마치 몇 시간 동안의 유예기간을 가진 사형수처럼 느꼈다. 집에 당도하자 헨처드는 그녀가 거기 있는 것을 알았다.

"오, 아버지," 그녀가 천진난만하게 말했다. "편지를 한 통 받았어요. 이상한 편지예요. 서명도 안 돼 있고. 어떤 사람이 오늘 정오에 버드머스로드나, 아니면 저녁 때 파프리 씨 집에서 저하고 만나자는 거예요. 그는 저를 만나러 얼마 전에 왔었는데 어떤 농간으로 저를 못 봤다고 했어요. 무슨 말을 하는 건지 모르겠어요. 하지만 아버지하고 저만의 얘기이지만 이 수수께끼 같은 일에 도널드가 관련이 있는 거 같아요. 그리고 이 사람은 도널드의 선택에 대해 의견을 말하고자 하는 그의 친척인 거 같아요. 하지만 저는 아버지를 뵙기 전에는 그 사람을 만나러 가고 싶지 않았어요. 저 가도 되나요?"

헨처드가 무겁게 말했다. "그래, 가려무나."

그가 캐스터브리지에 머무는 문제는 뉴선이 이곳으로 이렇게 조여 들어오는 것에 영원히 달려 있었다. 헨처드는 가슴 깊은 곳의 어떤 중요 사안으로 인해 확실하게 받게 될 비난을 견뎌낼 사람은 아니었다. 그리고 고뇌를 말없이 참아내는 데에 이력이 난 사람이고 게다가 거만하기까지 해서 그는 자신의 의도를 가능한 한 가볍게 생각하기로 하면서 즉각적인 조치를 취했다.

그는 이 세상에서 전부라고 생각해 왔던 이 젊은 여인에게 마치 이제 더 이상 관심이 없다는 듯 "난 캐스터브리지를 떠나려고 해, 엘리자베스-제인아"라고 말함으로써 그녀를 놀라게 했다.

"캐스터브리지를 떠나신다고요!" 그녀가 외쳤다. "게다가— 저도 떠나세요?"

"그렇단다. 이 조그만 가게는 너 혼자서, 우리 둘이 할 때처럼 잘 꾸려나갈 수 있을 거야. 난 가게며 길거리며 사람들이고 다 싫다. 난 혼자 시골로 내려가서 사람들 눈에서 사라지고 싶구나. 난 나 하고 싶은 대로 하고, 넌 너하고 싶은 대로 그렇게 살자."

그녀는 고개를 떨궜고 눈물이 소리 없이 떨어졌다. 그녀에게는 그의 이 결심이 그녀의 연애와, 그 후에 있을 법한 결과 때문으로 보였다. 그러나 그녀는 감정을 누르고 이렇게 분명하게 말함으로써 파프리에 대한 자신의 사랑을 드러냈다.

"아버지가 이런 결심을 하셔서 서운해요." 그녀가 어렵사리 굳게 마음먹고 말했다. "제가 파프리 씨와 조만간 결혼하는 것이 예상될 수 있는—가능한—일이라고 생각했기 때문에 아버지가 저의 이런 행동을 승낙하지 않으실 줄은 몰랐어요!"

"난 네가 원하는 건 뭐든지 찬성한단다, 이지[136]야." 헨처드가 목쉰 소리로 말했다. "내가 찬성하지 않는다고 하더라도 문제가 될 건 없어! 난 떠나고 싶구나. 내가 여기 있으면 나중에 어색한 일들이 생길 수도 있다. 그러니 간단히 말해서 내가 떠나는 게 최

---

136 이지(Izzy): 엘리자베스(Elizabeth)의 애칭이다.

선이야."

그녀의 사랑이 강력히 주장할 수 있는 그 어떤 것도 그로 하여금 그의 결심을 재고하게 만들지 않았다. 그건 그녀가 자신도 모르는 일을 강력히 주장할 수는 없었기 때문이다. 그가 자신과는 의붓아버지 이상의 관계가 아니라는 것을 그녀가 나중에 알게 되었을 때 그를 경멸하는 일은 삼갈지, 그리고 그녀로 하여금 진실을 모르게 하려고 그가 무슨 짓을 했었는지 알게 되었을 때 그를 증오하는 일은 삼갈지, 그녀 스스로도 모르고 있었던 것이다. 그는 그녀가 그렇게 삼가지는 않으리라고 확신했다. 그리고 아직은 그의 이 확신을 따져서 물리칠 어떠한 말이나 사건도 존재하지 않았다.

"그러면," 그녀가 마침내 말문을 열었다. "아버지는 제 결혼식에 오실 수 없다는 거네요. 그렇게 되어서는 안 돼요."

"난 네 결혼식을 별로 보고 싶지 않구나, 난 그거 보고 싶지 않다고!" 그가 큰 소리로 말하더니, 좀 더 조용하게 덧붙였다— "하지만 네가 앞으로 살아갈 동안 가끔은 내 생각을 해다오. 그럴 거지, 이지? 네가 읍에서 가장 부자이고 가장 높은 자리에 있는 남자의 아내로 살아가고 있을 때도 나를 생각해다오. 그리고 **네가 모든 걸 다 알게 되더라도** 내가 너를 늦게 사랑하게 되었지만, 많이 사랑했다는 것을 내가 지은 죄와 결부시켜 완전히 잊지는 말아다오."

"도널드 때문이군요!" 그녀가 흐느꼈다.

"난 네가 그 사람과 결혼하는 것을 막지는 않겠다." 헨처드가 말했다. "나를 완전히 잊지 않겠다고 약속해다오, 비록…… " 그는 뉴선이 오게 될 때를 말하려고 했던 것이다.

그녀는 마음의 동요 속에서 기계적으로 약속했다. 그리고 그 날 저녁 해질 무렵 헨처드는 긴 세월 동안 자신이 도시 발전의 주된 자극제 역할을 해 왔던 이 읍을 떠났다. 낮 동안 그는 새 연장 바구니를 구입했고 낡은 건초용 칼과 송곳을 소제했다. 그리고 새 각반과 무릎받이, 코르덴 천으로 행장을 갖췄다. 즉, 다른 식으로 젊은 시절의 작업복으로 되돌아 간 셈이고, 그가 몰락한 후 한때 잘 나가던 사람으로서 캐스터브리지의 거리에서 그를 특징지었던 초라한 신사복과 빛바랜 실크해트를 영원히 버렸다.

그는 남몰래 혼자 떠났고 그를 알고 지내던 많은 사람 중에 그가 떠난 것을 안 사람은 단 한 명도 없었다. 엘리자베스-제인은 대로에 있는 두 번째 다리에 이를 때까지 그를 배웅했다. 누군지 알 수 없는 그 방문객을 파프리의 집에서 만나기로 한 약속 시간이 아직 안 되었기 때문이다. 그녀는 마지막으로 그를 떠나보내기 전에 1, 2분 동안이라도 더 붙들어 두면서 꾸밈없는 놀라움과 슬픔 속에서 그와 작별했다. 그녀는 그의 모습이 황무지를 가로질러 작아져 가는 것을 지켜봤다. 그의 등 뒤의 노란 골풀 바구니가 한 걸음 내디딜 때마다 위아래로 움직였고 무릎 뒤의 옷 주름은 생겼다 없어졌다를 반복하다가 결국은 그녀의 눈에 안 보이게 되었다. 그녀는 몰랐지만 헨처드는 거의 4반세기 전에 캐스터브리지에 처음으로 들어설 때와 같은 바로 그 모습을 이 순간에 보여주고 있었다. 다만 나이가 적잖게 들어 걸음걸이의 탄력이 상당히 줄어들었고, 절망적인 상태가 그를 약하게 만들어서 바구니 무게에 짓눌려 그런 것만큼이나 그의 어깨가 눈에 띄게 굽었다는 점이 확실히 그때와 다른 차이였다.

그는 첫 번째 이정표가 나올 때까지 계속 걸었다. 그 이정표는 가파른 언덕의 중간쯤 비탈에 서 있었다. 그는 그 돌기둥 위에 바구니를 내려놓고 그 위에 팔꿈치를 기댔다. 그리고는 발작적으로 얼굴을 실룩거렸는데 그것은 흐느낌보다 더 나빴다. 왜냐하면 그 실룩거림은 너무나 격하고 메말랐기 때문이었다.

"내가 그 애하고 같이 살 수만 있다면─그럴 수만 있다면!" 그가 말했다. "그렇다면 힘든 일도 내겐 아무것도 아닐 텐데! 하지만 그럴 팔자가 아닌가 봐. 나 카인은 마땅히 홀로 가야만 하지. 추방당한 자로, 또 방랑자로. 하지만 내 벌은 내가 견뎌낼 수 있는 것보다 더 크지 **않구나!**[137]"

그는 비통함을 단호하게 억누르고 바구니를 어깨에 메고 계속 길을 갔다.

한편 엘리자베스는 그를 한숨으로 떠나보낸 후 마음의 평정을 되찾은 다음 캐스터브리지 쪽으로 발길을 돌렸다. 읍에서 처음 나오는 집에 도달하기 전에 그녀는 도널드 파프리를 도중에 만났다. 이것은 분명히 그날 그들의 첫 만남은 아니었다. 그들은

---

137 《구약성경》에서 카인(Cain)은 아담과 이브의 아들로서 동생 아벨(Abel)을 죽인다. 그로 인해 추방당해 영원히 떠돌아다니는 벌을 받게 되자 카인은 "도망자이자 방랑자로…… 이 지상에서 살아가는 것은…… 제가 견뎌낼 수 있는 것보다 더 큽니다"라고 신에게 항변했다. 〈창세기〉 4장 참조.

격식 차리지 않고 손을 마주 잡았고 파프리가 근심스럽게 물었다. "그래, 그분은 떠났소? 그분한테 말씀드렸소? 다른 문제 말이요—우리 문제 말고."

"떠나셨어요. 그리고 제가 당신의 친구에 대해 알고 있는 걸 죄다 말씀드렸어요. 도널드, 그 친구분은 누구예요?"

"글쎄, 그건, 엘리자베스! 곧 알게 될 거요. 그리고 헨처드 씨도 아직 멀리 가지 않았다면 듣게 될 거예요."

"멀리 가실 거예요—아버지는 사람들의 눈과 귀에서 완전히 사라지고 싶어 하신다구요!"

그녀는 애인 곁에 붙어 걸으며 그들이 크로스웨이즈 혹은 바우에 도착하자 그녀 자신의 집으로 곧장 가는 대신에 그와 함께 콘스트리트로 접어들었다. 파프리의 집에서 그들은 멈췄고 안으로 들어갔다.

파프리는 일 층의 거실문을 활짝 열어젖히며 "저기서 그분이 당신을 기다리고 있소"하고 말했고 엘리자베스가 들어갔다. 안락의자에는 넓적한 얼굴의 온화해 보이는 남자가 앉아 있었다. 그는 1년은 넘고 2년은 안 된, 기억에 남을 만한 아침에 헨처드를 방문했던 그 사람이었다. 그가 도착해서 반시간도 안 돼 마차를 타고 떠난 것을 헨처드가 봤던 바로 그 사람이었다. 리처드 뉴선이었다.

마치 사별이라도 했던 것처럼 오륙 년 동안 떨어졌던 쾌활한 아버지와 그녀의 재회 장면은 상세히 적을 필요가 없을 것이다. 두 사람이 친 부녀지간인지 아닌지의 문제와는 별개로 이 장면은 감동적이었다. 헨처드가 떠난 일이 곧 설명되었다. 진정한 사실이 밝혀지자 그녀를 뉴선에 대한 옛날의 믿음으로 되돌리기는 걸 보기만큼 그렇게 어렵지 않았다. 왜냐하면 헨처드의 행동 차제가 이런 사실들이 정말이라는 증거였기 때문이다. 게다가 그녀는 뉴선의 부정(父情) 어린 보살핌 아래서 성장했었다. 그리고 만약에 헨처드가 친아버지였다 하더라도, 그와의 작별이라는 사건이 다소 잊히고 나면 어릴 때 한집에 같이 살았던 이 아버지가 헨처드를 말끔히 지울 것이었다.

그녀가 이렇게 잘 자라준 데 대한 뉴선의 자부심은 말로 표현할 수 있는 그 이상이었다. 그는 그녀에게 뽀뽀하고 또 했다.

"난 네가 날 만나러 오는 수고를 덜어줬지—하하!" 뉴선이 말했다. "사실은 여기 있는 파프리 씨가 '뉴선 선장님, 오셔서 저와 함께 하루 이틀 머무르시면 제가 따님을 데려오겠습니다'라고 말했거든. 그래서 나는 '물론이지요, 그러겠습니다'하고 대답했고, 그래서 내가 여기 있게 된 거란다."

"자, 헨처드는 갔습니다." 파프리가 문을 닫으며 말했다. "그 사람은 이 모든 일을 자기가 원해서 한 겁니다. 그리고 엘리자베스에게서 들으니 그는 따님에게 매우 잘 해줬다고 하더군요. 저는 좀 불안했었지만 모든 일이 제대로 끝나서 우리는 이제 아무 어려움도 없게 되었습니다."

"그래요, 나도 그 정도는 생각했었소." 뉴선이 두 사람의 얼굴을 번갈아 들여다보며 말했다. "난 몰래 가서 이 아이 얼굴이나 한번 힐끗 보고 싶을 때면 백번이나 늘 이렇게 되뇌곤 했소. '확실히, 뭔가 더 좋은 방도가 있을 때까지는 지금처럼 당분간 조용히 사는 게 상책이야.' 이제 두 사람이 잘 지내는 걸 봤으니 뭘 더 바라겠소?"

"한데, 뉴선 선장님, 저는 선장님을 여기서 매일 뵙고 싶네요. 해(害)가 될 일이 아니니까요." 파프리가 말했다. "그리고 제가 생각해본 바로는 결혼식을 저의 집에서 하는 게 좋겠습니다. 집도 넓고 선장님도 어차피 혼자 하숙하고 계시니까 말입니다. 그렇게 하면 선장님의 번거로움과 비용을 많이 덜 수 있겠지요? 그리고 남녀 한 쌍이 결혼식 끝나고 집까지 멀리 올 필요도 없으니 편리하기도 하고요."

"기꺼이 동의하오." 뉴선 선장이 말했다. "선생이 말한 대로 이제 그 가엾은 헨처드도 떠나고 없으니 그렇게 해도 해로울 건 없겠소. 그렇다고 해서 내가 다른 식으로 처리한다든가, 그를 방해하는 일을 하지는 않았을 거요. 왜냐하면 난 살아오는 동안 이미 공손함이 감내할 수 있는 한도까지 그 사람의 가정 문제에 깊이 끼어들었던 사람이기 때문이요. 한데, 이 아가씨가 거기 대해 어떻게 생각할지? 엘리자베스야, 애야, 이리 와서 우리들 얘기 좀 귀 기울여 들어봐라. 듣지 않는 것처럼 창밖만 계속 바라보고 있지 말고."

"도널드와 아버지께서 결정하세요." 엘리자베스가 말했고 여전히 그녀의 시선은 길거리에 있는 어떤 조그마한 물체를 자세히 살피고 있었다.

"그렇다면," 뉴선이 이 문제에 대해 철저히 임하겠다는 표정으로 파프리에게 다시 얼굴을 돌리며 말했다. "우리 둘이 해야 겠군요. 파프리 씨, 당신이 그렇게 많은 것들과 집의 방 그리고 모든 것을 준비해야 하니 나는 마실 것을 담당하고 럼주와 스키 담[138]을 맡겠소. 항아리 열두어 개면 충분할 거요. 왜냐하면 하객 중에 여자가 많을 테고 아마도 여자들은 평균 이상으로 세게 마시지는 않겠죠? 하지만 당신이 알아서 잘하겠지. 난 남정네들하고 뱃놈들한테는 꽤 여러 차례 술을 대 왔지만, 술 안 마시던 여자가 이런 결혼식 피로연에 오면 그로그[139]를 몇 잔이나 마시게 될지는 어린애처럼 전혀 모른다오."

"오, 한 잔도 안 마실 거예요. 그로그 술은 많이 필요 없을 겁니다. 필요 없다마다요." 파프리가 깜짝 놀란 심각한 표정으로 고개를 저으며 말했다. "제게 다 맡겨 주십시오."

그들이 이런 세부 사항에 대해 좀 더 깊이 들어갔을 때 뉴선은 의자에 기대어 미소를 띤 채 생각에 잠겨 천정을 바라보며 말했다. "파프리 씨, 내가 당신한테 말했나 모르겠소─헨처드가 그때 나를 어떻게 따돌렸는지를?"

그는 선장이 무슨 말을 하는지 모르겠다고 말했다.

"아, 얘기를 안 했던 모양이네. 지금 기억나는데 난 그 사람의 체면을 손상시키지 않기 위해 이야기를 하지 않기로 작정했었소. 한데 이제 그가 떠났으니 당신한테 말할 수 있겠소. 자, 난 내가

138   스키담(schiedam): 네덜란드산(産) 진(gin).

139   그로그(grog): 럼주에 물을 탄 독주.

당신을 찾아낸 지난주 그날로부터 아홉 달인가 열 달 전에 캐스터브리지에 왔었소. 그전에도 여기 두 번 왔다 갔었소. 첫 번째는 엘리자베스가 여기에 사는지 모르고 서쪽으로 가던 길에 이 읍을 통과해 갔었고. 그때 어디였는지는 잊었지만 어떤 곳에서 헨처드라는 이름의 남자가 여기 읍장이라는 말을 듣고 되돌아와서 어느 날 아침에 그의 집을 찾아갔소. 그 늙은 악당 같으니!—그자는 엘리자베스-제인이 몇 년 전에 죽었다고 말했소."

엘리자베스는 이제야 그의 얘기에 진지하게 귀를 기울였다.

"그런데 그자가 나한테 거짓말하고 있다는 생각이 전혀 들지 않더군." 뉴선이 말을 이었다. "자, 내 말을 믿는다면, 난 너무나 얼이 빠져서 타고 온 마차로 돌아갔고 이 읍에 반시간도 머무르지 않고 떠나버렸던 거요. 하하! 훌륭한 농담이었고, 잘 실행되었지. 난 이렇게 농간부린 그자의 재주를 인정해야겠네!"

엘리자베스-제인은 이 소식을 듣고 놀랐다. "농담이라고요? 오, 아니에요!" 그녀가 소리쳤다. "그렇다면 그 사람이 아버지와 저를 여러 달 동안이나 못 만나게 만든 거네요, 아버지. 안 그랬다면 아버지께서 그동안 여기 계셨을 텐데."

아버지는 일이 그렇게 되었던 것이라고 인정했다.

"그 사람은 그런 짓을 하면 안 되는 거죠!" 파프리가 말했다.

엘리자베스는 한숨을 쉬었다. "난 그분을 절대로 잊지 않겠다고 말했어요. 그런데, 오, 이젠 잊어야만 할 거 같아요."

뉴선은 자신이 그 일로 제일 고통 받은 사람이면서도 낯선 사람들과 낯선 도덕률 사이에 머무는 아주 많은 방랑자와 체류자들처럼, 헨처드가 저지른 죄의 극악함을 인식하지 못했다. 과연, 부재중인 죄인에 대한 공격이 점점 심각해져 가자 그는 헨처드의 편을 들기 시작했다.

"그런데, 그 사람이 한 말이라고는 결국 열 마디도 되지 않아." 뉴선이 변명했다. "그리고 내가 그의 말을 믿을 정도로 바보라는 것을 그가 어떻게 알 수 있었겠어? 그 사람 잘못만큼 내 잘못도 커, 가엾은 친구 같으니!"

"아니에요." 엘리자베스가 혐오의 감정으로 단호하게 말했다. "그 사람은 아버지의 성향을 알고 있었어요—아버지는 항상 그렇게 남의 말을 잘 믿잖아요. 어머니가 그렇게 말씀하시는 것을 수백 번 들었어요. 그분은 아버지를 속이려고 그렇게 한 거예요. 자기가 내 아버지라고 말해 저를 지난 5년 동안 아버지와 떼어 놓고 난 뒤에 이런 짓을 하면 안 되죠."

이렇게 이들의 대화는 계속됐다. 그리고 그 부재중인 사람의 속임수에 대한 정상 참작을 엘리자베스 앞에서 꺼낼 사람은 아무도 없었다. 이 자리에 있었다 하더라도 헨처드는 그렇게 해달라고 간청하지도 않았을 것이다. 왜냐하면 그는 자신이나, 자신의 좋았던 평판을 너무나 대수롭지 않게 생각했기 때문이다.

"자, 자—신경 쓰지 마—다 끝났고 지난 일이야." 뉴선이 맘씨 좋게 말했다. "이제 결혼식 얘기나 다시 해 보자고."

제44장

한편 이들 대화 속의 주인공은 피로가 엄습할 때까지 동쪽으로 외로운 여행을 계속하며 쉴 곳을 찾아 두리번거렸다. 그의 마음은 그녀와 헤어질 때 너무나 찢어질 듯해서 그는 여인숙이나 가장 보잘것없는 가정집조차도 제대로 찾아들어 가지 못했다. 그는 들판으로 들어가 배고픈 줄도 모르고 밀낫가리 아래에 누웠다. 그의 영혼의 바로 그 무거움이 그로 하여금 깊은 잠에 빠지게 했다.

나무 그루터기 너머로 눈을 비추는 밝은 가을 햇살이 이튿날 아침 그를 일찍 깨웠다. 그는 바구니를 열어 전날 저녁밥으로 싸 온 음식을 아침으로 먹었다. 그러면서 자신이 꾸려온 짐의 다른 물건들을 샅샅이 뒤져보았다. 그가 가져온 물건 하나하나는 어차피 등에 지고 갈 수밖에 없는 것들이었지만 엘리자베스-제인이 쓰다가 버린 소지품들 몇몇을 자기 연장들 틈에 감춰놓았다. 장갑, 신발, 그녀가 끄적거린 종잇조각 등등이 그것이었고 호주머니에 그녀의 곱슬머리 한 가닥을 지니고 있었다. 이런 물건들을 쳐다보고 난 뒤에 다시 바구니에 챙겨 넣고 계속 길을 갔다.

닷새 동안 계속해서 헨처드의 골풀 바구니는 어깨 위에 매달린 채 대로 상의 울타리 사이로 여행했다. 품 파는 밭 일꾼이 산 울타리 틈새로 가끔씩 시선을 던질 때면 새로 엮은 골풀의 노란 색이 방랑자의 모자와 머리, 그리고 아래로 숙인 얼굴과 함께 그의 눈을 사로잡았고, 그것들 위로 나무 잔가지 그림자의 끝없는 행렬이 지나갔다. 이제 그의 여정의 방향이 웨이던-프라이어스라는 것이 분명해졌고, 이 마을에 그는 엿새째 되는 날 오후에 당도했다.

그렇게 여러 세대 동안 매년 장이 열리던 유명한 언덕은 이제 사람의 그림자도 없을 뿐 아니라 거의 아무것도 없었다. 양 몇 마리만이 여기저기서 풀을 뜯고 있었는데 이들도 헨처드가 꼭대기에서 발걸음을 멈추자 달아나버렸다. 그는 바구니를 잔디에 내려놓고 서글픈 호기심으로 주위를 둘러보았다. 그러다가 25년 전 아내와 자신, 두 사람 모두에게 잊히지 않는 고지로 이끈 길을 알아보았다.

"그래, 우리가 저 길로 올라왔었지." 그가 자기가 서 있는 위치를 확인하고 중얼거렸다. "아내는 애기를 안고 있었고, 난 민요가 적힌 쪽지를 읽고 있었어. 그러다 우린 여기쯤으로 건너온 거지. 그 여자는 너무나 슬프고 지쳤고, 난 그 여자에게 거의 말도 건네지 않았어. 그건 내 빌어먹을 자존심과 가난에 대한 분함 때문이었지. 그때 우린 그 천막집을 본 거야—좀 더 이쪽 편에 서 있었음이 틀림없어." 그는 또 다른 지점으로 걸어갔다. 실제로 천막집이 있던 곳은 아니었지만 그에게는 그렇게 보였다. "여기로 우린 들어갔고, 여기에 우리가 앉았어. 난 이쪽을 보고 있었고. 그러다가 난 술을 마셨고 그 죄를 저질렀지. 그녀가 그 사람을 따라 나서기 전 마지막 말을 내게 하며 서 있던 곳이 바로 저 동그란 잔디밭 위였음이 틀림없어. 난 그들이 말하던 소리와 그녀가 흐느끼던 소리를 지금도 들을 수 있어. '오, 마이크, 난 당신과 지금껏 내내 같이 살아왔는데 남은 거라곤 성깔밖에 없어요. 이제 난 더는 당신 아내가 아니에요—내 운을 다른 곳에서 시험해 볼 거예요.'"

그는 야심에 찼던 자신의 행로를 되돌아보며 자신이 감정상으로 희생한 바가 물질적으로 얻은 것 못지않게 컸다는 것을 알게 된 사람이 갖는 씁쓸함뿐만 아니라, 모든 것을 원점으로 되돌리려는 자신의 시도 자체가 무효화되는 것을 봐야 하는 추가된 씁쓸함까지 경험했다. 그는 이 모든 일에 대해 이미 오래전에 가슴 아팠었다. 그러나 야심을 사랑으로 대체하려는 그의 시도들은 야심 그 자체가 그런 것처럼 완전히 좌절되었다. 학대받은 아내는 거의 미덕에 가까운 대단히 단순한 속임수로 그 시도들을 좌절시켰던 것이다. 사회 법규에 함부로 손을 댄 이 일에서 자연의 꽃인 엘리자베스가 나왔다는 것은 기이한 결과였다. 인생에서 손을 떼고 싶은 그의 소망의 상당 부분은 인생의 심술궂은 모순들에 대한 인식, 즉 정통적이지 않은 사회 원칙들을 자연이 기꺼이 힘차게 지지한다는 데 대한 인식에서 비롯되었다.

그는 참회의 행동으로 찾아온 이곳으로부터 국내의 다른 지역으로 완전히 떠나버릴 작정이었다. 그러나 그는 엘리자베스와 그녀가 살고 있는 지평선 저쪽을 생각하지 않을 수 없었다. 이러한 심경에서, 세상에 지쳐 생겨난 원심적(遠心的) 경향이 의붓딸을 향한 그의 사랑의 구심적(求心的)인 영향력에 의해 상쇄되었다. 결과적으로, 캐스터브리지에서 더 멀어지는 직선 코스를 택하는 대신 헨처드는 그가 원래 의도했던 곧은 선에서 점점 더 거의 무의식적으로 벗어났다. 결국에는 점차적으로 그의 여정은 마치 캐나다의 나무꾼의 경우처럼 캐스터브리지를 중심으로 원을 그리며 빙빙 맴도는 것이 되었다. 어떤 특정한 언덕을 올라갈 때면 그는 자신의 방위를 해, 달, 별에 의해 엇비슷하게 확인했고 캐스터브리지와 엘리자베스-제인이 있는 정확한 방향을 마음속에서 정했다. 자신의 약한 마음을 비웃으면서도 그는 한동안 그녀가 하는 행동을, 즉 그녀가 앉고 서고, 나가고 들어오고 하는 행동을 매시간, 아니 매분 추정해 보았다. 그러다가는 뉴선과 파프리가 합동으로 반격해 온다는 생각이 마치 웅덩이 위로 불어오는 차가운 광풍처럼 지나가면서 그녀의 모습을 지워버리는 것이었다. 이럴 때면 그는 혼잣말하곤 했다. "오, 이 바보야, 네 친딸도 아닌 딸 때문에 이렇게 신경을 쓰다니!" 마침내 그는 자신의 옛 직업인 건초 베는 일꾼의 자리를 얻었다. 이즈음 가을철이면 그런 일꾼들이 많이 필요했다. 그가 고용된 곳은 서쪽으로 향하는 옛 대로에 가까운 어느 시골 농장이었다. 이 대로는 분주한 신도시들과 외딴 웨섹스 자치구들 사이를 오가는 모든 교통의 통로였다. 그가 이 간선도로에 인접한 곳을 고른 이유는 여기에 자리 잡고 있으면 비록 50마일이나 떨어져 있지만 그보다 반 정도 외지고 길이 없는 곳에 있는 것보다 자신이 그렇게나 행복하기 바라는 그녀에게 사실상 더 가까이 있다는 인식 때문이었다.

이렇게 헨처드는 4반세기 전에 자신이 점했었던 것과 똑같은 위치에 서 있음을 알게 되었다. 외적으로는 오르막 비탈을 또다시 올라가려는 그의 시도를 방해하는 것은 아무것도 없었다. 그리고 그의 영혼이 반쯤 형성된 상태에서 이룰 수 있었던 것보다 더 고상한 일들을 그가 이 새로운 깨달음에 의해 성취하는 것을 방해하는 것도 없었다. 그러나 인간의 개선 가능성을 최소한으로 줄이려고 신에 의해 고안된 정교한 기계 장치—뭔가 하려는 지혜와, 그 뭔가 하려는 열정의 사라짐이 보조 맞춰 오게 하는 기계 장치—가 그 모든 일의 길을 막고 섰다. 그는 이제 자신에게는 그저 하나의 그려진 장면에 지나지 않게 된 이 세상을 다시금 자신이 결투를 벌일 투기장(鬪技場)으로 만들고 싶은 마음이 전혀 없었다.

아주 종종, 그의 건초용 칼이 향긋한 풀줄기들을 사각 소리가 나게 베어낼 때면 그는 인간 세상을 한번 생각해 보고 혼잣말을 하곤 했다. "여기에서건 어디에서건 사람들은 그들의 가족이, 국가가, 세계가 원하지만 마치 서리 맞은 나뭇잎처럼 때가 되기 전에 죽어간다. 그런데 추방자이며 이 땅의 장애물인 나는 누구도 원하지 않고 모두에게 경멸받는데도 본의 아니게 계속 살아가고 있구나!"

그는 길을 지나는 사람들의 대화에 종종 열심히 귀를 기울였다. 결코 어떤 일반적인 호기심 때문이 아니라 캐스터브리지와 런던을 내왕하는 이 여행자들 중에 캐스터브리지 이야기를 해 줄 누군가가 조만간 나타나리라는 희망에서였다. 그러나 거리가 너무 멀어서 그의 이 희망이 실현될 가능성이 별로 없었다. 사람들이 길에서 나누는 얘기에 주목한 최고의 결과는 어느 날 짐마차의 마부가 내뱉은 '캐스터브리지'라는 이름을 그가 정말로 듣기는 들었다는 것이다. 헨처드는 일하고 있던 밭의 문으로 뛰어가서 그 말을 한 사람을 불렀는데 낯선 사람이었다.

"예, 제가 거기서 오는 길이오만, 선생." 그가 헨처드의 질문에 대한 답으로 말했다. "나는 여기저기 다니며 장사합니다. 사람들이 이렇게 말(馬)이 없이 여행하는 일[140]이 점점 흔해지다 보니내 일도 이제 곧 없어질 판이요."

"여쭙자면, 그 옛 동네에 뭐 새로운 소식이라도 있나요?"

"늘 매한가지죠."

"지난번 읍장인 파프리 씨가 결혼할 생각이라고 들었어요. 그게 사실이요, 아니요?"

"정말이지 모르겠소이다. 오, 아니요, 결혼할 거 같지 않아요."

"그러나 결혼할 거요, 존—당신이 잊고 있었군요." 마차의 차양 안쪽에 있던 어떤 여자가 말했다. "우리가 이번 주 초에 거기로 싣고 간 짐짝들이 뭐겠어요? 결혼식이 곧 성 마틴 축일[141]에 있을 거라고 사람들이 분명히 얘기했어요."

---

140   말(馬)이 없이 여행하는 일: 기차로 여행한다는 뜻이다.

141   성 마틴 축일(St. Martin's Day): 11월 11일이다.

그 남자는 그 일에 대해 아무것도 기억나지 않는다고 선언했고 마차는 땡그랑거리며 언덕을 넘어 계속 갔다.

헨처드는 그 여인의 기억이 옳다고 확신했다. 미룰 이유가 신랑, 신부 양쪽에 다 없었기 때문에 그 날짜가 굉장히 가능성 있었다. 그 문제에 관해 그는 엘리자베스에게 편지로 물어볼 수도 있었다. 그러나 스스로를 고립시키려는 그의 본능이 그렇게 하는 것을 어렵게 했다. 그러나 그가 떠나기 전에 그녀는 그가 자기 결혼식에 빠지는 것은 자신이 원하는 바가 아니라고 말한 바 있었다.

이 기억이 떠오르자 그들로부터 그를 몰아낸 것은 엘리자베스와 파프리가 아니라 자신의 존재가 더 이상 환영받지 못한다는 그 자신의 거만한 생각이었다는 것이 이제 그의 마음속에서 계속 재생되었다. 그 선장이 돌아올 작정이라는 절대적인 증거도 없이 그는 뉴선이 돌아온다고 추정했고, 엘리자베스-제인이 뉴선을 환영할 거라고 더더욱 증거 없이 추정했다. 그리고 아무런 증거도 없이 뉴선은 돌아오면 눌러앉을 거로 생각했다. 만약 그의 생각이 틀렸다면 어떻게 할 것인가? 만약 자기가 사랑하는 그녀와의 완전한 헤어짐이 이런 불리한 사건들과 필연적으로 관련되지 않았다면? 그녀에게 한 번 더 가까이 있기 위해 시도하는 것, 그리고 돌아가 그녀를 만나 자신이 그런 이유를 그녀 앞에서 변명하고, 자기가 저지른 사기에 대해 용서를 구하고 자신을 그녀의 사랑 속에 묶어 두기 위해 열심히 노력하는 것, 이 모든 것은 퇴짜를 받더라도, 아니 목숨 그 자체를 걸어도 모험해볼 만한 가치가 있는 일이었다.

그러나 신혼부부로 하여금 자신의 모순된 행위를 경멸하게 만들지 않으면서 앞서의 그의 결심을 이렇게 뒤집는 일을 어떻게 시작할지가 그를 떨게 만들고 곰곰이 생각에 잠기게 하는 질문이었다.

그는 이틀 동안 더 건초를 베고 또 베었다. 그리고는 결혼 잔치에 가겠다는 무모한 결심을 갑작스레 함으로써 자신의 주저함을 끝장내었다. 그러나 참석하겠다는 편지나 전갈을 그가 보낼 것 같지는 않았다. 그녀는 그가 결혼식에 참석하지 않겠다고 했던 결정에 유감이었으므로, 기대하지 않았는데 그가 나타나면 그가 없어서 그녀의 올바른 마음에 자리 잡았을 다소 불만족스러운 구석을 채워줄 것이다.

있어 봐야 하등의 도움이 되지 않을 즐거운 행사에 가급적 모습을 적게 드러내기 위해 그는 저녁때까지 나타나지 않기로 작정했다. 그때쯤 되면 사람들의 굳은 표정이 사라지고 지난 일은 잊자는 부드러운 소망이 모든 사람들의 마음속을 지배하게 될 것이다.

그는 성 마틴 축일 기간이 되기 전에 도보로 길을 나섰고, 결혼식 당일도 하루로 계산하여 3일간의 여정 동안 하루마다 약 16마일씩 걸을 요량이었다. 그가 가는 길에 변변한 마을이라고는 멜체스터와 쇼츠포드밖에 없었다. 그는 쇼츠포드에서 두 번째 밤을 보내려고 멈췄는데 쉬기 위해서뿐만 아니라 그다음 날 밤을 준비하기 위해서이기도 했다.

옷이라고는 지금 입고 있는 작업복—두 달 동안 험하게 입어서 이제 얼룩지고 구겨진 옷—밖에 없었기 때문에 그는 어찌 되었건 외관상으로는 그를 내일의 전반적인 잔치 분위기에 조금이라도 어울리게 해 줄 옷가지들을 사기 위해 어느 가게 안으로 들어갔다. 좀 거칠지만 점잖아 보이는 윗도리와 모자, 한 벌의 새 셔츠와 넥타이가 구입한 주요 물품이었다. 적어도 겉모습만으로는 이제 그녀의 기분을 상하게 하지 않게 되리라고 스스로 만족하고 나서 그는 그녀에게 선물 하나를 사 주려고 하는 좀 더 흥미로운 세부 사항으로 나아갔다.

어떤 선물이어야 할까? 그는 그녀에게 가장 사 주고 싶은 물건이 자신의 얇은 지갑에는 버겁다는 침울한 생각에 진열장에 전시된 상품들을 미심쩍은 눈길로 살피면서 거리를 오르락내리락했다. 마침내 새장에 든 방울새 한 마리가 그의 눈에 띄었다. 새장은 수수하고 조그마했고, 가게는 초라했다. 주인에게 물어보고 그는 달라는 적당한 금액을 자기가 지불할 수 있다는 결론을 내렸다. 신문 한 장으로 이 작은 생명체의 철사로 된 감옥을 빙 둘러 묶었고, 이렇게 둘러싸인 새장을 손에 들고 헨처드는 그날 밤 묵을 숙소를 찾아 나섰다.

이튿날 그는 마지막 여정에 올랐다. 그리고 예전에 자기가 사업하던 터전인 지역으로 곧 들어갔다. 여정의 일부는 탈 것에 올라, 역마차 뒤쪽 제일 어두운 구석에 앉아 여행했다. 주로 단거리를 가는 여자 승객들이 헨처드 앞에서 오르내리고 하면서 이 지방 얘기를 많이 했다. 이들 이야기의 적잖은 부분은 이들이 가까이 접근하고 있는 도시에서 축하연을 진행하고 있는 결혼식에 대한 것이었다. 이들의 이야기로 미루어보아 저녁 파티를 위해 읍의 악대를 고용했는데 이 악대의 축제 본능이 연주 솜씨를 압도하지나 않을까 하여 버드머스에서 현악단을 맞춰놓는 추가 조치를 취하여 필요할 경우에 의지할 예비 악단이 있게 된 듯했다.

그러나 그는 이미 알고 있는 것들 이외의 세부 사항은 들을 수 없었다. 이 여행에서 그가 가장 깊은 관심을 갖는 사건은 캐스터브리지 교회 종의 은은한 결혼식 종소리였기 때문이다. 종소리는 역마차가 제동장치를 내리기 위해 얄베리힐 꼭대기에서 멈춰선 동안 여행자들의 귀에 들려왔다. 시각은 이제 막 정오가 지났다.

그 종소리는 모든 것이 순조롭게 진행되었다는 신호였다. 또한 이 결혼식에서 다 되어 가는 일을 망치는 실수가 없었다는 신호였고, 엘리자베스-제인과 도널드 파프리가 부부가 되었다는 신호였다.

이 종소리를 듣고 난 후 헨처드는 이 재잘대는 승객들과 더 이상 마차를 타면서 같이 가고 싶지 않았다. 정말로, 종소리는 그를 무력화시켰다. 그리고 파프리와 그의 신부의 감정이 상하지 않게, 저녁때까지는 캐스터브리지 거리에 모습을 드러내지 않겠다는 원래 계획대로 짐 꾸러미와 새장을 들고 여기서 내렸고 곧 하얗게 보이는 넓은 대로 상에 외로운 모습으로 남았다.

이곳은 그가 근 2년 전에 파프리에게 그의 아내 루시타의 위중한 병을 알려주기 위해 그를 기다렸던 곳에서 가까운 언덕이었다. 그 장소는 변하지 않았다. 그때와 똑같은 낙엽송들이 그때의 곡조를 한숨 쉬듯 내고 있었다. 그러나 파프리에게는 새 아내가 생겼고 헨처드도 알고 있듯이 더 나은 아내였다. 그는 엘리자베스-제인이 전날에 살았던 가정보다 더 좋은 가정을 얻기를 희망할 뿐이었다.

그는 오후의 나머지 시간을 이상할 정도로 긴장한 상태로 보냈다. 그녀와 만날 시간이 다가온다는 것 외에는 별로 다른 생각을 할 수 없어서 마치 머리카락 잘린 삼손처럼 그 만남에 대한 자신의 감정과 관련하여 스스로를 슬프게 비꼬고 있을 따름이었다. 결혼식이 끝나자마자 신랑과 신부가 시내를 훌쩍 뜨는 것과 같은, 캐스터브리지의 관습상의 혁신은 없을 것 같았다. 그러나 만약 그런 일이 일어난다면 그는 그들이 돌아올 때까지 기다릴 것이다. 이 점을 확인하기 위해 그는 그 자치읍에 가까워졌을 때 어느 시장 사람에게 신혼부부가 떠났냐고 물었고 아니라는 대답을 즉석에서 들었다. 여러 얘기를 종합해 보면 신혼부부는 그 시간에 콘스트리트에 있는 그들 집을 가득 채운 손님들을 접대하고 있었다.

헨처드는 구두의 먼지를 털고 강가에서 손을 씻었다. 그리고는 희미한 가로등 불빛을 받으며 읍내로 향했다. 그는 미리 물어볼 필요도 없었다. 왜냐하면 파프리의 거처에 다가감에 따라 잔치가 안에서 한창 벌어지고 있고 도널드 본인도 그 잔치에 끼어 있다는 것이 관찰력이 상당히 없는 사람이 봐도 분명했기 때문이다. 그렇게도 사랑하지만 아직 재차 방문하지 못한 자신의 사랑하는 고향에 대한 노래를 감정이 북받쳐 부르는 파프리의 목소리가 길에서도 또렷이 들렸다. 할 일 없는 사람들이 정면의 보도 위에 서 있었다. 이런 사람들의 눈에 띄고 싶지 않아서 헨처드는 이들을 재빨리 지나쳐 문가로 갔다.

문은 활짝 열려 있었다. 홀에는 휘황찬란하게 불이 밝혀졌고 사람들은 계단을 오르락내리락하고 있었다. 그는 용기가 나지 않았다. 발병 나고, 허리는 구부정하고 옷도 허름하게 입은 채 그런 찬란함의 한가운데에 들어가는 것은 그녀의 남편으로부터 퇴짜는 받지 않더라고 자신이 사랑하는 그녀에게 불필요한 굴욕감을 안겨 줄 것이다. 그래서 그는 자신이 익히 알고 있는 뒤쪽 길을 돌아서 정원으로 들어왔고 부엌을 통해 조용히 집 안으로 들어섰다. 그리고는 자기가 왔다는 어색함을 줄이기 위해 새와 새장을 임시로 바깥의 나무 덤불 아래에 놓아뒀다.

외로움과 슬픔이 헨처드를 너무도 쇠약하게 해서 그는 예전이라면 경멸했을 상황을 이제 두려워하였고 이런 계제에는 오는 게 아니었다고 생각하기 시작했다. 그러나 지금 막 파프리의 집이 경련을 일으키듯 북새통인 동안 임시 가정부로 일하고 있는 듯한 어떤 나이든 여자가 혼자 부엌에 있는 것을 발견하여, 그가 하려고 마음먹은 일이 예기치 않게 수월해졌다. 그 여자는 어떤 일에도 쉽게 놀라지 않는 그런 사람 중의 하나였다. 전혀 낯선 사람인 그녀에게는 그의 부탁이 이상하게 보였음이 틀림없지만, 기꺼이 자진해서 위로 올라가 집안의 주인 마나님 내외에게 '어떤 보잘것없는 옛 친구'가 찾아왔다고 알리겠다고 말했다.

그녀는 한 번 더 생각해 보더니 그가 부엌에서 기다리지 말고 지금 비어 있는 작은 뒷방으로 올라가는 게 낫겠다고 말했다. 그 말을 듣고 헨처드는 그녀를 따라 거기로 갔고 그녀는 그를 남겨 두고 나갔다. 그녀가 막 계단참을 가로질러 가장 잘 꾸며진 거실 문 앞에 이르렀을 때 춤이 시작되었다. 그녀는 되돌아와서 춤이 끝나기를 기다렸다가 그의 내방을 알리겠다고 말했다. 파프리 씨 부부가 둘 다 춤추는 무리 안에 있다는 것이다.

앞방의 문은 공간을 더 만들기 위해 경첩을 빼내었고, 헨처드 가 있는 방의 문은 열려 있어서 그는 춤추는 사람들의 모습을, 이 들이 회전하다가 문간에 가까워졌을 때마다 부분적으로나마 볼 수 있었다. 주로 치맛자락과 흘러내리는 머리카락의 모습이 보였 다. 바이올린 연주자의 팔꿈치와 베이스 비올라 활 끝의 쉴 새 없 이 움직이는 그림자를 포함하여 악단 대원들의 약 5분의 3 정도 의 옆얼굴이 보였다.

이 흥겨움에 헨처드의 신경이 거슬렸다. 그는 대단히 차분하 며 이미 시련을 겪어 본 홀아비인 파프리가 이 흥겨움을 내내 즐 기고 있고 춤과 노래에 즉각 불붙어 열광한다는 것을 그가 아직 꽤 젊은 남자라는 사실을 감안 해도 잘 이해할 수 없었다. 이미 오래전에 인생은 대단한 게 아니라고 평가했었고, 처녀임에도 불 구하고 결혼이란 대개 춤이나 추며 즐거워하는 일이 아니라는 것 을 알고 있는 조용한 엘리자베스도 이런 흥청거림에 열정을 보인 다는 점이 그를 더욱더 놀라게 했다. 그러나 젊은 사람들이 늙은 사람들과 완전히 같아질 수는 없는 법이고 관습의 힘은 전능하다고 그는 결론 내렸다.

춤이 무르익어가자 춤추는 사람들이 약간씩 흩어졌다. 그는 자기를 지배했고 마음을 아프게 했던, 한때 자신이 멸시했던 딸을 처음으로 힐끗 보았다. 그녀는 하얀 비단이나 공단 같은 천으로 된 옷을 입고 있었는데, 그는 충분히 가까이 있지 않아서 어느 쪽이었는지 말할 수는 없었다. 우윳빛이나 크림빛의 색조가 전혀 없는 눈처럼 하얀색이었다. 그녀 얼굴 표정에 나타난 것은 명랑함이라기보다는 불편해하는 즐거움이었다. 곧 파프리가 다가왔고 스코틀랜드인다운 동작 큰 움직임은 그를 곧 눈에 띄게 하였다. 이 신혼부부는 한 쌍이 되어 춤추고 있지는 않았지만, 상대가 바뀌어서 이들이 일시적으로 춤 파트너가 될 때마다 이들의 감정이 다른 때보다 훨씬 더 본질적인 미묘함을 드러낸다는 것을 헨처드는 알아차렸다.

점차로 헨처드는 깡충깡충 뛰는 강렬함에 있어서 파프리보다도 오히려 더 파프리다운 어떤 사람이 춤곡을 밟고 있다는 것을 인식하게 되었다. 이것은 이상한 일이었다. 그리고 파프리를 빛바래게 한 인물이 엘리자베스-제인의 춤 파트너임을 알게 된 것은 더더욱 이상한 일이었다.

헨처드가 처음 봤을 때 그는 머리를 흔들고 숙이면서 두 다리는 X자 형으로, 등은 문 쪽을 향한 채 휘저으며 크게 돌고 있었다. 다음번에 그는 다른 방향으로 돌았는데, 하얀 조끼가 얼굴보다 앞서 나갔고 발가락 끝이 하얀 조끼보다 앞섰다. 그 행복해하는 얼굴—헨처드의 완전한 낭패가 그 안에 담겨 있었다. 그건 뉴선의 얼굴이었는데 그가 정말로 돌아와서 헨처드를 몰아내고 대신 들어선 것이다.

헨처드는 문 쪽으로 몸을 밀고 잠깐 움직임을 멈췄다. 그는 두 발로 일어서서 마치 '자신의 전복된 영혼의 그림자'[142]에 의해 가려진 어두운 폐허처럼 서 있었다.

그러나 그는 이런 역전된 상황에서 마음의 동요를 느끼지 않고 버텨낼 사람이 이젠 아니었다. 그의 동요는 컸고 그는 나가버리고 싶은 생각이 있었을 것이다. 그러나 그가 떠나기 전에 춤이 끝났고 가정부가 엘리자베스-제인에게 그녀를 기다리고 있던 낯선 사람에 대해 전했던 것이다. 엘리자베스는 즉시 방으로 들어왔다.

"오─이분은─헨처드 씨군요!" 그녀가 움찔 놀라며 말했다.

"뭐라고, 엘리자베스?" 그가 그녀의 손을 잡으며 외쳤다. "뭐라 그런 거야?─헨처드 씨라고? 그러지 좀 마, 날 그런 식으로 벌주지는 말아. 차라리 아무 짝에 쓸모없는 노인네 헨처드라고, 아니 뭐라고 불러도 좋아. 하지만 이렇게 차갑게 굴지는 말아줘! 오, 애야! 네게 또 다른 아버지, 내 자리를 차지한 진짜 아버지가 있다는 걸 안다. 그렇다면 너도 다 알고 있겠구나. 하지만 네 모든 생각을 죄다 그에게만 주지는 말아다오! 내게도 네 생각을 좀 남겨다오!"

142　셸리의 시 〈이슬람의 반란 The Revolt of Islam〉의 제 8편 6연 2행에 나오는 구절.

그녀는 얼굴이 확 붉어졌다. 그리고는 살며시 손을 뺐다. "나는 아저씨를 늘 사랑할 수도 있었어요. 기꺼이 그러려고도 했어요." 그녀가 말했다. "하지만 아저씨가 저를 그렇게 속인 걸, 정말로 심하게 속인 걸 알면서도 어떻게 그럴 수 있겠어요? 아저씨는 내 아버지가 내 아버지가 아니라고 날 설득했어요. 내가 진실을 모른 채 여러 해를 살게끔 했어요. 그러다가 그분이, 내 다정한 진짜 아버지가 저를 찾으러 왔을 때 내가 죽었다는 악랄한 날조로 그분을 잔인하게도 보내버렸죠. 그 일이 제 가슴을 거의 찢어지게 했어요. 오, 우리 부녀에게 이렇게 대한 사람을 내가 어떻게 그 전에 한때 그랬던 것처럼 사랑할 수 있겠어요!"

헨처드의 두 입술은 설명을 시작하기 위해 반쯤 열렸다. 그러나 그는 바이스[143]처럼 꽉 닫아 버리고는 한마디도 내뱉지 않았다. 그 자리에서 당장 그가 자신이 저지른 커다란 과오들을 누그러뜨리는 말을 그녀에게 늘어놓아 봐야 무슨 소용이 있었겠는가? 즉, 그도 처음에는 그녀 어머니의 편지가 자기 딸은 죽었다고 알려줄 때까지는 그녀의 신원에 관해 속고 있었다는 것과, 두 번째로 비난받는 문제에 있어서 그의 거짓말은 그녀의 사랑을 자기 자신의 명예보다 더 사랑한 어떤 노름꾼이 마지막으로 던진 필사적인 주사위였다는 것을 말해 봐야 무슨 소용이 있었겠는가? 그런 변명을 방해하는 많은 것들이 있었는데 이 중에서 적잖은 비중을 차지하는 것은 그가 힘들여 호소하거나 정교한 주장을 함으

---

143 바이스: vise (혹은 vice). 작업을 위해 물체를 사이에 꽉 물리게 하는 공구.

로써 자신의 고통을 덜 만큼 자신을 값어치 있게 보지 않는다는 점이다.

따라서 그는 자기방어라는 특권을 포기하고 그녀의 난처해하는 모습만을 지켜볼 따름이었다. "나 때문에 괴로워하지는 말아라"하고 그가 윗사람으로서 당당하게 말했다. "난 그걸 바라지 않아, 더군다나 이런 때에! 널 보러온 게 잘못이구나. 내 잘못을 알겠어. 하지만 이번 한 번뿐이니 용서해다오. 다시는 너를 괴롭히지 않겠다, 엘리자베스-제인아, 내 죽는 날까지. 안녕. 잘 있거라!"

그러고 나서 그녀가 채 생각을 가다듬기도 전에 헨처드는 그녀의 방에서 나와 그가 들어왔던 뒷길로 해서 그 집을 떠났다. 그녀는 그를 더 이상 볼 수 없었다.

제45장

앞 장(章)에서 막이 내린 날로부터 약 한 달이 지난 때였다. 엘리자베스-제인은 새로운 환경에 익숙해졌고, 도널드의 거동에 있어 지금과 그 전의 유일한 차이는 그가 한동안 버릇이었던 것보다 업무 시간이 끝나면 좀 더 빨리 집으로 서둘러 온다는 것이었다.

뉴선은 결혼식 피로연 (추측해 볼 수 있듯이 신혼부부보다는 그가 더 피로연을 흥겹게 만들었다) 후 캐스터브리지에 사흘을 머물렀고, 돌아온 현대판 크루소[144]에 걸맞게 사람들의 눈길을 받고 존경받았다. 그러나 캐스터브리지가 어떤 극적인 귀환이나 사라짐에 의해 쉽사리 흥분하지 않는 곳이어서든 아니든 간에 이곳은 수 세기 동안 순회재판 개정지여서, 세상으로부터의 떠들썩한 퇴장, 지구 정반대 쪽에 가느라 읍내에서 사라지는 일[145] 등등은 반년이면 한 번씩 일어나는 일이어서 주민들은 뉴선 때

---

144 크루소: 다니엘 디포(Daniel Defoe)가 쓴 《로빈슨 크루소》의 주인공으로 무인도에서 28년을 살았다.

145 '퇴장'은 사형수가 처형당하는 것을 의미하고, 영국에서 '지구 정반대 쪽'(antipodean)은 유형지인 오스트레일리아였다.

문에 그들의 마음의 평정을 완전히 잃을 일은 없었다. 넷째 날 아침에 그가 시무룩하게 언덕을 오르는 모습이 눈에 띄었는데 아무 데서나 바다를 한번 보고 싶은 갈망 때문이었다. 바닷물과 가까운 것이 그의 생존에 너무도 필수적인 것으로 입증되어서 그는 캐스터브리지에 있으면 딸과 함께 있을 수 있음에도 불구하고 거주지로서는 버드머스를 더 좋아했다. 그는 그곳으로 갔고 녹색 덧문이 달린 오두막에 거처를 정했다. 궁형(弓形) 창이 꽤 돌출한 오두막이어서, 누구든지 창문을 열고 몸을 앞쪽으로 쭉 내밀기만 하면, 높은 집들이 있는 좁은 골목 사이로 파란 바다가 수직의 긴 조각으로 보였다.

엘리자베스-제인은 그녀의 이층 거실의 한가운데에 서서 재배치한 가구들을 머리를 한쪽으로 기울인 채 흠잡듯이 살펴보고 있었다. 그때 하녀가 들어와서 "오, 마님, 저희는 이제 새장이 어떻게 저기에 있게 되었는지 알아냈어요"라고 알렸다.

입주한 첫 주 동안 그녀의 새 거처를 답사하면서, 즉 기분 좋게 해주는 이 방 저 방을 비판적인 만족감으로 응시하면서, 어두운 지하실 안으로도 조심스럽게 들어가 보면서, 그리고 이제 가을바람에 의해 낙엽으로 뒤덮인 정원으로 조심조심 출정하면서, 그래서 마치 현명한 야전군 사령관처럼 이제 그녀가 가정 살림이라는 군사 행동을 막 시작하려고 하는 그 장소의 가능성을 평가하다가, 도널드 파프리 부인은 휘장이 쳐진 구석에서 못 보던 새장 하나를 발견했었다. 새장은 수의(壽衣)처럼 신문지로 휘감겨 있었고 그 바닥에는 깃털이 작은 공처럼 뭉쳐 있었는데 그건 방울새의 죽은 몸뚱이였다. 어떻게 그 새와 새장이 거기로 오게 되었는지 그녀에게 경위를 말해 줄 사람은 아무도 없었다. 그러나 그 가엾은 작은 가수(歌手)가 굶어죽은 것만은 분명했다. 이 사건이 주는 슬픔이 그녀의 마음에 걸렸다. 그녀는 파프리의 정겨운 농담에도 불구하고 이 일을 며칠 동안 잊을 수 없었다. 그리고 이제 거의 잊어갈 때쯤에 이 일이 다시 되살아난 것이다.

"오, 마님, 저희는 그 새장이 어떻게 거기에 있게 되었는지 압니다. 결혼식 날 저녁에 찾아왔던 그 농사꾼 남자가, 그 사람이 길을 따라 이리로 올라오고 있을 때, 그의 손에 새장이 들려 있는 걸 사람들이 봤대요. 그리고 그 사람이 전갈을 갖고 안으로 들어오면서 새장을 아래에 내려놓았고, 그러고는 그걸 어디에 놓아뒀는지 잊어먹고 그냥 가버렸다고들 생각해요."

이 정도면 엘리자베스를 생각하게 만들기에 충분했다. 그리고 그녀는 생각하면서 여성의 빠른 추리로 그 새장에 든 새가 헨처드가 결혼 선물이자 뉘우침의 징표로 그녀에게 주기 위해 가져온 것이라는 인식에 이르게 되었다. 그는 자신이 과거에 저지른 일에 대해 그녀에게 어떠한 유감이나 변명의 말도 표현하지 않았다. 자신의 죄를 경감시키려 하지 않고 자기 자신의 최악의 비난자로 계속 살아가는 것이 그의 천성의 일부였다. 그녀는 밖으로 나가 새장을 바라봤고 그 굶어 죽은 조그마한 가수를 묻어줬다. 스스로를 고립시킨 그 남자에 대한 그녀의 마음은 그때로부터 누그러졌다.

남편이 집에 왔을 때 그녀는 새장의 비밀을 자신이 풀었다고 말했다. 그리고는 도널드에게 그녀가 그와 화해할 수 있도록, 그의 인생이 방랑자의 인생이 덜 되고 그 스스로에게 더 견딜 만한 것이 되도록 가급적 빨리 헨처드가 사라진 곳을 찾는 일에 자신을 도와달라고 애원했다.

비록 파프리는 헨처드를, 헨처드가 그를 좋아했던 만큼 그렇게 열렬히 좋아한 적은 결코 없었지만, 한편으로는 그의 예전 친구가 자신에게 했던 방식으로 그렇게 열렬히 증오한 적도 없었다. 그래서 그는 엘리자베스-제인의 칭찬받을 만한 계획을 도와주려는 마음이 전혀 없지는 않았다.

그러나 헨처드를 찾아 나선다는 것은 결코 쉬운 일이 아니었다. 그는 파프리 부부의 문간을 떠날 때 분명히 땅속으로 꺼진 듯 종적을 감췄다. 엘리자베스-제인은 그가 한때 시도했던 바를 기억하고는 몸을 떨었다.

그러나 그녀는 모르고 있었지만 헨처드는 그때 이후로 사람이 변했다―즉, 그의 정서적 기반이 변해서 "사람이 변했다"와 같은 과격한 표현을 써도 정당화될 정도였다. 그래서 그녀는 두려워할 필요가 없었다. 며칠이 지나지 않아 파프리는 수소문 끝에 헨처드를 아는 어떤 사람이 그가 밤 12시에 멜체스터로 가는 대로를 따라 동쪽으로 죽 걸어가고 있는 것을, 다시 말해 그가 왔던 길로 되돌아가고 있는 것을 봤다는 얘기를 들었다.

이것으로 충분했다. 그리고 다음 날 아침 파프리가 마차를 몰고 캐스터브리지를 빠져나와 그쪽으로 가는 모습이 보였을 것이다. 엘리자베스-제인은 옆에 앉아 두껍고 광택 없는 모피를 두르고 있었는데 이는 당시 유행하던 모피 숄이었다. 그녀의 얼굴은 예전보다 다소 더 윤택한 모습이었다. 그리고 '몸짓이 마음과 함께 빛나는'[146] 사람의 고요한 미네르바의 눈과 어울리는 초보 안방마님의 위엄이 그녀 얼굴에 깃들여 있었다. 자기 자신이 적어도 삶의 더 큰 고생으로부터 안전한 약속의 피난처에 도달했기 때문에 그녀의 목표는 헨처드가 지금 그에게는 너무도 가능성이 짙은 그 저급한 생존의 단계로 가라앉기 전에 그를 이와 유사한 안정 속에 자리 잡게 하는 것이었다.

대로를 몇 마일 몰아간 후 이들은 더 수소문하였고 근방에서 몇 주 동안 작업하고 있던 도로 수리공으로부터 그 시각에 그런 사람을 봤다는 말을 들었다. 그는 웨더베리에서 멜체스터 행 역마차 길을 벗어나 에그던히스의 북쪽 가장자리를 따라 있는 갈라진 대로에 접어든 것이다. 그들은 이 길로 말머리를 돌렸고, 그 지표면이 원시부족의 발이 스치고 지나다니던 이래로 토끼 발톱에 할퀸 일 외에는 손가락 하나 깊이만큼도 어지럽혀진 적이 없는 그 옛 지역을 곧 가로질러 굴러가고 있었다. 이들이 지나쳐 온 고분들은 히스 관목이 덮여 황갈색으로 부스스했는데 고지대로부터 하늘을 향해 둥글둥글 돌출해 있어서 마치 그곳에 등을 대고 번듯이 누워 있는 젖가슴 많은 디아나 여신[147]의 풍만

---

146 《이슬람의 반란》제 1편, 54연.

147 디아나 여신(Diana): 로마 신화에서 처녀성과 사냥의 여신. 그리스 신화에서는 아르테미스(Artemis)이다.

한 젖가슴 같았다.

그들은 에그던을 뒤졌으나 헨처드는 없었다. 파프리는 계속 마차를 몰아갔고 오후에는 앵글베리의 북쪽으로 죽 이어져 있는 히스 관목 가까이에 도달했다. 언덕 꼭대기의 시든 전나무 숲이 이곳의 눈에 띄는 특징인데 그들은 곧 이 나무들 아래를 통과했다. 그들은 자신들이 이 지점에 이르기까지 마차를 몰고 온 길이 헨처드가 도보로 지나간 길이라는 것을 완전히 확신했다. 그러나 이제부터 드러나기 시작한 갈림길들로 인해 올바른 방향으로 좀 더 나아가는 것은 순전히 추측에 의존하게 되었다. 그래서 도널드는 자기 아내에게 그들이 직접 하는 수색을 포기하고 그녀 의붓아버지에 관한 소식을 얻는 다른 수단을 강구하자고 강하게 권했다. 그들은 이제 집에서 적어도 20마일은 와 있었지만, 그들이 막 가로지른 어느 마을에서 말을 두어 시간 쉬게 해주면 그날 중으로 캐스터브리지로 돌아갈 수 있을 것이다. 반면 들판으로 더 나아간다면 그들은 밤에 야영할 수밖에 없게 될 것이고 이에 파프리는 "그건 마치 1파운드 금화에 구멍을 내어 못 쓰게 만드는 꼴이요"라고 말했다. 그녀는 사태를 곰곰이 생각해보더니 동의했다.

그래서 그는 말고삐를 당겼지만 방향을 돌리기 전에 잠시 지체하면서 이들의 높은 위치가 드러내고 있는 광활한 들판을 멍하게 둘러보았다. 그들이 바라보고 있는 동안 어떤 사람의 형체가 홀로 관목 숲에서 나오더니 그들 앞을 가로질러 갔다. 어떤 막일꾼 같은 사람이었다. 그의 걸음걸이는 비틀거렸고 그의 시선은 마치 말의 눈가리개라도 쓴 듯 완전히 앞쪽으로만 고정되어 있었다. 손에는 막대기 몇 개가 들려 있었다. 길을 건너자 그는 계곡으로 내려갔는데, 거기에 오두막이 하나 보였고 그는 그리로 들어갔다.

"캐스터브리지에서 이렇게 멀리 떨어진 곳만 아니라면 저 사람은 가엾은 위틀이 틀림없어요. 꼭 그 사람같이 생겼어요." 엘리자베스-제인이 말했다.

"위틀일지 몰라요. 왜냐하면 그 친구는 지난 3주 동안 일터에 나오지 않았는데 한마디 말도 없이 가버렸소. 그리고 난 그에게 이틀치 노임을 줄 게 있는데 누구에게 줘야할 지도 모르던 중이요."

이 가능성이 이들로 하여금 마차에서 내려 적어도 그 오두막에 가서 물어보게 했다. 파프리는 말고삐를 문기둥에 맸고 그들은 초라한 주거지 중에서도 가장 초라한 집에 접근해 갔다. 벽은 원래는 반죽한 진흙을 흙손으로 발라 지어졌지만 수년 동안 비에 씻겨 표면이 덩어리지고 부스러져서 원래의 평면은 홈이 파이고 푹 꺼졌다. 표면의 회색빛 터진 부분들은 여기저기에서 무성한 담쟁이덩굴에 의해 지탱되고 있었지만 덩굴이 그 목적에 충분할 만큼의 양은 아니었다. 서까래는 푹 가라앉았고 초가지붕에는 고르지 못한 구멍들이 나 있었다. 울타리 위의 낙엽은 바람이 불어 문간의 구석으로 몰려와 흩어지지 않고 쌓였다. 문은 살짝 열려 있었다. 파프리가 노크했다. 그리고 그들 앞에 서 있는 사람은 그들이 추측했던 대로 위틀이었다.

그의 얼굴은 깊은 슬픔의 표정을 띠었고 그의 눈은 초점 없는 시선으로 그들을 바라봤다. 그리고 밖에서 주워 온 막대기 몇 개가 여전히 손에 쥐어져 있었다. 그들을 알아보자마자 그는 깜짝 놀랐다.

"아니, 아벨 위틀 아니야? 여기 있는 게 자넨가?" 파프리가 물었다.

"아, 예, 나리! 아시다시피 그분은 제 어머니가 이 아래에 사실 때 잘해 주셨어요. 저한테는 엄하셨지만."

"누구 말인가?"

"오, 나리, 헨처드 씨죠! 모르셨어요? 그분은 지금 막 가셨어요. 해의 위치로 보아 한 삼십 분 전이에요. 저한테는 시계라곤 없으니까요."

"아니죠—돌아가신 건?" 엘리자베스-제인이 더듬거리며 물었다.

"예, 마님, 그분은 돌아가셨어요! 그분은 어머니가 이 아래 사실 때 잘해 주셨어요. 석탄도 배에 실어 온 것 중 제일 좋은 걸로 보내주셔서 제가 전혀 생기지 않았죠. 감자도 주셨고, 어머니에게 꼭 필요한 다른 것들도요. 나리께서 옆에 서 계신 마님과 결혼하시던 날 밤에 저는 그분이 거리를 걸어 내려가시던 걸 봤는데 그분은 침울했고 걸음걸이는 비틀거려 보였어요. 그래서 전 그분을 그레이 다리 위까지 따라갔죠. 그분은 몸을 돌려 저를 보시고는 '자네 돌아가게!'라고 말하셨죠. 하지만 저는 계속 따라갔고 그분은 다시 몸을 돌려 말했죠. '내 말 듣고 있나? 돌아가라고!' 하지만 전 그분이 침울한 걸 봤고 계속 따라갔어요. 그러다가 그분이 말했죠. '위틀, 내가 자네한테 돌아가라고 내내 말했는데 왜 따라오는 건가?' 그래서 전 말했죠. '왜냐면요, 나리, 제가 보기에 나리는 일이 잘 안 풀린 거 같고, 제겐 험하게 대하셨지만 제 어머니께는 잘해 주셨잖아요. 그래서 저도 나리께 잘해 드리려고 해요.' 그러고 나서도 그분은 계속 걸어갔고 저는 따라갔어요. 그분은 더 이상 저를 나무라시지 않았어요. 우리는 밤새도록 그렇게 걸었어요. 그리고 뿌연 아침에 아직 날이 밝기도 전에 앞을 봤더니 그분이 비틀거렸고 거의 발걸음을 옮기지 못하고 있었어요. 그때쯤 저희는 여기를 지나고 있었죠. 지나면서 보니까 이 집이 비어 있어서 그분의 발길을 돌리게 했죠. 그리고는 창문에서 널빤지를 걷어내고 그분이 안으로 들어오게 도왔어요. '뭐야, 위틀?' 그분이 말했어요. '나 같은 몹쓸 놈을 돌보다니 자네 정말이지 어리석기 짝이 없는 바보구만!' 그러고 나서 저는 좀 더 계속 알아봤고 이웃에 사는 어떤 나무꾼이 침대, 의자 그리고 몇 가지 가재도구를 빌려줘서 우리가 여기로 가져왔고 그분을 가능한 한 편하게 있게 해드렸어요. 하지만 그분은 원기를 회복하지 못했어요. 왜냐하면, 있잖아요, 마님, 그분은 아무것도 입에 대지 못하셨어요. 그럼요, 전혀 식욕이 없었어요. 그래서 그분은 점점 기운이 없어졌고 오늘 돌아가셨어요. 이웃 사람 하나가 그분 관 치수를 재러 사람을 데리러 갔어요."

"저런—그랬었군!" 파프리가 말했다.

엘리자베스로 말하자면 그녀는 아무 말도 하지 않았다.

"침대 머리 판에 그분은 종이 쪼가리 하나를 핀으로 꽂아놓았어요. 거기에 뭐라고 쓰여 있어요." 아벨 위틀이 말을 이었다. "하지만 전 까막눈이라 읽을 수가 없어요. 그래서 그게 무슨 내용인지 몰라요. 제가 가져와서 보여드릴까요?"

그가 오두막으로 뛰어 들어가는 동안 그들은 말없이 서 있었다. 그는 구겨진 종이쪽지 하나를 들고 단숨에 돌아왔다. 그 위에는 연필로 다음과 같이 씌어 있었다.

"마이클 헨처드의 유언

"엘리자베스-제인 파프리에게 내 죽음을 알리거나 나 때문에 슬퍼하지도 말게 하시오.

"그리고 내가 신성한 땅에 묻히게 하지 마시오.

"그리고 조종(弔鐘)을 울릴 교회지기도 청하지 마시오.

"그리고 누구라도 내 시체를 보는 것을 원하지 않는 바이요.

"그리고 내 장례에 조문객이 내 뒤를 따르지 않게 하시오.

"그리고 내 무덤에 꽃을 심지 마시오.

"그리고 어느 누구도 날 기억하지 마시오.

"이 유언장에 내 이름을 서명하노라.

"마이클 헨처드"

"우리 이제 어떻게 하지?" 파프리가 쪽지를 아내에게 건네면서 말했다.

그녀는 분명하게 대답할 수 없었다. "오, 도널드," 그녀가 눈물 사이로 마침내 입을 열었다. "정말 가슴 쓰라리게 하는 글이에요! 오, 마지막 헤어질 때 내가 매정하지만 않았더라도 이렇게까지 신경이 쓰이지는 않았을 텐데!…… 하지만 돌이킬 수도 없고—그렇게 될 수밖에 없던 거예요."

헨처드가 죽어가는 고통 속에서 써놓은 것을 엘리자베스-제인은 자신이 실행할 수 있는 한 존중했다. 그러나 이는 그의 마지막 말의 신성함을 인식해서라기보다는 그 글을 쓴 사람이 진심에서 말했다는 그녀 나름의 인식에서 비롯된 것이었다. 그녀는 유언의 지시 사항이 그의 전 생애를 형성했던 것과 똑같은 재료 중의 한 조각이라는 것을 알았고, 따라서 그녀 자신에게 애도에 찬기쁨을, 혹은 그녀 남편에게는 너그러움에 대한 높은 평가를 주기 위해 함부로 손봐서는 안 되는 것임을 알았다.

마침내 모든 것이 끝났다. 심지어 그가 마지막 방문했을 때 그를 오해했던 것에 대한, 또 그를 더 일찍 찾으러 나가지 않은 일에 대한 그녀의 후회도 끝났다. 그러나 이러한 후회는 한동안 마음속 깊은 곳에서 아프게 찌를 것이다. 이때부터 계속 엘리자베스-제인은 온화한 날씨의 범위 안에 있는 자신을 발견하게 되었는데 이에 대해 그녀는 고맙고 감사하는 마음이었다. 특히 그녀가 과거 몇 년간 보냈던 가버나움[148]의 시절 이후에 이런 마음

148 　가버나움(Capharnaum): 신약 〈마태복음〉 4장에 나오는 지명. 원래 어둠에 살

이 배가(倍加)되었음을 알게 되었다. 그녀의 초기 결혼 생활의 활기차고 불꽃 튀는 감정들이 응집되어 한결같은 평온함으로 녹아들어감에 따라, 그녀의 타고난 섬세한 마음씨는 옹색하게 살아가는 그녀 주변 사람들에게 얼마 안 되는 좋은 기회들을 참고 기다리는 비밀(그녀도 과거에 알게 된)을 드러내줄 만큼 여유를 갖게 되었다. 그녀는 이 비밀이 절대적인 고통 속에 있는 사람만이 아니라면, 누구에게나 주어지는 그런 미세한 형태의 만족감을 일종의 현미경 같은 기구로 정교하게 확대시키는 데에 놓여있다고 생각했다. 비밀이 이렇게 다루어지면 마구 받아들인 더 넓은 이해 관계만큼이나 고무적인 영향을 삶에 미친다고 생각했다.

그녀의 깨달음은 그녀 자신에게 크게 반사작용을 가해 그녀는 캐스터브리지의 하류 사회에서 존경받는 것과 사회의 가장 높은 끝에서 영광을 누리는 것 사이에서 개인적으로는 별 커다란 차이를 느끼지 못한다고 생각했다. 그녀의 위치는 정말 상당한 정도로, 흔히 쓰는 말로 감사해야 할 것을 많이 부여받은 그런 위치였다. 그녀가 명시적으로 감사를 표하지 않는 것은 그녀 자신의 잘못이 아니었다. 그녀는 자신의 경우처럼 풍성한 한낮의 빛이 인생 행로의 어떤 중간 지점에서 갑자기 비추는 때라고 하더라도 유감스러운 이 인간 세상을 잠시 통과해 가는 일이 영광스러운지는 미심쩍으며, 따라서 이런 영광에 대해 굳이 감정을 분

던 이곳의 사람들이 예수의 설교를 통하여 빛을 보았다는 대목이 나온다. 즉, 가버나움은 비유적으로 암흑의 장소이지만 한편으로는 빛을 볼 수 있는 곳이기도 하다.

출해야 할 필요는 없다는 것을, 옳든 그르든 경험을 통해 배운 셈이다. 그러나 그녀건 다른 누구건 자신에게 주어진 몫은 받아 마땅하다는 그녀의 강한 인식은, 훨씬 더 많이 받아 마땅하지만 그보다 덜 받는 다른 사람들이 있다는 사실을 보도록 하는데 그녀를 눈멀게 하지는 않았다. 그리고 운 좋은 사람들 틈에 억지로 끼이긴 했지만 그녀는 예측할 수 없는 일들의 끈질김에 대해 놀라운 감정을 그칠 수 없었다. 그렇게 중단되지 않은 평온을 성년 단계에서 부여받은 사람은 그녀 자신이었지만, 그녀의 젊은 시절은 행복은 고통이란 전체 드라마 속에서 그저 이따금 보이는 일화에 불과하다고 가르친 것 같았다.

끝

작품 해설

최인환

토마스 하디(Thomas Hardy)는 자기가 태어나고 자란 영국 남서부의 도셋(Dorset) 지역을 옛 앵글로색슨 왕국의 이름을 따서 웨섹스(Wessex)로 바꾸고 대부분의 작품에서 배경으로 택했다. 이런 이유로 그의 작품들은 '웨섹스 소설'이라고 불린다.《캐스터브리지의 읍장》은 작가 활동의 중기에 속하는 1886년에 출판되었다. 캐스터브리지 읍은 오늘날의 도체스터(Dorchester)에 해당한다고 볼 수 있다.

작품은 터벅터벅 시골길을 걸어가는 젊은 부부와 엄마의 품에 안긴 어린 딸에 관한 묘사로 시작한다. 이들은 웨이던-프라이어스라는 마을에 이르자, 배고프고 지친 나머지 천막 노점에 들어간다. 노점 주인 여자는 밀죽과 함께 몰래 럼주를 파는데, 그걸 마신 주인공 헨처드는 점점 취해가더니 신세 한탄을 시작한다. 철없을 때 했던 결혼과 생활고에 시달리고 있다는 생각에 이르자 술김에, 자포자기의 심정으로 아내를 팔겠다고 제의하여 경매가 시작된다. 이 경매는 자못 엽기적이지만, 그 당시 영국의 빈궁한 농촌 지역에서 실제로 아내를 매매한 기록이 여럿 발견된다. 아내의 만류에도 불구하고 경매가 시작될 때 제비 한 마리가 천막 안으로 느닷없이 날아 들어온다. 뭔가 경고의 메시지를 전달하려는 것 같다. 그러나 치기와 오기로 시작한 남편의 충동적 행위는 구체적 입찰 금액이 제시되면서 '진짜' 경매로 발전한다. 물론 누가 실제로 여자를 사리라고는 아무도 확신하지 못했는데, 뒤에서 있던 어느 선원(나중에 이름이 '뉴선'으로 밝혀진다)이 사겠다고 제의하면서 상황이 심각하게 변하고, 결국 모녀는 이 선원에게 팔린다. 작품은 주인공이 이런 용서 받기 어려운 죄를 저지른 후 큰 업보를 안고 살아가는 이야기와, 그와 졸지에 생이별하게 된 아내 수전과 딸 엘리자베스-제인, 그리고 이들 주변의 인물들인 파프리, 루시타 등의 이야기가 평행한 플롯을 이루며 전개된다.

《캐스터브리지의 읍장》의 부제목은 '성격이 유별난 어느 남자에 관한 이야기'(A story of a man of character)이다. 다른 말로 하면 개성이 강한 성격파 남자가 주인공이라는 것인데 헨처드에게는 충동이 그 주요한 속성을 이룬다. 하디 본인도 '작가 서문'에서 이 작품이 "아마도 웨섹스 지방의 삶을 그린 내 작품들 가운데서 어떤 한 인물의 행위와 성격에 가장 특별히 집중한 연구이다"라고 천명하고 있다. 헨처드에게 충동은, 아내를 술김에 경매에 부친 데에서 보듯 그의 두드러진 성격이자 그의 몰락의 주된 원인이다. 작가도 '마이클 헨처드라는 껍질 밑에'는 '제어할 수 없는 화산 같은 뭔가가' 있다고 본다. 흔히 비극에서 주인공이 갖는 성격상의 결함이나 판단의 오류를 우리는 '비극적 결함'(그리스 원어로는 hamartia)이라고 부르는데 헨처드에게는 충동이 이 결함이 되면서 그를 운명에 휘둘리게 한다. 그리고 후에 돌이킬 수 없게 되었을 때 자신이 저지른 행동의 파괴적 성격을 깨닫는 점에서 그는 비극의 주인공의 위상으로 끌어올려진다. 하디는 독일 낭만파 시인 노발리스(Novalis)가 말한 바 있는 '성격이 운명'이라는 유명한 말을 작중에서 인용하는데 이 또한 헨처드의 성격과 관련하여 부제목의 의미를 다시 한번 강조하는 역할을 한다. 기실 이 작품은 비극에 근접하는 면이 있어서 '비극적인' 소설보다는 오히려 '비극' 소설을 의도한 듯한 인상마저 준다.

그는 아내를 판 일에 죄의식을 느껴 교회 안에서 금주 맹세를 한다. 당시 자기 나이와 같은 21년 동안 절대 금주하겠다고 한다. 이후에는 건실한 삶을 살아가 결국 캐스터브리지 읍의 읍장의 지위에까지 오른다. 그러나 인과응보의 과정이 그를 기다리고 있었다. 작가는 헨처드 집 정원의 나무들이 라오콘 군상처럼 '뒤틀리고 꼬인 채' 고통스럽게 서 있다고 상징적으로 묘사하면서, 아내를 판 일종의 원죄로 인해 그가 겪게 될 몰락과 처벌을 일찌감치 암시하고 있다.

결국 마이클 헨처드는 서서히 몰락의 과정을 밟는다. 이 몰락은 '북쪽,' 즉 스코틀랜드 출신인 도널드 파프리의 등장과 함께 시작한다. 구시대를 대변하는 헨처드는 곡물 매매를 정확한 수치가 아니라 주먹구구나 눈대중으로 해왔다. 그러다가 정확하게 계산하고 새 영농법에 친숙한 파프리를 만나서 도움을 받지만 결국은 그에게 자리를 내 줄 운명에 처하고 만다. 파프리는 미국으로 건너가 독농가가 되려는 포부를 지니고 있다가 우연히 캐스터브리지를 지나는 길이었다. 파프리는 헨처드가 밀을 판매하였으나 상하여 낭패한 상황에 처하자 그에게 도움을 주었고, 결국 헨처드의 제안을 받아들여 지배인의 직을 맡아 캐스터브리지에 눌러앉는다. 새 지배인 덕에 헨처드는 큰 근심을 덜 수 있었다. 이제 사람들은 파프리를 더 신뢰하고 더 찾는다. 그러다가 늘 지각하는 일꾼 아벨 위틀에 관한 처리 문제로 갈등을 빚기 시작하여 둘 사이의 골은 점점 깊어진다.

　작가도 이 두 사람 간의 갈등과 대립을 파프리의 '북쪽의 통찰력' 대 헨처드의 '남쪽의 끈기'라고 표현한다. 캐스터브리지는 로마 제국의 유적과 흔적이 많이 남아 있는 곳이어서 땅을 파면 로마 제국 병정의 유해가 아직도 심심찮게 발견되는 곳이다. 또한 로마 시대 원형경기장이 밀회 장소로 이용되기도 하는 옛 도시이다. 파프리는 이런 곳에 탈곡기를 도입하는 혁신을 통해 근대화의 바람을 몰고 온다. 헨처드의 재래식 경영법, 그가 대표하는 과거 내지 구체제는 이 바람 앞에 쭉정이처럼 날아가 버릴 운명이다. 하디는 점점 밀려나는 헨처드의 모습을 통해 과거와 현재가 온전한 형태로 공존하는 캐스터브리지 같은 공동체가 사라져가는 것을 아쉬워하고 있다고 볼 수 있다. 그리고 어떤 형태로건 '옛날 방식이 갖는 거칠지만 아름다운 모습'이 존속하기를 내심 바라고 있었는지도 모른다.

　파프리는 경계심과 질투를 느끼는 헨처드에 의해 결국 해고되지만 곡물 사업에서 강력한 경쟁자로 부상한다. 그를 무너뜨리기 위해 원래 미신을 믿는 헨처드는 다가올 곡물 수확을 미리 알아보고 또 곡물을 대량 매입할 시기와 그 가능성을 점치기 위해 날씨 예언가를 찾아간다. 그러나 헨처드는 날씨의 변화를 속단하고 섣불리 곡물을 헐값에 매각하여 결국 파프리에게 대(大)곡물상의 자리를 내어주고 만다. 파프리는 여러 가지 면에서 헨처드를 돋보이게 하는 역할(foil)에 그치는 감도 없지 않지만 결과적으로 헨처드는 그에게 사업과 명예는 물론이고 루시타와 엘리자베스 두 여인까지 다 뺏기는 형국이 된다. 따라서 그가 헨처드의 지배인으로서 사무를 보고 있을 때 헨처드를 찾아온 엘리자베스에게 무슨 용건이냐고 물어보는 장면에서 그가 '그곳을 영구히 지배할 사람'처럼 말했다는 표현이 사용되는 것은 분명 우연이 아닐 것이다. 나중에 파산한 뒤 헨처드는 파프리의 권유를 받아들여 그의 밑에서 일하는 일꾼이 되면서 완전히 뒤바뀐 처지가 된다.

이렇게 시작된 헨처드의 몰락은 엘리자베스를 친딸로 믿게끔 수전이 속였다는 것을 그가 알게 되면서 급물살을 탄다. 헨처드는 20년 뒤에 자신을 찾아온 수전과 엘리자베스를 받아들이며 전에 그녀를 팔았던 가격에 수전을 '되샀다.' 그녀는 쇠약해져 죽음이 임박하자 엘리자베스의 결혼식 날까지는 절대로 열어보지 말라고 당부하며 한 통의 편지를 남겨놓았다. 그런데 이 일종의 유언장이 제대로 봉해지지 않아 그가 우연히 읽어보는데, 엘리자베스가 헨처드의 딸이 아니라 뉴선의 딸이라는 내용이 들어있었다. 20년 전에 뉴선이 데려갔던 그 엘리자베스는 죽었고, 뉴선과의 사이에서 난 딸에게 똑같은 이름을 붙였다는 고백이었다. 이것은 의도하지는 않았지만 수전이 자신을 팔았던 일에 대해 복수하는 것으로 볼 수도 있다. 다시 결합하고자 했던 옛 애인 루시타도 파프리에게 가버리면서 그는 이제 점점 더 외로워지고 입지도 좁아진다. 이 과정은 밀죽 노파에 의해서 완성된다. 헨처드는 20년이 흐른 뒤 법정에서 경범죄를 저지른 그 노파와 치안판사 자격으로 마주한다. 노파는 죄 있는 자가 어떻게 자신을 심판하느냐며 그가 과거에 아내를 판 사실이 있음을 폭로한다. 이 여인의 폭탄 발언에 대해 헨처드는 구구한 변명을 늘어놓지 않고 사실을 인정하고 이로 인해 그의 공직 생활도 마감된다. 헨처드는 물론 우리 독자들도 까맣게 잊고 있었던 그 밀죽 팔던 여자가 이렇게 예기치 않은 상황에서 등장하여 폭로하면서, 결국 헨처드의 몰락과 그가 받게 되는 인과응보(nemesis)가 절정에 이른다.

그러나 이런 과정에서도 그는 구차하거나 비굴한 모습을 보이지 않는다. 또 충동적이라는 결함으로 인해 혹독한 대가를 치르지만 끝가지 의연함을 견지하고 자기연민에 빠지지도 않는다. 그는 곡물 창고의 고미다락에서 파프리를 뒤에서 밀어 아래로 떨어지게 할 수도 있었으나 그렇게 하지 않는다. 그리고 파프리와 결투 할 때도 그는 자신이 파프리보다 체격도 크고 완력이 세다고 보고, 공정해지기 위해 한 팔을 묶고 싸운다. 은밀하거나 비겁한 것은 그의 생리에 맞지 않는 것들이다. 한편 그는 공직에서 예상치 않게 낙마하고 사업에서도 실패하자 가재도구까지 모두 압류당해 경매에 부쳐지는 수모를 겪는데 채권자들은 그가 차던 금시계만은 그냥 그가 지니도록 배려해 준다. 그러나 그는 이것까지 처분하여 얻은 돈을 채권자 중에서 가장 형편이 어려운 사람에게 갖다준다. 이는 단순한 박애주의를 넘어 자존심을 지키기 위한 행동으로 볼 수 있다. 헨처드는 작중에서 비련의 주인공이라고 할 만한 루시타에 대해서만은 그렇게 너그럽거나 대범하게 대하지 않았지만 전반적으로 선이 굵고 끝까지 '도도한 우월감'을 견지하는 인물이다.

헨처드는 완전히 파산한 후, 자신이 해고했던 조프의 초라한 집에서 칩거하는데 이는 다분히 자학적인 행동으로 볼 수 있다. 게다가 허수아비 조리돌림에 충격받은 루시타가 죽으면서 그는 다시금 상실감에 잠기는데, 이럴 때 자신을 찾아온 엘리자베스에게서 위안을 얻고 그녀에게 아침 식사를 만들어주며 작은 행복을 느낀다. 그러나 바로 이때 노크 소리가 들리며 누군가가 그를 찾는다. 바로 친딸을 찾아온 뉴선이었다. 헨처드는 옳지 않은 일임을 십분 인식하면서도 의붓딸을 뺏기지 않으려고 그녀가 죽었다고 거짓말한다. 왜냐하면 엘리자베스는 이제 '그에게 남은 마지막 보물'이었기 때문이다.

그 사이 그는 자존심이 상하지만 파프리가 조그만 곡물 가게를 차려 주겠다고 한 제의에 응한다. '우리에 갇힌 사자' 신세가 되겠지만 적어도 그녀와 한 공간에서 생활할 수는 있기 때문이다. 이제 헨처드는 '그에게 내리비치는 한 가닥의 작은 빛줄기'인 엘리자베스에게 정신적으로 의지하려고 한다. 친딸이 아닌 것을 알게 되었지만, 자신을 친아버지로 알고 지속적으로 효심을 보이는 그녀에게서 큰 위안을 얻는다. 그리고 새롭게 마련된 공간에서 의붓딸과 같이 살면서 모처럼 행복감을 맛본다. 그러나 이 행복도 오래가지 못한다. 어느 날 그는 습관처럼 옛 성채에 올라 망원경으로 주위를 둘러보다가 길을 따라오고 있는 한 남자를 발견하는데, 바로 뉴선이었다. 이제 거짓말이 곧 탄로 날 지경에 처하자 그는 결국 집을 나가기로 작정한다. 예전 건초 일꾼 시절에 입었던 옷으로 갈아입고, 구약의 카인(Cain)처럼 '구원받지 못할 자'가 되어 스스로를 추방한다.

그러나 그는 희한하게도 엘리자베스가 있는 곳 주변을 벗어날 수가 없었다. 원래의 의도와 어긋나게 그는 캐스터브리지를 중심으로 원을 그리는 '구심적'(centripetal) 움직임을 계속하면서, 같은 곳을 계속 맴도는 '캐나다의 나무꾼' 같은 자신의 모습을 발견한다. 그러다가 오가는 사람들에게서 그녀와 파프리의 결혼식 소식을 듣게 되고, 식장에 참석하면 분란을 일으킬 것 같아 저녁의 피로연에 가서 축하해 주기로 한다. 주머니 사정에 맞게 새장에 든 방울새 한 마리를 사서 신문지로 대충 둘러 찾아간다. 그러나 그녀와 춤추는 뉴선의 얼굴을 본 순간 모든 것이 끝났음을 직감하고, 진실을 알게 된 엘리자베스에게 냉대받자 그는 바로 피로연장을 떠난다. 이로부터 한 달여 뒤 그녀는 파프리와 신혼 살림할 집을 살펴보다가 우연히 새장과 그 안에 바짝 마른 채 죽어 있는 방울새를 발견한다. 그녀는 이 '가엾은 작은 가수(歌手)'가 굶어 죽었음이 틀림없다고 생각한다. 하녀의 얘기를 통해 전후 사정을 짐작하고 이것이 헨처드가 들고 온 결혼 선물이었음을 파악한 그녀는 그를 찾으러 나갔지만 이미 때는 늦었다. 그녀는 헨처드가 그렇게 구박하던 아벨 위틀에게 생의 마지막 나날들을 의

탁하다가 죽었다는 얘기를 위틀에게서 듣는다. 헨처드는 구겨진 종잇조각에 연필로 쓴 유서에서 누구로부터도 기억되거나 연민의 대상이 되는 것을 단호히 거부하며 스스로에 대한 처벌을 완성한다.

그런데 헨처드는 '이미' 한번 죽었었다고 볼 수 있다. 작품에서 상징성이 농후한 대목으로 허수아비 조리돌림이 끝난 후 헨처드가 돌다리 위에서 강을 내려다보며 상념에 잠기는 장면을 들 수 있겠다. 그는 사실은 스스로 생을 마감하려고 이 다리에 갔었다. 자신을 찾아온 뉴선에게 엘리자베스가 죽었다고 거짓말을 해서 돌려보낸 후 그가 언제 다시 찾아올지 모르고, 진실을 알게 되면 엘리자베스가 자신을 경멸하리라는 생각이 들자 절망에 빠진 것이다: "그의 앞에 놓인 땅덩어리는 전부 어둠 그 자체였다. 그에게 올 것도, 그가 기다릴 것도 아무것도 없었다." 그러다가 다리 아래 가장 깊은 웅덩이 부분에서 무엇인가가 떠 있는 것을 보는데 자세히 보고 난 후 그것이 당나귀 등 위에 루시타의 허수아비와 같이 태워져 읍내를 지나가며 조리돌림 받았던 자신의 허수아비라는 것을 알게 된다. 물 위에 '또 다른 자신'이 떠 있는 것이다. 허수아비가 자신을 대신해 '익사'했으므로 그는 일종의 대리 죽음을 경험한다. 이 일이 있은 다음 날 그는 며칠 만에 옷도 갈아입고 면도도 하며 '다시 살아난 사람'이 되었다고 느끼지만 뉴선의 재출현으로 인해 이 느낌은 곧 없어지고 만다.

작품은 주인공인 헨처드의 사망으로 사실상 끝나지만 작가는 엘리자베스에 관한 이야기로 대단원을 맺고 있다. 사실, 아벨 위틀의 입을 통해 전해진 헨처드의 죽음과 그의 유서 내용으로 끝맺었으면 작품의 극적인 효과는 더했을 것이다. 좀 '덜떨어진' 위틀이 엘리자베스−제인에게 전해주는 헨처드의 죽음 소식은 맥베스가 만시지탄의 상황에서 인생이란 '천치가 들려주는 이야기'(a tale told by an idiot)라고 독백하는 대목을 연상시키며 깔끔한 결말이 될 수 있었다. 그럼에도 왜 하디는 굳이 사족(蛇足)같이 보일 수도 있는, '김빠지게 하는' 결말부(anti-climax)로 마무리했을까 하는 의문이 남는다.

엘리자베스는 표면적으로는 헨처드의 두드러진 언행 뒤에 가려져 제한적이고 수동적인 역할만 하는 것으로 보이지만 실은 그 이상의 역할을 부여받고 있다. 그녀는 주요 인물들을 관찰하고 판단한다. 심지어 그녀가 거처하는 방도 헨처드, 파프리 등이 활동하는 장터를 훤히 내려다보는 위치로 설정되어 있다. 옛 복음 전도자처럼 그녀는 주변의 인물들을 관찰하고 그들의 언행을 (마음속에) 기록한다. 특히 루시타가 파프리를 처음 본 때부터 호감을 갖는 것을 예리하게 파악한다. 그녀는 여기서 더 나아가 일종의 도덕적 잣대로 기능하고 후반부에 가면 작가 하디의 대변인으로 보아도 손색이 없을 정도에 이른다. 기실 작가는 작품 초반부터 이미 그녀가 어떤 인물인지 여러 형태의 수식어를 통해 틈틈이 설명해 주는데, '대단한 통찰력을 타고난' 사람이라거나, '예지자의 영(靈)'이 있다는 등이 그것이다.

엘리자베스는 친아버지 뉴선이 고기 잡으러 나갔다가 죽은 줄로 알고 홀어머니 수전과 함께 힘든 세월을 살아 온 인물이다.

그물코를 짜면서 생계를 잇고 필요한 것들을 억제하며 살았을 것이고 그러다 보니 어린 나이에 "체념이라는 교훈을 배웠다"고 작가가 알려준다. 나중에 파프리를 남몰래 연모했지만 그가 루시타에게 이끌리는 것을 보면서도 원망하거나 좌절하는 대신 그냥 운명인 양 받아들인다. 이는 체념의 또 다른 양상이고, 더 나아가 그녀가 고통과 시련 앞에서도 '담담한'(stoical) 마음 상태를 유지하는 모습이기도 하다. 왜냐하면 그녀는 일찌감치 '인생은 대단한 게 아니라고 평가'했었고 삶은 그렇게 기대할 게 많은 것이 아니라고 깨우쳤기 때문이다. 작가는 3인칭 전지적 작가 시점으로 시종일관 서술하다가도 가끔씩 그녀에게 '가엾은'과 같은 수식어를 붙이며 사사로운 감정을 드러내기도 한다. 그만큼 작가가 이 등장인물에게 애착을 보이는 것이다. 또한 그녀는 헨처드라는 비극 속 주인공의 삶을 지켜보는 관객이 되기도 하고, 그리스 비극의 코러스처럼 주제나 작가의 메시지를 전달해 주는 역할도 한다.

그녀는 젊은 나이이지만 '행복이란 그저 고통이라는 전체 드라마 속에서 이따금 보이는 한 편의 에피소드'라는 것을 스스로에게 가르칠 수 있었다. 그녀는 삶이 '희극적인 것이 아니라 비극적인 것이라고' 믿으며, "사람들은 가끔씩 즐거워할 수는 있지만, 즐거움의 순간은 막간극일 뿐이지 실제 연극의 일부는 아니다"라고 생각한다. 삶을 보는 그녀의 이런 비극적이지만 달관한 듯한 인식은 작가의 그것일 수 있다. 그녀와 함께 우리 독자들도 삶은 그렇게 행복하고 즐거운 것만은 아니고 때로 고통이 수반되는 것이라고 배운다. 그리고 고통을 겪으면서도 겸손함을 견지하는 가운데 담담하게 살아야 하며, 이런 이치를 깨닫는 것이 지혜라는 것도 배운다.

하디 스스로도 엘리자베스에 관해 '차분히 명상하는 속에 아름다움이 늘 깃들여 있는' 얼굴을 지녔다고 서술하고 있다. 그녀는 헨처드의 운명의 반전과 그의 시련, 고통을 통해 카타르시스와 교훈을 얻었을 것이다. 어떻게 보면 그는 그녀에게 반면교사의 역할을 자신도 모르게 수행하고 있었는지도 모른다. 헨처드의 천둥번개치고 폭풍우 불어대는 여름날을 옆에서 지켜보면서 그녀는 어느 잔잔한 가을날 오후처럼 삶에 대해 관조하고 반추하며, 자아성찰에 이른 것이다. 엘리자베스라는 인물을 통해 좀 더 보편적이고 철학적인 주제가 전개될 수 있고, 이것이 작가가 그녀를 중용(重用)하는 의도이기도 하다. 이처럼 격정과 고통의 당사자로서가 아니라 한 발짝 물러나 관조하는 것, 이것이 바로 작가 하디의 의도이자 더 나아가 문학의 본령(本領)이 아닐까 하는 생각을 조심스레 해본다.

지나치게 오랜 기간이 소요되었다. 역자의 역량 탓일 수도 있고 집중력의 부족일 수도 있겠다. 헨처드의 일생을 같이 더듬어가는 즐거움, 그러나 아픈 즐거움을 누린 것은 호사라고 하겠다. 기나긴 날을 묵묵히 기다려준 부북스 신현부 대표께 죄송함과 고마움을 표할 따름이다.

원작 텍스트로는 옥스퍼드 판(2004)과 펭귄 판(1985)을 교차하여 사용하였음을 밝힌다.

작가 연보

1840   토마스 하디(Thomas Hardy), 도세트(Dorset)에서 건축업자인 아버지 토마스와 어머니 제마이머(Jemima) 사이에서 태어남.

1848   교구의 학교를 다니기 시작.

1849   런던을 처음으로 가 봄.

1850   모친의 주장으로 비국교도(Nonconformist) 학교로 옮겨 라스트(Isaac Last)에게 배움.

1852   라스트에게서 라틴어 배움.

1856   마사 브라운(Martha Browne)이 남편 살해 죄목으로 공개교수형 당하는 광경을 목격.

1856-62   도체스터(Dorchester)의 건축가 힉스(John Hicks)의 도제가 됨. 후에 그의 조수가 됨.

1862   런던으로 옮겨가서 유명 건축가 블롬필드(Arthur Blomfield)의 제도공이 됨. 독학을 계속하면서 영국 작가들에 대한 관심이 점증함.

1867   도세트로 돌아와 도급 건축일에 종사함. 힉스를 도와 교회건물 수리에 착수.

1868   최초의 소설《빈자와 숙녀 The Poor Man and the Lady》를 완성하나 출판을 거부당함.

1870   미래의 아내가 될 에마 라비니아 기포드(Emma Lavinia Gifford)를 만남.

1872   런던으로 다시 이사. 향후 이어지는 웨섹스 소설의 첫 작품인《녹음(綠陰) 아래서 Under the Greenwood Tree》출간.

1873   《푸른 눈 A Pair of Blue Eyes》출간.

1874   《광란의 무리를 벗어나 Far from the Madding Crowd》출간.
최초로 성공을 거둔 작품이 됨. 기포드와 결혼하여 런던에 정착함.

1875   하디 부부, 도세트로 내려감.

1876   하디 부부, 네덜란드와 독일 여행.

1878   《귀향 The Return of the Native》출간. 하디 부부, 다시 런던으로 돌아감.

1884   하디, 치안판사가 되어 도체스터에서 근무함.

1885   하디 부부, 도체스터 외곽에 하디가 설계한 집 맥스 게이트(Max Gate)로
이주. 이곳이 최종 정착지가 됨.

1886   《캐스터브리지의 읍장 The Mayor of Casterbridge》출간.

1887   《숲속의 사람들 The Woodlanders》출간. 하디 부부, 이탈리아에서 휴가
보냄.

1888   하디 부부, 파리에서 휴가 보냄.

1891   스코틀랜드 방문.《더버빌 가(家)의 테스 Tess of the d'Urbervilles》출간.

1892   하디 부친 사망. 부인 에마와 사이가 벌어짐.

1893   하디 부부, 더블린 방문.

1895   《무명의 주드 Jude the Obscure》출간.

1895-96   웨섹스 소설 전집 발간.

1898   최초의 시집《웨섹스 시선(詩選)》출간.

1901   《과거와 현재의 시》출간.

1904   하디 모친 사망.

1905   플로렌스 더그데일(Florence Emily Dugdale)을 만나고 비서로 기용.

1910   공로훈장(the Order of Merit) 받음. 이전에 제의받은 기사 작위
(knighthood)는 거부한 바 있음.

1912   아내 에마 사망. 아내의 죽음이 서정시《1912-1913 시 Poems of 1912-
1913》집필을 촉진함.

1912-13   소설과 시를 망라한 웨섹스 판(Wessex Edition) 전집(24권) 출간.

1913 케임브리지 대학에서 명예박사 학위 받음.

1914 플로렌스 더그데일과 결혼.

1916 《시선집 Selected Poems》출간.

1917 사후에 출간될 자서전 집필 시작.

1920 마지막 런던 방문. 80회 생일에 영국 수상을 비롯한 저명인사들의 축하 메시지 받음.

1924 《테스》가 연극으로 각색되어 도체스터에서 최초 공연됨.

1928 하디, 마지막 시 작품을 구술한 후 심장마비로 사망. 그의 심장은 첫 번째 아내 에마의 무덤에 합장. 그의 화장된 유해는 웨스트민스터 사원 (Westminster Abbey)에 안치됨. 하디 자서전이 두 번째 아내 플로렌스에 의해 완성되고 출간됨.

1937 플로렌스 사망.